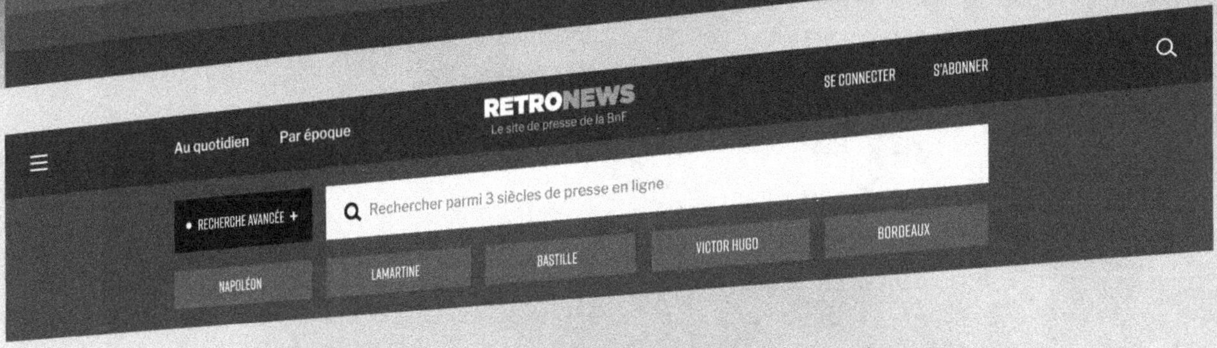

BULLETIN

DE LA

SOCIÉTÉ DE GÉOGRAPHIE

DE MARSEILLE

Publication couronnée par la ville de Marseille

(Prix Beaujour)

BULLETIN

DE LA

SOCIÉTÉ DE GÉOGRAPHIE

DE

MARSEILLE

TOME TROISIÈME

MARSEILLE

SECRÉTARIAT DE LA SOCIÉTÉ DE GÉOGRAPHIE

RUE MONTGRAND, N° 15.

Dépôt chez les Libraires de Marseille.

1879

VOYAGE AU JAPON

Envoyé en mission par les assureurs pour faire remettre à flot un bateau à vapeur, l'*Océan-Queen*, qui s'était échoué à l'embouchure de la rivière de Sakada à la côte ouest de l'Ile de Nippon, je partais de Marseille le 5 février 1871, pour me rendre à Sakada-Gawa, situé par 38° 55′ de latitude nord et 137° 30′ de longitude est.

Je m'embarquais à Marseille sur l'*Egyptus*, pour Gênes, d'où je me rendis à Brindisi, que je quittais le 14 février à bord du vapeur anglais *Nubia* de la Compagnie Péninsulaire et Orientale.

Le 18, j'arrivais à Alexandrie et le 19 je partais de Suez sur le *Baroda* que je quittais le 8 mars à Pointe-de-Galles ; je prenais place sur le *Behar* qui me transbordait à Hongkong, le 25 mars, sur le *Malacca*, après avoir mouillé le 14 à Pulo-Penang et le 16 à Singapore. Le 1er avril, j'arrivais à Yokohama.

Le grand désagrément du voyage dans l'extrême Orient par les bateaux de la Compagnie Péninsulaire et Orientale est ce changement de bateaux. Le passage par les Messageries Maritimes est plus agréable, en ce qu'une fois installé dans une cabine, au départ de Marseille, on y reste au moins jusqu'à Hongkong, et on n'a pas le désagrément de changer continuellement de camarade de chambre et de transporter ses petits bagages d'un bateau sur un autre. De plus, on est beaucoup mieux sous tous les rapports sur les bateaux des Messageries Maritimes.

L'attérissage à l'île de Kiousiou, le passage dans le détroit de Van-Diemen et la traversée le long des côtes du Japon, ont été si souvent décrits qu'il est aujourd'hui inutile d'en parler, si ce n'est pour rappeler la végétation si luxuriante que l'on aperçoit sur les côtes et qui annonce si bien celle que l'on rencontre dans l'intérieur des terres.

Yokohama, où j'arrivais le 1er avril, est bien connu: c'est une ville européenne que la fréquence des tremblements de terre a forcé à construire en bois.

Par suite de circonstances que je ne veux pas raconter ici, je fus obligé d'attendre jusqu'au 19 la permission des autorités japonaises pour me rendre par terre à Sakada-Gawa, tandis que le constructeur anglais, qui avait pris à forfait les travaux que nécessitait le renflouement de l'*Océan-Queen*, avait reçu sa permission par l'entremise de son consul cinq jours après l'avoir demandée.

Le 21, les deux yaconines qui avaient été désignés pour me servir d'escorte venaient me chercher à l'hôtel International où je logeais.

Ils se chargeaient d'abord de mes bagages, qui étaient assez volumineux, à cause des provisions que j'emportais pour un séjour de quatre mois.

Mes deux yaconines étaient deux jeunes gens ayant pris charge de moi après celle de mes bagages ; ils m'escortèrent jusqu'à bord du bateau de Yeddo et ne me quittèrent plus jusqu'à mon retour à Yokohama. Ils étaient responsables de ce qui pourrait m'arriver en même temps qu'ils veillaient à mes faits et gestes.

Comme j'avais donné cinquante dollars à chacun d'eux, l'un en profita pour s'habiller à l'européenne. Il était vêtu d'une veste de velours noir et d'un pantalon gris collant par-dessus lequel brillaient des bottes molles à éperons ; de plus il portait des gants gris perle glacés ; avec cela, il était coiffé de son chapeau d'uniforme. L'autre avait conservé son uniforme militaire.

J'allais par le bateau à vapeur à Yeddo, ville immense dont les maisons sont entièrement bâties en bois et très-légères, comme dans toutes les villes du Japon ; aussi les incendies y sont-ils très-fréquents et dévorent parfois des quartiers entiers, malgré la surveillance que l'on exerce. Presque chaque maison possède une pompe à incendie. Les villes ont des guetteurs qui veillent jour et nuit du haut des clochers en bois munis d'une cloche d'alarme, et leurs pompiers sont d'une hardiesse remarquable. Dans les maisons japonaises, appelées *Yasiki,* on ne voit que les quatre murs ou plutôt les quatre cloisons entièrement nues. Sur le plancher sont étendues des nattes très-fines ou pour mieux dire des matelas rembourrés de paille de riz et recouverts de nattes. Ils ont environ un mètre et demi de long sur quatre-vingts centimètres de large et sont bordés tout au tour par des galons de soie; ils sont si bien joints les uns aux autres qu'on dirait une seule natte. On ôte toujours ses chaussures pour entrer dans une maison au Japon.

Le plancher de la pièce d'honneur est toujours plus élevé de 15 à 20 centimètres que celui des autres chambres. Le seul meuble qu'on y rencontre est un porte-sabres, les Japonais se débarrassant toujours de leurs sabres pour s'asseoir. Les portes qui communiquent d'une pièce à une autre sont à coulisses; les carreaux de fenêtres sont partout en papier. Autour de toutes les chambres se trouve une galerie qui se ferme le soir avec des planches, qui entrent l'une après l'autre, entre deux rainures; la dernière des planches porte seule un cadenas. En poussant un peu violemment on enfoncerait ces fermetures. Le bris des carreaux en papier fait peu de bruit; aussi les vols sont-ils très faciles et c'est pour cette raison qu'ils sont punis très-sévèrement. Un vol de cinquante dollars entraîne la peine de mort. Le bourreau décapite avec un sabre. L'opération est faite avec une telle adresse et avec une arme si affilée que le condamné n'a pas le temps de souffrir. Il ne frappe pas avec l'arme, il la passe seulement vivement sur le coup du patient et la tête est tranchée.

A cause de la fréquence des incendies, les Japonais ne gardent aucun meuble dans l'intérieur de leurs appartements. Dans chaque maison il y a une case à incendie dont les murs sont à l'épreuve du feu. Là se conserve tout ce qu'il y a de précieux. Lorsque les Japonais reçoivent, ils ornent leurs maisons; mais aussitôt la fête terminée, ils ramassent tout, même quelquefois avant la fin, parce qu'ils se grisent assez volontiers avec le samchou.

Le 22 avril, je quittais Yeddo : j'avais avec moi le capitaine américain Nichols, gros homme riant toujours, qui pesait 90 kil., ce qui faisait le désespoir des porteurs; M. Morgand, mécanicien anglais, deux Manilois, timoniers, et deux chinois chauffeurs, toutes personnes que j'avais engagées à Yokohama pour y ramener l'*Océan-Queen*, après qu'il aurait été remis à flots. J'avais aussi un cuisinier japonais que j'avais pris à l'hôtel, dont le propriétaire me dit en me le donnant qu'il avait un défaut, celui de se soûler, mais seulement après neuf heures du soir. Je le pris avec l'engagement qu'il ne boirait pas avant cette heure. Il a presque tenu parole.

J'avais envoyé avant nous le cango que j'avais acheté pour faire le voyage et nous fîmes route jusqu'à Singé, l'endroit où je devais déjeuner et prendre les premiers porteurs, dans ces petits cabriolets (*djin-riki-cha*) de Yeddo, traînés par un seul homme. Ce sont pour ainsi dire des voitures à enfants pour la place qu'on y a. Elles sont bien suspendues et les roues sont presque de grandeur ordinaire ; seulement lorsqu'on y est assis, si on a les jambes un peu longues, le menton touche les genoux. Les boys qui traînent ces petites voitures sont presque toujours nus jusqu'à la ceinture, et comme ils ont tout le corps tatoué, on reconnaît son équipage aux dessins du dos de son brancardier, j'allais dire son cheval.

La seule difficulté que j'ai eue, je crois, dans mon yoyage, s'est élevée à Singé à propos des porteurs. C'est dans ce village que l'on prend son point de départ. C'est là que le Yaconine arrête les premiers porteurs pour les gens et les bagages. Le directeur de la douane de Yokohama m'avait fait demander combien j'avais de colis et avait ordonné dix coolis porteurs, ce qui ne pouvait suffire. Je dis d'en prendre davantage, ce à quoi il me fut répondu que c'était impossible, l'ordre ne portant que dix coolis, mais que je n'avais qu'à laisser les bagages dont je n'avais pas besoin, et qu'ils seraient renvoyés sûrement à Yokohama.

Cela ne faisait pas mon affaire ; aussi ayant vu sur la route, en venant de Yeddo, des chevaux porteurs, je demandais si on ne pouvait pas s'en procurer.

Le chef du village répondit que l'ordre qui lui était parvenu de Yokohama ne parlant pas de chevaux, il pourrait m'en faire donner tant que j'en voudrais. La difficulté fut ainsi tranchée. Cependant le transport par des chevaux est plus long que par des hommes, parce qu'on est obligé à chaque changement de refaire les paquetages.

Je n'ai jamais vu de pays où les ordres du gouvernement soient aussi ponctuellement observés qu'au Japon, qui est loin en cela de ressembler à la Chine où les mandarins ne tiennent la plupart du temps aucun compte des ordres qu'ils reçoivent de Pékin.

Le respect pour les arrêtés du gouvernement est tel au Japon qu'un jour à Sakada ayant acheté une peau de loutre pour un dollar, je voulus payer avec une pièce en argent; cela me fut impossible et il fallut me procurer du papier, parce que l'ordre du gouvernement dit que toutes les transactions commerciales se feront avec du papier.

Après avoir déjeuné, et une fois les bagages chargés, je partais pour Sooaka où j'arrivais vers cinq heures du soir, et où j'étais reçu à l'entrée du village par les chefs qui se prosternèrent à mon arrivée et se rangèrent devant mon cango, criant aux habitants, qui étaient adossés le long de leurs maisons, de s'accroupir sur leurs talons et de se découvrir la tête, même les femmes. Les Yaconines seuls avaient le droit de rester debout et couverts. Je n'avais pas été prévenu à mon départ de Yokohama que je serais exposé à ces honneurs.

Le chef du village, après m'avoir conduit au logement qui m'était préparé, me fit dire qu'il avait en mon honneur donné l'ordre à ses administrés de se mettre en habits de fête et me proposa de me faire visiter son village. Il me conduisit dans une fort belle propriété, où je vis ce qu'on est convenu chez nous d'appeler un jardin anglais: allées tortueuses, petite rivière sinueuse sur laquelle étaient jetés de jolis ponts, petits monticules couverts d'arbres contrariés, offrant toutes sortes d'aspects, petits bois et vertes pelouses, en un mot tout ce que nous voyons dans nos plus charmantes propriétés et tout cela parfaitement soigné. Je me trouvais à l'époque où les camélias sont en fleurs et jamais je n'avais vu et n'ai revu depuis de plantes chargées d'aussi belles fleurs et en aussi grand nombre. Je rencontrais aussi fréquemment en compagnie des camélias, des cerisiers à fleurs doubles, très-beaux arbres d'agrément qui ne donnent pas de fruits. A mon grand étonnement, le Maire, comme je l'appelais, me conduisit voir les baigneurs.

Au Japon, tout le monde fait un grand usage des bains chauds, même très-chauds. Les Japonais font un tel abus de l'eau chaude qu'ils vont jusqu'à donner des bains de pieds à leurs chevaux après le travail.

Nous entrâmes dans l'établissement qui était assez vaste, et qu'on appelle *youya.* Le long des murs, ou pour mieux dire des cloisons, sont des étagères pour déposer les effets ; les baigneurs se tiennent sur un plancher légèrement incliné, sur lequel coule une eau presque bouillante, avec laquelle ils se lavent tout le corps se frottant à s'enlever l'épiderme. Après le bain, ils sont comme des homards cuits.

Les sexes sont mêlés : hommes, femmes, jeunes filles, enfants se lavent à côté les uns des autres, sans penser à mal.

Aucun d'eux ne s'est arrêté dans son savonnage en nous voyant; ils se sont contentés de rire de nous. Les Européens peuvent trouver étrange, dans le principe, ces grenouillères humaines où chacun, sans distinction de sexe, vient avec un sans-gêne très-grand, exhiber ses formes publiquement et en commun. Mais la propreté est un besoin chez le Japonais; le bain où il vient chaque jour faire ses ablutions est aussi nécessaire à sa santé que le riz qu'il mange; s'il est assez riche pour avoir une piscine chez lui, il ne fréquente pas les *youya* ou bains publics. L'homme du peuple, le pauvre, sont donc les clients de ces établissements, que les Européens trouvent immoraux.

Le lendemain 23 avril, je quittais Sooaka où j'avais dîné et couché, mais pas dans un lit, meuble qui n'existe pas chez les Japonais, qui étendent sur les nattes du plancher un petit matelas très-mince sur lequel ils se couchent. S'il fait froid, on garde le feu allumé toute la nuit dans le *chibachi,* sorte de réchaud plus ou moins élégant, que l'on prend en France pour des brûle-parfums. Il y en a en terre et en bronze.

La matinée était magnifique; le soleil était radieux et je cheminais par une route macadamisée, supérieurement entretenue et aussi large que nos routes nationales, à travers une des plus belles plaines que j'aie encore vues, surtout à cause du soin avec lequel elle est cultivée. Pas un pouce de terrain qui ne soit couvert par la végétation. L'orge était déjà en épis; les autres céréales étaient d'une verdure admirable et on n'apercevait pas un brin d'herbe dans les sillons. Les terres étaient plutôt cultivées comme les jardins chez nous, que comme des champs de blés. Les colzas étaient en fleurs et répandaient une odeur très-douce de printemps. Cette belle végétation était entrecoupée de distance en distance par des fermes d'un aspect charmant, toutes entourées de haies vives parfaitement taillées, et chacune d'elles possédait dans sa cour un joli petit parterre tracé et entretenu comme les Japonais savent le faire.

A 10 heures 1/2, j'entrais dans la ville de Kosi-Naya : je ne m'attendais pas à trouver venant à ma rencontre les autorités escortées des gardes de ville, portant à la main des tiges de fer, d'un mètre de longueur, à l'extrémité desquelles se trouvent trois anneaux qui rendent, quand on frappe les cannes à terre, un son de cloches fêlées. Les gardes s'en servent pour attirer l'attention des habitants. Au coucher du soleil, ils parcourent les rues et crient en frappant leurs cannes par terre : « habitants, prenez garde au feu. » Ceux qui me précédaient criaient de se découvrir et de s'accroupir le long des maisons.

Je fus ainsi conduit processionnellement jusqu'à la maison où je devais déjeuner. Comme je l'avais fait la veille à Sooaka, je ne sortis pas de mon cango devant la maison. On me porta dans la première pièce où, en sortant de ma boîte, je trouvais les autorités accroupies. Je les saluais et j'allais dans la chambre qui m'était destinée, et où je n'étais pas plutot entré que je vis une charmante créature ayant des mains et des pieds admirables. Cette jolie enfant venait en marchant sur ses genoux me porter une tasse de thé. Au Japon, la femme respecte tellement l'homme qu'elle ne se présente devant lui qu'à genoux.

La maison où je venais de descendre appartenait au gouvernement et était celle de la ville où descendaient les Daïmos en voyage; aussi était-elle très-bien tenue et d'une propreté remarquable.

Mais comme dans toutes les autres, il ne s'y trouvait pas un meuble, seulement il y avait des bancs qu'on ne portait que pour y mettre mes repas.

Il y avait eu un incident désagréable pour les autorités à mon entrée à Kosi-Naya. Sans que j'y prisse garde, le capitaine Nichols et l'ingénieur, à qui j'avais laissé leurs petits cabriolets de Yeddo, m'avaient devancé; les autorités, qui m'attendaient à la porte de la ville, les conduisirent processionnellement à la maison, où un de mes yaconines qui me précédaient toujours pour faire tout préparer, les prévint de leur erreur. Ils furent obligés de recommencer leur procession, ce qui nécessairement ne leur fit pas plaisir; aussi le chef de mes yaconines me pria-t-il de ne plus à l'avenir laisser personne me précéder.

Après mon déjeuner, je me remettais en route, et fus escorté jusqu'à la sortie de la ville avec les mêmes cérémonies qu'à mon entrée.

A 3 heures de l'après-midi j'étais entré dans la ville de Salle sans m'en douter, car je m'étais endormi dans mon cango, et je ne fus réveillé, que par un bruit de cloches fêlées : je m'aperçus que les antorités me précédaient accompagnées de leurs gardes et je fus très-contrarié de ne leur avoir pas rendu le salut qu'elles avaient dû me faire à mon entrée. Je m'en dédommageais à la sortie, n'ayant fait que traverser la ville.

A 5 heures du soir, étant descendu de mon cango pour cueillir des violettes, je me trouvais, sans m'en douter encore à l'entrée du village de Sen-ni-to : comme mon cango me précédait, je fus obligé de recevoir à pied tous les honneurs, ce qui n'était rien moins qu'agréable; aussi je jurais qu'on ne m'y reprendrait plus. J'ai même profité du changement de porteurs au milieu du village pour me rejeter dans mon cango.

Après avoir passé en barque une rivière assez large, le pont étant brisé, je rencontrais sur la rive, qui était la limite de leur district, les autorités de Kury-achi qui m'accompagnèrent sur la route, pendant une bonne heure, jusqu'à mon arrivée à la maison à thé où j'ai dîné et couché.

Le premier soin de mon cuisinier, à chaque station, était de déballer les deux caisses qui me servaient de cantines de voyage et de s'occuper de mon repas, que je n'attendais généralement pas longtemps, à moins qu'il ne rencontrât quelque ami qui lui payât une tasse de samchou.

Il faisait ce soir-là un clair de lune superbe. Après mon dîner les petites filles du village vinrent chanter et danser devant la maison. Pour reconnaître leur amabilité, j'entrais dans une boutique, où j'achetais un pot de sucre candi, sachant combien les Japonais et les Japonaises surtout sont friands de sucre, et je me mis à en faire la distribution. Toutes ces petites mains, et quelles mains ! étaient charmantes à voir, toutes levées pour avoir leur part. Positivement c'est aux Japonaises que revient la palme pour la finesse des extrémités.

A 8 heures du matin, le lendemain, je quittais Kuri-achi, qui est sur le bord de la rivière de Toni, large comme le Rhône à Valence, et que je traversais dans un bac. Cette rivière, qui est au niveau de la plaine, déborderait souvent, si elle n'était solidement endiguée par des levées en terre très-larges, comme celles du Mississipi à la Nouvelle-Orléans.

De l'autre côté de la rivière, le pays change d'aspect : la route commence à monter : c'est une des grandes voies qui traversent l'Ile de Nippon. Le milieu en est dallé avec des pierres de granit d'un mètre et demi de longueur, posées en travers. Les côtés de la route sont bordés de pins et de mélèzes séculaires. J'en ai mesuré qui avaient au delà de 1^{m},80 de diamètre.

Le pays devient plus accidenté ; il n'est plus aussi bien cultivé que la plaine que j'ai parcourue depuis Yeddo. On commence à rencontrer passablement de bois taillis qui ont poussé à la place de forêts dont on voit encore des restes. Quelques heures après avoir passé la rivière de Toni, qui se jette dans la baie de Yeddo, et pour la navigation de laquelle M. Thibaudier a construit des bateaux à vapeur à l'arsenal de Yokoska, je commençais à apercevoir la grande chaîne de montagnes, dont les pics étaient couverts de neige, qui sépare sur toute sa longueur l'Ile de Nippon en deux parties. J'étais obligé de faire route au nord pour aller y chercher un col accessible pour la traverser.

Mes yaconines étaient chargés de me conduire; aussi s'étaient-ils munis de petites géographies qui leur indiquaient la route à suivre, les villes et villages que j'avais à traverser et ceux où je devais m'arrèter pour déjeuner, dîner et coucher.

Du reste, depuis Singé, un courrier avait toujours été expédié en avant pour prévenir de mon arrivée, afin qu'on tînt les porteurs prêts, ce qui a toujours eu lieu, excepté à Mamaka, grande ville où je fus étonné de ne pas trouver les autorités à la porte et les porteurs prêts quand j'arrivai sur la place. Mes yakonines commençaient à se fâcher quand je vis arriver le Maire, comme je l'appelais. Le pauvre diable tremblait et se prosternait : sa tête touchait la boue, devant mes jeunes yaconines, qui, venant de Yeddo, représentaient l'autorité, et qui étaient d'autant plus furieux qu'il commençait à pleuvoir. Enfin après dix minutes d'attente environ, les porteurs arrivaient et je me remettais en route, après avoir fait revêtir mon cango de sa couverture en papier huilé.

Il n'y a certainement pas de pays au monde, même la Chine, où le papier soit d'un si fréquent usage qu'au Japon. Il y est plus soyeux et en même temps plus fort. On emploie pour sa fabrication beaucoup de paille de riz et aussi la feuille du mûrier à papier. Dans toutes les maisons les carreaux des portes et des fenêtres sont en papier ; les Japonais se font aussi pour la pluie des vêtements en papier huilé.

Après avoir quitté Samaka, je traversais les grands villages de Tchahia, Salé, Mameta, Kouiama, Poqui et j'arrivais à Tchi-Bassi à 9 heures du soir, dans la maison qui m'avait été préparée et qui était celle où descendent les Daïmos quand ils s'arrêtent dans la ville. Les mauvais temps, pluie et vent, que nous avions endurés sur la route avaient retardé notre arrivée.

Ce retard me donnait plus d'appétit pour mon dîner. Mon cuisinier faisait ordinairement ses provisions sur la route. Ce jour-là, n'ayant pas trouvé de poule, il avait été obligé d'acheter un faisan. Il me servit d'abord une très-bonne julienne. Les légumes ne manquent pas au Japon. Les Japonais s'en nourrissent presque exclusivement. Il ajoutait toujours à sa julienne maigre un peu de Liebig. Il me servit ensuite une truite saumonée et après cela son faisan très-bien rôti.

Aussitôt mon arrivée, le thé m'était servi par de charmantes japonaises toujours à genoux. Chaque fois que j'avais besoin de raviver le feu du chibachi, ou de prendre une tasse de thé, je frappais dans mes mains et aussitôt arrivait une jeune fille marchant sur ses genoux et qui s'en allait de même une fois sa besogne faite.

J'ai remarqué que celles qui sont dans les maisons destinées aux daïmos sont plus jolies que celles qui se trouvent dans les maisons à thé ordinaires.

Le 25 je quittais Tchi-Bassi à 8 heures du matin ; la route montant toujours, la température se raffraîchissait, et le temps était pluvieux. Lorsqu'il s'éclaircit, les montagnes qui se voyaient dans l'ouest devinrent très-claires et se détachèrent très-nettes sur un ciel très-pur ; elles étaient couvertes de neige. Aussi, la brise qui en venait était-elle très piquante. A 11 heures du matin, je m'arrêtais dans la ville de Souse-mi-nomia, où l'on me recevait toujours avec les mêmes honneurs. Cette cité est très-grande et très-populeuse.

Pendant qu'on préparait mon déjeuner, je sortis pour faire une promenade. Les Japonais ne sont pas moins curieux que les Français. J'étais suivi par plus de deux cents personnes, que dis-je suivi, j'en avais sur les côtés et même devant moi qui marchaient à reculons pour me mieux voir.

Je suis monté, malgré cette escorte et avec elle, à la pagode, à laquelle on arrive par un escalier en pierre très-large qui compte plus de deux cents marches ; de la plate-forme sur laquelle elle est bâtie, on a la vue d'un panorama magnifique. La grande chaîne de montagnes à l'ouest, une plus basse à l'est, entre les deux, la magnifique plaine que je viens de parcourir, et dont on pouvait très-bien apprécier la culture soignée du point culminant où j'étais placé ; une large rivière, aux contours sinueux, la parcourt. Au sud j'apercevais la route que je venais de suivre et au nord celle que je devais prendre. Avant de descendre de la plate-forme j'ai fait comme tout le monde, j'ai jeté mon offrande dans la pagode dont j'ai eu soin de sonner la cloche pour prévenir la divinité de venir chercher ce que je lui donnais. Quoiqu'il m'ait été dit qu'on ne la voit jamais venir, les offrandes disparaissent néanmoins.

Après avoir jeté mes sapèques dans la pagode, je fis aux bonzes une petite offrande qui parut les rendre très-heureux. Ils ne demandent jamais. Du reste, quoique la mendicité ne soit pas interdite au Japon, c'est le pays, de tous ceux que j'ai parcourus, où j'ai rencontré le moins de mendiants; en dehors de quelques grandes villes aux abords desquelles on en voit quelquefois, on n'en rencontre jamais, pas même dans les villages les plus pauvres, où personne ne mendie.

Les enfants des villages étaient très-heureux des quelques sapèques que je leur donnais et pour lesquels les mères venaient généralement me remercier, mais ils ne demandaient jamais rien.

La maison qui m'avait été préparée à Sousi-mi-nomia était complétement neuve. Le quartier où elle était située avait été entièrement brûlé quelque temps auparavant. D'après mon estimation, six cents maisons environ avaient été détruites dans cet incendie. Il était assez facile de les compter par les cases à l'épreuve du feu, qui étaient toutes restées debout et que le vernis noir qui les enduit faisait briller au soleil; elles faisaient l'effet de petits blockhaus.

Après mon déjeuner, les autorités viennent me reprendre et m'accompagnent jusqu'à la porte de leur ville. La route que je suis après avoir quitté la ville devient moins bonne et montagneuse; le chemin est cependant toujours bordé de beaux arbres, tous de l'essence des pins.

Dans l'après-midi, j'arrivais au village de Chisa-Sawa, où le chemin commence à devenir très-mauvais. Une rivière que nous passons dans un bac était curieusement endiguée. Ces rivières descendant des montagnes ont un courant très-rapide et des crues très-promptes, qui occasionnent des débordements. Pour soutenir les digues de celle-ci, les habitants construisaient des paniers en bambous de forme cylindrique de 7 à 8 mètres de long sur 1m 50 de diamètre qu'ils mettaient en travers des endiguements et qu'ils remplissaient ensuite de pierres ; les paniers, de la forme de longs boudins, se touchaient et offraient une grande résistance à l'eau ; mais je crois que c'est un travail qu'ils doivent recommencer au printemps de chaque année.

De l'autre côté de la rivière, il nous fallut encore gravir de petites collines ; puis nous tombâmes dans une plaine magnifique entre deux chaînes de montagnes. La pluie nous surprit dans la plaine. Je n'avais pas pris la précaution de faire mettre à mon cango sa couverture huilée ; aussi, tous ses carreaux furent-ils enlevés par la pluie et je fus obligé de les faire remplacer à Oua-qui où je couchai.

Il fit toute la nuit des coups de vent violents. La maison que j'habitais avait un étage où était ma chambre et je trouvais que si les maisons japonaises sont charmantes pour la légèreté de leurs constructions, elles sont peu agréables à habiter avec mauvais temps ; autant vaudrait être à bord.

A Oua-qui, la route cessait tout à fait ; aussi était-il impossible aux petites voitures de Yeddo qui avaient transporté jusques-là le capitaine Nichols et M. Gorgan, de continuer, et ces Messieurs furent obligés de prendre à leur place le moyen ordinaire de transport, qui consiste en un large panier plat en bambou, porté par deux coolis, à l'aide d'un fort bambou. Les suspensions du panier, dans lequel on s'assied généralement, les Japonais du moins, les jambes reployées sous le corps, sont aussi faites avec des cordes du même arbre. Le bambou est employé à tous les usages au Japon, où on le cultive avec soin.

Les petites voitures avaient fait quatre jours de route, d'une moyenne de 10 à 12 ris (lieues) chacune. Ainsi, quand j'avais changé de porteurs au moins quatre fois par jour, le même homme avait traîné sa petite voiture chargée de 90 kil., comme celle du capitaine Nichols, en ne se laissant jamais devancer par les porteurs.

Il est vrai qu'ils s'étaient fait payer fort cher, 3 francs environ par jour pour l'homme et la voiture ; le retour était à leur compte. Il fallait voir maintenant la grimace que faisaient les deux porteurs à qui tombait la mauvaise chance d'avoir le gros capitaine.

Le 26 Avril je quittais Oua-qui avant 7 heures du matin; le mauvais temps avait cessé, mais quoiqu'il fît très-beau, l'air était vif. La route, comme le pays, devenait très-accidentée. Après quelques heures de marche, je quittais le pays montagneux et je retombais dans une belle plaine située entre deux chaînes de montagnes peu élevées et qui me conduisait à la rivière de Kissou, qui est très-large, et se divise en plusieurs bras et dont les bords sont endigués, comme ceux du cours d'eau que j'avais traversé la veille; néanmoins, elle occasionne quelquefois de grands ravages. Je traversais le bras le plus profond en bac ; pour les autres, les porteurs tenaient mon cango à bout de bras ou le portaient en se mettant un à chaque coin. Pour les deux porteurs du capitaine Nichols, ce n'était pas aussi facile à cause de son poids; aussi parfois l'entendais-je jurer lorsque son panier approchait trop de l'eau.

Le village de Ket-so-ré est situé sur le bord de la rivière, sur la rive gauche. Lorsque je la traversai, les enfants venaient de sortir des écoles. J'en trouvais un grand nombre qui avaient laissé leurs livres sur les bords, ou qui les avaient suspendus au cou, et qui cherchaient à pêcher de petits poissons. Parmi ces enfants, beaucoup portaient à la ceinture le sabre si affilé auquel les yaconines ont seuls droit. Dans le village je fus entouré, pendant le changement de porteurs, par un grand nombre de ces enfants, et beaucoup portaient aussi le sabre et quelquefois deux. Le pays que je traversais alors est la partie que les gens du Sud, qui soutenaient le Mikado contre le Taïkoun, ont eu le plus de peine à soumettre; ce qui tenait à ce qu'il y a, de ces côtés, beaucoup de yakonines guerriers: c'étaient leurs enfants que je voyais. Ils portent le sabre, qui est le signe de la noblesse, souvent à l'âge de 5 ou 6 ans, et ce sont des armes qui coupent comme des rasoirs. Cependant on me disait qu'il n'arrive jamais d'accidents.

Pour un Japonais, faire voir la lame de son sabre, excepté devant l'ennemi, est un déshonneur.

A mesure que j'avançais, après avoir quitté Sakou-Yamo où j'avais déjeuné, je me trouvais dans un pays de plus en plus montagneux et qui était presque en friche. Les chevaux y devenaient plus nombreux, plus forts et mieux soignés. Je rencontrais parfois des marchands qui en conduisaient aux divers marchés pour les vendre. Chaque animal portait sa provision de chaussures. Les Japonais ne ferrant pas leurs chevaux, ce qui leur rend la corne des sabots très-sensible, leur mettent des chaussons tressés avec de la paille de riz ; ces chaussures durent peu. En continuant ma route, je rencontrais des éleveurs qui avaient au pâturage une assez grande quantité de chevaux et j'appris que c'était la seule industrie du pays. Seulement je n'ai encore aperçu ni bœufs, ni moutons, ni porcs. On ne voit autour des fermes que quelques poules, encore sont-elles peu nombreuses et par conséquent fort chères. Quelque bien cultivé que soit le Japon, il ne fournit pas toujours la quantité de riz nécessaire pour la nourriture de ses habitants, auxquels il devient très-difficile de nourrir des volailles et autres animaux. Aussi mon cuisinier se procurait-il plus facilement des faisans. J'en voyais très-souvent suspendus pour la vente à l'étalage des boutiques ; seulement c'étaient toujours des coqs, jamais des poules. Voici l'explication qui me fut donnée : Nous étions au commencement du printemps, époque de l'accouplement ; on me dit que les coqs faisans, qui ne trouvaient pas de femelles de leur espèce, s'abattaient sur les poules des fermes, qui étaient nécessairement défendues par leurs coqs. Le fermier, prévenu par le bruit, dont il connaissait le motif, prenait son fusil à mèche et punissait le hardi amoureux. Un coq ordinaire n'est pas de force contre un coq faisan; aussi en rencontre-t-on presque toujours deux gardant une seule poule et vivant en paix ; nécessité fait loi.

On me racontait que pendant le combat les poules ne se sauvent pas. Elles y assistent tranquillement et se soumettent au vainqueur qui se sauve après sa victoire, si c'est le faisan. On voit autour des fermes beaucoup de poules qui ont le plumage du faisan et qui sont forts jolies.

Le soir, d'assez bonne heure, je m'arrêtais au village d'Outa-Wara pour y passer la nuit.

Le lendemain, après avoir passé la nuit dans une maison à thé bien moins confortable que celles où j'avais habité depuis mon départ, je quittais le village avec une petite pluie fine qui dura toute la journée et qui avait rendu la route très-mauvaise pour les porteurs qui glissaient à chaque instant; aussi avait-il fallu les doubler.

A mon arrivée, mes yakonines avaient eu une très-longue discussion avec celui qui était chef du district, à propos de la lettre qu'il devait remettre au courrier à envoyer au chef de Nabi-Kaky-Yeko, avec lequel il était en mauvais termes, pour le prévenir de mon arrivée chez lui afin que les porteurs fussent prêts. Mes jeunes yakonines se fâchèrent et menacèrent de se plaindre à Yeddo. Alors la lettre partit.

Les sites étaient très-variés et très-pittoresques. Je rencontrais assez souvent des bois de camélias sauvages dont le feuillage est plus beau que celui des arbres greffés. Ils étaient chargés de fleurs. Les Japonais emploient l'huile de la graine du camélia pour la chevelure et l'entretien des armes blanches, qu'elle empêche de se rouiller. La hauteur des camélias que je rencontrais était d'environ 15 à 20 mètres et les troncs des arbres d'un diamètre de 20 à 30 centimètres.

A 11 heures 1/2 j'arrivais à Nabi-Kaki-Yeko où, malgré le mauvais temps, les chefs m'attendaient à l'entrée du village. Comme toujours, après m'avoir fait leur salam, ils marchèrent devant mon cango pour me conduire à la maison qui m'était préparée. Je ne sais si c'est à cause de la pluie ou par malice, mais les porteurs allaient un pas très-accéléré. Les yakonines pour conserver leur distance étaient obligés d'en faire autant. Aussi pataugeaient-ils dans la boue d'une façon qui n'avaient pas l'air de convenir à leur dignité.

A cause des mauvais chemins, je pressais le déjeuner et au bout d'une demi-heure je me remettais en route.

Je faisais tranquillement ma sieste lorsque je fus brusquement réveillé par une forte secousse: c'étaient deux porteurs qui s'étaient laissé choir et mon cango qui touchait terre; comme il n'en était pas distant de plus de 20 centimètres le mal ne fut pas grand.

Il n'en fut pas de même pour un des Chinois, que ses porteurs laissèrent tomber derrière moi dans la boue d'une hauteur de 80 centimètres environ; de plus son cango fut brisé. Il vint se plaindre à moi, mais je lui dis qu'il n'avait qu'à aller à pied.

Le cango du capitaine Nichols menaçait aussi ruine, ce qui n'était pas étonnant avec son énorme poids; cependant il dura jusqu'à notre arrivée à Achi-No, village assez misérable que nous atteignîmes vers 5 heures du soir, toujours avec de la pluie.

Il fallait un nouveau cango, mais plus solide que le précédent pour le gros Nichols. Le chef du village nous apprit qu'il n'y avait qu'un charpentier et qu'il ne pourrait pas dans sa soirée faire ce que je demandais. Mes yakonines répondirent que cet artisan passerait la nuit si c'était nécessaire, mais qu'il fallait que ce fût fait. Les gens du sud imposent une telle crainte à ceux du nord, et le Japonais a tellement le respect de l'autorité, que le charpentier se mit immédiatement à l'ouvrage qu'il ne quitta, au milieu de la nuit, que lorsqu'il fut entièrement terminé.

Le 28 au jour, le temps s'était tout-à-fait remis au beau. Je fis chercher des chevaux, voulant essayer cette manière de voyager, qui me permettait de mieux me rendre compte de l'aspect du pays. Malheureusement l'animal que l'on me fournit avait les jambes de devant très-faibles et j'étais obligé de le tenir en bride; de plus il perdait à chaque instant ses chaussons. Aussi à la fin de la journée j'étais éreinté et j'en avais assez de ce moyen de locomotion; je préférais encore mon cango.

Parti d'Achi-No à 7 heures du matin, j'arrivais à Chisa-Saca à 9 heures 1/2 et à Chisa-Cava à 11 heures 1/2 pour déjeuner. A 2 heures de l'après-midi je me remettais en route et j'atteignais un village entièrement brûlé et peu de temps après celui de Fou-Massi qui ne l'était qu'en partie; mais depuis celui-ci jusqu'à celui de Ja-Bouki, où je m'arrêtais à 6 heures du soir pour coucher, tous les villages que je rencontrais sur la route avaient été détruits par les flammes: résultat de la guerre entre le Mikado et le Taïkoun. Ce qui aggravait l'étendue du fléau, c'est que la route suivait une belle vallée et que tous ces villages avaient dû être très-prospères avant la guerre.

L'exercice du cheval m'avait fatigué; aussi en arrivant à Ja-Bouki je demandais un bain chaud qui fut prêt au bout de cinq minutes. Dans toutes les maisons à thé qui servent d'auberge j'étais toujours sûr de trouver un bain préparé.

A part la plaine que nous avions parcourue une partie de la journée, la route avait été très-accidentée.

Le 29, vers 6 heures du matin, je quittais Ja-Bouki avec une petite pluie fine qui me fit encore préférer davantage mon cango au cheval. La route est fort belle et abritée par des pins magnifiques dont les branches se croisent et forment une voûte impénétrable aux rayons du soleil. Le chemin est fort accidenté et suit un plateau assez élevé. On aperçoit dans l'ouest la grande chaîne de montagnes et dans l'est la petite. A 9 heures 1/2 j'atteignais le village de Cra-Tché et j'en traversais ensuite plusieurs autres d'un aspect assez misérable et dont les maisons étaient construites en bois et torchis. Nous redescendîmes dans la plaine et à 11 heures 1/2 je m'arrêtais pour déjeuner dans la ville de SouKaava où recommencèrent les honneurs dont on m'avait privé depuis vingt-quatre heures. Mais aussi j'avais été descendu à la maison des Daïmos.

Je me remettais en route à 1 heure de l'après-midi; aussitôt sorti de la ville je traversais une fort jolie rivière sur un pont provisoire, l'autre étant en construction, et je remontais encore sur les plateaux où le chemin traversait des sites très-variés et très-pittoresques; puis, au bout d'une heure, je redescendais dans une plaine magnifique, admirablement cultivée, qui s'étend jusqu'au pied de la grande chaîne de montagnes.

Dans l'après-midi je traversais les villages de Sa-Na-Va et Ko-a-ra-da situés dans la plaine, et où j'ai pour la première fois rencontré la culture des mûriers dont les bourgeons commençaient à s'ouvrir. Aussi voyait-on devant les fermes les paniers à faire éclore exposés au soleil, afin que la dernière humidité de l'hiver disparût.

Avant le coucher du soleil, le 29, j'arrivais à Kodi-Ama pour y passer la nuit. Cette petite ville, qui avait été brûlée par les gens du sud, comme tous les villages que j'avais rencontrés dans la journée, commençait à se reconstruire.

Le peuple Japonais est certainement le plus poli et le plus doux du monde. Depuis dix jours que je voyageais je n'avais pas vu frapper un enfant. Il est laborieux et industrieux et ne pense qu'à se procurer le bien-être et à en donner aux autres. Par malheur il possède comme les pays, dit-on civilisés, des princes auxquels il paie des impôts qui leur servent à acheter des armes, avec lesquels ils les font s'entr'égorger pour soutenir leurs querelles ambitieuses. Chaque Daïmos ou prince a ses armes que portent sur le dos de leurs kimonos (robes) les gens qui lui appartiennent. Tout ce qui est la propriété d'un Daïmos, comme porcelaines, objets en laque, armes de guerre, etc., porte aussi son écusson.

Il faut dire, pour être vrai, que le gouvernement et les Daïmos prennent le plus grand soin du bien-être matériel de leurs sujets, qui ainsi, à l'encontre des Chinois, ne cherchent pas à émigrer, quoiqu'ils soient libres de le faire et qu'ils aient le goût des voyages. Mais où seraient-ils plus heureux, même aussi heureux, que chez eux ?

Les Japonais comprennent les deux premiers besoins de l'homme, celui de l'alimentation d'abord. Le pays ne fournissant pas toujours la quantité de riz ou de céréales nécessaire à la subsistance de la population, à cause du peu de terres cultivables et irrigables, quelque bien cultivées qu'elles soient, l'agriculture y est en très-grand honneur.

Dans leur légende de la création du monde, les Japonais disent qu'Adam avait été créé seul et que pour vivre il cultivait la terre. Seulement déjà arrivé à un âge assez avancé, il s'ennuyait seul, voyant tous les animaux autour de lui posséder des compagnes, et s'en plaignait à son créateur qui lui répondait : travaille, c'est là que tu trouveras ton bonheur, et il obéissait.

Un jour il déterra d'une pièce de terre qu'il avait cultivée avec soin un énorme navet presque aussi grand que lui et se terminant par deux branches.

Il s'en réjouit pensant que c'était ce qui lui avait été promis et en tailla avec son couteau une image lui ressemblant, que son créateur anima pour le récompenser et dont il fit sa femme.

On trouve dans tous les magasins de petites statuettes représentant Adam tenant dans ses bras le navet qu'il vient de déterrer.

Le gouvernement s'occupe en second lieu de l'autre grand besoin de l'homme : la femme. Il n'y a pas de village où les voyageurs ne trouvent ce qui leur est nécessaire. Ce n'est pas un déshonneur pour la femme non mariée de se livrer à un homme.

Il n'y a pas d'esclavage au Japon, seulement la mère peut vendre ses filles. Aussi les propriétaires des otchivaras (maisons à thé) achètent-ils des enfants de 7 à 8 ans qu'ils élèvent et qui dès 4 heures de l'après-midi sont en toilettes d'apparat et bien coiffées; la coiffure est une opération qui prend plusieurs heures. Elles sont ensuite mises en montre toute la soirée, comme les autres habitants de la maison. Quand ces enfants sont assez grandes, elles se font musiciennes ou chanteuses. Quand ces filles arrivent à l'âge de 21 ans, elles deviennent maîtresses d'elles-mêmes. Si elles ont mis de côté quelque argent, elles se marient facilement.

Les lois japonaises condamnent pour certains crimes commis par les maris, leurs femmes et leurs filles à servir dans les maisons à thé (otchivaras) pendant un temps plus ou moins long ; quelquefois jusqu'à trois ans.

Il n'est pas étonnant, après tout cela, que la pudeur ne soit pas innée chez la Japonaise qui ne comprend la femme que comme créée pour être au service de l'homme.

Tout le long des routes dans les villes et villages où l'on doit s'arrêter, il y a des maisons à thé ou le voyageur trouve tout ce qui lui est nécessaire; et comme à 21 ans les pensionnaires finissent leur temps de service, elles sont toutes jeunes.

Je quittais Kodi-Ama d'assez bonne heure le 30 et continuais pendant quelques heures dans la belle plaine dans laquelle j'étais descendu la veille; à 9 heures du matin, après avoir quitté le village de Chewa-da, je rentrais de nouveau dans la montagne et j'arrivais au village brûlé de Tacacoura. J'avais quitté les belles routes ombragées ; tantôt je gravissais de petites montagnes pour retomber ensuite dans la plaine. Tous les versants des collines étaient maintenant cultivés en mûriers ; on voyait que nous étions dans un district à soie. Dans l'après-midi, après avoir marché 4 h. dans la plaine admirablement cultivée, je traversais une grande ville nommée Chemisi-Matchi et je remontais sur les hauteurs, puis je quittais à 6 h. le pays montagneux pour retomber dans cette grande plaine qui s'étend jusqu'au pied de la grande chaîne de montagnes, et avant la nuit j'arrivais à la grande ville de Foukousima qui était encore occupée par les troupes du Sud, dont on voyait beaucoup de soldats dans les rues.

Le 1er mai, je partais de Foukousima à 7 heures du matin et je continuais dans la plaine jusqu'a Chino-Vida, où je traversais la rivière de Pari-Gawa, après le passage de laquelle, je me dirigeais vers l'Ouest. J'allais jusqu'à Coli où je prenais les porteurs pour entrer dans la grande chaîne de montagnes, au pied desquelles se trouve le petit village de Cosako-Toni, qui n'a que quelques maisons, et où j'arrivais à midi.

Les porteurs avaient été doublés. J'en avais maintenant huit pour porter mon cango. En somme, pour le transport des hommes et des bagages, j'avais quarante-cinq personnes et dix chevaux. Ceux-ci vont très-doucement.

Au bout d'une heure, nous avions gravi les rampes de la première petite montagne d'où le point de vue était magnifique. Nous dominions toute cette belle plaine que nous avions traversée la veille et qui est sillonnée par une belle rivière qui prend sa source dans la chaîne de montagnes, dans un des cols de laquelle nous entrions et qui va se jeter à la côte est de l'île Nippon. Nous apercevions aussi tous les villages de la plaine très-rapprochés les uns des autres et entourés par leurs rizières et leurs champs de mûriers, séparés de temps en temps par des champs de colza que l'on distinguait à cause du jaune d'or de leurs fleurs. Autour des fermes, des camélias et des cerisiers à fleurs doubles offraient à la vue leurs immenses bouquets de fleurs.

Aussitôt arrivés au faite de cette petite montagne, nous en descendions par un chemin très-rapide, pour en remonter une autre plus élevée à la descente de laquelle nous entrions dans une vallée très-profonde, où coule une rivière très-rapide qui prend sa source à quelque distance. On me dit que c'est la rivière de Sakada, à l'embouchure de laquelle je me rendais.

Nous côtoyions un torrent très-rapide dans lequel d'autres venaient se jeter en sautant de rochers en rochers, au milieu de pins séculaires et d'une végétation magnifique mais sauvage. Peu de cultures et en céréales seulement. Tous les cours d'eau étaient bordés d'azalés que j'avais commencé à rencontrer en entrant dans les montagnes, où les routes ne sont presque plus que des sentiers, qui sont entretenus malgré la dégradation occasionnée par les pluies d'hiver.

La difficulté de la route nous forçait à changer de porteurs à peu près toutes les heures. Enfin après avoir traversé les villages assez misérables de Cami-Tozania, Chimo-Touzawa, Vatala-sé, nous arrivions à six heures et demi du soir au village de Ci-qui aussi peu riche que les autres.

Mon cuisinier qui n'avait rien trouvé à acheter sur la route fut à la recherche de provisions et vint me dire d'un air piteux qu'il n'avait rien trouvé. Force fut de se rabattre sur les conserves.

La perspective n'est pas belle ; le temps se couvre et on m'annonce que si la pluie vient à tomber dans la nuit, il sera impossible de me remettre en route le lendemain matin. Heureusement il plut peu et après une nuit assez mauvaise, je pouvais partir vers 7 heures du matin, le temps s'étant tout à fait remis au beau.

J'avais assisté la veille à une scène entre mes yaconines et le chef du village qui réclamait cinq rios (dollars) pour les porteurs. Mes jeunes gens se fâchèrent, le menacèrent de porter plainte à Yeddo et en définitive lui donnèrent trois rios.

Le chef du village craignant de perdre sa place, qui cependant ne devait pas lui rapporter grand chose, se prosternait la tête jusqu'à terre.

Cependant il faut remarquer qu'au Japon comme partout les gens de la montagne sont beaucoup plus indépendants que ceux qui habitent la plaine. Aussi comme les chemins étaient mauvais eût-on beaucoup de peine à rassembler les porteurs qui m'étaient nécessaires. Je voyais le chef du village aller lui-même de maison en maison où les hommes ne paraissaient pas se gêner pour lui refuser de marcher.

Deux heures environ après avoir quitté Ci-qui, je pus m'assurer que ce qu'on m'y avait dit la veille au soir, que si la pluie continuait je ne pourrais pas me mettre en route, était exact.

J'arrivais au fond d'un ravin qui devient une rivière infranchissable après quelques heures de pluie et je pus constater les dégâts qu'y avait occasionnés la petite quantité de pluie qui y était tombée dans la nuit.

Continuant toujours ma route à l'ouest, en descendant dans les vallées qui sont très-peu cultivées, faute de terre propice, car il faut rendre cette justice aux Japonais qu'ils ne laissent pas en friche le plus petit morceau de terre qui peut rapporter une récolte quelconque, je m'arrêtais au village de Tono-Ava, dont le yaconine voulut faire payer ses porteurs le double du prix. Les miens se fâchèrent comme à Ci-Qui et réglèrent les prix comme ils le jugèrent convenable. Je ne sais vraiment pas comment j'aurais fait sans eux tout le long du chemin pour payer mes dépenses.

Après avoir continué à descendre, j'arrivais vers une heure de l'après-midi au pied d'une montagne à pic, dont nous atteignîmes le sommet avec assez de peine, dans une coupure qui y est faite pour laisser passer la route. Au sortir de cette coupure on se trouve tout-à-coup au dessus d'une gorge très-profonde au fond de laquelle on descend par quatorze rampes très-raides, mais bien entretenues et soutenues par des travaux en maçonnerie.

Au commencement de la première rampe se trouve une pagode très-vénérée par les voyageurs ; comme je m'étais arrêté devant pour laisser reposer mes porteurs, l'un d'eux et mon cuisinier s'y rendirent pour y faire leur prière et offrir une aumône.

Les voyageurs ont l'habitude d'y laisser leur nom écrit sur un petit carré de papier semblable à nos cartes de visite. Les murs en sont complétement tapissés à l'intérieur.

Après être descendus au fond de la gorge, nous entrons dans une vallée d'abord assez large, mais qui se rétrécit à une faible distance, et nous arrivons au village de Navan-Guy au sortir duquel nous nous trouvons dans une vaste et magnifique plaine très-fertile et très-bien cultivée. Elle est complétement entourée de montagnes. Faisant route au nord, nous suivions cette belle plaine, coupée de rizières et de champs de blé, d'orge, en fleurs seulement et de colza jusqu'à la ville de Cani-O-Yama où je suis conduit pour y passer la nuit à une maison à thé où se trouve une source d'eau thermale appartenant au Daïmos, qui a envoyé deux de ses officiers me saluer.

Ma chambre est au premier étage et les fenêtres donnent sur une large piscine d'environ vingt mètres de long sur quinze de large, qui est commune à tous les habitants et que le prince a fait construire pour leur usage. Autour sont des étagères abritées contre la pluie et où se déposent les effets des baigneurs, qui y viennent quand ils veulent et qui y sont tous mêlés, quels que soient l'âge et le sexe. Il y a eu toute la nuit des gens se baignant.

Au milieu de la cuisine se trouvait un petit bassin pour l'usage particulier de la maison. Il était entouré d'une claire voie qui abritait peu des regards des curieux. Mais que faire? Je pris un bain le soir et un autre le matin avant de partir. L'eau était un peu trop chaude.

Le 3 mai, à 6 heures 1/2 du matin, je quittais la ville de Cami-O-Yama, escorté par les trois autorités réglementaires auxquelles s'étaient joints les deux officiers du Daïmos qui étaient venus me saluer la veille; j'entrais dans une petite chaîne de montagnes, qui longe la plaine que j'avais traversée la veille. Depuis deux heures, nous marchions vers le nord, lorsque tout à coup nous arrivons au bord d'une colline coupée à pic, d'où l'on découvrait toute la plaine cultivée principalement en rizières. Elle est parsemée de villages et sillonnée par plusieurs rivières et un grand nombre de cours d'eau qui en rendent l'irrigation très-facile. Nous redescendons dans la plaine et au bout d'une heure et demie de marche, après avoir traversé plusieurs villages nous arrivions à la ville de Tou-Oka-Matchi ; après Yeddo, c'est la plus grande ville que j'aie rencontrée au Japon. Nous avons mis une heure et demie à la traverser du sud au nord. Après la sortie de la ville nous continuons toujours dans la plaine qui se trouve entre la chaîne de montagnes que nous avions traversée le matin et une autre chaîne de montagnes dans l'ouest, beaucoup plus élevées, qui étaient encore couvertes de neige.

Sur la route, nous trouvons des bandes de Japonais marchant dans la même direction que nous. De l'autre côté de la grande chaîne de montagnes, j'en avais aussi rencontré, qui se dirigeaient du côté d'où nous venions. J'appris que c'étaient les gens de la montagne qui allaient se louer dans les plaines pour le temps de la moisson. C'est ce qui m'a expliqué la difficulté que nous avions eue à nous procurer des porteurs dans la montagne, où j'avais remarqué que les femmes portent, comme les hommes, des pantalons serrés au bas des jambes, ce qui indiquait qu'elles travaillaient comme eux. Les Japonais qui se livrent aux travaux des champs ou qui marchent beaucoup se serrent le bas des jambes depuis le dessous des genoux pour se préserver des varices.

A une heure et demie de l'après-midi nous attendions à Tandou nos bagages depuis fort longtemps, lorsqu'enfin mes cantines arrivent en premier lieu. Nous étions talonnés par la faim ; aussi pour aller plus vite et donner le temps de préparer autre chose, je fais prendre à mon cuisinier du Liebig, avec lequel il prépare un bouillon où il fait pocher quelques œufs, potage devant lequel s'ébahissent mes Anglais. Après nous être bien réconfortés, nous nous remettons en route vers cinq heures, lorsque tous les bagages furent arrivés. Je n'ai su à quoi attribuer ce retard, ce qui ne m'a pas empêché d'en faire le reproche à mes yaconines ; aussi le soir j'ai trouvé le plus jeune déjà rendu à Kakioska où je devais passer la nuit. Tout était prêt pour me recevoir.

Le temps était splendide lorsque nous quittions Kakioska le 4 à six heures du matin. Le chemin était très-accidenté ; parfois nous nous trouvions dans les montagnes, puis nous redescendions dans la plaine pour remonter de nouveau sur les hauteurs.

Dans la matinée nous eûmes d'abord une rivière à traverser dans un bac, puis deux autres moins profondes, que les pluies avaient fait descendre. Comme dans tous les pays de montagnes, lorsque les rivières descendent, elles roulent avec leurs eaux des pierres quelquefois énormes, qui, avec la vitesse du courant, en rendent le passage très-difficile et nécessitent des passeurs connaissant les localités et les endroits dangereux. Pour me faire passer celle-ci, ils furent obligés de porter mon cango sur leurs épaules; ce qui ne manquait pas d'être assez dangereux, si un des passeurs venait à manquer pied j'étais roulé par la rivière dans mon cango d'où je ne sais comment je serais sorti, si même j'avais pu m'en retirer. Dans la matinée j'arrivais au village de Oba-na-Zawa, où les chevaux porteurs furent remplacés par des hommes et je rentrais de nouveau dans un pays montagneux où je ne rencontrais plus de rizières. La culture consistait en céréales, en tabac et en chanvre. Le chanvre du pays est fort beau. Je commençais aussi à rencontrer des bœufs porteurs, qui étaient d'une belle taille, surtout comparés aux chevaux, qui sont généralement petits ou de taille moyenne.

Sur toute ma route je n'ai pas rencontré une prairie. Dans le district où je me trouvais en ce moment et où les cultivateurs se livrent aussi à l'élève des chevaux, ils brûlent au printemps les vieilles herbes pour en avoir de fraîches.

Dans les endroits où les habitants ont des rizières, ils se servent des chevaux pour les labourer. Pour cela ils leur passent la queue entre les jambes et au moyen d'une corde l'attachent à la tête, et à l'aide de cette martingale d'un nouveau genre, les forcent à piétiner dans la rizière où ils ont de l'eau et de la boue jusqu'au poitrail. Les Japonais étant obligés de cultiver le riz tous les ans dans les mêmes terres sans les laisser reposer emploient le plus de fumier qu'ils peuvent, surtout l'engrais humain, dont ils ne laissent rien perdre. Sur les routes, on trouve de distance en distance des baquets pour l'usage des passants, qui ne manquent pas d'en profiter.

Vers midi, après être descendu dans une petite plaine, je me trouvais au bout d'un quart d'heure au pied d'une petite montagne à pic au sommet de laquelle on arrivait par des rampes très-raides. Une fois au sommet, j'aperçus tout à coup au-dessous de moi une fort belle rivière dont le courant était très-rapide. Je pris des informations : c'était la rivière de Sakata. Une heure après, j'arrivais au village de Naqui, qui est situé sur la rive droite.

La route vers Sakata étant très-difficile à partir de ce village, mes yaconines me demandèrent à louer des bateaux. Ne me rappelant pas que c'étaient de jeunes soldats, je les laissais faire sans m'enquérir des barques qu'ils s'étaient procurées. Au moment de m'embarquer, je fus très-désappointé de trouver trois petits bateaux chargés de telle façon qu'ils avaient tout au plus dix à quinze centimètres hors de l'eau. Dans le petit port où ils étaient abrités, il n'y avait aucun danger, mais je voyais dans la rivière un courant très-violent. Enfin, je fis amarrer solidement les trois bateaux côte à côte pour augmenter la stabilité et j'entrai en rivière. A cause des pluies qu'il avait fait et de la fonte des neiges sur les montagnes, le courant était très-rapide, comme je l'avais remarqué de la rive, et parfois lorsque nous passions avec une vitesse de six nœuds le long de rives taillées à pic, le long desquelles il eût été impossible de s'accrocher, je pensais combien il serait stupide d'être venu de si loin pour me noyer dans de l'eau douce.

Malgré la préoccupation que me causaient ces embarcations je ne pouvais m'empêcher d'admirer la beauté de cette rivière sur laquelle le courant m'entraînait avec rapidité. Elle est très-encaissée dans la première partie que nous parcourions ; mais ses bords, quelque escarpés qu'ils soient, sont couverts par des forêts de pins, de mélèzes et de cèdres. En passant le long des bords, coupés à pic dans beaucoup d'endroits et rendus luisants par le courant, on apercevait dans le roc de beaux filons de charbon de terre dont l'exploitation serait très-facile à cause de la proximité de ces gisements auprès de la rivière ; mais pour le moment les Japonais ont tant de bois qu'ils négligent ce combustible. Beaucoup de leurs bateaux à vapeur chauffent même au bois ; cependant aux environs de Sakata, il y a quelques mines de charbon en exploitation et on est venu m'en offrir pour l'*Océan Queen*.

En descendant la rivière, qui en reçoit beaucoup d'autres, ainsi qu'un grand nombre de ruisseaux, le panorama change à chaque instant. A chaque crique qui offrait un abri nous faisions partir des volées innombrables de sarcelles et de canards. Je me contentais d'en tuer trois pour notre déjeuner du lendemain craignant que l'excitation de la chasse ne fît oublier la prudence nécessaire pour surveiller nos frêles embarcations. Quelquefois nous avions la vue bornée par les rochers bordant la rivière et coupés droits comme des murs, quand tout à coup nous arrivions à l'embouchure d'une autre rivière dont nous apercevions le cours s'étendant à perte de vue entre des rives cultivées qui contrastaient avec les rives incultes de la rivière de Sakata où l'on n'apercevait que de rares maisonnettes de charbonniers. Enfin, à six heures du soir nous arrivions au petit village de Semidzo pour y passer la nuit.

J'avais, en arrivant à Semidzo, signifié à mes yaconines que je ne voulais pas continuer à descendre la rivière dans les petites barques qui m'y avaient transporté. Comme il ne s'en trouvait pas d'autres sur les lieux, nous partîmes par terre, le 5, à six heures du matin, pour continuer notre chemin vers Sakada. Au bout d'une heure de route les yaconines ayant trouvé deux grands bateaux dans une petite crique de la rivière, nous nous y embarquâmes.

La rivière continuait à être aussi encaissée que la veille et à présenter, en la descendant, des points de vue aussi admirables ; ses cascades tombaient de rochers en rochers depuis le haut des montagnes au milieu de bois magnifiques. Je n'avais jamais rien vu d'aussi beau, même dans les régions intertropicales. Au bout de trois heures, nous arrivions au petit village de Kioka, où nous éprouvions de grandes difficultés pour nous procurer des bateliers. Ici, l'autorité de mes yaconines n'était plus reconnue comme dans l'intérieur du pays. On rencontrait l'indiscipline du marin à terre. Enfin, au bout de deux heures, nous réussissons à partir et peu de temps après avoir quitté Kioska, la rivière s'élargissait et courait à travers une plaine immense qui s'étend jusqu'à la mer; à quatre heures du soir j'arrivais à la douane de Sakoda, où, après m'être fait reconnaître, je me rendais à bord de l'*Océan-Queen*, qui était sur une langue de sable, baignée d'un côté par la mer et de l'autre par la rivière, dont elle formait l'extrémité de la rive gauche.

L'*Océan-Queen* avait été mise à la côte le 28 novembre 1869. Elle y resta tout l'hiver, et ce n'est qu'au printemps de l'année suivante que M. Cook, constructeur de navires de Yokohama, fit marché pour la renflouer et partit pour cette opération.

J'étais donc parti de Yokohama le 20 avril pour faire continuer cette réparation. A mon arrivée le 5 mai les travaux étaient en train, et le 4 juin le vapeur était amené le long du bord de la rivière à l'endroit le plus profond, de manière à ce qu'il y eût assez d'eau pour effectuer le lancement, qui fut fait en travers et qui réussit parfaitement le 6 juin.

Le lendemain de mon arrivée à Sakada j'allais faire une visite au gouverneur, chez qui je fus parfaitement accueilli. Il me reçut à genoux, ainsi que son sous-gouverneur. Je leur fis dire que je ne pouvais pas me tenir dans la même position ; alors ils se levèrent et notre entrevue se passa debout. Plus tard lorsque j'allais le voir il y avait toujours un fauteuil en bois pour lui et un pour moi.

Je le reçus plusieurs fois à bord où il vint déjeuner avec moi, ainsi que plusieurs de ses officiers ; la cuisine française leur plaisait beaucoup.

Mes yakonines ayant menacé un marchand qui m'avait vendu un petit sabre de le faire punir, je me fâchais. Le gouverneur le sut et vint me voir. Il les excusa, en disant que c'étaient des enfants qui n'avaient pas compris les ordres qui leur avaient été donnés à Yokohama ; qu'il était vrai que je ne devais rien acheter pendant mon voyage dans l'intérieur, mais que ceci s'entendait seulement pour des affaires de commerce, qu'il comprenait très-bien que je désirais faire l'acquisition de curiosités, que lui-même s'il allait en France voudrait en rapporter des souvenirs à sa famille et à ses amis, et qu'il allait faire publier dans la ville qu'il autorisait à me vendre tout ce que je désirerais ; ce qui fut fait. Je n'ai su qu'alors que mes yakonines, qui m'accompagnaient toujours, défendaient aux marchands de me vendre des articles japonais ; aussi me demandaient-ils des prix insensés de leurs bibelots.

Le gouverneur ne se contenta pas de l'ordre qu'il avait donné. Il écrivit ce qui s'était passé à Yeddo, et à mon retour à Yokohama, je trouvais une circulaire du gouvernement aux consuls, leur

3

disant que leurs nationaux, qui auraient une autorisation pour voyager dans l'intérieur, pourraient y acheter tout ce qui leur serait nécessaire pour leurs besoins personnels, ainsi que tous les objets de curiosité qui pourraient leur faire plaisir.

Le 16 juin l'*Ocean-Queen* étant prêt à prendre la mer et les pilotes ayant trouvé l'eau suffisante sur la barre pour le vapeur, je sortis de la rivière et fus mouiller sur la rade d'où je partis dans l'après-midi pour Hokodati où j'arrivai le lendemain à la nuit.

Hokodati est une ville de peu d'importance, située au fond d'une jolie baie au sud de l'île de Yesso ; c'est là que fut en partie détruite l'escadre du Taïkoun par celle du Mikado.

Quoiqu'on n'y ait guère que quatre mois d'été, contre huit d'hiver, j'y ai vu dans les bois les plus beaux azaléas jaunes safran qui, je crois, existent. Ces arbustes avaient de trois à trois mètres et demi de haut et leurs fleurs de six à huit centimètres de longueur.

On y fait un commerce considérable de bois de cerfs qui se tuent dans l'île et de saumons salés : la pêche de ce poisson se fait à la mer sur les côtes de l'Ile. C'est à Hokodati que j'ai trouvé depuis que je voyage les pommes de terre à meilleur marché. Ce tubercule, qui y est magnifique et excellent, ne se vendait qu'un itchibou (1 fr. 25) le picul (64 k. 40).

Après avoir fait la provision de bois nécessaire pour la machine, je quittais ce port le 21, et le 24 je venais mouiller devant l'arsenal de Hiokoska, fort bel établissement situé au fond d'une petite rade admirablement bien abritée. Cet arsenal a été construit et installé pour le compte du gouvernement japonais par M. Verny, ingénieur de la Marine française. Tous les ateliers nécessaires à la construction et à la réparation des navires s'y trouvent réunis : cales de constructions, magnifiques formes sèches, forges, fonderies, menuiserie, modelage, ateliers de charpentage, rien n'y manque. Tous les ouvriers principaux et maîtres appartenaient à nos arsenaux et enseignaient aux Japonais.

L'Océan Queen a été mise au bassin et réparée; et je suis revenu en France par les Messageries Maritimes.

V. B.,

Capitaine au long cours.

LES ZOULOUS

Les lignes suivantes sont empruntées à un volume de voyages d'un Allemand, M. Mohr, de Brême. Nous les trouvons dans le *Sémaphore de Marseille* :

« Après huit journées de marche, je franchis la Tougela, où finit le territoire anglais, et me trouvai dans les Etats du vieux chef des Zoulous, Panda, le plus puissant prince indigène de l'Afrique australe. Panda n'était plus souverain que de nom. Depuis quelques années déjà, il avait délégué toute l'autorité à son successeur désigné, Ketchwayo, qui était non pas l'aîné, mais le plus capable de ses fils.

« Aucune des populations indigènes qui habitent la région située entre le Zambèze et les territoires possédés ou protégés par l'Angleterre, n'est comparable aux Zoulous pour les qualités guerrières. Dans ces dernières années, ils ont battu en toute occasion, détruit ou subjugué leurs voisins les plus belliqueux, les Amatongas, les Bassoutos, et même les Bechuanas ou Bedjouanas, réputés jusque-là invincibles, sous leur vaillant chef Mokilikatzi.

« L'établissement des Zoulous sur la Tougela est d'une date assez récente. L'évêque protestant Colenso, qui a longtemps vécu parmi eux et parle couramment leur langue, dit qu'avant cette émigration ils habitaient du côté de la baie de Lagoa (probablement dans l'Inhambane, vaste région que les Européens n'ont pas encore explorée). De leurs anciens chefs, on ne connaît que les trois derniers prédécesseurs de Ketchwayo, aujourd'hui régnant : Ou-Tchaka, Ou-Dingan et Panda.

« En 1856, la désignation faite par Panda de Ketchwayo pour son héritier présomptif, donna lieu à une guerre civile terrible entre celui-ci et Oumbolas, son frère aîné, qui avait un parti puissant. Une bataille décisive fut livrée le 2 décembre sur la Tougela ; Ketchwayo et Panda avaient avec eux 12.000 hommes ;

Oumbolas 8.000 seulement. Ce dernier, il est vrai, avait un auxiliaire redoutable dans un planteur du Natal, mon futur compagnon de chasse, John Dunn, qui s'était joint à lui avec quelques autres blancs. Grâce à leurs fusils, l'aile droite d'Oumbolas obtint d'abord un avantage marqué. Mais pendant ce temps le reste de cette armée fut coupé et acculé à la Tougela, large en cet endroit d'au moins 1.800 pieds, et qui alors coulait à pleins bords avec une véhémence extrême. Aussi, la plupart de ceux qui se jetèrent dans ce gouffre s'y noyèrent; et ceux qui n'avaient pas osé faire ce saut périlleux furent tous passés par les armes. Ainsi l'avait ordonné Ketchwayo; il était pour les moyens qui vont droit au but. Il périt là au moins 6.000 hommes; après quoi l'*ordre régna* chez les Zoulous. Mon ami Dunn perdit son cheval et ses armes; mais il fut du très-petit nombre de ceux qui s'échappèrent à la nage. Comme il parlait fort bien le zoulou, il fut employé plus tard par le gouvernement du Natal dans diverses négociations auprès de Ketchwayo, parvint à gagner son amitié et finit par s'établir dans son pays, où j'allai le retrouver. (L'auteur avait déjà fait précédemment un long séjour dans l'Afrique australe.)

« Je ne tardai pas à recevoir de ses nouvelles. Entre la Tougela et la rivière suivante, qu'on nomme Matekoula, je rencontrai deux Zoulous porteurs d'une lettre de John Dunn, en réponse à celle que je lui avais écrite pour annoncer ma prochaine visite. Il ne me fallait plus que trois jours pour atteindre sa demeure.

« Au delà de la Tougela, on ne rencontre plus d'autres constructions européennes que quelques demeures de missionnaires. Les chemins aussi sont un luxe inconnu chez les Zoulous; la direction à suivre n'est plus indiquée de temps à autre que par d'anciennes ornières. Sauf ce détail, le pays, à cette hauteur, a tout à fait la physionomie d'un parc anglais. C'est comme une immense prairie ondulée, parsemée de bouquets de bois, et où l'herbe ne manque jamais au bétail.

« Je commençai bientôt à voir des antilopes. Il y en a de deux espèces : une petite (*Trogulus repestris*), qui est la plus commune, et la grande antilope (*Reed-Bock* ou *Eliotragus*), dont la chair est excellente. Je réussis à tuer plusieurs de ces jolis quadrupèdes; cette réserve de viande fraîche arrivait bien à propos pour satisfaire l'appétit féroce de mes serviteurs zoulous.

« Dans la matinée du 18 juin, j'arrivai à l'habitation de John Dunn. Il avait le rang d'*Inkosi* ou chef parmi les indigènes, qui le traitaient avec un respect singulier. Sa maison était dans une situation fort pittoresque, adossée à une chaîne de collines escarpées dont plusieurs avaient bien 1.800 pieds de haut; une petite rivière, l'*Inthouense*, tombait de ces rochers, et formait une charmante cascade près de l'habitation. Du côté du nord-ouest s'élevaient des montagnes plus hautes, en partie boisées. On y voyait des palmiers, des mimosas épineux; en fait de plantes, la *Strelitzia* et l'*Euphorbe*. Les pentes inférieures de ces montagnes étaient couvertes d'une herbe épaisse qui ne dessèche jamais, même dans les plus grandes chaleurs; cette persistance de végétation est bien rare en Afrique. Toute cette contrée, d'ailleurs, est copieusement arrosée. Chaque pli de terrain recèle un ruisseau dont la fraîcheur fait croître des arbres magnifiques. La flore du pays est des plus riches en plantes bulbeuses. J'y ai vu plusieurs variétés remarquables de lys sauvages; le plus beau est celui qui a reçu le nom de lys Natal (*Natal Lily*). Les éléphants et les buffles ont déserté ces parages aujourd'hui trop habités, mais on y trouve encore des antilopes, des faisans, deux espèces de perdrix; et, en fait de gibier moins savoureux et moins inoffensif, le lion, la panthère et l'hyène.

« Le pays est fort peuplé. De toutes parts on aperçoit sur les points culminants les kraals des Zoulous, de forme circulaire, et les prairies sont couvertes de troupeaux.

« Pendant toute ma tournée cynégétique, je reçus le meilleur accueil de ces indigènes, et j'obtins facilement partout des légumes frais pour de la verroterie et de la coutellerie. Cette population est foncièrement honnête; aucun objet ne m'a été dérobé pendant mon séjour, et pourtant les occasions n'auraient pas manqué aux amateurs!

« Les Zoulous sont gais, hospitaliers, expansifs et même un peu bavards. Les événements de la journée, par exemple les incidents d'une partie de chasse, deviennent le sujet d'interminables causeries pendant le repos du soir. Ils gesticulent beaucoup en parlant, et leur pantomime est si expressive qu'on les comprend aisément, sans savoir un mot de leur langue. Ils supportent patiemment de longs jeûnes, mais s'en dédommagent amplement à l'occasion ; jamais je n'avais vu jouer aussi bien des mâchoires, et aussi longtemps.

« Le costume des deux sexes est des plus succincts. Il consiste, pour les hommes, en une ceinture faite de la peau de quelque animal sauvage ; pour les femmes, en un simple fil de perles, qui va d'une hanche à l'autre. Ces Zoulous sont d'infatigables marcheurs ; j'en ai vu faire, lourdement chargés, des traites d'une énorme longueur, sans la moindre apparence de lassitude.

« Leur arme favorite est le javelot, bien connu dans cette partie de l'Afrique sous le nom d'assagaie ou zagaie. Ils ne sortent jamais sans cinq ou six de ces dards, au maniement desquels ils s'exercent dès l'enfance, et passent des heures entières à les affiler et les fourbir. (Depuis cette époque, l'usage des armes à feu leur est devenu aussi familier que celui de la zagaie. La contrebande de ces armes se fait sur une grande échelle, non-seulement par les établissements portugais, mais par l'océan Atlantique et le fleuve Orange. Dans une dernière exploration de l'Afrique australe (1868–70), Mohr avait trouvé les Zoulous et autres indigènes armés d'excellents fusils de fabrique anglaise).

« Malgré leur costume des plus légers, ces femmes ont une tenue modeste qu'on ne retrouve pas, tant s'en faut, chez des nations voisines, par exemple, chez les Bedjouanas. Les Zoulous, en effet, n'entendent pas raillerie sur ce chapitre ; il y a peu d'années encore, l'adultère était puni de mort chez eux, ainsi que le vol. Ces Spartiates de l'Afrique australe, si supérieurs, moralement et physiquement, à leurs voisins, semblent appelés à un grand avenir.

« Un Zoulou qui veut se marier doit, au préalable, non-seulement en demander la permission au roi, mais le prier de lui choisir une femme. Toutes les jeunes filles sont censées appartenir au souverain, en tout bien tout honneur. Il les distribue à ses sujets en tenant compte du rang et des qualités personnelles de chacun. Naturellement les plus braves sont les plus favorisés dans cette répartition, sous le rapport de la qualité et aussi de la quantité, car la polygamie est permise, et nombre de Zoulous ont jusqu'à cinq et six femmes. Au point de vue de la beauté des femmes, cette race compte parmi les plus remarquables de l'Afrique.

« Lorsqu'un Zoulou se marie pour la première fois, on lui rase les cheveux et on lui enduit la tête d'un résidu gommeux très-luisant. La pose et l'entretien de cet espèce de vernis réclament l'intervention journalière d'artistes spéciaux ; aussi le métier de coiffeur, chez les Zoulous, n'est nullement une sinécure.

« Disons encore qu'il est du meilleur genre, chez ces indigènes, de laisser croître indéfiniment l'ongle du petit doigt de chaque main.

« Toutes les habitations de chefs zoulous que j'ai visitées étaient tenues avec une propreté remarquable, et différaient singulièrement, sous ce rapport, de celles des Cafres ou des Hottentots. Elles sont en forme de ruches ; l'entrée en est si basse, qu'on ne peut y pénétrer qu'en rampant.

« Le mobilier se compose, outre les armes et les calebasses, de plusieurs nattes d'un travail très-fin, qu'on déroule pour s'asseoir, et d'une sorte d'escabeau en bois noir qui sert d'oreiller. Ces huttes, très-solides, offrent un abri sûr contre la pluie et le vent ; l'on y est aussi fort à l'aise et au frais pendant les grandes chaleurs.

« Quand un étranger pénètre dans la demeure d'un chef, celui-ci commence invariablement par lui offrir une pipe de tabac et de la bière *caffir*, faite avec une espèce de millet qui porte ce nom. Cette boisson, acidulée et assez capiteuse, est renfermée dans des calebasses qu'on se passe de main en main. Toutes les huttes d'un même kraal sont disposées en cercle, à intervalles réguliers, autour d'un enclos solidement palissadé, qui sert de refuge au bétail pendant la nuit. Ces palissades le préservent des lions et des panthères. Quant aux hyènes, qui viennent presque toutes les nuits par troupes rôder en hurlant autour des kraals, les indigènes n'ont pas du tout l'air de s'en préoccuper.

« Les femmes des Zoulous cultivent le maïs, le millet caffir, des patates, des citrouilles et du tabac. Les hommes croiraient déroger en travaillant la terre. On trouve dans le jardin des missionnaires l'oranger, le citronnier, l'amandier, le bananier, l'ananas et tous nos légumes d'Europe.

« Les Zoulous ont la prétention très-fondée d'être les plus redoutables guerriers de l'Afrique Australe indépendante. Leur organisation militaire a reçu des perfectionnements notables. Le service est obligatoire pour tous, à partir de quinze ans. Les hommes mariés et les célibataires forment des régiments séparés. La discipline est d'une rigueur draconienne ; les moindres fautes, celle par exemple de quitter son rang pendant l'exercice, sont punies de mort. Leurs manœuvres sont des plus simples, mais ils les exécutent avec une précision et une rapidité extraordinaires. Ils peuvent mettre en campagne une cinquantaine de mille hommes. »

Routes à suivre de Marseille à Alger pendant les tempêtes tournantes du golfe du Lion.

Nous croyons intéressant pour les navigateurs de publier la note suivante que nous communique M. le capitaine Cambiaggio de la Compagnie Valéry, au sujet des dangers auxquels les paquebots se rendant de Marseille à Alger et réciproquement, sont exposés dans le golfe du Lion, pendant les tempêtes tournantes qui sévissent si souvent dans cette partie de la Méditerranée.

« La route la plus droite de Marseille à Alger est celle qui fait passer à l'Est de Mahon (Minorque).

« Les capitaines des paquebots préfèrent passer à l'Ouest de Minorque, par Bayoli.

« Mais pour faire une navigation plus sûre et moins tourmentée pendant les tempêtes tournantes, il convient de se diriger de la manière suivante :

« En partant de Marseille on gouvernera 10 milles à l'Ouest du Monde, 40 milles à l'O.-S.-O., de ce point on fera route au Sud 1/4 S.-O. sur le cap Pera (point Est de Majorque) et de Pera à Alger au S. 3° O.

« Les tempêtes tournantes ou vents tournants sont faciles à reconnaître. Ces vents commencent au S.-E. et finissent au N.-O. ou au N.-E. par le Sud et l'Ouest.

« Le baromètre après avoir baissé, monte brusquement de 1 à 2 m/m : le ciel est couvert de nuages inférieurs de grande ou de petite dimension de l'espèce cirro-cumulus avec leurs pointes dirigées dans le S.-O. et quelquefois dans l'O.; les nuages supérieurs sont généralement invisibles, le vent souffle par rafales des directions E.-S.-E. et S.-S.-E. ; les nuages inférieurs en passant au méridien du lieu donnent de la pluie dans les grains.

« Ces vents, lorsqu'ils doivent changer, commencent leur mouvement, de droite à gauche, à 20 ou 30 milles au Sud du phare de Planier. Ils sont dérivés des vents soufflants du S.-E. au S.-O. par le Sud, qui ont pris naissance en Algérie.

« Il ne faut pas perdre de vue que pendant que les vents sont encore S.-E. dans le Sud de Planier (rade de Marseille), ils sont déjà O. à la Nouvelle et S.-O. sur la côte de Catalogne. Ces tempêtes peuvent être annoncées à Marseille bien avant par les stations d'Alger, Nemours, Gibraltar, Valence et Tortosa.

« Les routes que nous venons d'indiquer font parer le banc du milieu du golfe du Lion et ceux des environs de l'île Minorque. Les autorités françaises ont fait disparaître le banc du golfe du Lion de toutes les cartes, excepté de la carte partie occidentale du bassin algérien, Espagne, Corse et Sardaigne. Ces mêmes autorités ont fait disparaître de toutes les cartes les bancs des environs de Minorque.

« Les cartes anglaises font mention de deux bancs situés dans les mêmes positions que ceux marqués sur les cartes de Robiquet.

« Une carte espagnole indique un banc au N. 3° E. de la pointe O. de Minorque qui a été vu en 1805.

« Les instructions anglaises de la mer Méditerranée, *Western Mediteranean, Sailing Directions*, page 74, disent qu'il n'existe aucun banc dans les environs de Minorque.

« Les instructions de M. le capitaine de vaisseau Baudin, de la marine française, disent qu'il est convenable de chercher à les éviter puisque des autorités assurent les avoir aperçus et que tous les marins de l'île de Minorque croient à l'existence de quatre bancs dans les environs de cette île.

« Le capitaine d'un navire italien prétend avoir vu sombrer dans les environs de l'île Minorque un bateau à vapeur pendant que lui-même fuyait la lame devant le temps.

« Ces bancs, dit M. Baudin, ne sont à craindre que dans les « gros temps où l'on pourrait y recevoir des coups de mer. »

« Je crois qu'il conviendrait de faire faire de nouvelles recherches très-sérieuses de tous les bancs et les indiquer sur toutes les cartes, si réellement ils existent; dans le cas contraire, les faire disparaître de toutes les cartes étrangères et françaises.

« Je crois également qu'une expédition confiée à M. le commandant du *Cassard*, muni de bons chronomètres et autres bons instruments indispensables, serait utile et urgente.

« On nous dit: il faut éviter tous les bancs des environs de l'île Minorque. Mais, pour éviter des bancs, il faut qu'ils existent et qu'ils soient marqués d'une manière exacte sur les cartes.

« La mission du *Cassard*, aurait pour but:

« 1° La recherche des bancs dangereux des environs de Minorque.

« 2° Lever une carte, avec les sondages exacts et très-rapprochés des environs de l'île Minorque, s'étendant à 50 milles des côtes tout autour de cette île.

« 3° Mouiller sur le banc au S.-E. de la Mola par 16 à 20 mètres de fond, s'il existe une bouée à cloche, à bandages rouges et blanches. On prétend qu'il y a 16 à 20 mètres d'eau dessus.

« 4° Faire des observations météorologiques, simultanées avec celles d'Alger.

« 5° Corriger le plan de l'île Minorque, qui est erroné de quelques minutes en latitude et en longitude.

« 6° Faire des études de courants, de nuages, vents et pisciculture sur tous ces bancs.

« Les officiers de la marine militaire française étant les plus instruits de toutes les marines du monde, finiraient, par des travaux sérieux sur les lieux, par nous convaincre que ces dangers doivent oui ou non être indiqués sur les cartes du dépôt des cartes et plans de la marine militaire.

« Nos jeunes officiers ne demanderont pas mieux de saisir cette occasion pour se perfectionner dans leur métier, à la voile, à la vapeur, sondages, hydrographie, etc., etc.

« *N. B.* — Le banc du milieu du golfe du Lion est à 50 milles environ au S. 23 à 25° O. de Marseille. On prétend qu'il y a 60 à 80 mètres d'eau dessus.

« Dans la position où est marqué le banc, il y a généralement mauvaise mer et plus agitée que dans d'autres points du golfe. La mer y est dure et dépose du limon à bord, sans doute charrié par le Rhône et arrêté par les courants généraux du N. E. dans le S. O. »

Extrait du *Sémaphore de Marseille.*

VOYAGES CLASSÉS PAR PARTIES DU MONDE.

AFRIQUE.

L'Abbé Debaize dans l'Afrique Centrale. — M. l'abbé Debaize, chef de l'Expédition française dans l'Afrique centrale, est arrivé en excellente santé à Kouihara, près de Tabora, le 16 octobre 1878, d'où il donne des nouvelles de son voyage au Président de la Société de géographie de Marseille, et à d'autres personnes.

Les deux lettres suivantes mettront nos lecteurs au courant de l'exploration de M. l'abbé Debaize.

« Kouihara, près de Tabora, 17 octobre 1878.

« Mon cher Monsieur Rabaud,

« Vos excellentes lettres m'ont été remises sur la route de l'Ounyamouézi, cela vous explique pourquoi la réponse s'est fait attendre si longtemps.

« Tout d'abord et avant tout, je veux vous remercier de l'honneur que vous avez daigné me faire en me nommant membre correspondant de votre Société de Géographie. Je vous prie de vouloir bien faire parvenir à tous les membres du bureau l'hommage de ma gratitude.

« Pour être fidèle à la promesse que je vous ai faite, de vous tenir au courant de mes affaires, je vais reprendre les événements d'un peu haut.

« Quelques semaines passées à Zanzibar suffirent pour me convaincre qu'en arrivant pour la première fois sous la zone tropicale, on est plus apte physiquement à en supporter l'air embrasé que si on y est acclimaté déjà par un séjour plus ou moins prolongé. En effet, tandis que les missionnaires d'Algérie, arrivés par la même malle que moi, payaient tous le tribut à la fièvre, je me portais à merveille.

« Mais, sachant aussi par l'expérience des Européens avec quelle rapidité le climat de Zanzibar et surtout de Bagamoyo et de Sadani débilite les constitutions les plus robustes, que devais-je faire? Rester six mois ici, comme l'avaient dit les journaux, était à l'heure actuelle non-seulement inutile, puisque la preuve de ma santé était faite, mais d'une extrême imprudence, car je dépenserais là en pure perte des forces qui me sont absolument nécessaires pour accomplir la mission que m'a confiée le gouvernement de la République, mission qui ne sera terminée que le jour où j'aurai atteint les rivages de l'océan Atlantique.

« Je pensai donc qu'il valait mieux me mettre en route le plus vite possible. Tout concourait d'ailleurs à me faire prendre cette décision : le grand nombre de Vouanyamouézi en ce moment à Bagamoyo, la facilité relative du voyage à l'époque de la moisson, enfin l'impossibilité de me procurer des porteurs dans deux ou trois mois, tous les Vouanyamouézi devant retourner chez eux très-prochainement et ne revenir à la côte que dans huit ou dix mois.

« Je me mis donc immédiatement à l'œuvre ; j'engageai des porteurs, tant Vouanyamouézi que Vouangouana, les premiers pour m'accompagner jusqu'à Kouikourou, capitale de l'Ounyamyembé, les autres pour toute la durée de mon voyage. Les marchandises furent achetées, mises en ballots de deux frasilahs (1), etc., etc. Bref en moins de deux mois tout fut prêt.

« Le 25 juillet je quittai Zanzibar, et le 4 août la caravane de l'Expédition française, étendard déployé et musique en tête, disait adieu à Chamba-Gonéra.

« Trois routes principales sont suivies par les caravanes qui se rendent dans l'Ounyamouézi : deux partent de Bagamoyo et se rejoignent à Mpouapoua ; l'une passe par Simbamouéni, l'autre par Toubougoué. La troisième part de Sadani et vient se confondre à Bongara avec la route de Toubougoué. C'est la route du centre que j'ai prise. Comme elle est écrite tout au long sur les cartes et par-

(1) La frasilah = 35 livres anglaises ou 15 kilogr. 875.

faitement connue des géographes, je ne la citerai que pour mémoire.

« Bagamoyo, Chamba-Gonéra, rives du Kingani, Kikoka, Rousako, Cosisiri, Kifougho, Mazizi, Msongoula, Gorido, Mbaa, Bambiré, Marama, Kimandiri, Kindo, Bongara, Mvoméro, Mkoundi, Simbo, Magoubika, Memboïa, Kitanghé, Roubéo, Mlalé, Toubougoué, Mpouapoua, Tchiouniou, Ndéboué, Mroumi, Louato, Mapanga, Kanyényé, Ouséké, Kôhô, Mdabourou, Ouyandzi (ici commence une forêt dont la traversée demande huit jours), Toura, Roubouga, Kigoua, Kouikourou, Kouihara (Tabora).

« Comment mon voyage s'est-il passé ? Telle est la question qui vous brûle les lèvres, n'est-ce pas, mon cher Monsieur ? Eh bien, je vais vous le dire : Avec un bonheur exceptionnel, extraordinaire. Et je vous affirme que ces expressions n'ont rien d'exagéré.

Depuis Zanzibar jusqu'ici, je n'ai pas été malade une seule fois ; de tous mes hommes, pas un n'a déserté ; je n'ai pas perdu un seul paquet. En traversant l'Ougogo, je n'ai payé qu'un hongo (1) insignifiant, *et je suis arrivé hier, ici, avec ma caravane au grand complet.*

. . . .

. . . .

« N'ai-je pas raison de dire que la caravane de l'expédition française a été favorisée d'un bonheur exceptionnel, extraordinaire ? Après la protection divine à qui je dois tout, j'attribue le succès de cette première partie de mon voyage à l'ascendant suprême que j'exerce sur mes hommes, à la discipline que j'ai introduite parmi eux dès le commencement, à ma santé qui m'a permis de marcher toujours à la tête de ma caravane et de m'occuper continuellement de ses besoins, et enfin au service de surveillance secrète qui me tient au courant de tout ce qui se passe. Sans ce moyen, l'Européen n'étant pas assez mêlé à la vie de son monde ne connaîtra jamais à temps les intrigues pour les déjouer, les causes de murmure et de mécontentement pour les faire cesser. Ah ! je vous le déclare en toute simplicité, mon cher Monsieur, c'est une rude besogne que de conduire une grande caravane. Tout homme n'est pas apte à cette

(1) Droit de passage.

mission. S'il m'était permis de formuler les qualités d'un chef de caravane, je les résumerais ainsi : énergie indomptable unie à une excessive bonté, grand esprit de conciliation, prudence consommée, patience à toute épreuve, robuste santé. La diplomatie ne doit pas être omise non plus, car elle est absolument nécessaire pour traiter avec les Nyampara, c'est-à-dire chefs, Vouanyamouézi, hommes pleins de ruse et d'artifice. Enfin, il faut toujours avoir présente à l'esprit cette vérité : que l'on conduit ces sauvages avec une main de fer dans un gant de velours. . . . .

. . . .

. . . .

« J'apprends à l'instant que M. Philippe Broyon conduit une caravane et des marchandises pour les Belges. Il amène avec lui MM. Vauthier et Dutrieux qui étaient restés le premier à Mvoméro, l'autre à Mpouapoua. La caravane doit quitter Mpouapoua vers la fin du mois d'octobre. M. Cambier les attendra à Tierra-Manza, résidence de Mirambo, où il est depuis plus d'un mois.

« Dans quelques jours j'aborderai l'inconnu. C'est alors que commencera réellement ma mission. Avec le peu d'expérience que j'ai du voyage et des Noirs, je puis affirmer avec certitude que je traverserai l'Afrique. Je me ris des difficultés et des dangers : la pensée que je travaille pour la gloire de Dieu et l'honneur de la France me soutiendra dans les épreuves qui m'attendent. En dehors des routes suivies par les caravanes, je ne sais quand je pourrai vous donner de mes nouvelles, mais soyez assuré que vous serez un des premiers à recevoir communication de ce que mon voyage renfermera d'intéressant. . . . .

. . . .

« Daignez agréer, mon cher Monsieur, les assurances de mon profond respect et de ma vive gratitude pour toutes les bontés que vous avez eues pour moi.

« Votre très-humble et très-dévoué serviteur,

« A. DEBAIZE,

« *M. ap., chef de l'Expédition française.* »

M. le directeur de l'Observatoire de Paris a reçu de M. l'abbé Debaize la lettre suivante :

Kouihara, près de Tabora, 17 octobre 1878.

Mon cher Monsieur Mouchez,

. . . .

« J'ai appris, dans l'Ougogo, votre nomination à la direction de l'Observatoire de Paris . . . .

« Hier, la caravane de l'expédition française, drapeau déployé et musique en tête, est entrée dans Kouikourou, capitale de l'Ounyanyembé. L'accueil le plus sympathique nous a été fait par des milliers de nègres qui se pressaient sur notre passage. Le sultan et le gouverneur sont venus nous recevoir à l'entrée de la capitale et nous ont conduits à un très-vaste *tembé*, le même qui fut donné à Cameron, lors de son passage ici. C'est là que je resterai avec mes Vouangouana pendant les quelques jours qui me seront nécessaires pour compléter ma caravane , les Vouangouana, que j'ai engagés à Bagamoyo, ne devant pas m'accompagner plus loin.

« Jusqu'ici, cher Monsieur, mon voyage a été des plus heureux, et je suis fier, pour l'honneur du Gouvernement de la République qui m'a envoyé, de pouvoir vous annoncer que l'expédition française a été favorisée d'un bonheur exceptionnel, extraordinaire. En effet, des cinq cents hommes environ qui composent ma caravane, pas un n'a déserté, je n'ai pas perdu un paquet. En traversant l'Ougogo je n'ai payé qu'un *hongo* insignifiant. Et depuis Zanzibar jusqu'ici, je n'ai cessé de jouir d'une santé parfaite.

« Jusqu'à présent donc, grâce à Dieu, pour croire aux dangers, aux difficultés de la route, il faut que je lise le récit des voyageurs, ou que je voie les malheurs arrivés aux deux caravanes parties de la côte quelques semaines avant moi ; je veux parler de l'expédition belge et de celle des Pères.

« Quant aux Belges, ils ont eu, comme vous le savez déjà sans nul doute, des misères de toute sorte. A Mvoméro, la révolte se met dans leur camp ; 280 de leurs porteurs les abandonnent, emportant avec eux leurs ballots de payement. A Mpouapoua, un de leurs

Zanzibarites est blessé par un indigène. Pour le venger, les soldats tuent cinq habitants. Tout le pays se soulève ; la guerre est imminente. Les Anglais sont obligés d'intervenir pour mettre un terme à cette affaire, qui pouvait avoir les conséquences les plus graves pour l'expédition. Ne voulant pas rester à Mpouapoua pour attendre les marchandises qu'il avait demandées à Zanzibar, à la suite de la désertion de Mvoméro, M. Cambier, chef de l'expédition, décide qu'il ira seul à Ourambo demander des porteurs à Mirambo ; pendant ce temps-là, M. Vauthier retournera à Mvoméro pour garder les ballots qui y avaient été laissés faute de porteurs, et M. Dutrieux restera à Mpouapoua. M. Cambier part donc avec 80 porteurs et leurs charges. En traversant l'Ougogo il paye un *hongo* très-élevé, et avant d'arriver à Ourambo, tous ses hommes demeurés fidèles à Mvoméro désertent à leur tour. Il lui faut trouver de nouveaux porteurs et il arrive enfin chez Mirambo, mais presque ruiné.

« Pour les missionnaires d'Algérie qui vont fonder des stations au lac Tanganyika et dans l'Ouganda, ils n'ont pas été plus heureux que les Belges. Eux aussi ont payé un *hongo* ruineux dans l'Ougogo ; ils ont été abandonnés par leurs porteurs et de plus ont été attaqués par une bande de brigands qui leur ont volé quelques paquets. Ils sont tous à Kouihara depuis plus d'un mois, n'ayant presque plus de marchandises ; ils seront obligés d'en acheter aux Arabes, car ils ne sauraient se rendre à leurs stations respectives avec le peu qui leur reste (1).

---

(1) Ces renseignements relatifs à l'expédition belge et à celle des missionnaires se trouvaient également dans la lettre de M. l'abbé Debaize adressée à la Société de géographie ; il priait M. le Président de ne pas les publier. C'est ce que nous avons fait en les remplaçant par des points. La lettre adressée à M. le Directeur de l'Observatoire renfermant ces détails et ayant été publiée dans le *Journal Officiel*, nous la donnons en entier comme elle a paru dans les journaux.

Nous tenons à constater que ce n'est pas notre Société qui a divulgué les faits relatifs à l'expédition belge et à la mission des Pères. Nous ajouterons ici que Monseigneur l'archevêque d'Alger nous informe que les Pères de la mission d'Alger dans l'Afrique Équatoriale n'ont perdu qu'un seul de leurs missionnaires, le père Pascal, qui a succombé aux attaques de la fièvre, à Moukondoukou, le 19 août 1878. Les neuf autres membres de la mission d'Alger étaient tous vivants à Kouihara, à la fin du mois de novembre. Aucun d'eux, par conséquent, n'est mort à Djiwoué la Singa, ni dans une chasse au lion, ni autrement.

P. BAINIER.

« M. Philippe Broyon est originaire de la Suisse ; il est âgé d'environ 33 ans, mais paraît en avoir au moins 40. Il est grand, sec, nerveux, et a toutes les allures du soldat français. Il n'a pas épousé la fille de Mirambo, comme on l'a écrit bien des fois, mais une négresse qu'il a tirée de l'esclavage. Il était autrefois employé dans l'agence Roux de Fraissinet, à Zanzibar. A la suite de quelques difficultés (1), il abandonna son poste et se mit à voyager en Afrique pour faire le commerce de l'ivoire. Ses affaires n'ont pas réussi dans ces derniers temps ; ses essais de transport au moyen des bœufs lui ont fait éprouver des pertes sérieuses. Bien des fois les Anglais avaient essayé d'acheter ses services, mais sans succès, car il a pour eux peu de sympathie. Mais la nécessité l'a contraint d'accepter ce qu'il avait refusé autrefois. Aujourd'hui, il conduit, moyennant de gros bénéfices, une caravane chargée de marchandises pour les Anglais de la station d'Oudjiji. J'apprends à l'instant qu'il dirige en même temps la caravane chargée des marchandises demandées par M. Cambier à Zanzibar ; il amène avec lui MM. Vauthier et Dutrieux, qui étaient restés, l'un à Mvoméro, l'autre à Mpouapoua vers la fin de ce mois. M. Cambier les attend à Tierra-Manza, résidence de Mirambo, où il est depuis environ un mois. M. Philippe Broyon est un excellent homme, que l'expédition belge a été heureuse de trouver dans son malheur, et que les expéditions futures du même genre pourront utiliser avec grand profit. M. Philippe Broyon étant venu à Zanzibar, la veille de mon départ, pour organiser la caravane anglaise dont j'ai parlé plus haut, je tiens de lui-même les quelques détails que je donne sur lui et sur Mirambo.

« Mirambo jouit en Europe d'une réputation bien supérieure à ses mérites. C'est un tyran cruel dont le caprice est toute la loi ; son territoire est très-petit et son armée ne compte guère que 400 soldats. S'il ne fait pas payer aux Européens le *hongo*, c'est-à-dire le droit de passage, il sait se dédommager d'une autre manière bien plus avantageuse pour lui. Il propose en effet à tout blanc qui traverse son territoire le pacte du sang ; à la suite de la cérémonie il fait quelques cadeaux, mais assiége en retour l'Européen,

(1) M. Broyon n'a jamais eu de difficulté avec la maison Roux de Fraissinet, qui l'appréciait beaucoup. P. B.

devenu son frère, comme il dit, de demandes auxquelles il faut satisfaire.

« Les Anglais occupent Mpouapoua qui est une position stratégique de premier ordre : toutes les routes qui vont dans l'Ounyamouézi ou à la côte passent par là. Il n'y a pas six mois qu'ils y sont, et déjà quatre belles maisons en pierre sont construites. Ce sont des hommes éminemment pratiques ; un révérend, un maçon et un charpentier composent tout le personnel européen de la station. Ils ont fondé une autre station dans l'Oukéréoué, une troisième dans l'Ouganda et enfin une quatrième à Oudjiji. Cette dernière éprouve de grandes difficultés de la part des Arabes, qui refusent de lui vendre du terrain pour bâtir. L'affaire a été portée il y a quelques jours à Zanzibar ; nul doute que le sultan, sous la pression du consul anglais, ne donne tort aux Arabes.

« La puissance de ces derniers décroit de jour en jour. La traite de l'ivoire ne suffit plus à leurs besoins, et comme la traite des noirs leur est défendue, ils seront obligés de quitter bientôt les colonies qu'ils ont fondées dans l'intérieur de l'Afrique. Ils céderont la place aux Anglais.

« Dans quelques jours, j'aborderai l'inconnu : c'est alors que commencera ma mission. Avec le peu d'expérience que j'ai acquise du voyage et des Noirs, je puis affirmer avec certitude que je traverserai l'Afrique. Je me ris des difficultés et des dangers ; la pensée que je travaille pour la gloire de Dieu et pour la gloire de la France me soutiendra dans toutes les épreuves qui m'attendent. Bientôt en plein inconnu et en dehors des routes suivies par les caravanes, je ne sais quand je pourrai vous donner de mes nouvelles, mais soyez assuré qne je ne manquerai aucune occasion de vous faire parvenir le plus promptement possible le récit de mes découvertes, avec les observations astronomiques à l'appui. Si je ne vous envoie pas celles que j'ai faites tous les jours pendant mon voyage, c'est parce que je n'ai rien découvert jusqu'ici, ayant toujours suivi la route des caravanes.

« J'oubliais de vous dire, mon cher monsieur Mouchez, que tous mes instruments sont en parfait état de conservation et fonctionnent admirablement. Je suis vos conseils et les instructions que vous m'avez données, avec une ponctualité scrupuleuse. Je n'ai pas oublié une seule fois de remonter mes chronomètres. M. le colonel du génie Goulier devait m'envoyer quelques-uns des instruments dont on se sert à l'école du génie, et que M. le ministre de la guerre m'avait accordés, mais je n'ai encore rien reçu. »

L'expédition belge de l'Association internationale africaine et Philippe Broyon. — D'après les lettres de M. l'abbé Debaize, M. Philippe Broyon conduit une caravane et des marchandises pour les Belges. Il avait avec lui MM. Vauthier et Dutrieux qui étaient restés, le premier à Mvoméro, l'autre à Mpouapoua. La caravane devait quitter Mpouapoua vers la fin du mois d'octobre 1878; M. Cambier les attendait à Tierra-Manza, résidence de Mirambo.

A Mvoméro, la révolte s'est mise dans le camp de l'expédition belge; 280 de leurs porteurs les ont abandonnés emportant avec eux leurs ballots de paiement. A Mpouapoua un de leurs zanzibarites est blessé par un indigène. Pour les venger, les soldats tuent 5 habitants. Tout le pays se soulève; la guerre est imminente. Les Anglais sont obligés d'intervenir pour mettre un terme à cette affaire qui pouvait avoir les conséquences les plus graves pour l'expédition. Ne voulant pas rester à Mpouapoua pour attendre les marchandises qu'il avait demandées à Zanzibar, à la suite de la désertion de Mvoméro, M. Cambier décide qu'il ira seul à Ourambo demander des porteurs à Mirambo; pendant ce temps-là, M. Vauthier retourna à Mvoméro pour garder les ballots qui y avaient été laissés faute de porteurs. M. Dutrieux resta à Mpouapoua; M. Cambier partit avec 80 porteurs et leurs charges. En traversant l'Ougogo, il a été obligé de payer un hongo excessivement élevé, et avant d'arriver à Ourambo tous ses hommes restés fidèles à Mvoméro désertent à leur tour. Il lui faut louer de nouveaux porteurs et il arrive enfin chez Mirambo, à Tierra-Manza, mais presque ruiné.

Mission anglaise au Tanganyika. — M. Thomson, directeur de la mission anglaise au Tanganyika, dont on avait appris il y a quelques mois la maladie par insolation, est mort de ses suites à Oudjiji.

Une caravane de l'Intérieur a annoncé qu'un missionnaire anglais aurait été tué au delà de l'Ougogo et que sa caravane aurait été pillée. Les Arabes qui étaient en train de se battre conseillaient à l'Anglais de rester avec sa caravane dans le camp, mais il aurait voulu partir quand même et aurait été attaqué et massacré.

M. Keith Johnston à Zanzibar. — M. Keith Johnston et son compagnon, M. Thomson, sont arrivés à Zanzibar le 5 janvier 1877. Ils ont eu la bonne fortune de prendre à leur service, par l'intermédiaire de l'évêque Steere, le fidèle serviteur de Livingstone, Chouma, qui a une grande expérience des voyages dans la contrée orientale du lac Nyassa et qui peut faire un guide excellent pour l'expédition qu'ils vont entreprendre dans l'intérieur de l'Afrique.

M. Henry.-M. Stanley à Zanzibar. — M. Stanley, le célèbre explorateur de l'Afrique, vient de passer quelques jours à Marseille et est allé s'embarquer à Brindisi pour Alexandrie, pour se rendre de là à Aden et à Zanzibar, où il est envoyé en mission par le Comité belge de l'Association internationale africaine. Nous connaissons à peu près ses projets, mais il ne nous est pas permis de les révéler. Nous aurons à en reparler plus tard.

Le célèbre voyageur américain prenait part, le 29 janvier dernier, à la conférence de l'Association internationale réunie à Bruxelles et présidée par le roi des Belges. La *Revue géographique* prétend qu'il a été décidé dans cette assemblée que Stanley partirait avec plusieurs officiers belges chargés spécialement de créer des stations reliant à la côte la colonie que MM. Cambier, Vauthier et Dutrieux se proposent de fonder dans les environs du lac Tanganyika. Nous donnons cette nouvelle sous toute réserve.

Exploration italienne dans le Choa. — Un aviso italien vient de quitter Livourne, ayant à son bord l'expédition du Choa et une grande quantité de caisses et d'objets destinés aux explorateurs italiens.

Le capitaine Martini est accompagné de MM. Guilietti et Antonelli. Arrivés à Aden, les voyageurs se joindront à deux missionnaires, et la petite caravane continuera sa route pour Zeilah où elle attendra l'escorte que le roi Menelik lui destine pour l'accompagner jusqu'à Kaffa.

Exploration portugaise dans l'Afrique centrale. — Une dépêche de Madère, à la date du 15 mars, annonce que le major Serpa Pinto, chef de l'exploration portugaise dans l'Afrique centrale, est arrivé à Prétoria, capitale du Transwaal, avec 8 compagnons sur 400 dont se composait l'expédition.

ASIE.

M. le colonel Prjévalski en Asie. — M. le colonel Prjévalski est reparti le 25 janvier 1879 pour un long voyage d'exploration dans l'empire chinois. Il est accompagné par deux jeunes officiers, Eklon et Robaroffsky ; ce dernier est un grand et beau jeune homme qui l'accompagne en qualité de dessinateur. Le chemin de fer les a transportés jusqu'à Orenbourg, et de là ils ont pris la route d'Omsk et de Semipolatinsk jusqu'au poste de Zaïssan où ils espéraient arriver à la fin de février. Ils se rendront ensuite par viâ Khamil ou Hami (42° 52′ lat. N.) et Su-choo (39°.35′ lat. N.) à Lassa (31° lat. N.) et ils se proposent d'étudier pendant environ deux ans les hauts plateaux de l'Asie centrale (le Thibet). Leur caravane est composée de dix personnes, dont sept Cosaques et les trois membres de l'expédition et quarante chameaux. Si rien n'entrave les plans du colonel Prjévalski, il atteindra l'Himalaya et les bords du Brahmapoutre, au mois de février 1880. Ce sera pour la septième fois que l'intrépide explorateur russe s'aventurera au cœur du monde asiatique. Le gouvernement lui a alloué une somme de 20,000 roubles. Il emporte des instruments de physique et de précision qui lui permettront de faire de sérieuses observations.

OCÉAN ARCTIQUE.

Expédition du professeur Nordenskiold. — On sait que l'expédition suédoise dirigée par le professeur Nordenskiöld a son bateau le *Véga* pris dans les glaces à 40 milles marins au nord du cap Oriental, sur la côte septentrionale de la Sibérie, non loin du détroit de Behring. Elle avait presque complété le passage du *nord-est* quand elle a été surprise par les glaces d'un hiver précoce arrivé probablement en octobre. M. Sibiriakoff, russe très-riche qui a subventionné l'expédition, fait en ce moment construire à Malmœ, en Suède, pour aller secourir le *Véga*, un navire adapté à ce genre de service. Il aura 42 mètres de longueur, 7m 50 de largeur et jaugera 340 tonneaux ; il sera d'une force de 80 chevaux vapeur. Il sera achevé le 10 mai prochain. Le capitaine Sengstacke, qui a servi comme premier officier sur la *Germania*, durant la seconde expédition arctique allemande, commandera le nouveau navire, qui sera appareillé pour plus de deux ans et entrera dans le détroit de Behring par le nord du Pacifique, après avoir pris une dernière fois du charbon à Yokohama. Son intention est, après avoir porté secours à l'expédition suédoise, de pousser plus loin vers l'ouest le long des côtes de la Sibérie jusqu'à l'Yenissei, et d'effectuer le passage du nord-est en sens inverse.

M. James Gordon Bennett, le généreux directeur du *New-York-Hérald*, a résolu de secourir Nordenskiöld en envoyant de San-Francisco un steamer qui prendra le détroit de Behring, dès que la navigation sera possible.

Le vapeur le *Véga* se trouve en réalité à une distance de 80 à 90 milles d'Anardirsk ; de là jusqu'à Albazine où est la station télégraphique la plus proche, il y a 200 à 250 milles. Si M. Nordenskiöld parvient à communiquer par traîneau avec Anardirsk, il pourra en quarante ou cinquante jours faire arriver par la poste des Tchouktchis une dépêche à Albazine.

Comme le *Véga* n'hiverne pas à une latitude très-élevée, (66° lat. N.) il pourra sans doute au commencement de juillet être libre de glaces.

La médaille Constantin de la Société Impériale russe de géographie a été décernée le 18 janvier 1879 à M. le professeur Nordenskiöld pour ses explorations de l'Océan glacial sur les côtes de la Sibérie.

P. Bainier.

DERNIÈRES NOUVELLES DES EXPLORATEURS.

Le marquis *Antinori* est au Choa; on dit qu'il est arrivé au Kaffa.

M. *Cambier*, chef de l'Expédition Belge de l'Association internationale Africaine, se trouvait, au mois d'octobre 1878, à Tierra-Manza, résidence de Mirambo.

M. l'abbé *Debaize* était arrivé le 16 octobre 1878 à Kouihara, près Tabora, la capitale de l'Ounyamouézi.

Philippe Broyon était à Mvoumi, dans l'Ougogo, le 27 octobre, avec l'expédition Belge.

Le docteur *Crevaux* a terminé son exploration dans la Guyane et revient en France.

M. *Keith Johnston* est arrivé à Zanzibar le 5 janvier 1879.

M. *Morisot* Tiburce est en Nubie.

Le professeur *Nordenskiöld* est bloqué sur le navire le *Véga*, dans les glaces de l'Océan Arctique, à 40 milles du cap Oriental.

M. le colonel *Prjévalski* est reparti pour un voyage dans l'Asie Centrale.

M. *Gerhard Rohlfs*, explorateur allemand, a quitté Tripoli, à l'époque de Noël, pour se rendre à Sokna.

M. *Serpa-Pinto* se trouvait, le 17 juin 1878, par 18° de longitude Est, méridien de Greenwich, et 12° de latitude sud, dans la direction du Haut-Zambèze. On annonce de Lisbonne, le 13 mars, qu'il est arrivé sur les confins du Transvaal.

M. de *Semellé* est à . . . . .

M. *Paul Soleillet* était à Kuniakoro, le 23 juin 1878, d'où il est parti pour Yamina et le Niger.

M. *Henry-M. Stanley* est parti de Brindisi pour Zanzibar dans les derniers jours de février.

P. Bainier.

BIBLIOGRAPHIE

Trois voyages dans l'Afrique Occidentale, par ALFRED MARCHE.

Ouvrage contenant vingt-quatre gravures et une carte.

M. Alfred Marche, l'éminent voyageur si connu en France, et qui va bientôt repartir pour une nouvelle mission, vient de réunir en un volume in-12, de 376 pages, les trois voyages qu'il a faits au Sénégal, en Gambie, dans la Casamance, au Gabon et dans l'Ogôoué. On trouve dans ce volume très-intéressant et d'une lecture facile et attachante le récit de sa vie de voyages, tel qu'il l'a retrouvé, après plusieurs années, dans sa mémoire et sur les pages de ses carnets de route. Il a voulu montrer surtout ce qu'est l'existence pénible entre toutes d'un explorateur, en la dégageant du mirage au travers duquel on l'entrevoit trop souvent. Des trois voyages qu'il a faits dans l'Afrique centrale, le premier, celui qu'il a effectué au Sénégal, en Gambie et dans la Casamance, a été accompli sans compagnon; le second, dont le Gabon a été l'objet, a été entrepris avec le marquis Victor de Compiègne, qui a déjà donné une relation de ce voyage, et le troisième, dans l'Ogôoué, avec MM. Savorgnan de Brazza et Ballay, qui viennent de rentrer en France il y a peu de temps. L'état précaire de la santé de M. Alfred Marche l'obligea de quitter l'expédition de M. Savorgnan de Brazza, à laquelle il était attaché comme naturaliste, et de rentrer en Europe il y a deux ans environ. L'ouvrage est divisé en trois parties correspondant aux trois voyages. La première partie comprend cinq chapitres dans lesquels le voyageur nous décrit son arrivée à Saint-Louis, son installation à Dakar, ses excursions dans les postes de l'intérieur, à Bathurst, les mœurs des habitants de la Gambie, le fleuve Casamance, le poste de Carabane, de Zinghichor et de Sedhiou; il donne une étude très-bien faite sur la Casamance et les tribus qui habitent sur ses bords, comme les Ballantes, les Mandingues, les Diola. La description des mœurs de ces tribus est très-curieuse. M. Marche parle du *tali* ou poison d'épreuve en usage dans la Casamance, qui se prépare avec les feuilles et le fruit de l'arbre de ce nom ; à cette préparation, on ajoute du sang humain, le cœur des hommes morts dans l'année, plus les cervelles, avec le foie et le fiel; on met ce hideux mélange dans une cuve, et on l'y laisse infuser et fermenter pendant un an. Il indique comment on l'administre.

La deuxième partie de l'ouvrage, qui comprend onze chapitres, est consacrée à l'expédition de M. Marche au Gabon. M. Marche raconte comment il entreprit ce second voyage avec M. de Compiègne. Il visite de nouveau Dakar, Ruffisque, Banty, à l'embouchure de la rivière Mellacorée, Sierra-Leone, Bonny, dans le delta du Niger, Vieux-Calabar, Fernando-Pô, et le 16 janvier 1874 il arrivait dans l'estuaire du Gabon. M. Marche décrit ensuite le Gabon ; de là il va dans l'Ogôoué. Tout cela est raconté avec une très-grande abondance de détails, mais dans un style sobre et avec un profond cachet de sincérité. La troisième partie contient d'intéressants récits sur les Gallois, les Simba, les Osseyba, les Okanda, les Bangoués, les Adouma, etc. C'est le 15 juin 1877 que M. Marche quittait, à cause de sa santé, l'expédition conduite par M. Savorgnan de Brazza pour redescendre et reprendre la route de l'Europe. La dernière portion du volume est consacrée au récit de son retour en France ; il y arrivait le 20 septembre 1877, après une absence de deux ans et demi, épuisé par la fatigue et surtout par la maladie, mais ne désespérant pas cependant de se rétablir assez pour pouvoir reprendre bientôt le cours de ses voyages. M. Marche, en effet, est fort bien portant aujourd'hui et est tout disposé à mettre son activité, sa science et sa grande expérience des voyages au service du pays pour aller découvrir de nouvelles terres. Nous désirons vivement que M. Marche soit chargé par le gouvernement d'une nouvelle mission scientifique, qui lui permette d'ajouter encore à nos connaissances géographiques et à la littérature un bon livre de plus comme celui dont nous venons de rendre compte, et dont la première édition a été épuisée en moins de huit jours.

P. Bainier.

VARIÉTÉS

Le centenaire du capitaine Cook à la Société de Géographie de Paris.

La Société de géographie de Paris a tenu le vendredi soir, 14 février, à huit heures, en son hôtel du boulevard Saint-Germain, à l'occasion du centenaire de James Cook, le célèbre navigateur anglais, une Assemblée générale extraordinaire, à laquelle elle avait convié des membres des sociétés des départements, les délégués des pays étrangers, une grande affluence d'hommes savants et la presse étrangère. Les journaux étrangers étaient représentés par les correspondants du *Times* et du *Daily Telegraph*.

La séance était présidée par M. le vice-amiral baron La Roncière Le Noury, ayant à sa droite MM. le baron de Watteville, de Lesseps et M. A. Rabaud, président de la Société de Géographie de Marseille; et, à sa gauche, MM. Daubrée, président de l'Académie des sciences; William Martin, ministre du royaume Hawaïen à Paris, et le délégué de la Société de Géographie de Londres. Sur l'estrade, on remarquait les délégués des Sociétés de Géographie de province, des membres de l'Institut, MM. Bréguet, Chasles, de Quatrefages, Milne-Edwards, Levasseur; l'amiral Paris, de l'Académie des sciences; le vice-amiral Fleuriot de l'Angle, et tous les membres du Conseil d'administration de la Société de géographie de Paris.

La salle, brillamment décorée, était trop petite pour contenir la foule des invités qui se pressait jusque sur le boulevard, éclairé par les magnifiques illuminations de l'hôtel. Partout des trophées ornant des médaillons, avec l'inscription : *James Cook* : 27 *octobre* 1728. — 14 *février* 1779. Les drapeaux français alternaient avec les drapeaux américains et anglais. Sur les murs de la salle, on apercevait des cartes géographiques, des aquarelles et divers objets rapportés de ses voyages par James Cook.

Ce qui faisait surtout l'admiration des invités, c'était la collection précieuse de M. Bertin, collection qui renferme les spécimens les plus rares de l'industrie des peuplades sauvages découvertes par Cook. Cette exposition est restée ouverte au public jusqu'au lundi suivant inclusivement, de 11 heures du matin à 4 heures du soir. La plupart des objets exposés provenaient des musées de Londres et principalement de celui de l'amirauté britannique.

La séance a été ouverte par une courte allocution du président, qui a expliqué en quelques mots le but de la réunion. M. William Huber, délégué suisse, de Neuchâtel, a ensuite pris la parole et, dans un langage net et précis, il a retracé, en termes généraux, la vie accidentée de Cook, l'un des plus illustres navigateurs du dernier siècle. Cook est né en 1728, et il est mort assassiné par les sauvages de l'île d'Owyhee ou Hawaii en 1779. Le savant conférencier raconte ensuite les trois voyages autour du monde du jeune mousse, à travers l'océan Atlantique, le Grand Océan et l'océan Indien. Le premier voyage commence le 26 août 1768 et finit le 12 juillet 1771, à Plymouth, le point de départ. Le deuxième voyage ne dure guère que trois ans également ; savoir, à partir du 13 juillet 1772 au 29 juillet 1775.

Le dernier voyage, qui devait être fatal à l'illustre navigateur, commença le 12 juillet 1776 et finit le 14 février 1779, à l'île de Hawaii, dans la baie de Kara-Kakooa, où il fut assassiné à l'aide d'une hache de pierre, que les visiteurs trouvaient exposée à la Société de Géographie.

M. Huber a beaucoup intéressé son auditoire, en racontant la légende qui se rattache aux îles Sandwich, à la mémoire de Cook. D'après cette légende, les indigènes prenaient le navigateur anglais pour une divinité disparue du nom de *Lono*. A son retour, un des chefs dit à la tribu : « Je vais m'assurer de ce dieu » et, en prenant Cook dans ses bras avec trop de brutalité, ce dernier criait de douleur : « Il crie ! donc il n'est pas dieu ! » Et Cook périt assassiné par les mains des sauvages.

M. le docteur Hamy, à qui on doit principalement l'exposition des objets rapportés par Cook, a donné ensuite un aperçu succinct des services rendus à la science et à l'humanité par le navigateur anglais, au point de vue de l'ethnographie, de l'anthropologie, de l'industrie, des arts et des mœurs. Les terres découvertes par Cook représentent à peu près le cinquième du globe.

M. de Varigny, qui a voyagé beaucoup, a fait une description détaillée de l'Océanie moderne. Il a rappelé, aux applaudissements de l'auditoire, que le souvenir de Cook est gravé sur un cocotier de la baie de Kara-Kakooa, par une inscription rappelant l'assassinat.

La séance a été terminée par un discours de M. le vice-amiral La Roncière Le Noury, qui a remercié l'auditoire de l'empressement qu'il avait mis à venir fêter, avec la Société de Géographie, le centenaire de ce hardi pionnier de la civilisation. « Dans quelques années, — dans neuf ans, a-t-il dit, — nous célèbrerons le centenaire d'un autre célèbre navigateur — celui-là un Français — : je veux parler de Lapeyrouse, qui périt dans un naufrage. » (Applaudissements prolongés.)

M. le docteur Hamy donne ensuite des explications sur les objets exposés.

Deux explorateurs français décorés par la France.

MM. SAVORGNAN DE BRAZZA et BALLAY, qui viennent de rentrer en France, après avoir exploré l'Ogoôué et une faible portion du bassin de l'Alima et de la Licona, ont été, il y a quelques jours, nommés Chevaliers de la Légion d'Honneur. C'est une distinction qu'ils ont bien méritée.

La Société de géographie de Lyon a décerné une médaille d'or à M. Savorgnan de Brazza, une médaille d'argent à son compagnon le Dr Ballay et une médaille de bronze au quartier-maître Hamon.

Cours populaire de géographie fondé par la Société, sous le patronage de la municipalité de Marseille.

Le cours populaire de géographie, créé par la Société, à l'Ecole communale de la rue de Lodi, attire, chaque jeudi, un concours très-nombreux d'auditeurs. Le professeur, M. Paul Armand, a consacré ses premières leçons à la Géographie physique de la France. Il a étudié successivement les rivages, les montagnes, les cours d'eau de notre patrie. Puis, abordant la Géographie économique, il a insisté sur notre agriculture, notre industrie, notre commerce ; passant en revue nos diverses productions minérales, végétales et animales, il s'est appuyé sur les statistiques les plus récentes et par des comparaisons ingénieuses a su rendre accessible à toutes les intelligences et facilement assimilable, ce que ces nomenclatures pouvaient avoir de trop aride. La partie commerciale a été surtout l'objet d'une étude complète comme il convient dans une place de commerce aussi importante que Marseille.

Dans ses dernières leçons, le professeur a abordé la Géographie administrative de notre pays. Là encore, ce n'est pas une nomenclature qui dégénère en catalogue. M. Armand cherche avant tout à faire comprendre l'esprit des divisions administratives, leur relation plus ou moins fondée avec la topographie. avec les mœurs, la religion, les besoins de la population ; il s'applique à donner à ses auditeurs quelques notions comparées de nos ressources financières, de l'assiette des contributions, de la manière dont est rendue la justice, organisée l'armée ; en un mot, à initier les élèves au mécanisme de nos institutions administratives.

Grâce à la variété qui préside à ces leçons. le succès des cours fondés par la Société ne fait que s'accentuer. Les auditeurs, malgré l'hiver, se pressent en foule dans la salle trop étroite mise à notre disposition par l'autorité municipale et la présence assidue de MM. les Inspecteurs primaires montre l'importance qu'attache l'Université à cette institution.

P. BAINIER.

Est admis membre de la Société :

M. MOULIN, négociant, adjoint au maire de Marseille, boulevard de Rome, 9.

Sont nommés membres en vertu de l'article 7 des Statuts :

MM. COURIER, E., capitaine au long-cours, professeur d'armements à l'École supérieure de Commerce de Marseille, rue Lafayette, 5.

DUBARD, Maurice, sous-commissaire de la Marine, à Marseille.

Sont nommés membres correspondants :

MM. Léon BIGOT, membre de plusieurs sociétés savantes et de la Société de géographie de Paris, au Petit-Quevilly, près Rouen, 9 et 11, rue du Manoir.

LANIER, L., professeur d'histoire au Lycée et de géographie commerciale à la Société industrielle d'Amiens, à Amiens (Somme).

A. DU MAZET, Rédacteur au Courrier de Lyon, à Lyon.

Le secrétaire général, gérant,

P. BAINIER.

Bainier

L'ILE DE SAN-THOMÉ

D'APRÈS LES NOTES PRISES PENDANT UN SÉJOUR DE TROIS MOIS

(Juillet, Août, Septembre 1878)

PAR GEORGES MICHEL,

Ingénieur des Arts et Manufactures.

Généralités—Historique—Dimensions—Superficie— Aspect extérieur Côtes—Baies—Rades—Iles—Montagnes—Cours d'eau.

L'île de San-Thomé (colonie portugaise) est située entre 0° 2' et 0° 30' de latitude nord, 4° 06' et 4° 25' de longitude est. — Elle fait partie de l'archipel des Mafras qui se trouve dans le golfe de Guinée et qui comprend, en outre, les îles de Fernando-Po et Annobon (possessions Espagnoles) et l'île du Prince (possession Portugaise). — Elle est distante du cap Lopez (Gabon) de 180 kilomètres et de l'île du Prince de 133 kilomètres.

L'île de San-Thomé fut découverte au mois de décembre 1470. A cette époque elle était complétement déserte et fut peuplée au moyen de nègres amenés de la côte d'Afrique par les premiers occupants Portugais. Très-florissante d'abord, la nouvelle colonie entra dans une période de décadence lorsque le Brésil devint une possession d'outre-mer du royaume de Portugal; une émigration considérable des blancs, qui s'étaient fixés à San-Thomé, se fit alors vers l'Amérique du Sud.

Au XVII° siècle, les Hollandais et les Français opérèrent des descentes dans l'île et bombardèrent la citadelle de la ville principale. Le gouvernement de la province coloniale de *San-Thomé-e-Principe* a son siége dans la première de ces deux îles; il comprend en outre, le territoire d'Ajudâ sur la côte de Benin dans le royaume de Dahomey.

La plus grande longueur de l'île ne dépasse pas 48 kilomètres; sa plus grande largeur est de 26 kilomètres; le développement de ses côtes atteint 150 kilomètres; sa superficie peut être évaluée à 950 kilomètres carrés (environ le double de celle de Madère et à peu près la moitié de celle de la Réunion).

Vue de la mer, alors que l'on commence à s'approcher du mouillage de la baie Anna-de-Chaves, l'île de San-Thomé n'offre pas un aspect bien beau; ses pics sont presque tous cachés par d'épais nuages; les côtes, du moins dans cet endroit, ne présentent pas une végétation très-luxuriante; le coup d'œil est au contraire pittoresque quand on découvre l'île par le sud. Dans cette partie, d'épaisses forêts de cocotiers s'étendent jusque sur le bord de la mer; les pics (en forme de pains de sucre) nombreux, mais plus petits que ceux du nord de l'île sont rarement enveloppés dans les brouillards et laissent voir leurs formes originales se détachant sur le ciel malheureusement presque toujours gris de ces contrées.

Les côtes de San-Thomé sont peu découpées et présentent un nombre très-restreint de baies. Nous ne croyons pas qu'il existe une anse ou port naturel susceptible de recevoir plusieurs bateaux d'un fort tonnage. Les navires qui touchent à l'île viennent mouiller près de la baie Anna-de-Chaves (sur les bords de laquelle est construite la ville de San-Thomé). Cette baie ou rade foraine n'est nullement abritée et a peu de profondeur; ce qui force les gros bateaux à s'arrêter très-loin du rivage. Le meilleur port, à ce qu'il paraît, est situé au sud-est de l'île; il a nom de Angra-de-San-Joâo; il peut recevoir quelques navires et est à l'abri de presque tous les vents, excepté de ceux du sud-est.

Parmi les petits îlots qui entourent San-Thomé, nous citerons l'îlot de Santa-Anna à l'est, l'île das Cabras, au nord-est, et l'île plus grande das Rollas au sud. Dans cette dernière il y a une plantation de café. La ligne équatoriale passe entre les îles de San-Thomé et das Rollas.

Les montagnes sont nombreuses; les pics principaux sont le pic de San-Thomé (1,800 mètres d'altitude), le pic Anna-de-Chaves (1,500 mètres) et ceux de Macondo, Maria-Fernandez, Cao-Grande (1,000 mètres).

L'île contient plus de 100 petites rivières, qui sont en général peu profondes et peu larges; mais le volume des eaux qu'elles débitent augmente dans de très-grandes proportions pendant la saison des pluies. Parmi les plus importantes nous citerons: Agua-Abbado, dont l'embouchure se trouve sur la côte est; Agua-Grande, qui vient se jeter dans la mer tout près de la ville de San-Thomé; Rio-de-Oiro, dont le cours s'effectue dans la partie nord de l'île. Ces ruisseaux donnent une eau fraîche, très-agréable à boire; ils sont assez poissonneux et contiennent surtout beaucoup de crevettes. Les cascades formées par ces rivières sont fréquentes; quelques-unes sont très-curieuses à visiter; Aqua-Grande à 5 kilomètres de la ville forme la chute du Blu-Blu, une des plus considérables et en même temps une des plus belles de San-Thomé. Le Rio-dé-Oiro se précipite en gerbes magnifiques dans un endroit d'un aspect sauvage et en même temps très-pittoresque.

Aspect intérieur — Caféier — Cacaoyers — Productions de café et de cacao — Productions diverses — Cultures nouvelles — Plantations — Fermes — Chiffres relatifs aux plantations et aux traitements des produits récoltés.

L'intérieur de l'île est d'un aspect beaucoup plus beau que celui des côtes. Rien ne saurait donner une idée des spectacles, tour à tour charmants et imposants, qui s'offrent à la vue du voyageur dans ce splendide pays; à côté de forêts immenses impénétrables aux rayons du soleil et contenant des arbres tels que l'oca et l'oba, dont la hauteur atteint 50 mètres et le diamètre à la base 4 mètres, on rencontre de délicieuses vallées couvertes par les plantations les plus diverses; de petites rivières les sillonnent dans tous les sens; leurs cours, d'abord silencieux, s'interrompent de distance en distance pour produire de bruyantes cascades. Des troupes de singes, des vols nombreux de perruches et d'oiseaux divers aux couleurs éclatantes traversent ces paysages merveilleux, les animant de leurs cris et de leurs gazouillements.

Les principales productions de l'île sont le café et le cacao. La culture des arbustes et des arbres qui fournissent ces denrées se fait dans des plantations (Roças) qui, presque toutes, se trouvent sur la côte orientale ou dans les parties de l'intérieur avoisinant cette côte. Une seule est placée au nord-ouest; les communications de cette dernière avec la ville se font par mer; car aucun sentier praticable ne réunit la partie occidentale à la partie orientale de l'île. Un cinquième environ de la surface totale de San-Thomé est actuellement cultivé.

Le caféier vient très-bien dans les lieux un peu humides et où le soleil n'est pas trop ardent. Les fermes dont les terres sont situées à une altitude de 600 à 900 mètres sont celles qui produisent le plus de café et le meilleur café. En effet, à cette hauteur au-dessus du niveau de la mer, il existe de fréquents brouillards assez épais; ils évitent au caféier une chaleur sèche, intense qui lui est nuisible et lui procurent une chaleur humide si avantageuse à sa floraison et à la maturité de ses fruits. L'arbre à cacao est beaucoup plus robuste que l'arbuste à café; il donne de plus beaux résultats quand il reçoit directement les rayons du soleil; aussi les belles plantations de cacaoyers se trouvent-elles dans les fermes placées à une altitude relativement basse. Comme on le voit, les deux cultures sont un peu opposées; aussi certaines fermes donnent-elles seulement du café; d'autres du cacao et relativement peu de café. De plus, quand l'année a été bonne pour un des produits, il y a de grandes chances pour qu'elle ne le soit pas pour l'autre.

Le café qui se récolte à San-Thomé est d'origine brésilienne. Le cacao est le même que celui connu dans le commerce sous le nom de cacao Caraque et qui vient du Vénézuela. Ces denrées sont de qualité supérieure et recherchées sur les marchés de Lisbonne.

Pendant l'année 1877 l'exportation a été représentée par les chiffres suivants :

Café	1,057,130	kilog. dont la valeur est de	1,176,673	francs.
Cacao	287,555	» »	222,258	»

Certains autres produits, tels que le rhizome du gingembre, la graine du rocou, certains bois d'ébénisterie assez beaux, ont été expédiés en Europe ; mais ces tentatives d'exportation n'ont pas eu de suite. Le manioc, l'igname, le maïs, la banane sont cultivés à San-Thomé et récoltés pour la consommation des habitants.

Dans quelques-unes des principales fermes on se livre actuellement à des essais ayant pour but d'introduire dans l'île de nouveaux produits végétaux. L'arbre à quinquina, certains arbres donnant des écorces très-riches en tannin, l'ortie blanche, sont l'objet de quelques tentatives qui certainement réussiront très-bien. Ces nouvelles plantations demandent peu de bras pour leur entretien et donnent des produits chers et recherchés; elles sont donc très-avantageuses. La canne à sucre qui jadis était généralement cultivée à San-Thomé devrait être plantée de nouveau, ne serait-ce que pour fabriquer de l'eau-de-vie dont la vente, soit dans l'île, soit dans les colonies voisines, serait largement assurée et rémunératrice. — Le tabac et surtout la vanille, dont les débouchés sont certains, viendraient très-bien et à peu de frais dans ce pays à la fois chaud et humide.

Une grande plantation de café et de cacao se compose en général de plusieurs fermes; dans l'une d'elles (la plus importante) réside le propriétaire ou le gérant et les employés aux écritures. C'est là que se trouvent les magasins de subsistances, les magasins de vente pour les noirs, l'hôpital, les aires de séchage, les ateliers de préparation de café, les bureaux, etc., etc. Presque tous ces bâtiments sont en bois, peu sont à un étage. Dans les autres fermes résident les employés blancs chargés de la surveillance et de l'entretien d'une partie de la plantation. Les travailleurs sont des noirs; les uns sont indigènes de San-Thomé, les autres viennent de la côte d'Afrique. Il y a aussi quelques ouvriers blancs (maçons, charpentiers, menuisiers) qui, pour la plupart, sont des Portugais condamnés à la déportation. — Les indigènes sont employés particulièrement dans les travaux d'intérieur et de surveillance. Les noirs de la côte d'Afrique sont les Angolas et les Croomans; les premiers sont chétifs, paresseux et rendent peu de services; ils viennent de la province coloniale portugaise d'Angola ; les seconds sont vigoureux, excellents travailleurs, ils sont très-appréciés, ils viennent du cap des Palmas et sont sujets Libériens. Dans une ferme contenant 900 travailleurs, il y avait en 1878 :

Angolas	600
Croomans	150
San-Thomé.	150

Voici quelques chiffres moyens relatifs aux plantations de café et de cacao et aux traitements de ces produits :

Les caféiers sont plantés à 4 mètres de distance ; après trois ans ils commencent à donner des fruits et continuent à en porter pendant quinze ans en moyenne. Un arbuste à café produit annuellement 5 à 6 kilogrammes de café en cerises, ce qui représente 1 kilogramme à 1 kil. 25 de café vert sec. La récolte doit durer 40 jours au plus et commencer dans les premières journées du mois de mars. Un travailleur correspond à 450 kilog. de café vert sec par année. Après la cueillette, la série d'opérations et manipulations que subit le café avant d'être mis en sac est la suivante :

1° *Séchage* : il se fait sur des aires et dure de deux à trois mois.

2° *Décortication* : elle s'effectue au moyen de deux meules horizontales en pierre tournant l'une au-dessus de l'autre à la façon de nos moulins à farine ; dans cette opération la membrane sèche qui enveloppe le grain est brisée.

3° *Première Ventilation* : elle a pour but de séparer les grains de café d'avec la partie membraneuse. Les ventilateurs employés sont du même modèle que ceux dont on fait usage en France pour le nettoyage des blés, avoines, etc.

4° *Lustrage* : dans cette opération, qui se fait au moyen de machines spéciales (d'invention brésilienne) très-ingénieuses, on donne au grain un poli, un brillant qui en augmente la valeur. Une bonne machine peut traiter 2,250 kilog. par jour.

5° *Seconde Ventilation* : elle permet d'enlever les pulpes folles provenant de l'opération précédente.

6° *Triage à la main*: il est fait par des femmes qui classent les grains d'après leur coloration et leur grosseur. Une ouvrière peut trier 25 kilog. par jour.

Les cacaoyers se sèment à 4 ou 5 mètres de distance; ils donnent des fruits quatre ou cinq ans après et produisent pendant dix-huit ans. Un arbre permet une récolte annuelle de 4 à 5 kilogrammes d'amandes sèches. Chaque semaine, ordinairement le vendredi, on procède à la cueillette des capsules de cacao qui sont arrivées à peu près à maturité; en cet état, elle sont d'une couleur vert-jaunâtre; mises en tas pendant trois jours, elles achèvent de mûrir et deviennent complétement jaunes. C'est alors qu'on les ouvre sur place pour en extraire les amandes. Ces dernières, étendues sur des aires exposées au soleil, sont sèches au bout de cinq à huit jours et alors peuvent être mises en sacs.

Quelques considérations sur la constitution géologique, sur la Faune et sur la Flore de San-Thomé.

Le sol de San-Thomé est d'origine volcanique; le basalte est la roche dominante. On le rencontre souvent formant de magnifiques colonnades à huit pans; quelquefois il se présente avec de belles lames d'augite très-apparentes, d'autres fois à l'état de laves basaltiques ou de sables laviques. Comme résidus de la décomposition de cette roche, on trouve des argiles plus ou moins ferrugineuses dont la pâte paraît très-liante et propre à la fabrication des briques; des limonites, de l'hématite brune, des laves ferrugineuses. A côté du basalte, il existe d'autres roches pyroxéniques, entre autres une dolérite qui contient des filons d'arragonite; les faces de contact de la roche avec le calcaire laissent voir des particules vésiculaires d'un liquide noirâtre qui n'est autre chose qu'une huile minérale. Enfin, on observe encore des grès, des argiles agglomérées, quelques roches feldspathiques (trachyte, phonolite), des minerais de manganèse. Une huile minérale, très-lourde, imprègne le sol en divers endroits et produit des suintements à la surface.

Nous n'avons pu étudier la faune de San-Thomé que d'une façon superficielle, faute de temps et de connaissances spéciales. Dans l'embranchement des vertébrés la classe des mammifères est représentée d'une façon très-pauvre. Les singes sont nombreux, mais appartiennent tous à la même espèce. On trouve aussi une sorte de chat sauvage (genre belette), des vampires, des chauves-souris fort grandes : des rats, des mulots qui font beaucoup de mal aux plantations ; quelquefois des baleines se montrent autour de l'île. La classe des oiseaux compte des représentants de genres différents dans presque toutes ses familles. Les rapaces, les grimpeurs, les échassiers, les panéraux, les aquatiques, les gallinacées sont très-nombreux et très-variés. Parmi les grimpeurs, on remarque beaucoup de perruches; au contraire les perroquets manquent complétement, c'est justement l'inverse de ce qui a lieu à l'île du Prince, distante de San-Thomé seulement de 133 kilomètres. Dans la classe des reptiles, on trouve des tortues à très-belles écailles, beaucoup de sauriens ; la famille des ophidiens compte une grande quantités de serpents vénimeux, tels que : vipères, couleuvres, trigono-céphales ; dans ce dernier groupe est le terrible cobra-préta. Les poissons sont nombreux, les requins surtout abondent dans les eaux de San-Thomé.

Dans l'embranchement des invertébrés, le groupe des annelés est remarquable par la variété de ses familles ; les insectes surtout depuis les coléoptères jusqu'aux aptères, sont largement représentés dans toutes leurs espèces. Dans cette classe est le bicho qui est très-répandu surtout depuis quelques années ; ce petit insecte s'attaque non-seulement à l'homme, mais encore à divers animaux domestiques ; quand il s'installe sur le corps humain, c'est sutout entre les doigts et sous les ongles des pieds qu'il s'introduit. Si on tarde trop à l'extraire (ce que les noirs font habilement avec une épingle), il dépose ses œufs dans l'endroit où il a élu domicile, ce qui occasionne des démangeaisons très-vives et pourrait amener la formation de plaies souvent fort dangereuses et toujours longues à guérir dans ces pays chauds. Dans la classe des Arachnides, on trouve de fort

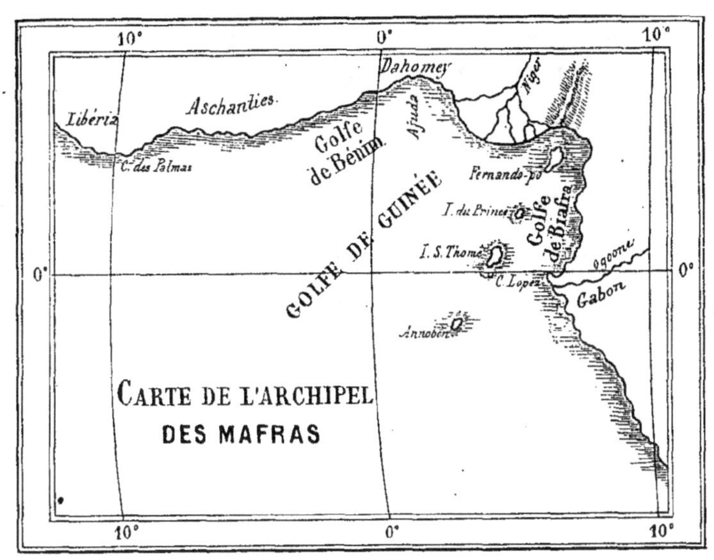

CARTE DE L'ARCHIPEL DES MAFRAS

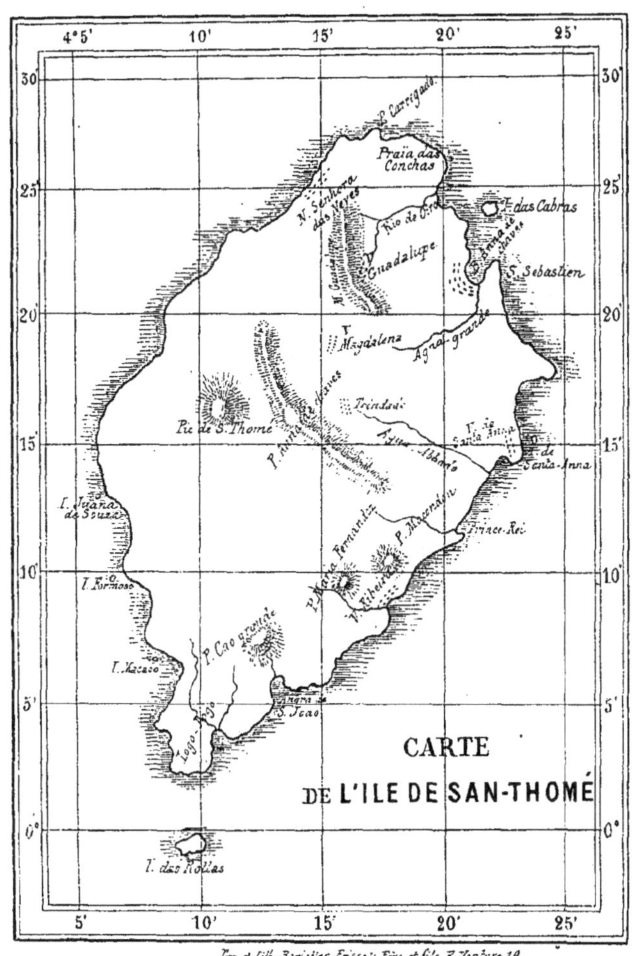

CARTE DE L'ILE DE SAN-THOMÉ

grosses tarentules. Le groupe des mollusques paraît être moins riche; les huîtres sont pourtant fréquentes. Parmi les rayonnés, nous avons remarqué des coraux assez beaux, et parmi les protozoaires des spongiaires dont les squelettes chitineux fournissent des éponges très-fines.

Ce que nous avons dit au début de notre étude sur la faune peut être répété au sujet de la flore ; nous n'avons pu l'étudier qu'à un point de vue industriel et commercial.

Le règne végétal acquiert à San-Thomé un développement extraordinaire. Le sol possède une force de production considérable ; il est aidé en cela par des pluies fréquentes et une température élevée. L'île contient une immense variété d'arbres, d'arbustes, de plantes. Dans le nombre des végétaux qui ont attiré notre attention, nous citerons parmi ceux donnant des:

1°. *Produits oléagineux* :

Le cocotier (cocos nucifera), le palmier à Dendié (elœis guineensis) ; le fruit de ce dernier donne l'huile de palme qui s'extrait du sarcocarpe fibreux entourant la noix et le beurre de palme qui est fourni par l'amande de cette même noix. Le pao-caixao, dont on peut extraire de la semence un beurre assez fin, l'iza, qui donne de gros fruits contenant des graines très-riches en huile comestible ; la mamona ou ricin (ricinus communis).

2°. *Produits tinctoriaux* :

Le rocou (bixa-orellena) ; l'indigofera-argentea, le mussandi, le bugi-bugi : les écorces de ces derniers végétaux donnent une matière tinctoriale noirâtre.

3°. *Produits gommeux et résineux* :

Le pao-oléo, arbre très-grand qui, par une incision faite à son tronc, laisse couler une résine abondante appelée baume de San-Thomé (probablement un succédané du baume de Tolu), jouissant de propriétés thérapeutiques remarquables; le cajucira (anacardium occidentale) donne une excellente gomme analogue à la gomme

L'amoreira, qui fournit un suc laiteux ayant quelque analogie avec le caoutchouc ; certains arbres à caoutchouc (entre autres l'Hevea-Guyanéensis). Le tapa-olho (de la famille des euphorbiacées), qui donne un suc blanc très-astringent.

4° *Produits fibreux* :

Le cocotier : la partie fibreuse du coco sert à faire des cordes communes. Les feuilles de divers palmiers peuvent fournir des tiges flexibles propres à la confection des corbeilles.

Le tabaque, dont l'écorce sèche traitée d'une certaine manière se sépare en filaments très-bons pour la fabrication des filets.

L'oca, arbre gigantesque qui produit un certain coton très-fin.

5° *Bois de menuiserie et de charpente* :

L'île de San-Thomé contient une grande quantité d'arbres fournissant des bois très-beaux, mais en général peu veinés, et par conséquent sans grande valeur auprès des ébénistes ; de plus, ces bois durcissent beaucoup en vieillissant et alors se travaillent avec difficulté. Parmi les plus curieux, nous citerons :

L'azeitona, très-bon pour les charpentes.

L'amoreira, arbre colossal dont on emploie le tronc pour la construction des canots.

L'oca et l'oba qui atteignent à de très-grandes hauteurs et qui se rapprochent comme nuances de l'acajou et du palissandre.

6° *Ecorces et matières tannantes :*

Le figo-porco, dont l'écorce est appelée par les indigènes cuir végétal à cause de sa grande souplesse et de ses propriétés particulières qui le rapprochent un peu du cuir ordinaire.

L'untuem, le cajueira, dont les écorces de même que les feuilles du joao-gomez paraissent contenir des quantités notables d'acide tannique.

7° *Comestibles :*

Parmi les nombreux végétaux donnant des comestibles, les plus connus sont :

Le caféier, le cacaoyer, l'arbre à cannelle, l'arbre-à-pain (artocarpus incisa) ; le manguier, diverses espèces de bananiers, le pitanguier, le mamao, le cocotier, le goyavier et les plantes qui donnent le maracuja, le piment, l'igname, le manioc, la patate, le maïs, le gingembre, l'ananas, etc., etc. Les plantes médicinales existent en grand nombre; l'orseille ainsi que de très-belles fougères arborescentes sont très-fréquentes.

Ville de San-Thomé — Villages — Routes — Gouvernement — Services publics — Chambre municipale — Population totale de l'île.

La ville de San-Thomé est située sur la baie Anna-de-Chaves, au nord-est de l'île ; elle compte 850 feux et 5,000 habitants. Les rues sont assez larges, poussiéreuses et nullement ombragées. Les maisons sont généralement en bois ; quelques édifices appartenant à l'Etat sont en pierres : tels sont le nouveau palais du gouverneur, la nouvelle douane, les églises, la forteresse. Il y a deux jardins publics dans la ville, qui sont petits et assez mal entretenus. Les magasins sont nombreux, on y vend les objets les plus variés et les denrées les plus diverses : vêtements, étoffes, boisson, tabac, comestibles, parfumeries, etc., etc. Il y a une salle de billard assez bien installée. Les voitures sont inconnues ; les véhicules employés sont des chaises-palanquins portées par des noirs. Dans la ville on trouve facilement à acheter de la volaille, des œufs, des cochons, du poisson, des légumes, des fruits ; il y a de la viande fraîche de bœuf deux ou trois fois par semaine et du pain frais de froment tous les jours. Un phare est placé sur la forteresse de San-Sébastien au sud-est de la ville. Une caserne, assez bien aménagée d'ailleurs, est construite près du fort.

L'île contient quelques villages ou mieux des amas de mauvaises maisons en bois : ce sont les bourgs de Santa-Anna, Trinidade, Magdalena, Guadalupe, Santo-Amoro; Nona-Senhora-das-Neves, Santa-Cruz-das-Angolares.

La partie nord de l'île possède quelques routes assez bien entretenues et praticables pour des chars traînés par des bœufs. La partie sud n'a que quelques sentiers où pendant le jour seulement on peut péniblement circuler à pied ou à cheval. Aucun semblant de chemin ne relie la ville avec la côte occidentale de l'île.

Le Gouverneur de la province de San-Thomé-e-Principé réside dans la ville de San-Thomé ; c'est un officier de l'armée de terre ou de mer, il est nommé par le roi et a droit aux honneurs dus à un général de brigade. Il a sous sa direction tous les services publics à l'exception des tribunaux. Il peut choisir certains fonctionnaires. Il est aidé par un secrétaire général de la colonie nommé par le roi. Il est assisté : 1° d'une junte de gouvernement constituée par les autorités supérieures appartenant aux services ecclésiastiques, judiciaires, militaires, municipaux, des finances, de la santé ; il en est le président et peut la consulter simplement pour connaître son avis sur certaines questions, avis auquel il n'est pas forcé d'ailleurs de se conformer. 2° D'une junte des finances qu'il préside également et qui est composée du secrétaire général, du juge, d'un trésorier et d'un secrétaire. Cette junte a pour but de gérer les deniers de la colonie.

L'île du Prince a un gouverneur spécial sous les ordres de celui de la province. Le territoire d'Ajuda (qui est une dépendance de la colonie) est commandé habituellement par un sous-lieutenant de l'armée. Dernièrement, au mois de septembre 1877, les quelques troupes qui l'occupaient ont été faites prisonnières par le roi de Dahomey, et actuellement le pavillon portugais ne doit plus flotter sur la forteresse de S.-Joào-Baptista d'Ajuda.

La chambre municipale de San-Thomé est nommée par le suffrage des citoyens payant un certain impôt; elle a des attributions analogues (au point de vue financier) à celles de nos conseils municipaux.

Dans les villages de l'île il n'y a que des Regedors, qui, de concert avec le desservant de l'église et quelques habitants choisis par l'autorité, s'occupent des affaires de la localité. La province de San-Thomé-e-Principé envoie aux Cortès un député qui est élu par la voix du suffrage restreint; pour être électeur, il faut avoir 25 ans et payer 1000 reis de contributions directes. Le code pénal et le code civil de la Métropole sont en vigueur dans l'île. L'instruction publique est peu répandue. Il existe cependant dans la ville et dans quelques villages plusieurs écoles gratuites. La force armée qui réside à San-Thomé comprend un bataillon de chasseurs et une compagnie de police. L'effectif est d'environ 15 officiers et 500 soldats. Des fonctionnaires spéciaux assurent les services suivants: hôpital et santé publique, douane, station de météorologie, travaux publics. Le *Bulletin officiel* de la province de San-Thomé-e-Principé s'imprime à San-Thomé; il paraît chaque semaine et publie les décrets, lois, arrêtés, résumés de travaux, etc., etc., intéressant la colonie. Il est rédigé par un Directeur de la presse placé sous les ordres du secrétaire général. Le clergé joue un rôle important; en outre de ses fonctions religieuses, il remplit certaines fonctions civiles, par exemple, celles concernant l'enregistrement des naissances et des mariages (le mariage religieux est le seul reconnu en Portugal et dans les colonies); il est composé surtout de prêtres nègres qui desservent les paroisses de l'île. Un chanoine y remplit les fonctions de chef des affaires ecclésiastiques. Un établissement de banque (*o Banco nacional ultramarino*), dont le siége social est à Lisbonne, est chargé des opérations financières à San-Thomé où il a une succursale; il émet des billets au porteur qui ont cours dans toutes les colonies portugaises (Macao excepté). Il est privilégié et subventionné par l'Etat.

La population de l'île est d'environ 22.000 habitants, se décomposant de la manière suivante :

Population blanche ou mulâtre	850	Fonctionnaires, commerçants, propriétaires	400
		Déportés	450
Population noire	21.150	Indigènes de S.-Thomé	15.000
		Travailleurs d'Angolas	5.750
		Croomans	250

La densité de la population est de 23 habitants par 1 kilomètre carré, c'est-à-dire à peu près égale à la densité de la population dans la Cochinchine française. Parmi les 850 blancs nous comptons 700 hommes et 150 femmes et parmi les noirs 9.000 femmes et 12.000 hommes.

Population blanche — Fonctionnaires, Négociants — Planteurs Déportés.

Les fonctionnaires, les négociants d'origine européenne résident en général dans la ville. Il ne font qu'un séjour de quelques années dans la colonie. Ils conservent, sous le rapport de l'alimentation, des logements, des vêtements, les habitudes de leur pays. Leurs tables sont assez bien servies ; les excellents vins de Portugal, de Madère, y paraissent presque régulièrement. Leurs appartements ne manquent pas de confortable; ils portent des costumes élégants confectionnés d'après les modes les plus récentes de Lisbonne. Leur genre de vie dans la ville est fort monotone; après le repas du matin, qui se fait à 9 heures, commence la journée d'affaires qui prend fin à 3 heures 1/2. Le dîner a lieu à 4 heures. Dès que la nuit arrive, c'est-à-dire à 6 heures, la salle de billard commence à recevoir ses nombreux habitués; quelques conversations, quelques parties, ou bien une promenade dans les rues de la ville font passer le temps jusqu'à 10 heures. A ce moment les uns rentrent dans leurs logements, les autres commencent à s'asseoir autour de tables de jeux qu'ils ne quittent souvent que le lendemain matin vers les 4 heures ; des sommes considérables se gagnent et se perdent dans une seule nuit. Il y a peu de réunions entre les principales familles. Les quelques dames qui habitent la ville ne se font entre elles aucune visite. De temps en temps, chaque deux ou trois mois, il y a représentation dramatique donnée par des amateurs dans un local aménagé en théâtre pour la circonstance.

Les propriétaires ou gérants des plantations habitent dans les fermes ; les occupations agricoles, les courses à cheval, la chasse rendent leur genre de vie beaucoup moins monotone que celui de la ville, où d'ailleurs ils ne vont que rarement. Une plus grande liberté d'allures, beaucoup plus de simplicité et de commodité dans la manière de se vêtir font que le séjour des plantations est relativement agréable. Certaines fermes sont construites d'une façon charmante, dans des endroits pittoresques. Telle est la ferme de Monte-Café, sur le flanc d'une colline, à 800 mètres d'altitude. Dans la plantation de Rio-de-Oiro (une des plus belles de l'île), le propriétaire, M. Gabriel de Bustamente, homme de goût en même temps qu'agronome habile, a fait construire une délicieuse maison d'habitation où tout le luxe et le confortable de l'Europe se trouvent réunis et qui, chose vraiment curieuse dans ces pays lointains, est éclairée au gaz; les ateliers, les bâtiments et les cours de la ferme qui avoisinent le domicile du propriétaire jouissent du même mode d'éclairage. M. de Bustamente obtient à bon marché le gaz nécessaire à sa consommation en distillant la noix de palme (préalablement desséchée) dans une petite usine à gaz assez complète et installée près de la maison.

La deuxième partie de la population blanche est composée des déportés; ils sont au nombre de 450 environ. Les uns, condamnés à des peines sévères, sont employés dans les travaux pénibles d'intérêt public; plusieurs portent une chaine analogue à celle des forçats dans les anciens bagnes de France. Mal habillés, mal logés, mal nourris, ils fournissent un grand contingent aux décédés annuels de la colonie. Les autres dont la condamnation a été légère ou dont la bonne conduite a été reconnue, après quelque temps passé dans les travaux publics, sont autorisés par le Gouverneur à louer leurs services aux propriétaires, aux magistrats ou bien à exercer certaines petites industries dans la ville ou dans les villages; ils se comportent en général assez bien; leur genre de vie est le même que celui des autres blancs (toutefois avec beaucoup moins de luxe); c'est parmi eux que se trouve le plus grand nombre d'ouvriers de l'île.

Population noire indigène — 1° Indigènes négociants et planteurs 2° Travailleurs et petits propriétaires — 3° Angolares.

La population noire de San-Thomé comprend, ainsi que nous l'avons déjà dit, les Indigènes, les Angolas, les Croomans.

Les indigènes, par certains caractères physiques et physiologiques, paraissent avoir quelque ressemblance lointaine avec les Européens (c'est du moins ce que prétendent certains médecins qui ont habité l'île). Ceci d'ailleurs n'aurait rien d'extraordinaire et serait dû aux croisements des premiers blancs qui occupèrent l'île avec les nègres qu'ils y importèrent, mais l'élement noir, qui était dominant dès l'origine, les influences extérieures, le départ d'un grand nombre de blancs, ont fait que, tout en revenant à la race primitive, les indigènes de San-Thomé ont gardé quelques caractères qui permettent de les distinguer des purs Africains.

Dans cette partie de la population nous distinguerons : 1° les indigènes négociants et planteurs ; 2° les travailleurs et petits propriétaires ; 3° les angolares (tribus relativement sauvages).

Les premiers sont assez instruits, se livrent au commerce d'importation, tiennent des magasins de vente au détail ou sont employés dans les fermes et dans les bureaux ; ils ont les mêmes usages, idées, religions, costumes que les blancs avec lesquels ils vivent sur un grand pied d'égalité ; ils jouissent des mêmes droits politiques ; ils sont intelligents et peuvent rendre de grands services ; mais une grande nonchalance paralyse leurs aptitudes.

Dans la deuxième classe, qui est la plus nombreuse, sont les petits propriétaires ainsi que les surveillants, les gardes-magasins, les employés aux machines et une partie des travailleurs dans les plantations. Ils parlent un portugais bâtard ; ils ont en grand mépris les autres noirs étrangers ; ils craignent beaucoup les blancs, sont paresseux, peureux, gourmands, sensuels ; ils paraissent pourtant susceptibles d'attachement. Leur religion est le catholicisme ; ils sont assez dévots ; lors des fêtes et des processions, très-fréquentes dans la ville et surtout dans les villages, les hommes et les femmes vêtus de leurs plus beaux costumes, assistent avec recueillement aux offices, suivent dans les rues les cortèges religieux ou s'inclinent sur leurs passages avec tous les signes de la plus profonde humilité.

Le costume des travailleurs est pour les hommes la pagne ordinaire. Les femmes portent une pagne beaucoup plus longue ou bien une espèce de châle en cotonnade grossière dans lequel elles savent se draper avec élégance. Quant aux parures, aux bijoux, ils sont peu répandus et proviennent surtout des libéralités faites par les blancs. La toilette des hommes consiste en un pantalon de toile, une chemise, quelquefois une veste et un chapeau. Le tout est loin d'être neuf et présente souvent de nombreuses déchirures. Les femmes en toilette portent des robes, des corsages, des rubans aux vives couleurs autour de la tête ; les plus élégantes possèdent d'antiques chapeaux de modes européennes, mais fanés, flétris, déformés et quelquefois de vieilles bottines éculées. Elles tressent leurs cheveux qui sont très-courts en une infinité de petites nattes. Cette coiffure est peu jolie bien que longue et fatigante à confectionner. — Ainsi que nous l'avons déjà dit, les fêtes sont nombreuses dans l'île ; pendant leur durée, les indigènes se livrent avec passion à leur plaisir favori, la danse ; des tambours, des flûtes, quelquefois de simples battements de mains et des chants assez peu harmonieux forment les orchestres de bals qui durent des nuits entières. Leurs danses sont originales, mais souvent lascives. L'alimentation de cette partie de la population consiste en poissons salés ou frais, manioc, riz, maïs, bananes, fruits, pain, quelquefois viande de porc. Les petits propriétaires logent dans des cabanes assez malpropres, espèces de huttes construites en bois et comprenant 3 ou 4 petites pièces qui servent pour une ou deux familles, c'est-à-dire, une dizaine de personnes. Tout autour de la maison se trouvent les terrains défrichés et les petites plantations, qui consistent surtout en caféiers, bananiers, plantes à maïs et à manioc. Les indigènes employés dans les fermes ne cohabitent pas avec les autres travailleurs ; ils logent dans de petites cabanes placées en général à proximité des grands locaux habités en commun par les autres noirs de la plantation. Ils sont peu propres et ignorent les lois les plus élémentaires d'une vulgaire hygiène. En cas de maladie pourtant ils savent se traiter eux-mêmes avec assez de succès, en employant diverses plantes, dont les écorces, résines, racines, fruits jouissent de propriétés médicinales. Ils sont polygames ; le nombre de leurs femmes est généralement proportionnel à la valeur de leur fortune ; bien entendu tous leurs mariages ne sont pas légitimés par les prêtres et c'est chose curieuse de voir ces nègres si dévôts, enfreindre avec tant de facilité une des lois les plus sévères de l'église ; ils ont d'ailleurs des mœurs très-dépravées. Les hommes ne se font remarquer par aucune aptitude spéciale ; les femmes fournissent de bonnes lavandières.

La troisième partie de la population indigène est formée par les

Angolares; ce sont des noirs qui vivent en tribus sur certains points de la côte occidentale et dans le sud de l'île. Ils ont le même type et présentent les mêmes caractères physiques que leurs compatriotes dont nous venons de parler; néanmoins ils sont plus forts et plus robustes. Leur langue est un portugais très-corrompu. Quelques-uns sont catholiques; les autres semblent ignorer ce qu'est une religion. —Leurs costumes, leurs parures, sont les mêmes que ceux des autres indigènes. Leurs danses ressemblent à celles dont nous avons déjà parlé ; ils se nourrissent de fruits, légumes et surtout de poissons frais. Leurs habitations consistent en de mauvaises cases en bois. Ils vivent à l'écart, sont administrés par des chefs de tribus qu'ils choisissent eux-mêmes; ils ne recherchent pas la société des blancs, mais ils sont loin de les détester et les reçoivent aussi bien que possible quand ils viennent dans leurs villages. En revanche, ils ont une grande haine contre les travailleurs étrangers originaires de la côte d'Afrique. Quand ces derniers fuient les plantations où ils sont employés et se réfugient dans les forêts voisines des lieux habités par les Angolares, ils sont surpris par ceux-ci et fort maltraités, quelquefois même mutilés. Les noirs dont nous parlons sont polygames; ils défrichent de petits espaces de terrains auxquels ils font produire les légumes, les fruits nécessaires à leur alimentation et quelquefois du café. Ils sont essentiellement pêcheurs, nullement chasseurs, bons bûcherons, très-habiles dans la construction des canots qu'ils taillent et creusent dans le tronc d'un grand arbre. Ce sont eux qui fabriquent presque toutes les barques en usage sur les côtes de l'île. Tout leur commerce se réduit à des échanges de poissons, légumes, fruits, contre des outils, du tabac, de l'eau-de-vie, des étoffes.

Population noire étrangère — Abolition de l'esclavage — Engagés. Curador — Noirs de l'Angola — Noirs du cap des Palmas.

La population noire étrangère comprend les travailleurs venus de la colonie portugaise d'Angola et ceux venus du cap des Palmas. C'est pour remédier au manque de bras qui résulta en 1876 de l'abolition définitive de l'esclavage à San-Thomé qu'il fallut avoir recours aux indigènes du continent africain. Actuellement il n'y a plus d'esclaves dans les colonies portugaises ; tous les noirs sont libres ; il n'y a que des travailleurs engagés pour deux ans.

Une série de décrets royaux, lois constitutionnelles, traités internationaux (dont les premiers remontent à l'année 1761) ont supprimé la traite et l'esclavage successivement dans le Portugal et dans ses diverses colonies. — La province de San-Thomé-é-Principe fut une des dernières qui posséda des esclaves. Un décret royal de 1858 disait que dans vingt ans, c'est-à-dire en 1878, l'esclavage serait complétement aboli dans les colonies. Quelques années après, en 1869, un autre décret l'abolissait immédiatement ; toutefois, les anciens esclaves étaient tenus de servir leurs patrons jusqu'en 1878 ; ils prenaient le nom d'affranchis. — Le 3 février 1876, grâce à une loi spéciale, tous les affranchis de la province de San-Thomé-é-principe furent déclarés complétement libres.

Les anciens esclaves et affranchis ont été remplacés par les engagés pour deux ans. Les planteurs qui s'assurent le concours des travailleurs de la côte ont à leur charge les transports à l'aller et au retour; ils doivent leur fournir la nourriture et l'habillement, (choses qui en quantité et en qualité sont déterminées par des règlements spéciaux); ils doivent les soigner en cas de maladie et leur payer, par journée de travail, une certaine somme. Ils n'ont pas le droit de les punir en usant à leur égard de moyens coercitifs. Un fonctionnaire spécial, le Curador, est chargé de veiller à ce que les engagés et les patrons exécutent intégralement le contrat qu'ils ont passé entre eux. Il fait des enquêtes sur la manière dont les noirs sont logés, nourris, soignés dans les fermes, écoute leurs réclamations et leur fait rendre justice à l'occasion. Il prête aide et appui aux planteurs quand les engagés refusent le travail ; lorsque ces derniers s'échappent de la plantation, il les fait rechercher par des soldats de la compagnie de police, les fait reconduire dans les fermes ou les punit en leur infligeant des amendes ou plusieurs jours de prison ; il s'occupe du rapatriement des travailleurs qui désirent retourner dans leur pays, après avoir achevé leurs engagements.

Le gouvernement portugais, comme on le voit, assure la liberté complète des noirs qui viennent à San-Thomé. Néanmoins, le lieutenant Cameron, à son retour du voyage qu'il effectua à travers l'Afrique, et qui se termina dans la province de Benguella, prétendit que le Portugal, non-seulement avait des esclaves dans ses colonies, mais encore tolérait la traite entre les diverses parties de ses territoires d'outre-mer. La presse anglaise se fit l'écho de ces récits et alla jusqu'à affirmer que les îles de San-Thomé et du Prince étaient le plus grand débouché de ce commerce honteux. A cette occasion, dans les chambres portugaises, MM. le docteur Garrido, Texeira de Vasconcellos et d'autres députés protestèrent énergiquement et montrèrent combien étaient peu fondées les assertions du célèbre voyageur. Peut-être des abus sont-ils commis? Les gouvernements coloniaux et de la métropole, dans tous les cas, n'en sauraient être rendus responsables.

Les engagés qui viennent de la province d'Angola sont laids, petits, chétifs et de beaucoup inférieurs aux indigènes de San-Thomé ; ils sont peu intelligents, enclins aux plaisirs des sens et à la boisson, assez malhonnêtes, humbles, timides et craignant beaucoup les blancs. Ils ne paraissent avoir aucune aptitude spéciale ; pourtant quelques-uns sont habiles dans la fabrication des corbeilles et des ouvrages de vannerie. Leur religion est le fétichisme, mais ils sont fort peu pratiquants ; après un séjour de quelques mois à San-Thomé, ils se convertissent volontiers au catholicisme, surtout dans le but d'être agréables aux directeurs des plantations. Les costumes qui leur sont fournis à l'époque de leurs engagements, consistent en une vareuse, un pantalon et un chapeau de paille pour les hommes ; et pour les femmes, une grande pagne, une vareuse et une pièce de cotonnade qu'elles enroulent autour de la tête. Ces vêtements durent peu ; ils n'en ont aucun soin ; souvent ils les vendent pour reprendre le costume de leur pays, c'est-à-dire le morceau d'étoffe, large de 50 centimètres, qui, attaché autour des reins, descend jusqu'aux genoux. Ils n'ont aucune parure. L'argent qu'ils gagnent et qui leur est distribué chaque mois, est employé par eux à l'achat de tabac, pipes et surtout eau-de-vie. Ils ne font aucune économie. Les poissons salés, le riz, le maïs, la farine de manioc, les bananes, les haricots, constituent leur nourriture; ils logent dans de vastes hangars, espèce de casernes; dans beaucoup de plantations, chaque sexe a son quartier; les femmes sont séparées d'avec les hommes. Les Angolas ne se lavent presque jamais; aussi sont-ils d'une saleté révoltante; ils ont souvent sur les jambes et sur les pieds des plaies fort longues à guérir. C'est parmi eux que se trouvent le plus grand nombre de travailleurs malades. Pendant la semaine, il sont occupés dans les plantations; ils quittent la ferme à 6 heures du matin et n'y rentrent qu'à 6 heures du soir; quand les endroits où ils travaillent ne sont pas trop éloignés, ils reviennent prendre le repos de 11 heures, dans le hangar où ils habitent. Vers 9 heures du soir, à un signal donné par une cloche, ils doivent rentrer dans leurs quartiers respectifs. La journée du dimanche est consacrée par eux à danser, boire, chanter. Leur danse est beaucoup plus grossière que celle des indigènes de San-Thomé; leurs orchestres, beaucoup plus élémentaires, se composent simplement de chants et de battements de mains. — Les Angolas sont assez bons musiciens; pendant qu'ils travaillent et surtout quand ils quittent le travail pour rentrer dans la ferme, ils entonnent de véritables chœurs qui ne laissent pas que d'être originaux et agréables à écouter. Ils sont polygames; une simple autorisation du chef de la plantation remplace pour eux les cérémonies civiles et religieuses du mariage; les hommes sont, d'habitude, séparés d'avec les femmes et ne peuvent les voir que le dimanche. Les Angolas, dans leur pays, sont un peu anthropophages; pendant les premiers mois de leur séjour à San-Thomé, ils viennent quelquefois demander très-sérieusement à leurs patrons l'autorisation de manger le corps d'un de leur camarade décédé; ils affirment que telle est l'habitude sur la côte et paraissent fort étonnés du refus formel qui accompagne toujours leurs demandes. Ils gagnent 80 à 100 reïs par jour de travail et représentent une dépense quotidienne de 200 reïs environ (180 reïs valent 1 franc).

Les noirs qui viennent du cap des Palmas et qui sont connus

sous le nom de Croomans valent beaucoup mieux à tous les points de vue que les Angolas et les indigènes de San-Thomé. Ils sont grands, forts, de formes élégantes, très-propres; ils affectent un certain luxe dans leurs vêtements; ils sont intelligents, honnêtes, dévoués et assez fiers, ne fréquentent pas les autres travailleurs et professent un grand dédain pour les Angolas. Ce sont les seuls noirs de l'île qui portent des tatouages sur le nez, au milieu du front et sur les tempes. Ils parlent un anglais très-corrompu; ils ne se marient pas pendant leur séjour à San-Thomé. Rarement ils amènent avec eux leurs femmes, quand ils quittent leur pays : c'est une des raisons qui font, qu'après l'expiration de leur engagement, ils ne veulent pas rester plus longtemps dans les plantations et désirent retourner au cap des Palmas. — Leur religion est sans doute le fétichisme. Ils sont superstitieux; ils portent des colliers faits avec des pièces d'argent et des dents d'animaux; ils attribuent à ces parures certaines propriétés préservatrices. —Leurs costumes sont variés; ils portent la pagne ou bien des pantalons courts, quelquefois des vestes, des vareuses, de longues chemises. La plus grande partie de l'argent qu'ils gagnent leur sert à acheter des vêtements, des chapeaux qu'ils conservent avec soin dans des malles, afin de les emporter dans leurs pays. Leur nourriture consiste surtout en poissons salés, riz, bananes; dans les fermes, ils habitent un quartier spécial, qui est en général une grande baraque en bois. Pendant la semaine, ils sont occupés dans les plantations; le dimanche ils se reposent et procèdent à l'entretien de leurs nombreux vêtements; ils dansent rarement. Ils aiment assez à chanter; une série de cris aigus et de prétendus accords remarquables par leurs dissonnances, forme tout leur répertoire musical. Les Croomans manient habilement la hache et la machette et rendent de grands services dans les travaux de défrichements. Ils passent pour être bons marins. Parmi eux, ils choisissent plusieurs chefs (capatas); ce sont ces derniers qui reçoivent les vivres, les vêtements, l'argent pour leurs hommes; qui prennent les ordres des surveillants et du chef de la plantation; qui vont parler au Curador pour formuler les plaintes, etc., etc. En un mot, ils sont les intermédiaires entre leurs hommes et les autorités diverses. — A San-Thomé, il y a un agent consulaire de la république de Liberia; il s'occupe des intérêts des Croomans (qui sont tous sujets libériens). Les noirs du cap de Palmas gagnent environ 3 douros par mois (16 à 17 fr.) et coûtent 200 à 250 reïs par jour. Actuellement, dès qu'ils le peuvent, ils quittent tous San-Thomé sans manifester l'intention d'y revenir. Le gouvernement portugais devrait faire des efforts pour augmenter l'immigration des Croomans et diminuer autant que possible le nombre de ceux qui quittent l'île.

Budget — Commerce — Communications extérieures — Mouvement du port.

Le budget du gouvernement de la province de San-Thomé-e-Principe est déterminé à peu près par les chiffres suivants :

Recettes	Fr.	610.000
Dépenses		600.000

Le mouvement commercial de l'île San-Thomé représente en moyenne par an 4.300.000 francs, se décomposant de la manière suivante :

Importations	Fr.	2.900.000
Exportations		1.400.000

Les droits de douane correspondants s'élèvent à 500.000 francs environ.

Le commerce d'exportation se fait avec Lisbonne, celui d'importation avec Lisbonne et la province d'Angola.

Les bateaux à vapeur de l'*Empressa Lusitana* mettent en communication la colonie avec la métropole ; c'est par eux que se fait le transport des voyageurs, de la poste et de la majeure partie des marchandises. Un paquebot de la Compagnie part le 5 de chaque mois de Lisbonne et arrive le 26 ou le 27 du même mois à San-Thomé (où il rencontre habituellement le paquebot venant du sud et se dirigeant sur le Portugal); il touche à Madère, à Saint-Vincent (Cap-Vert), Santiago (Cap-Vert), quelquefois au Cap des Palmas, à l'île du Prince à San-Thomé, puis après à Ambriz Loanda, Benguela et enfin à Mossamédes (Angola). Quelques bateaux à voile viennent apporter des marchandises et prendre chargement à San-Thomé. Des canonnières portugaises et de temps en temps des navires français de la station du Gabon se montrent dans la baie Anna-de-Chaves. En estimant à 60 le nombre de bateaux de toutes espèces qui viennent annuellement à San-Thomé, on est certainement au-dessus de la vérité.

Climat — Saison sèche — Saison humide — Moyenne des observations météorologiques — Maladies régnantes — Décès annuels relatifs à toute la population — Décès annuels chez les blancs. Conclusion.

Deux saisons bien distinctes s'observent dans l'île : la saison sèche ou des vents, qui commence en mai et finit en septembre : c'est l'hiver ; et la saison des pluies qui commence en octobre et finit en avril: c'est l'été. Pendant la saison sèche, le séjour dans l'île est supportable, l'air est relativement peu humide, l'évaporation considérable, les vents soufflent fréquemment du sud et raffraîchissent un peu l'atmosphère. Les nuits sont belles. Le baromètre (moyenne mensuelle) oscille entre 759 et 763 m/m ; le thermomètre marque :

Au soleil de 43° à 45°.

A l'ombre { Maximum 28° 5 en moyenne.
Minimum 23° dito

Le nombre des jours pendant lesquels il pleut ne dépasse pas 30, et la quantité de pluie recueillie est d'environ 360 millimètres ; ce qui donne 12 millimètres pour chaque journée de pluie.

Pendant la seconde saison, la température est très-élevée, l'atmosphère très-chargée d'humidité, l'évaporation lente, les vents peu fréquents ; les orages sont nombreux et violents. La moyenne mensuelle barométrique se tient entre 756 et 759 m/m. Le thermomètre au soleil marque de 45° à 48°.

A l'ombre { Maximum 31° en moyenne.
Minimum 23° dito

En moyenne, il pleut pendant 65 jours ; la quantité d'eau tombée est de 920 millimètres, soit 14 m/m, 15 par journée de pluie.

Le climat de San-Thomé peut être classé dans les climats à température constante (l'écart entre les températures moyennes de l'été et de l'hiver n'étant que de quelques degrés). Les Européens qui viennent se fixer dans le pays feront toujours bien d'arriver en mai ou en juin ; ils pourront s'acclimater pendant la saison sèche et résister alors plus facilement aux chaleurs de la saison humide.

Les maladies régnantes et qui font le plus de victimes sont :

Les fièvres paludéennes intermittentes ;

Les fièvres remittentes ;

Les fièvres bilieuses ;

Les fièvres pernicieuses ;

La dyssenterie ;

La diarrhée ;

L'anémie tropicale.

Pendant les mois de février, mars, il y a beaucoup de décès ; au contraire, octobre et septembre sont les mois où la mortalité est la moins élevée.

On peut estimer à 800 le nombre des décès annuels de l'île, ce qui donne une proportion de 4 décès pour 100 habitants. Dans la population blanche, cette proportion est beaucoup plus forte ; il meurt 60 Européens en moyenne dans l'année, c'est-à-dire qu'il y a 7 décès par 100 habitants blancs. (Ce sont les déportés, les travailleurs Européens qui fournissent le plus grand nombre de victimes). Les chiffres que nous venons de donner sont effrayants, mais il est juste de dire que les conditions hygiéniques de la majeure partie des habitations et des hôpitaux particuliers sont déplorables. Avec une alimentation substantielle et bien choisie, en ayant une existence réglée, en faisant fréquemment usage de préservatifs fébrifuges, il est facile de combattre ce climat malsain et de vivre en bonne santé relative.

L'île de San-Thomé n'a pas encore atteint le degré de prospérité auquel la richesse prodigieuse de son sol lui donne droit. Les bras manquent pour faire les défrichements et pour entretenir les plantations existantes; il n'y a presque pas de routes qui permettent le transport économique des produits récoltés. Que le Gouvernement portugais facilite par tous les moyens possibles l'accès de l'île aux travailleurs de la côte (surtout aux indigènes du cap des Palmas), qu'il donne autorisation aux planteurs de passer avec ces noirs des engagements ayant une durée plus longue que deux ans; qu'il fasse tous ses efforts pour décider les Croomans à se fixer dans l'île; que les ingénieurs des travaux publics améliorent les routes existantes, en créent de nouvelles, construisent des ponts, en un mot établissent quelques voies de communication véritablement praticables, et l'on verra bientôt San-Thomé sortir de son état de marasme. La colonie pourra alors vraiment mériter le surnom qu'on lui donne quelquefois de *Cuba portugaise.*

GEORGES MICHEL,

Ingénieur des Arts et Manufactures.

MARSEILLE, le 26 Janvier 1879.

L'ILE DE MATACONG

Depuis quelques jours, les journaux nous entretiennent d'un conflit d'une certaine gravité survenu entre la France et l'Angleterre au sujet de l'île de Matacong.

En attendant que l'honorable Ministre de la Marine et des Colonies donne à ce sujet, des explications nécessaires, quelques renseignements géographiques et commerciaux sur cet ilôt, connu à peine de quelques Européens, intéresseront sans doute les lecteurs du *Bulletin*.

La petite île de Matacong est située à quelques lieues au nord de Sierra-Leone près de l'embouchure de la rivière de Mellacorée, l'une des plus importantes et des plus riches du pays.

L'Ile, de forme ovale, d'une superficie de 15 à 20 hectares à peine, est séparée de la côte basse et marécageuse par un chenal d'un kilomètre de large, qui va chaque jour se rétrécissant ; déjà dans les marées les plus basses, les naturels peuvent rejoindre le continent sur un terrain noir, boueux, et fétide, qui fait de Matacong un des points les plus insalubres de cette côte si tristement renommée.

L'exhaussement du sol tout autour de l'île est d'ailleurs un fait bien établi, et de date récente ; en effet, en abordant l'île, on remarque un môle fortement construit protégeant une petite anse évidemment accessible aux navires d'un certain tonnage ; aujourd'hui les canots ont peine à aborder au même endroit, et les navires appelés dans ces parages sont obligés de se tenir à deux kilomètres au large, ce qui rend les opérations de débarquement et d'embarquement difficiles et onéreuses.

Les îles de Loos que l'on aperçoit au Nord par un temps clair, ont, par leur situation exceptionnelle, leur mouillage et leur salubrité relative, ruiné l'avenir de leur voisine, et attiré à elles tout le commerce indigène.

Enfin la rivière de Mellacorée, dont les produits faisaient autrefois la prospérité de Matacong, est exploitée directement par des comptoirs importants dont le principal, celui de Benty, appartient à la maison C. A. Verminck de Marseille et se trouve placé sous la protection d'un fortin occupé par un petit poste français.

Aussi en 1870, les établissements de Matacong gérés par une maison anglaise de Sierra-Leone offraient-ils l'aspect d'un dépérissement visible.

Quel a été depuis cette époque le sort de cette factorerie? a-t-elle été cédée à une maison française qui aurait réclamé l'appui ou l'annexion de son gouvernement? c'est ce que nous ignorons encore, mais ce que nous saurons prochainement.

Lorsqu'on débarque dans l'île de Matacong par le côté nord on est agréablement surpris de la beauté et de la variété de la végétation; d'énormes cotonniers ombragent de larges allées qui conduisent en pente douce au point culminant de l'île; des bouquets d'arbustes et de plantes exotiques aux formes bizarres sont disséminés comme dans un parc anglais, et l'on se demande si un ancien traitant, jardinier à ses heures, n'en a pas tracé le plan et ménagé les perspectives. Il est venu s'échouer sur cette côte des existences si étranges, qu'il ne faut s'étonner de rien.

Du sommet du plateau élevé de 50 mètres environ, on jouit d'une vue charmante sur l'ensemble de l'île et l'on découvre le côté Sud avec quelques champs d'arachides grillés par le soleil, et plus bas, d'inextricables forêts de palétuviers, servant d'asile à de nombreux oiseaux de marais.

C'est sur le point culminant de l'île que se dressent, solidement construits en pierre, les établissements et magasins, les plus vastes et les mieux conditionnés de la côte, mais tout cela est aux 3/4 vide, et respire l'abandon et le délabrement.

Deux grands Anglais, désséchés par la fièvre et les ardeurs du climat nous reçurent avec cette politesse un peu froide qui caractérise la race, mais où perçait cependant le plaisir de se trouver en face de visages Européens. Leur maison d'habitation est bien installée avec tout le confort que les Anglais savent se procurer dans les endroits du monde les plus reculés, et ils paraissent s'attacher d'autant plus au bien être matériel que les relations et les jouissances de la société leur font absolument défaut.

Quelques cases disséminées servent d'abris aux rares habitants et aux employés de la factorerie; en tout 150 âmes au plus.

Les établissements de Matacong ont dû être nécessairement très-importants au moment de la traite des nègres, car les traitants choisissaient de préférence les îles pour en faire les dépôts de leur marchandise; ils étaient là les maîtres absolus, et la surveillance ainsi que la livraison des esclaves étaient ainsi singulièrement facilitées.

L'île de Matacong n'a jamais connu d'autre propriétaire effectif que celui des établissements, mais on sait de longue date que ce qui n'est à personne appartient aux Anglais.

Il est juste d'ajouter que si ce sont des Anglais qui ont possédé les derniers les établissements, il est dès lors naturel qu'ils en deviennent les suzerains.

Quoiqu'il en soit, il serait complètement puéril de voir deux grandes nations amies se disputer une aussi pauvre conquête, une île de 15 à 20 hectares, peuplée de 150 noirs au plus, et qui ne pourra jamais être ni un point stratégique, ni un centre commercial, à cause de l'insalubrité et des difficultés d'attérissage.

Mais ceux qui suivent attentivement la politique anglaise dans ces lointains pays peuvent constater le soin jaloux avec lequel cette puissance accapare peu à peu les façades du vaste continent africain, appelé dans peu de temps à un si grand avenir; tout fait donc supposer que derrière cette revendication de Matacong se cachent des projets plus importauts, qui n'ont d'autre but que de s'emparer successivement de tous les territoires neutres ou contestés.

E. O.,

Membre de la Société de Géographie.

MATACONG

« L'île de Matacong se trouve située par 9° 16' latitude nord 15° 46' longitude Ouest, à l'embouchure de la rivière Forrecareah, à 25 milles au sud-est des Iles de Loos et à 50 milles au nord de Sierra-Leone.

C'est un îlot de peu d'étendue, qui n'est séparé du continent que par un canal qui assèche presque complètement à marée basse : il n'y a aucune culture dans cette île, mais on y trouve passablement de gibier. Elle n'a de valeur commerciale que comme entrepôt des produits du littoral, arachides, palmistes, gomme copale, cuirs, etc.... Les arachides et palmistes viennent à Marseille, la gomme copale est expédiée en Angleterre, les cuirs vont en Amérique.

L'importance de cette île va en décroissant, à cause des difficultés qu'y éprouvent les navires pour charger. Autrefois ils pouvaient venir très-près de la factorerie et s'expédier rapidement; aujourd'hui ils sont obligés à cause des bancs qui se forment incessamment au Nord de l'île, d'opérer au large et perdent ainsi beaucoup de temps.

Si, par l'établissement des droits de Douane cet îlot perd sa qualité de port franc, il est probable qu'il ne tardera pas à être abandonné par les locataires actuels dont le bail expire en 1881.

Cette île de Matacong appartient aux chefs du Beri-Eri, un affluent de la rivière Forrecareah qui la cédèrent, en 1826, à un négociant anglais, M. Nathaniel Issacs, mais, comme il est d'usage parmi ces chefs indigènes de ne pas se dépouiller envers des particuliers de leur souveraineté sur la moindre parcelle de leur territoire, ils stipulèrent, pour affirmer ces droits, une redevance annuelle de fr. 125, qui leur est encore payée aujourd'hui. M. Nathaniel Issacs, homme très-entreprenant, se livra à un commerce considérable qui le fit entrer en relations avec une maison de Marseille disparue depuis, la maison Aquarone. Un beau jour, celui-ci se trouva créancier de plus d'un million de francs et n'obtint en paiement que les titres de propriété de l'île de Matacong ou du moins la promesse de les avoir. Les héritiers de M. Aquarone seraient, d'après cela, les légitimes propriétaires de l'île de Matacong; mais il paraît que les héritiers de M. Isaacs ont encore les titres en mains, puisque ce sont eux qui encaissent le loyer et qui, naguère, en septembre 1878, ont fait offrir à la maison Verminck de Marseille de leur vendre Matacong moyennant 10,000 livr., dans laquelle somme étaient compris les établissements de commerce construits dans l'île. M. Verminck refusa cette offre et, comme d'autres acheteurs ne se présentèrent pas, les héritiers de M. Issacs furent obligés de renouveler pour trois ans le bail de l'île avec la maison anglaise qui l'occupait, l'honorable maison Fischer et Randall de Manchester.

Jusqu'à présent aucun gouvernement n'avait réclamé ni recherché la possession politique de cet îlot; mais, il y a quelques années, la question des nombreux territoires africains contestés ayant été agitée tour à tour par les gouverneurs français et anglais de la Côte occidentale, des traités furent conclus avec des chefs du pays par les représentants des deux gouvernements ; des conflits furent même sur le point d'éclater entre ceux-ci, mais l'on convint de laisser ces questions en suspens et pendant quelque temps on n'en parla plus.

Il semble cependant ressortir des renseignements qui nous sont parvenus que le gouvernement français, à la suite des négociations entamées à cette époque, obtint des chefs du Beri-Eri et du Forrecareah la cession à titre définitif des points qui commandent l'embouchure de ces rivières et, si ce fait est exact, il est fort possible que l'île de Matacong, qui appartient au Beri-Eri, ait été désignée comme un de ces points, à cause de sa situation géographique. Les journaux anglais commencent, d'ailleurs, à apprécier plus sainement les choses et à faire des réserves à propos des prétendus droits des anglais.

Dès que les Anglais apprirent que le gouverneur du Sénégal avait fait débarquer des troupes à Matacong, ils envoyèrent à Saint-Louis la canonnière *Pioneer* pour faire des représentations au gouverneur français. Mais afin de se ménager, en tous cas, une compensation, le gouverneur intérimaire de Sierra-Leone expédia immédiatement aux Scarcies la canonnière *Boxer* avec deux constables, pour planter le pavillon anglais sur l'île Kacouky, qui commande les rivières du grand et du petit Scarcies, de même que Matacong commande le Beri-Eri et le Forrecareah. Il paraît que les deux constables anglais ont été obligés de rebrousser chemin devant l'attitude des indigènes ; mais il ne paraît pas que jusqu'à présent le gouvernement français ait rien fait pour s'opposer à cette annexion des Scarcies aussi énergiquement que semblent s'opposer les Anglais à celle de Matacong.

L'île de Kacouky est occupée par une maison française, et les principales factoreries des Scarcies appartiennent également à des Français.

Nous ne croyons pas hors de propos de faire observer, à ce sujet, que les gouverneurs anglais de Sierra-Leone, mieux placés que toutes autres personnes pour apprécier la valeur des territoires avoisinant cette colonie, ont, à plusieur reprises, conseillé de céder la Gambie aux français, en échange des droits que ceux-ci possèdent sur les dits territoires. Il ne serait donc pas étonnant qu'à la suite des contestations qui sont à la veille de se produire, cette question fut de nouveau remise sur le tapis.

F. Bohn,

Membre de la Société de Géographie de Marseille.

UTILISATION DES ÉLÉPHANTS EN AFRIQUE

Sa Majesté le Roi des Belges, poursuivant avec une persévérance admirable la belle œuvre de l'Association internationale africaine qu'il a créée, qu'il inspire et qu'il préside d'une manière si remarquable, vient de prendre l'initiative d'une expérience qui peut et doit, presque certainement, produire de grands résultats. Le premier, il veut mettre à exécution l'heureuse idée d'utiliser les éléphants dans les explorations de l'Afrique centrale, et il a donné des ordres dans l'Inde pour que la seconde expédition belge de l'Association internationale africaine qui est partie de Londres, le 17 avril et qui doit arriver à Zanzibar vers le 23 mai, y reçoive 4 ou 5 éléphants parfaitement dressés avec leurs loodas ou bats et leurs *mahouts* ou cornacs. L'avenir verra, sans doute, cette idée féconde porter ses fruits; les éléphants rendront, il faut l'espérer, aux explorateurs, des services inappréciables. Ils sont probablement destinés à jouer un grand rôle dans la conquête pacifique de l'Afrique. Aussi, une telle initiative sera pour le souverain éclairé qui entreprend, en Afrique, l'essai de ce mode de transport un sérieux titre de gloire, juste récompense de ses nobles et persévérants efforts.

L'éléphant, en effet, rend des services inappréciables dans les pays dépourvus de chemins et dans les régions montagneuses; comme monture et comme bête de somme, il passe là où ni le cheval, ni le mulet, ni le chameau, ne pourraient trouver passage; il a de plus, pour l'Afrique, l'immense avantage de ne pas craindre la terrible morsure de la mouche tsetsé.

L'introduction en Afrique d'éléphants de l'Inde apprivoisés par les Indiens qui ont poussé à ses dernières limites l'art de la domestication et du dressage de l'éléphant, sera le début brillant et immédiat d'entreprises généreuses destinées à modifier rapidement l'état social d'une grande partie du vaste continent africain;

car une des plus grandes difficultés pour la civilisation de l'Afrique centrale et pour le développement de son commerce est certainement le manque de moyens de transport. Or, ce qui donne aux essais dont nous parlons une importance immense, c'est l'espoir très-fondé que l'introduction, en Afrique, d'éléphants domestiqués et dressés amènera très-vite l'utilisation des éléphants africains. L'art de prendre vivant et de dresser les éléphants est inconnu aujourd'hui en Afrique, mais de ce que les noirs habitants de l'Afrique centrale ne savent pas profiter des richesses que la nature a mises sous leur main, il ne faut pas en conclure que les éléphants africains ne sont pas susceptibles d'être dressés; tous les renseignements qui ont pu être réunis prouvent, au contraire, que rien ne s'oppose à ce que l'éléphant africain ne soit, tout aussi facilement que celui de l'Inde, domestiqué et dressé et ne devienne le plus précieux auxiliaire des hommes ; l'éléphant, on le sait, est le plus fort et le plus puissant portefaix de la nature.

Malgré l'énorme quantité qu'on en détruit chaque année, les éléphants sont encore très-nombreux dans l'intérieur de l'Afrique. Tous les grands voyageurs sont d'accord sur ce point. Stanley, dans sa lettre de Loanda, 5 septembre 1877, qu'il intitule : La grande rivière Livingstone, le pays de l'ivoire, s'exprime ainsi : « Il existe « une idée qui est assez répandue ; c'est qu'avant peu, l'ivoire sera « devenu si rare, qu'il n'existera plus qu'à l'état de curiosité. Pour « moi, je suis assuré que plusieurs générations passeront avant que « l'ivoire ait disparu. Le centre de l'Afrique est, en effet, le pays « des temples d'ivoire ; le pays où les ustensiles de ménage les plus « communs sont en ivoire ; à tel point que le peuple ne paraît pas « comprendre que l'on paye si cher une matière si communément « répandue. » Or, s'il y a beaucoup d'ivoire, c'est qu'il y a beaucoup d'éléphants. L'exportation de Zanzibar se compose en moyenne de 20.000 défenses par an, ce qui, pour cette partie de l'Afrique orientale, représente 10,000 éléphants tués annuellement. Livingstone en a vu, en 1860, plusieurs centaines en un seul jour dans la région du Zambèze. Les missionnaires de Livingstonia, sur le lac Nyassa, qui ont l'intention d'établir sur les bords de ce lac un dépôt de remonte et une école de dressage savent bien qu'ils n'ont pas à s'inquiéter des quantités d'animaux qu'ils auront à prendre.

Dussent les quantités d'ivoire diminuer sur les marchés, il faut espérer que bientôt les Africains apprendront non plus à tuer l'éléphant pour avoir l'ivoire de ses défenses, mais s'attacheront à le prendre vivant pour l'apprivoiser et le dresser à la vie domestique.

Il n'est pas douteux que l'éléphant d'Afrique ne soit aussi facile à apprivoiser que celui de l'Inde. Les anciens Égyptiens, les Carthaginois, les rois numides et les Romains employaient les éléphants africains pour le service de leurs armées. Sa race a disparu de l'Afrique septentrionale à la suite des chasses faites pour fournir aux Romains les animaux destinés aux combats du cirque, mais le gros de leur race si nombreux au sud du Sahara peut aujourd'hui comme alors fournir de bons et utiles sujets à la civilisation qui veut les employer à un but plus humain et plus philanthropique. On a vu de nos jours, dans l'Inde et dans des ménageries, des éléphants africains parfaitement apprivoisés.

Les éléphants africains, il est vrai, n'ont plus été apprivoisés depuis longtemps d'une manière générale, mais on ne saurait attribuer cet incroyable abandon d'un auxiliaire aussi précieux qu'à l'état d'abaissement dans lequel vivent les populations africaines qui ignorent l'art de prendre vivants et de dresser les éléphants. Il n'y a donc qu'une éducation à faire pour arriver à l'utilisation de l'éléphant africain et amener des résultats qui peuvent être aussi prompts qu'étonnants.

L'éléphant peut être en Afrique le précurseur immédiat des chemins de fer.

L'art de capturer vivant, d'apprivoiser et de dresser l'éléphant, qui remonte à la plus haute antiquité et qui se pratique sur une vaste échelle dans l'Asie, ne peut être mieux et plus utilement enseigné aux peuplades africaines que par l'introduction d'éléphants apprivoisés dans les pays où ces animaux sont indigènes et se trouvent en quantités immenses. Les naturels voyant les éléphants si bien dressés, si obéissants, portant sur leurs vastes dos des hommes et de grandes quantités de marchandises arriveront à comprendre qu'ils ont intérêt à les capturer plutôt qu'à les tuer. Des dépôts de remonte et des écoles de dressage créées dans quelques-unes de ces stations scientifiques et hospitalières qui vont être établies par l'Association internationale africaine, pourraient amener très-rapidement de superbes résultats, si l'on attachait à ces stations, quand elles se trouveraient dans les pays à éléphants, des hommes (mahouts) connaissant parfaitement les moyens de capturer et de dresser ces animaux et un ou deux éléphants, surtout des femelles, parfaitement dressés qui serviraient à dresser les nouveaux captifs. Nous lisons dans un excellent article de M. Henri Gaidoz, publié en 1874 dans la *Revue des deux Mondes*, et dans lequel nous avons puisé des renseignements précieux, que le gouvernement anglais procède de la sorte au dépôt de remonte qu'il entretient à Dacca, dans le Bengale. Ce dressage d'un éléphant est l'affaire de quelques mois; avec quelques égards, avec de la douceur, ces énormes pachydermes se résignent facilement à oublier leur vie de liberté dans les forêts. M. Rousselet, dans son *Inde des Rajahs*, énumère les différents rôles auxquels les éléphants sont dressés. C'est le moyen de transport le plus usuel de l'Inde, et là, comme en Birmanie, l'homme en a fait l'auxiliaire de ses travaux.

C'est dans l'île de Ceylan et dans les forêts qui s'étendent au pied de l'Himalaya que le Gouvernement anglais se procure les éléphants nécessaires aux divers services de l'armée; ils reviennent à environ 100 livres sterling, somme relativement minime si l'on songe au nombre d'années pendant lequel on peut les utiliser. Ils peuvent, en effet, travailler depuis 20 ans jusqu'à 80.

Leur charge ordinaire est de 600 kilos, et ils fournissent les mêmes étapes que les hommes, les chevaux et les autres bêtes de somme.

L'éléphant d'Afrique qui, paraît-il, est aussi grand et peut-être plus grand que l'éléphant de l'Inde, vit en très grand nombre dans les forêts de ce vaste continent où, comme nous l'avons dit, on les chasse pour leur ivoire et non pour les domestiquer. C'est à tort qu'on a prétendu que cette espèce était plus farouche, plus féroce que celle de l'Inde. La ménagerie de Paris possède plusieurs de ces animaux et ce sont toujours ceux de l'Inde qui se sont montrés plus méchants, plus indociles que ceux d'Afrique.

Rien ne s'oppose donc à ce que, avec le temps, on domestique les éléphants de l'Afrique australe, comme on le fait dans l'Inde. On aura alors, pour les explorations dans le centre de ce continent mystérieux, un moyen de transport relativement commode qui permettra de limiter le nombre de porteurs, dont le cortége est coûteux et souvent même une source de dangers pour le voyageur.

L'éléphant de l'Inde *Elephas indicus*, C. Cuv.; *Elephas mominus*, Lin; l'éléphant Buff; le Phil de l'Indoustan, la Perse, etc; le Bosare dans le Yemen, a ses dents mâchelières marquées de rubans ondoyants sur leur couronne; il a la tête allongée, le front concave; le sommet de sa tête s'élève en sorte de double pyramide; ses oreilles sont petites comparativement à celles de l'éléphant d'Afrique; ses pieds de derrière ont quatre sabots au lieu de trois; enfin ses défenses sont plus petites, généralement sa peau est moins brune.

On prétend que cette espèce est encore employée à la guerre dans certaines parties reculées de l'Asie, et cela est vrai, mais seulement pour porter les bagages, et l'on a grand soin de les tenir assez loin du champ de bataille pour qu'ils ne puissent pas s'effrayer. Cet animal est fort timide et rien ne peut l'empêcher de prendre la fuite s'il soupçonne le danger. La rencontre d'un tigre, d'un lion, ou simplement l'odeur d'un de ces grands carnassiers, lui inspire une terreur qui le rend tout-à-fait indocile et même dangereux, à moins qu'il ne se voie soutenu par plusieurs autres éléphants ou par un grand nombre de chasseurs. On a tant parlé, dans les journaux et les livres, de chasse au tigre faite avec des éléphants, que nous devons citer ici un fait authentique rapporté par M. Corse. « En juin 1877, Jatra-Mengul, éléphant mâle pris l'année précédente, voyageait en compagnie avec plusieurs autres et portait une tente avec quelques bagages. Nous allions à Chittagong. Ayant passé sur les traces d'un tigre, ce dont les éléphants s'aperçoivent fort bien à l'odorat, il s'effraya, et en dépit des efforts de son conducteur, se sauva dans les bois. Le conducteur se tira d'affaire en s'accrochant lestement à une branche, pendant que l'animal passait près d'un arbre. L'éléphant se sentant libre se débarrassa de son fardeau. » J'ajouterai que dix-huit mois après, il fut repris dans le même piége où il avait déjà été pris la première fois.

Quoique très-massif, l'éléphant marche fort vite, ce qu'il doit à la longueur de ses enjambées. Son allure ordinaire est un pas plus ou moins allongé ; dans ce cas, un homme a beaucoup de peine à le suivre, et il peut faire 20 à 25 lieues dans un jour. Sa course consiste en un trot assez vif, qu'un bon cheval peut à peine suivre au galop. Mais quand il est fort effrayé, ou dans d'autres circonstances, il prend fort bien le galop quoi qu'en aient dit certains voyageurs, et il est peu d'habitants de Genève qui n'en aient malheureusement été témoins il y a peu d'années, lorsque les Génevois furent obligés de tuer à coups de canon un de ces animaux furieux qui s'était échappé d'une ménagerie, bouleversant leur ville.

L'éléphant des Indes offre plusieurs variétés. Par exemple, ceux de l'Indo-Chine sont plus grands que ceux de l'Indoustan et le Muséum de Saint-Pétersbourg en possède un qui a 16 pieds 1/2 de hauteur. La peau est ordinairement d'un gris tâcheté de brun et les défenses atteignent presque la longueur de ceux d'Afrique. Ceux des îles de la Sonde, des Célèbes, de Ceylan, etc., diffèrent assez entre eux pour être reconnus par un mahout exercé. Partout on en trouve, mais fort rarement, qui sont attaqués d'albinisme et ils ne forment pas une variété constante. Ces éléphants blancs jouissent d'une grande vénération dans les Indes et particulièrement chez les Siamois qui les regardent comme les rois de leur espèce et les traitent en conséquence.

On trouve l'éléphant des Indes dans une grande partie de l'Asie Orientale et Méridionale et dans les grandes îles qui l'avoisinent. Je terminerai cet article en me demandant si, dans les éléphants qui vivent aujourd'hui, il existe réellement deux espèces, ce qui me paraît fort douteux, surtout si l'on donne au mot espèce la même acception que lui donnaient Luni, Buffon et d'autres grands naturalistes.

L'éléphant d'Afrique, Elephas africanus, Cuv. Le Najhe des Abyssins; le Nanzao ou Nanzo du Congo; le Coa des Hottentots, est, quoi qu'on en ait dit, aussi grand que le précédent, et peut-être plus grand. Ses dents mâchelières sont marquées de losanges sur leur couronne; il a la tête ronde, le front convexe; ses oreilles sont très-grandes et lui couvrent toute l'épaule; il n'a que trois sabots aux pieds de derrière au lieu de quatre; mais ce caractère ne paraît avoir aucun besoin d'être confirmé par un plus grand nombre d'observations. Les défenses sont généralement très-grandes et les femelles en sont aussi bien pourvues que le mâle. Cependant il paraîtrait selon Conper Bosc (Esquisses sur l'Afrique Méridionale) que sous le nom de Kocscop, les Hollandais du Cap de Bonne-Espérance désignent une race de ces animaux manquant de défenses et qui deviennent plus méchants que les autres. Cette espèce habite toute l'Afrique Méridionale, depuis le Sénégal jusqu'au Cap, toute la partie occidentale jusqu'à l'Abyssinie et probablement la plus grande partie de l'Afrique intérieure. Les voyageurs disent que dans les montagnes d'Afnoo, sur le cours du Niger, on trouve une sorte d'éléphants rouges très-féroces; il est à croire que cette couleur leur vient de la terre dans laquelle ils se vautrent et dont ils aiment à se saupoudrer le corps lorsqu'elle est réduite en poussière.

Ces animaux vivent ordinairement en troupes plus ou moins nombreuses; mais cependant il y en a aussi quelques-uns qui ont une vie solitaire et que les Hollandais désignent par le nom de rodeurs. Il paraît qu'autrefois les éléphants étaient beaucoup plus communs, aux environs du Cap qu'aujourd'hui. « Le chasseur Rota, dit Thasuberg, m'apprit que dans sa jeunesse les éléphants venaient en troupes presque dans les environs du Cap, de manière qu'on pouvait en tuer en se promenant. Il en abattait régulièrement quatre ou cinq par jour, quelquefois douze ou treize; enfin il lui est arrivé plusieurs fois d'en tuer vingt-deux dans la même journée. Il n'y a guère que les bons tireurs qui vont à la chasse des éléphants, parce qu'il faut que l'animal tombe du premier coup : aussi le chasseur vise-t-il toujours à la poitrine. Les balles doivent être composées de trois quarts de plomb et d'un quart d'étain ; pour leur donner plus de solidité, elles forment un quarteron. Je n'ai pas besoin de dire qu'un fusil de ce calibre est d'un poids considérable. »

En Afrique, comme on ne chasse les éléphants que pour avoir leurs défenses et, dans quelques parties, pour se nourrir de leur chair, on ne cherche pas à les garder vivants ; et lorsqu'on ne les tue pas avec le fusil ou les flèches empoisonnées, on se borne à creuser des fosses dans lesquelles ils tombent et se tuent sur un pieu effilé.

A. Rabaud.

L'ASSOCIATION INTERNATIONALE AFRICAINE

M. Jules Ferry, ministre de l'Instruction publique, a présidé le 5 mai, dans la salle du conseil supérieur, au Ministère de l'Instruction publique, une réunion du Comité français de l'Association internationale africaine.

Etaient présents : MM. Ferdinand de Lesseps, amiral de La Roncière le Noury, Ad. Crémieux, Georges Périn, le contre-amiral Mouchez, De Quatrefages, Henri Duveyrier, A. Grandidier, Jacques Siegfried, Fontanes, Malte-Brun, Maunoir, Meurand, Hertz, Henri Bionne, Fournier, E.-G.-Rey, E. Cortambert, le prince d'Arenberg, le colonel Cholleton, le baron Reille, G. Hachette, Deloche.

M. Ferdinand de Lesseps a lu un rapport sur le but que se propose l'Association. Fondée à Bruxelles, elle se divise en sections belge, française, allemande, italienne, etc. Elle se propose l'exploration du continent africain, qui doit s'ouvrir au commerce, à la civilisation de l'Europe, être affranchi de la traite des noirs et des hideuses guerres d'extermination qu'elle entraîne.

« Maitresse de l'Algérie, du Sénégal et du Gabon, la France, a dit M. Ferdinand de Lesseps, ne peut se dispenser de suivre l'exemple qui lui a été donné par la Belgique.

« Sur la côte occidentale où flotte notre pavillon, comme sur la côte orientale, notre devoir est d'entreprendre de nouvelles recherches.

« Non pas que nous ayons la prétention de continuer les grandes explorations, les voyages qui permettent de se rendre compte d'une façon sommaire des ressources d'une région, des difficultés qu'elle présente, de l'avenir qu'elle peut offrir ; notre but est plus modeste ; les résultats que nous espérons obtenir sont moins brillants, mais plus assurés.

« Nous voulons, sur des points étudiés depuis longtemps, déterminés avec soin, établir des stations de peu d'importance, à l'origine, mais qui se développeront rapidement. Ces stations, bien munies de vivres, de marchandises françaises, dirigées par des hommes d'élite, serviront d'avant-garde à la science. Elles permettront de connaître à fond les régions traversées rapidement par les précédents explorateurs, et de se livrer à une étude complète d'une contrée encore peu connue. Dans nos stations françaises, centre de notre influence, viendront se ravitailler les hardis pionniers qui pénétreront dans les régions inexplorées.

M. Ferdinand de Lesseps propose, en conséquence, d'établir deux stations, l'une sur la côte occidentale près de nos comptoirs du Gabon ; l'autre sur la côte orientale à proximité des établissements anglais, belges et égyptiens. Il estime la dépense totale qu'occasionnerait l'établissement de ces deux stations à 150,000 francs. Or, on demande au gouvernement de vouloir bien appuyer, auprès de la législature, une demande de crédit extraordinaire s'élevant à 100,000 francs ; la caisse de l'Association fournirait le reste.

M. Jules Ferry a demandé de nouvelles explications sur le caractère que l'on se proposerait de donner à ces établissements, caractère qui doit rester essentiellement pacifique, commercial, civilisateur, et n'avoir rien de commun avec l'idée de conquête. Il a insisté pour que le devis des frais d'établissement fût déterminé avec la plus grande précision. C'est à ces conditions seulement que le Gouvernement pourrait soumettre à la Chambre une nouvelle demande de crédit. Il ne faut pas oublier, en effet, que les pouvoirs publics ont déjà consenti de larges sacrifices pour les explorations africaines ; c'est sur les fonds du budget de l'instruction publique que sont exécutées les études de M. le commandant Roudaire en vue de la création d'une mer saharienne, la grande expédition de M. l'abbé Debaize au centre de l'Afrique, la hardie tentative de M. Soleillet pour passer du bassin du Sénégal dans celui du Niger.

M. Georges Périn, député ; M. de Quatrefages, membre de l'Institut ; MM. Maunoir, Fontanes, et d'autres membres de l'Association, ont pris successivement la parole pöur discuter les objections de principe ou les objections financières qui pourraient être faites au plan de l'Association. Ils ont invoqué l'exemple des missions belges, qui prospèrent malgré quelques incidents tragiques, l'extension des établissements anglais, l'initiative récemment prise par l'empire allemand. Ils ont démontré que la France ne devait pas se laisser devancer, qu'il y allait de son honneur à garder son rang dans l'Association internationale africaine, à ne pas s'isoler de ce faisceau de forces européennes qui, sous un drapeau commun, travaille à la régénération du continent noir. L'intérêt de la France y est également engagé pour ouvrir de nouveaux débouchés à son industrie souffrante, Or, de l'Atlantique à l'océan Indien s'étend une immense région baignée par de grands fleuves et de grands lacs, d'une fécondité inouïe, peuplée de 40 millions d'hommes, où il y a place pour toutes les activités européennes, mais où il faut que l'activité française ait sa place.

Les ressources de l'initiative privée, sous la forme de dons et de souscriptions, n'ont pas suffi à assurer l'avenir et le développement de l'œuvre ; comme toujours, il faut s'adresser à l'Etat français, dont les plus sérieux intérêts sont d'ailleurs en jeu. Ce qu'on lui demande, ce n'est pas de s'engager à la suite de l'Association, c'est de lui donner une marque éclatante de sympathie, une subvention qui lui permette de vivre et d'agir. On est assuré que la sympathie publique, une fois mise en éveil par cette libéralité du Gouvernement, viendra en aide à l'Association. L'opinion, jusqu'à présent incertaine, sera dès lors éclairée sur le but et le caractère de cette entreprise éminemment humaine et éminemment française ; la générosité publique n'a pas dit son dernier mot.

M. Jules Ferry a écouté avec la plus grande attention ces éclaircissements, a pris une part suivie à la discussion, et a promis d'appeler sur cette grande œuvre l'attention bienveillante du Gouvernement.

P. Bainier.

VOYAGES CLASSÉS PAR PARTIES DU MONDE.

AFRIQUE.

L'abbé Debaize dans l'Afrique centrale. — L'abbé Debaize, qui se trouvait le 20 mars à Igonda, à sept jours de marche d'Oudjiji, écrit de cette dernière localité, à la date du 2 avril, une longue lettre à M. Greffulhe, son ami, et le correspondant de la Société de Géographie de Marseille ; il en écrit aussi deux autres à M. l'amiral Mouchez, directeur de l'observatoire de Paris et à M. Cortambert. Il annonce qu'il va s'embarquer avec tous ses hommes et ses marchandises pour se rendre à la pointe septentrionale du lac Tanganiyka, dans le pays d'Ouzighé, où il compte établir un dépôt de marchandises, qu'il laissera sous la garde d'hommes sûrs ; avec le reste de ses marchandises il se transportera à l'embouchure de l'Arawimi, qui se jette dans le Congo, où il établira un second dépôt ; ne prenant ensuite que peu de marchandises avec lui, il espère explorer avec ses meilleurs hommes le versant occidental des montagnes Bleues, les pays situés entre la pointe méridionale du lac Albert et le Tanganiyka, et surtout l'Ounyambongou, le Mpororo, le Rouanda, et revenir à Ouzighé, d'où il transmettra ses découvertes et donnera la suite de son itinéraire. Là, il prendra le reste de ses marchandises en même temps qu'il trouvera probablement les quelques objets et instruments qu'il a demandés en France à M. Mouchez, directeur de l'Observatoire de Paris.

Nous lui souhaitons bonne chance pour accomplir heureusement ce beau projet.

M. l'abbé Debaize, malgré ses lettres pleines d'assurance, a eu quelques déboires comme tous les voyageurs africains. Il a été très-long pour quitter le district de l'Ounianiembé où 180 Zanzibarites l'ont abandonné à Kouihara, mais il n'a perdu ni marchandises ni fusils. M. Debaize était prévenu, avant même de quitter Zanzibar, qu'il aurait des déserteurs et c'est pour ce motif qu'il avait pris beaucoup de Zanzibarites, car, disait-il, une fois arrivé dans l'Ounianiembé ils me quitteront et j'en serai enchanté. Il paraît qu'il ne faut pas trop croire à l'attachement du nègre, surtout de ceux qui ont vécu dans leur paradis de Zanzibar où ils contractent tous les vices ; ils ne s'attachent que tout autant qu'ils savent qu'ils seront bien payés et bien nourris, mais au premier danger, ils vous quittent ou vous supplient de les défendre. Dans la forêt d'Hithoura, où les pères algériens furent dévalisés et où M. Debaize dut sauver sa vie et celle de sa caravane, tous ses Zanzibarites étaient groupés autour de lui et promettaient à leur père, par tous les dieux, de le suivre jusqu'au bout du monde, en versant tout leur sang pour lui. S'il se fut trouvé un village non loin de là, au lieu de l'immense forêt qu'ils traversaient, ils auraient laissé M. l'abbé Debaize entre les mains des brigands. Ceux-ci, au contraire, furent vaincus et l'abbé Debaize put continuer son voyage.

Quand même tous les Zanzibarites quitteraient l'abbé Debaize, il a une réserve de 30 hommes sûrs qui ne le quitteront pas et qui lui suffiront pour son grand voyage ; ils constituent ce qu'ils appellent ses *bons hommes.* Quelques uns l'ont encore abandonné à Oudjiji et il en a renvoyé d'autres à Zanzibar avec prière de les punir, surtout un nommé Oulédi, qui excitait tous les hommes de la caravane à abandonner leur chef.

L'expédition belge de l'Association internationale africaine. — M. Ph. Broyon et les deux explorateurs belges, MM. Cambier et Dutrieux, étaient à Tabora, chef-lieu de l'Ounianiembé ; les pluies continuelles qui tombaient les empêchaient de partir. Le climat était très-malsain et ils avaient la fièvre tous les deux ou trois jours. Ils comptaient rester à Tabora jusqu'aux premiers jours de mai ; ils avaient beaucoup de peine à trouver des porteurs à cause des menaces de Mirambo contre les blancs. Cette première expédition belge, qui, au début, a perdu son chef M. Crespel, et son médecin Maës, vient de perdre encore, au commencement de mars, M. Vauthier, qui est mort de la dyssenterie à Hekongou, au nord de l'étang de Tchaia, dans l'Ouianzi (long. 32° environ et lat. sud 5°, 20').

L'expédition africaine belge avait toujours l'intention, à l'époque des dernières nouvelles, d'établir une première station à l'ouest du Tanganiyka ; elle avait encore suffisamment de marchandises pour subsister longtemps avec une escorte importante. Malheureusement le chef, M. Cambier, n'a peut-être pas toute la santé désirable pour triompher de tous les obstacles qu'il rencontre. Nous serons trop heureux s'il porte haut et ferme le drapeau civilisateur et humanitaire de l'Association et s'il se montre à la hauteur de l'importante et lourde mission que le roi des Belges lui a confiée. Il va être aidé par une nouvelle expédition belge, dont M. Dutalis, qui est déjà à Zanzibar, à la bonne école de Stanley, fera partie. Cette seconde expédition se compose de MM. Popelin, capitaine au corps d'état-major, qui en est le chef, Vanden Heuvel, docteur en médecine, Carter et Dutalis, lieutenant d'infanterie.

MM. Popelin, Vanden Heuvel et Carter se sont embarqués à Londres, le 18 avril dernier, sur le steamer *Chindwara*, de la compagnie *La British India*. Cette nouvelle expédition essaiera d'employer les éléphants pour le transport, au lieu d'hommes, depuis la côte du Zanguebar jusqu'aux grands lacs. Un télégramme d'Aden annonçait, le 24 mai, que le vapeur *Chinsura*, qui venait de Bombay et qui allait à Zanzibar, ayant à son bord quatre éléphants de l'Inde appartenant au roi des Belges, était arrivé à Aden et se disposait à continuer son voyage jusqu'à destination. Il serait à désirer pour la civilisation et l'exploitation de l'Afrique que cet essai réussit. Nous le saurons dans quelques mois, car il est difficile de préjuger la question.

Philippe Broyon. — M. Broyon, qui a fait de grandes pertes, et qui souffre de maux d'yeux, devait aller à Oudjiji conduire les marchandises qu'il avait pu sauver, et comptait passer de là à l'ouest du Tanganiyka pour s'y livrer à la chasse de l'éléphant, afin de refaire sa fortune en partie perdue. Il écrit que les pères des missions d'Alger étaient arrivés, les uns à Oudjiji, les autres sur les bords du lac Victoria.

Une nouvelle et importante expédition de missionnaires de la même Société se prépare à partir d'Alger pour Zanzibar et l'Afrique centrale.

M. Henry-M. Stanley, à Zanzibar. — M. Henry-M. Stanley est arrivé à Zanzibar, sur le yacht *Albion*, le 18 mars 1879. M. Dutalis, qui doit faire partie de la deuxième expédition belge, était avec lui. M. Stanley profitait de son séjour à Zanzibar pour visiter les rivières de la côte orientale. Il a exploré, en compagnie de M. Dutalis, du 1er au 12 avril, avec une chaloupe à vapeur et un canot, le fleuve Ouami, qui vient se jeter à la mer par le parallèle de Zanzibar, au nord du fleuve Kingani. C'était à l'époque où l'on est en pleine masika (saison des pluies), et par conséquent peu propice à une semblable excursion. Ils sont allés le samedi 12 avril à Bagamoyo où ils ont passé la journée du dimanche, et ne sont rentrés que le lundi 14. Ils ont eu constamment de la pluie comme à Zanzibar, où il y avait beaucoup de fièvres à cette époque. Il a fait jusqu'au 2 avril à Zanzibar des chaleurs excessivement fortes; la pluie étant survenue, la température a diminué de sept degrés; l'humidité constante et la fraîcheur ont surpris tout le monde et causé beaucoup de fièvres. Stanley est reparti de Zanzibar le 26 avril, avec son bateau l'*Albion* pour Dar-es-Salam. Il comptait être de retour à Zanzibar le 5 mai.

L'Association internationale belge a en lui le plus puissant auxiliaire qu'elle puisse souhaiter. Nous pourrions dire où il compte se diriger, mais nous remettons cette nouvelle à plus tard, voulant contribuer de tout notre possible à la réussite de l'Association internationale africaine.

Mission d'Emin Effendi dans l'Ouganda. — Le sultan de Zanzibar a reçu vers la fin d'avril une lettre que lui envoyait de l'Ouganda J. Emin Effendi, médecin en chef des provinces équatoriales égyptiennes, chargé d'une mission scientifique dans l'Ouganda, l'Oukaragoué et les provinces environnantes par S. E. Gordon Pacha, gouverneur général du Soudan égyptien. M. Emin se plaint d'avoir rencontré une opposition malveillante de la part du roi M'tesa, et il préfère rebrousser chemin et essayer d'achever sa mission par quelque autre route. Il se loue de ses relations avec les marchands arabes, sujets du sultan de Zanzibar, et adresse à ce sujet ses remerciements à ce souverain intelligent.

Câble sous-marin faisant communiquer Zanzibar à Aden. — Une lettre de Zanzibar en date du 2 mai annonce une bonne nouvelle qui sera fort bien accueillie par les voyageurs de l'Afrique centrale et par tous ceux qui suivent avec intérêt le mouvement des découvertes de cette partie du mystérieux continent. Les employés de la Compagnie du Télégraphe qui doit relier les colonies du Cap, de Natal, du Mozambique à Zanzibar et Zanzibar à Aden étaient arrivés à Zanzibar pour y installer leurs bureaux. Au mois de juillet nous pourrons recevoir en Europe des télégrammes de Zanzibar quelques heures avant leur expédition, car il est déjà midi à Zanzibar qu'il n'est encore que 9 heures 20' du matin à Marseille.

M. Keith Johnston à Zanzibar. — Des lettres reçues du Dr Keith Jonhston, le chef de l'expédition dans l'Est de l'Afrique, de la Société royale de Géographie de Londres, datée de Zanzibar du

4 et du 24 février, donnaient des détails sur les progrès de ses préparatifs. Par la dernière lettre, il apprenait qu'il comptait utiliser les quelques semaines qui lui restaient avant l'arrivée de la bonne saison par une visite dans les montagnes de l'Ousambara, au nord du Pangani (5° lat. N.), avant de commencer son voyage au lac Nyassa, et pour avoir quelques idées sur la nature des voyages dans l'intérieur de l'Afrique. Thomson, son compagnon, et lui ne prendront avec eux pour cette excursion préparatoire que Chouma et six porteurs. L'un des objets de ce voyage est de fixer la position de Fuga, dont dépend le tracé exact de toutes les cartes de cette région.

Des nouvelles de Zanzibar du 2 mai 1879 apprennent qu'il était en effet parti pour cette excursion, mais qu'il a dû retourner à cause de la pluie qui avait grossi tous les cours d'eau. On ignorait quand il repartirait.

M. Johnston a recueilli quelques particularités intéressantes sur la route qu'il compte suivre entre Dar-es-Salam et le lac Nyassa. Il a reçu d'un arabe appelé Bushire Ben Sélim, qui est allé plusieurs fois dans l'Ourori et à Oubena, sur les confins méridionaux du lac Tanganiyka, des renseignements qui confirment les informations antérieures qu'il n'y a aucune route commerciale à l'intérieur entre Dar-es-Salam et le Nyassa, quoique les contrées situées à l'extrémité septentrionale du lac soient visitées régulièrement par le moyen de chemins s'embranchant sur la partie méridionale de la grande route de Bagamoyo à Oudjiji. La plus puissante tribu que le voyageur ait à traverser, raconte Sélim, est celle des Wahehe, qui occupe la contrée entre l'Ouzaramo et l'Oubena. La langue de ce peuple, le Hehe, semble être différente de toutes celles des tribus environnantes et leur ressemble si peu qu'aucun peuple de la côte ne la comprend. Elle est aussi inintelligible pour Chouma, qui connaît la plupart des langues parlées entre ce pays et le lac Nyassa; il est à remarquer qu'aucun esclave Wahehe n'a jamais été amené à Zanzibar, et quoique Sélim recommande à l'expédition de prendre un interprète Mhehe, il sera difficile de le faire parce qu'on ne trouve pour le moment aucun homme de cette tribu à Zanzibar; Chouma cependant en cherche un. Bushire Ben Sélim a indiqué à M. Keith Jonhston les sortes de verroteries qui sont à présent à la mode dans la région comprise entre la côte et le lac Nyassa.

Le lac Tanganiyka et la rivière Loukouga. — On sait que le lieutenant Cameron, aujourd'hui commandant, affirmait que le Loukouga, qui coule vers l'ouest, prenait sa source dans le Tanganiyka. Son opinion fut plus tard combattue par M. Stanley qui cependant admettait que la crique du Loukouga formerait un jour un des déversoirs du lac. C'est en effet ce qui paraît avoir lieu aujourd'hui, car M. Hore, membre pour la partie scientifique de la Société des missionnaires de Londres récemment établie à Oudjiji, rapporte qu'il a été informé par des Arabes que pendant les dernières grandes pluies, les eaux du lac se sont élevées si haut, que l'herbe, les papyrus, les roseaux qui encombraient le cours du Loukouga, ont été entièrement emportés et que la crique est maintenant une rivière aux eaux courantes.

Un de ces Arabes va même plus loin : il affirme qu'il a descendu cette rivière jusqu'au lac Kamolondo, qui, on est fondé à le croire, n'est pas du tout un lac, mais une expansion du Loualaba supérieur.

Expédition du Dr Mullens dans l'Afrique centrale. — Le Rév. Dr Mullens, géographe pratique et explorateur habile, déjà connu par sa carte du centre de Madagascar, publiée récemment, a quitté l'Angleterre le 24 avril 1879 pour Zanzibar ; il est chargé de réorganiser la mission du Tanganiyka, établie par la Société des Missions de Londres ; son intention est d'aller à Oudjiji, si cela est nécessaire, pour continuer son voyage à l'extrémité méridionale du lac, pour partir de là et explorer le pays compris entre les lacs Tanganiyka et Nyassa. Cette région, dont l'étendue et l'aspect sont encore fort peu connus, est très-intéressante à connaître par ceux qui aiment l'Afrique et désirent établir un système de communications, principalement par eau, à travers le centre du continent africain. La Société de Géographie de Londres lui a fourni une partie des instruments nécessaires au relevé du pays qu'il compte explorer.

Expédition anglaise au Congo. — Le Rév. T. S. Comber, de la mission des Baptistes, qui a déjà fait un voyage sur la côte occidentale de l'Afrique, aux Cameroons et au Congo, est reparti d'Angleterre pour le Congo le 26 avril dernier (1879). Il compte remonter le fleuve jusqu'au pied des chutes de Yellala, s'avancer par terre, en suivant l'ancienne route jusqu'à Makouta, et de là, arriver à Stanley-Pool (étang de Stanley), au-dessus des chutes. Il espère gagner la confiance et s'assurer l'appui du timide Makouta, le chef du pays. Un petit bateau à compartiments le suivra par la même route et sera lancé sur les eaux tranquilles du Congo moyen, si le voyage préparatoire réussit. La Société de Géographie de Londres a fourni à M. Comber plusieurs instruments, dont un sextant, un horizon artificiel, un hypsomètre, deux thermomètres, deux anéroïdes de poche, des compas et un chronomètre.

L'expédition italienne dans le Choa. — L'escorte, que le roi Ménélik a envoyée à la rencontre du capitaine Martini et de ses compagnons de voyage (voir page 53), est arrivée à Zeilah dans les premiers jours de mai; c'est une caravane composée de 50 chameaux. Le capitaine Martini, qui l'attendait et qui était déjà prêt à partir, se trouve, à cette heure, en voyage avec la caravane pour le Choa. Tous se portent bien. Il paraît que les chameaux, en venant à Zeilah, étaient chargés de marchandises qui ont dû être mises à bord du *Rapido*.

Lettre de S. M. le roi Humbert au roi de Choa. — Humbert Ier, par la grâce de Dieu et la volonté nationale roi d'Italie, à Sa Majesté Ménélik, empereur d'Ethiopie, roi du Choa, salut. Le capitaine Sébastiano Martini retournant dans les Etats de Votre Majesté, j'en profite pour vous offrir, par son intermédiaire, la grand'croix de mon ordre de la Couronne d'Italie, et quelques présents qui, je l'espère, seront bien accueillis de vous. Pour moi, je tiens en grande estime la haute décoration et les dons que Votre Majesté, par l'intermédiaire du même capitaine Martini, avait adressés à mon illustre père, de vénérable mémoire. Je suis sûr que Votre Majesté continuera à se montrer bienveillante à l'égard de mes sujets, qui, dans un but scientifique et commercial, résident sur le territoire de vos États, ce dont, pour ma part, je lui suis extrêmement reconnaissant. Je prie Notre Seigneur Dieu qu'il vous ait en sa sainte garde.

Donné dans notre palais royal du Quirinal, dans notre ville capitale de Rome,

Aujourd'hui, 9 mars 1879.

M.-P. HUMBERT.

L'expédition allemande du Dr Gerhard Rohlfs à travers l'Afrique. — D'après une dépêche reçue à Berlin et datée de Sokna, le 27 janvier, le docteur Rohlfs se trouvait à 250 milles au sud de Tripoli, au pied des montagnes Noires. L'explorateur était en bonne santé.

Le baron von Csillagh a quitté l'expédition et est revenu en Europe après une courte excursion à Mourzouk. Le Dr Stöcker, naturaliste, accompagne toujours le Dr Rohlfs ; il a déjà fait parvenir, en Europe, un rapport zoologique intéressant.

Des présents adressés par l'empereur d'Allemagne au sultan du Ouadaï, sont arrivés à Tripoli plusieurs jours après le départ de l'expédition.

Tentatives commerciales au sud du Sahara par M. Louis Say. — Nous extrayons ce qui suit des faits géographiques du *Bulletin* de la société de géographie de Paris :

« L'un des anciens membres de la seconde expédition conduite par M. Largeau à Ghadamès, M. Louis Say, s'est vivement préoccupé d'ouvrir des relations commerciales au sud du Sahara, en utilisant les Touaregs et autres nomades du désert. Après une excursion poussée jusqu'à la Zaouia de Temacinin, M. Say était revenu sur la frontière sud de l'Algérie pour inaugurer une sorte de comptoir commercial. *Le Petit Colon Algérien* a inséré dans son numéro du 17 mars, une dépêche, datée d'Ouargla 17 février 1879, dans laquelle M. Say annonce l'arrivée, par la voie d'In-Salah, de neuf moutons à crinière des Touaregs, deux ânes du Hoggar, une jument du Maroc, et de quatre autruches sur sept, trois étant mortes en route, par suite de l'inexpérience des conducteurs. Ces autruches sont, paraît-il, destinées à former des parcs à Ouargla. Ce premier envoi serait renforcé par des envois successifs, car la plus grande partie des gens de M. Say surveillent la ponte et l'éclosion des autruches dans le Hoggar et l'Adrâr.

M. Masqueray dans l'Aurès, en Algérie. — La Commission des missions scientifiques française s'est prononcée en faveur de la prolongation des recherches archéologiques de M. Masqueray dans les monts Aurès, en Algérie.

L'expédition portugaise et la traversée de l'Afrique australe par le major Serpa-Pinto. — Le voyageur portugais major Serpa-Pinto vient de traverser l'Afrique australe de l'ouest à l'est, de Benguela, sur la côte occidentale, à Prétoria, dans le Transwal, et à Mozambique sur la côte orientale ; il est arrivé le 2 mai à

Zanzibar venant de Mozambique et il vient de rentrer à Lisbonne. Il compte retourner en Afrique dans quatre mois.

M. Serpa-Pinto a traversé le continent africain au milieu des plus grandes difficultés. On se rappelle que le major Serpa-Pinto était le chef de l'expédition scientifique organisée par le gouvernement portugais en 1877 sur l'initiative de la Société de géographie de Lisbonne, et ayant pour mission de partir de Benguela, de traverser l'intérieur du continent et de relever l'hydrographie des bassins dans lesquels se trouvent comprises les colonies portugaises de l'ouest et de l'est de l'Afrique australe. Cette expédition était composée de MM. Serpa-Pinto, Brito-Capello et Roberto Ivens. Les explorateurs arrivèrent à Bihé le 18 mai 1878 et se séparèrent en ce point pour étudier plus complètement l'hydrographie du pays. Brito Capello et Ivens prirent la route au nord pour vérifier la position des sources du Cubango, du Cunène, du Catumbela et d'un affluent du Couanza, le Cutato. Ils ont eu beaucoup à souffrir du manque de moyens de transport et ont dû abandonner une partie de leurs bagages, y compris leurs lits.

M. Serpa-Pinto se dirigea à l'est et se proposa de reconnaître le Zambèze et le cours, jusqu'à ce jour inconnu, du Cubango. Il a réussi dans cette entreprise et a recueilli des notes très-précieuses sur l'étendue, la population, les productions du pays qu'il a parcouru. Il a eu à surmonter des fatigues et des dangers de toute sorte, et à déplorer la perte de plusieurs des hommes de son escorte, frappés soit par la maladie, soit dans des luttes avec les indigènes ; mais il a réussi à sauver ses manuscrits et ses notes qu'il livrera bientôt au public et qui jetteront un jour tout nouveau sur cette partie de l'Afrique encore si peu connue.

Le voyage de M. Serpa Pinto, de Benguela à Prétoria, a duré 16 mois, du mois de novembre 1877, alors qu'il quittait Benguela, au mois de mars 1879, époque de son arrivée à Prétoria ; sur ces 16 mois l'explorateur a marché seul pendant dix mois, de Bihé à Prétoria. Cette brillante traversée de l'Afrique peut être mise au même rang que celles de Livingstone, de Cameron et de Stanley.

Exploration de la rivière Cunène. — Une expédition portugaise qui avait pour mission d'étudier la région de l'embranchement de la rivière Cunène a réussi. Cette expédition, partie de Loanda à bord du vapeur *Tamega*, s'est dirigée vers Mossamedès, où le gouverneur, lieutenant Amaral, lui a fourni les moyens de continuer sa navigation vers le sud.

Elle était composée des officiers de marine Lima, Quériol et Silva, et divers marins et hommes de peine. L'expédition est partie de Mossamedès, le 28 novembre 1878, a reçu au port d'Alexandrie un supplément d'hommes, de bœufs et de voitures et a mis à la voile le 30 du même mois au fond de la baie des Tigres.

Débarquant le jour suivant, elle s'est mise en route durant la nuit du 1er décembre par des chemins très-difficiles, un soleil très-ardent et un vent violent, souffrant beaucoup de la soif et obligée quelquefois de camper. Elle arriva au Cunène le 6 décembre, et les travaux de levée des plans commencèrent le 7 et furent terminés le 19. Le 21, les expéditionnaires étaient de retour à Mossamedès.

M. Ch. de Semellé dans l'Afrique occidentale. — Ce voyageur écrivait, à la date du 15 janvier 1879, de Youmachi-Bénoué, au Président de la Société de géographie de Bordeaux, qu'il comptait rentrer en France dans quelque temps, si cela lui était possible. Il annonçait qu'il a relevé le cours du Niger depuis Orista jusqu'à Boussa, point où le fleuve cesse momentanément d'être navigable. Il évalue la distance à 298 milles. Il a relevé le cours de la Bénoué, depuis sa jonction avec le Niger jusqu'à Okeri. Distance : 180 milles. Il a fait l'historique du Niger, de la Bénoué, du Napé et d'une partie de l'Adamaoua. Il a étudié l'origine des races, leurs traditions, leurs mœurs et leurs religions ; il rapporte les produits des pays qu'il a parcourus, leurs prix et la façon de les exploiter. Il a obtenu par écrit du sultan d'Abrouza et de celui de Coffé le libre passage avec protection depuis Bida jusqu'à Yola, soit une distance de 2,800 milles environ. Il s'est fait accorder des concessions de terrain dans ces différentes villes afin de pouvoir y établir des stations. Le roi Aimrou lui a donné à Bida, capitale de l'empire du Napé, une maison avec terrain. Il écrit qu'il a relevé quotidiennement les observations climatologiques et météorologiques du Niger, de la Bénoué, du Soudan, de l'Adamaoua, etc., etc.

Voyage de M. Paul Soleillet du Sénégal au Niger et son retour en France. — M. Paul Soleillet, sur lequel on trouvera, dans ce *bulletin*, une notice biographique, est rentré en France, de retour de son voyage de Saint-Louis du Sénégal à Ségou-Sikoro, sur le Niger, par le bateau des Messageries Maritimes, l'*Orénoque*, commandant Mortemart. Le bateau arrivé le matin du mardi 6 mai 1879 à Pauillac, a été immédiatement mis en libre pratique, et les passagers et les correspondances qui ont été transbordés sur un vapeur spécial sont arrivés devant bordeaux à trois heures de l'après-midi. L'*Orénoque* n'est monté en rade de Bordeaux qu'à la marée du soir. M. Soleillet a été reçu à son arrivée sur le quai par le Bureau de la Société de géographie de Bordeaux et a bien voulu lui promettre d'assister le soir même à la séance de la Société, et d'y prendre la parole. Malgré les fatigues d'une longue traversée, il a raconté à la nombreuse assistance qui était venue pour l'écouter, les incidents et les résultats de son voyage dans le haut Sénégal et dans le Soudan occidental. M. le docteur Azam, président du groupe géographique du sud-ouest, après quelques mots flatteurs pour le courageux explorateur de l'Afrique, lui donne la parole, et M. Soleillet fait une intéressante conférence sur son voyage. Le docteur Azam remercie M. Soleillet au nom de la Société et fait des vœux pour la réussite de ses projets qui intéressent plus particulièrement le commerce de Bordeaux.

M. Soleillet, aussi infatigable en France qu'en Afrique, fait successivement des conférences devant les sociétés de Géographie de Toulouse, de Montpellier, de Marseille (19 mai), de Lyon (22 mai), devant les membres de la société des Études coloniales et maritimes de Paris, de la société de géographie de Rouen et de la Chambre de commerce et de la municipalité d'Avignon. Nous nous bornerons ici, non à reproduire l'improvisation qu'il a faite devant les membres de la Société de Marseille, le 19 mai, à 9 heures du soir, mais à donner un résumé succinct de son voyage tel qu'il apparait par ses lettres et ses conférences.

M. Paul Soleillet est parti, le 17 avril 1878, de Saint-Louis du Sénégal avec l'intention d'atteindre Tombouctou et de revenir en Algérie par le Sahara. L'œuvre qu'il poursuit, et à laquelle il a déjà consacré plusieurs années de sa vie, consiste à ramener vers l'Algérie et par conséquent vers Marseille un courant commercial détourné depuis la conquête d'Alger par les Turcs. Autrefois, un commerce très-important se faisait entre le Soudan et le pays qui est devenu une colonie française ; aujourd'hui il n'existe plus : le rétablir, tel est le but qu'il se propose.

M. Soleillet a commencé par visiter le Cayor, pays bien arrosé et qui produit beaucoup d'arachides ; il remonta le Sénégal en bateau jusq'à Podor, d'où il se dirigea par terre jusqu'à Bakel et même plus loin jusqu'à Médine, dans le pays appelé le Fouta, qui n'est qu'une agglomération de petits Etats nègres. La population de tout le Soudan occidental se compose de Toucouleurs et de Peules, mélangés de Yolofs, de Mandingues, etc. Les Yolofs sont les plus beaux noirs de toute l'Afrique occidentate. Leurs traits réguliers rappellent parfois ceux des Européens. Les Peules, que l'on confond souvent avec les Foulahs ou Fellatas, ont une physionomie encore plus européenne que les Yolofs. Leur peau est plutôt lustrée que noire. Ce sont les représentants les plus caractérisés de la famille nègre rouge qui s'est vraisemblablement formée du croisement des races nègre et berbère. Au Sénégal, les Peules mêlés avec les races nègres pures, ont constitué la race métisse des Toucouleurs. Ils ont embrassé, de bonne heure, l'islamisme dont ils sont en Afrique les plus zélés propagateurs. — En général, ces nègres rouges se distinguent par une intelligence plus développée et ont des formes plus belles que dans les autres parties du Soudan. Les Fellatas ont fondé des États importants, tels que le Naoussa, le Massina, le Fouta, le Bandou, etc. Vouées, en général, à la vie pastorale, ces populations sont de mœurs douces, faciles. D'autres, qui ont des demeures fixes, se vouent à la culture du sol qui, presque partout, est d'une grande fertilité. Les Peules, les plus avancés dans la civilisation, ont une grammaire relativement savante et dans laquelle deux genres distincts sont attribués, l'un à l'homme, l'autre aux animaux. Trois vices assombrissent ce tableau : la traite des noirs, l'esclavage, enfin l'asservissement dans lequel ils retiennent la femme qu'ils chargent des travaux les plus humiliants et souvent les plus pénibles.

De Bakel, poste français sur le haut Sénégal, M. Soleillet se dirigea sur Médine, puis à Kouniakary, à une petite distance de Médine, et la résidence du roi Basirou, le frère d'Ahmadou, sultan de Ségou. Le sol du pays est riche en arachides, mil, coton, indigo, tabac, etc. Les montagnes environnantes sont couvertes de forêts considérables, mais encore inexploitées. La ville de Kouniakary se compose de cases au milieu desquelles se trouve une enceinte fortifiée, qui est la résidence du roi Basirou, dont la vie se passe dans l'oisiveté la plus complète, au milieu de ses femmes. A l'arrivée de M. Soleillet, il se dit ou se crut malade, et voulut à toute force que le voyageur lui donnât un remède.

M. Soleillet franchit ensuite le Karta, pays montagneux qui sépare le bassin du Sénégal de celui du Niger, et où l'on rencontre le fer à l'état natif. C'est dans cette région si peu explorée qu'il fut témoin d'une de ses brusques tempêtes qu'on appelle tornados. L'effet en est terrible et sublime tout à la fois. Le vent souffle avec violence et la pluie tombe en véritables cataractes subitement illuminées par les éclairs, ce qui produit un effet splendide.

C'est à Yamina, à deux journées de Ségou, que M. Soleillet vit le Niger pour la première fois. Il fut saisi d'admiration à la vue de ce beau fleuve qui, à 700 lieues de son embouchure, a la largeur de la Garonne à Bordeaux.

Il descendit de Yamina à Ségou avec une pirogue qu'il avait obtenue dans la première ville. Les rives du fleuve, entre ces deux points, sont basses et les montagnes éloignées; de nombreux villages habités par les Bambaras abritent une population intelligente et laborieuse. On y cultive le riz et le chanvre.

M. Soleillet ayant trouvé chez le sultan de Ségou une résistance qu'il ne put vaincre, a terminé là son voyage qu'il ne considère pas comme un voyage scientifique, mais plutôt comme un voyage commercial ayant un caractère d'utilité pratique. Il a saisi toutes les occasions de s'arrêter chemin faisant, de marcher lentement, mais sûrement, pour observer et prendre des notes. Voulant étudier les ressources que peuvent offrir au commerce français les contrées qu'il a parcourues, il s'arrête dans chaque village, y fait des séjours plus ou moins longs. L'équipage du voyageur français est des plus modestes. « Je voyage, dit-il, dans sa dernière lettre datée de Ségou, sans escorte, sans armes, avec une mule, la plus pacifique de toutes les montures. Je suis accompagné d'un seul domestique, qui me sert à la fois de guide et d'interprête; c'est un caporal aux tirailleurs sénégalais, d'origine Saracollé, qui connaît les sept ou huit langues en usage dans ces régions. Je m'habille, je me nourris comme les indigènes. Je n'ai point de tente; je me loge dans leur case, et, lorsqu'il faut coucher dehors, je le fais comme les noirs. Ce qui me permet aussi beaucoup de me mêler aux nègres, c'est la médecine que j'exerce. Les quelques connaissances que j'ai de de l'arabe et du Coran me donnent, aux yeux des habitants, un certain prestige. J'ai pris le titre modeste de *thaleb*. Néanmoins, malgré mes allures très-simples, je n'ai nui en rien au légitime prestige que la France peut et doit exercer dans ces régions. J'en ai eu la preuve le 1er octobre, en arrivant à Ségou; j'avais arboré, à l'arrivée de ma pirogue, un pavillon français, et le sultan l'a fait saluer en grande pompe par ses troupes. C'est le premier drapeau qui reçoit de tels honneurs dans le haut Dhioliba. »

M. Soleillet fut logé à Ségou, dans le palais du roi, qui mit un cheval à sa disposition et fit un excellent accueil au voyageur, qui lui était, d'ailleurs, recommandé par le gouverneur du Sénégal comme un *thaleb* qui voyage pour voir les hommes, étudier l'air, les plantes, les animaux, la terre, et chercher des remèdes. Grâce à cette recommandation, M. Soleillet put prendre des notes sans éveiller de défiances. Le sultan donna à M. Soleillet, comme cadeau de bienvenue, un bœuf, deux moutons, une barre de sel, cent moules de mil, une calebasse de miel, cinq cents noix de gourou et quarante mille cauris. C'est un présent qui équivaut à la valeur de 450 fr. en marchandises.

Le voyageur offrit, en retour, au sultan Ahmadou, au nom du gouverneur du Sénégal, un très-beau fusil garni d'argent, et en son nom personnel une filière de corail et trois branches d'ambre. Le sultan Ahmadou professe, dit M. Soleillet, une très-grande considération pour le gouverneur actuel du Sénégal, M. Brière de l'Isle.

Ahmadou, quoique vêtu très-simplement, déploie, autour de lui, un grand luxe. Il possède un corps de musiciens appelés *Griottes*, qui cumulent, à la fois, les fonctions d'agents de police et de confidents du prince. L'armée d'Ahmadou se compose de dix mille soldats avec un canon; Ahmadou pourrait en solder nn plus grand nombre, car ses coffres regorgent d'or. Il prend le titre de Commandeur des Croyants (Emir-el-Morménin), et aspire à devenir le suzerain absolu de tous les Etats mahométans voisins.

Il règne directement sur la nation des Bambaras, race guerrière, vigoureuse, intelligente et laborieuse. Les hommes libres travaillent la terre, et l'agriculture est fort en honneur parmi ces peuples. Quand les travailleurs partent le matin pour les champs, les vieillards les précèdent et, arrivés sur le terrain, grattent la terre de leurs mains et donnent ainsi le signal du travail. Puis, le soir, quand les laboureurs reviennent au village, ils se livrent, sur la place publique, à une danse qu'on appelle la *Danse du travail*. Les griottes accompagnent les danseurs avec leurs instruments, et les femmes se mêlent aux groupes.

M. Soleillet prétend qu'il n'y a pas d'infériorité de race entre les noirs du Soudan et les blancs de l'Europe ; il n'y a qu'infériorité d'éducation. Pour savoir si réellement ces populations nous sont inférieures, comme on le prétend, il faudrait pouvoir les comparer non aux Français du XIXme siècle, mais aux Gaulois du 3me siècle avant notre ère. Les nègres que M. Soleillet a visités, connaissent les rudiments de tous les arts utiles et agréables. Ils cultivent le maïs, le riz, les légumes, l'indigo, le tabac ; ils élèvent des bestiaux, des chèvres, des moutons, des abeilles dont ils recueillent le miel et la cire, et l'industrie même ne leur est pas inconnue. Ils travaillent le bois, ont des procédés pour fondre le minerai, forgent le fer et font des bijoux avec l'or et l'argent. Ils filent, tissent et teignent le coton et la laine ; ils préparent et tannent des peaux. Ils ont des instruments de musique nombreux et variés.

Une chose vient ternir l'éclat de cette demi-civilisation : c'est la traite des noirs qui existe dans toutes ces contrées. Il y a, dans le Soudan, deux sortes de captifs : les captifs de *Case*, qui sont achetés régulièrement et qui sont relativement assez heureux, et les captifs de *monnaie* ou d'échange qui, en effet, servent de *monnaie* ou d'appoint dans les transactions commerciales. Ceux-ci, passant de main en main, sont réellement à plaindre. Ce qu'il y a de plus triste et de plus odieux, c'est que, parmi les captifs faits à la guerre, ceux qui ont plus de douze ans sont impitoyablement mis à mort, les jeunes seuls étant l'objet du trafic honteux, qui est la désolation du continent africain. M. Soleillet est d'avis que le commerce, mieux que la force, est capable de faire entrer les populations soudaniennes dans la voie de la civilisation. Aussi appelle-t-il de tous ses vœux le moment où de nouvelles voies de communication multiplieront nos relations commerciales avec le Soudan et les rendront plus rapides. Si la France veut jouer dans cette partie de l'Afrique le rôle auquel elle a droit par ses colonies du Sénégal et de l'Algérie, elle pourra le faire pacifiquement par le commerce, qui n'impose à personne l'obligation de renier sa foi politique ou sa foi religieuse. En le faisant, elle servira l'humanité autant que ses propres intérêts, car le commerce, en mettant en contact le blanc et le noir, amènera, tout naturellement, la suppression de la traite, d'abord, et celle de l'esclavage ensuite. On ne remarque pas assez, en effet, qu'au contact des blancs, les noirs apprennent à connaître la valeur de la liberté ; c'est ainsi que sur la côte, dans nos colonies, l'ambition de tous les captifs est de se libérer, tandis que dans les pays de l'intérieur de l'Afrique jamais un esclave ne songe à se racheter.

M. Soleillet a vécu pendant trois mois à Ségou, un centre qui passe pour fanatique, et il vivait comme il aurait pu le faire dans une ville de France, ce qui prouve qu'on peut être bien reçu, à condition de respecter les institutions du pays. M. Soleillet insiste pour que la ville de Ségou soit choisie par l'association africaine pour l'établissement de l'une de ses stations qui rayonneraient à travers le Soudan.

M. Soleillet a été cruellement éprouvé par les fièvres dès le début de sa campagne ; sa santé laissait beaucoup à désirer à Ségou, et il avait besoin de venir se retremper dans l'air natal des Cévennes, où il compte passer son été. Il n'a pu achever son voyage tel qu'il l'avait projeté et est rentré par la même route après avoir atteint Ségou parcequ'il n'a pu vaincre la résistance du sultan Ahmadru, qui prétextait le peu de sûreté des routes, mais qui était seulement jaloux de son voisin le sultan de Massina et de ses relations avec la France; il craignait de perdre de son influence au profit de l'autre chef.

M. Soleillet, soutenu par les sympathies et le précieux concours du Conseil d'Administration du Sénégal, encouragé par la Commission scientifique des missions, repartira au mois de décembre prochain pour une nouvelle exploration du Niger et tâchera de gagner Tombouctou par une autre voie que celle qu'il vient de suivre. La colonie du Sénégal, qui l'a chaleureusement accueilli à son retour, a décidé qu'elle le conserverait à son service et elle a voté les fonds nécessaires pour son second voyage au Niger.

ASIE.

M. le Colonel Prjévalski en Asie. — Le colonel Prjévalski, qui est reparti, le 25 janvier 1879, pour un voyage d'exploration dans l'empire chinois, écrit, à la date du 20 mars, qu'il est arrivé, au poste de Zaïssan, le 27 février, comme il l'espérait; il a employé trois semaines entières aux derniers préparatifs de son expédition. Les neiges profondes qui couvrent la steppe de Zaïssan, l'ont empêché de partir plus tôt. Il comptait quitter Zaïssan le 21 mars pour se diriger sur la ville de Boulouktoch, et de là il remontera la rivière d'Ouroungou, qui se jette dans le lac de Kyzyl-Bashi et suivra les embranchements méridionaux de l'Altaï, jusqu'à Barkoul et à Khamil ou Hami. Il espère arriver à Khamil vers la fin de mai.

Le but du colonel Prjévalski est d'explorer le Thibet et d'arriver à Lassa, située sur l'un des affluents du Brahmapoutre; il espère revenir par Khotan et Kaschgar. Tout le voyage est calculé pour une durée de deux ans.

M. Prjévalski est parfaitement équipé et l'argent est abondant. Il a deux aides : les enseignes Eklon et Robaroffsky (voir page 54); un préparateur, M. Kolomeïtsow, et une escorte de trois soldats et de cinq cosaques du Transbaïkal. Il est accompagné, en outre, d'un interprète, Tarantcha, de Kouldja, qui l'avait déjà suivi au Lobnoor et d'un guide kirghise. Le guide doit le quitter à Hami pour emporter à Zaïssan les nouvelles du voyage.

L'armement de l'expédition ne laisse rien à désirer. Les voyageurs ont treize carabines Berdan, vingt-deux revolvers Smith et Vesson, six fusils de chasse, dix mille cartouches à balles, 45 kilog. de poudre et 196 kilog. 1/2 de plomb. Ils ont tous les instruments nécessaires pour faire des études astronomiques et météorologiques, tout ce qu'il faut pour la préparation des animaux et pour les collections de plantes. M. Prjévalski jouit, jusqu'à ce moment, d'une santé robuste.

OCÉANIE.

Mission de M. Alfred Marche aux îles Philippines. — M. Marche, le voyageur si modeste et si connu par ses explorations sur la côte occidentale africaine, vient d'obtenir du Ministère de l'Instruction publique, sur l'avis favorable de la Commission des missions scientifiques françaises, une mission d'histoire naturelle dans les îles Philippines.

Mission de MM. Rey et Montano dans l'île de Bornéo. — MM. les docteurs Rey et Montano ont obtenu du gouvernement français une mission anthropologique dans l'île de Bornéo.

OCÉAN ARCTIQUE.

L'expédition du professeur Nordenskiold. — M. Oscar Dickson de Gothembourg a reçu de M. Sibiriakoff, généreux promoteur, comme le premier, de l'expédition du professeur suédois Nordenskiold, le télégramme suivant :

« Professeur Nordenskiold a écrit, le 25 septembre dernier, au Gouverneur général de la Sibérie orientale que le *Véga* a été pris par les glaces à Serdze-Kamca, dans le voisinage du cap Oriental et du détroit de Behring. Tous à bord allaient bien. Les lettres sont arrivées à Irkoutsk, le 28 avril, et parviendront incessamment en Suède. »

Le navire *Véga* suffisamment approvisionné, ne court d'autres risques que ceux d'un hivernage dans les glaces. Le navire se trouve à 20 milles seulement du littoral, entre une île et la terre ferme. Le gouvernement russe avait de suite envoyé l'ordre au gouverneur de la Sibérie orientale, le baron Friedrichs, d'équiper une expédition destinée à aller, par terre, porter secours au professeur Nordenskiold, mais 125 jours au moins seront nécessaires à cette expédition organisée à Jakoutsk, pour atteindre le Cap Est.

Un navire, le *Nordenskiold*, frété avec le plus généreux dévouement par M. Sibiriakoff, doit partir en mai, de Malmo en Suède, sous le commandement du capitaine H. Sengstake, et se rendra, par le canal de Suez, la mer Rouge, l'océan Indien et le grand Océan, au détroit de Behring et dans les parages sibériens. Indépendamment de son but généreux, l'expédition se propose également de sérieuses observations scientifiques ; elle part avec plusieurs savants, entre autres, M. le baron Dankelmann, membre du bureau météorologique de Leipzig et membre de la Société de Géographie de Brême, et M. Grigorieff, secrétaire de la section d'ethnographie de la Société de Géographie de Saint-Pétersbourg, et connu par des explorations dans le Nord. Ces deux savants sont défrayés de tout à bord, par M. Sibiriakoff.

L'importance des dernières découvertes du savant professeur Nordenskiold a fait concevoir de grandes espérances en Sibérie. Dans les principales villes de cette vaste contrée, ainsi qu'à Saint-Pétersbourg, à Moscou, à Nijni-Novogorod, il s'est produit un mouvement pour la fondation d'une grande compagnie, dont le but serait d'accroître les relations commerciales de la Sibérie avec l'Europe, la Chine et l'Asie centrale. On voudrait faire de la Sibérie une intermédiaire entre la Chine et l'Europe. L'Iénisséi, l'Irtisch, la Léna, etc., venant en partie des régions montagneuses de l'empire chinois, sont navigables presque jusqu'à leurs sources, en sorte que les riches produits de la Chine pourraient être conduits jusqu'à l'Océan, et de là transbordés à destination d'Europe.

La Jeannette. — On annonce que le navire *Jeannette*, équipé aux frais de M. Gordon Bennett, quittera San-Francisco au mois de mai prochain. Il s'engagera par le détroit de Behring dans les mers polaires. Le navire est muni, paraît-il, d'appareils d'aérostation à l'aide desquels pourront être faites des reconnaissances.

Expédition scientifique danoise au Groënland. — Le lieutenant de vaisseau Jenssen est chargé par le gouvernement danois de diriger une expédition scientifique pour explorer une partie du Groënland. Il part de Copenhague et a pour but principal de reconnaître les fiords qui découpent le littoral du Groënland entre les stations de Holsteinsborg, sur le cercle polaire arctique, et d'Egedesmin, (68° 37' de latitude N.) et sur lesquels on n'a que des renseignemenis très-incomplets. Il est accompagné par le lieutenant Hammer appartenant aussi à la marine danoise.

Le lieutenant Jenssen compte retourner en Europe en automme, mais le lieutenant Hammer a l'intention de rester pendant l'hiver à Jacobshavn, située sur la côte de la baie de Disko, pour examiner les remarquables glaces des fiords.

Le docteur Steenstrup, qui quitta Copenhague en 1878 pour une expédition scientifique au Groënland, a passé tout l'hiver dernier à Umenak, à la pointe méridionale du Groënland, un peu au nord du 60° degré, et est attendu en automne prochain.

P. Bainier.

DERNIÈRES NOUVELLES DES EXPLORATEURS.

Le marquis *Antinori* est au Choa ; on dit qu'il est arrivé au Kaffa. Le capitaine Martini est parti de Zeilah pour le Choa dans les premiers jours de mai.

M. *Cambier*, chef de l'expédition belge de l'Association Internationale africaine, Dutrieux et Broyon, ses compagnons, étaient à Tabora, capitale de l'Ounianiembé, où ils pensaient rester jusqu'aux premiers jours de mai.

Le R. *T.-J. Comber*, de la mission anglaise des Baptistes, a quitté l'Angleterre pour remonter le Congo, le 26 avril 1879.

MM. *Popelin*, Vanden Heuvel et Carter, de la seconde expédition belge, se sont embarqués à Londres, le 18 avril, pour Zanzibar, sur le steamer Chindwara, de la Compagnie British India.

M. l'abbé *Debaize*, le chef de l'expédition française dans l'Afrique centrale, était le 20 mars à Igonda, et le 2 avril à Oudjiji.

M. *Keith Johnston* est toujours à Zanzibar.

M. *Masqueray* continue ses recherches archéologiques dans l'Aurès (Algérie).

M. *Morisot*, Tiburce, est en Nubie.

Le R. Dr *Mullens* a quitté l'Angleterre pour Zanzibar et l'Afrique centrale le 24 avril 1879.

Le professeur *Nordenskiold* est bloqué sur le navire Véga, dans les glaces de l'océan Arctique, à 40 milles du Cap Oriental.

M. le colonel *Prjévalski* était arrivé à Zaïssan le 27 février, et comptait quitter ce poste le 21 mars.

M. *Gerhard Rohlfs*, explorateur allemand, a quitté Tripoli à l'époque de Noël pour aller dans le Vadaï. Il était, à la date du 27 janvier 1879, à 250 milles au sud de Tripoli, au pied des montagnes Noires.

M. *Serpa-Pinto,* major portugais, chef de l'expédition portugaise, dans l'Afrique Australe, a traversé ce continent de l'ouest à l'est, en 16 mois, de Benguela à Prétoria, et ensuite à Lorenzo-Marquez. Il est arrivé le 2 mai à Zanzibar et est rentré à Lisbonne.

M. de *Semellé* était à Youmachi, sur la Bénoué, le 15 janvier 1879. Il comptait rentrer en France dans quelque temps.

M. *Paul Soleillet* , qui a fait un voyage de St Louis du Sénégal à Ségou-Sikoro, sur le Niger, est rentré en France, par Bordeaux, le mardi 6 mai 1879.

M. *Henry M. Stanley* est arrivé à Zanzibar, sur le yacht *Albion*, le 13 mars 1879.

P. Bainier.

NOTICE BIOGRAPHIQUE

M. PAUL SOLEILLET

Nous croyons être agréable à nos lecteurs en leur donnant une courte notice biographique sur M. Paul Soleillet, qu'ils ont applaudi avec tant d'entrain, lorsqu'il est venu à Marseille, le 19 mai, raconter devant un nombreux public, dans la grande salle de la Faculté des Sciences trop petite pour contenir tous les auditeurs qui désiraient l'entendre, son voyage heureux de Saint-Louis du Sénégal à Ségou-Sikoro, sur le Niger.

M. Soleillet (Jean-Joseph-Marie-Michel-Paul) est né à Nîmes (Gard), le 29 avril 1842. Il est fils de M. Soleillet (Louis-Michel-Ambroise) de Marseille, où sa famille occupa une grande situation, par sa mère qui était une demoiselle Garagnon de Marseille. M. Soleillet père était parent du compositeur marseillais Della-Maria. Il était, au moment de la naissance de son fils, Directeur des Contributions Indirectes à Uzès (Gard); il occupa successivement ces mêmes fonctions à Dôle (Jura) et à Avignon (Vaucluse), où il prit sa retraite et se retira ensuite à Nîmes, ville natale de sa femme née Mlle Boyer (Anne-Louise), qui appartient à l'une des plus anciennes familles de Nîmes ; cette famille est alliée aux de Surville, aux Durant, aux de Chabaud-Latour ; M. Boyer-Brun, qui joua un rôle dans les lettres pendant la révolution, était son parent, et le député actuel de Nîmes, M. Ferdinand Boyer, est son cousin. M. Soleillet père est mort à Nîmes en 1872.

M. Paul Soleillet fut amené en juin 1848, à l'âge de six ans, à Avignon où il fit ses études et qu'il habita jusqu'à l'âge de 22 ans. Il entra à 18 ans dans l'administration des contributions indirectes ; à 20 ans, il épousait à Avignon la fille d'un ingénieur des chemins de fer P.-L.-M. ; cette union, nouée sous les plus heureux auspices, fut brusquement brisée après neuf mois de mariage par la mort de la jeune femme.

M. Soleillet fut alors envoyé comme employé des contributions indirectes à Romans (Drôme), ensuite à Paris, où il donna sa démission, et où il séjourna ensuite quelque temps pour s'occuper de littérature, de beaux-arts, d'économie politique et surtout de géographie, qui était chez lui, ainsi que le goût des voyages, une passion d'enfance et une étude de prédilection. A 8 ans, M. Soleillet étonnait le comte Mulher, préfet de Vaucluse, qui dînait chez son père à Avignon, en l'entretenant toute la soirée de la Perse, des mœurs des habitants du pays, etc., etc. ; à 12 ans M. Soleillet avait déjà lu les récits des voyageurs et l'Afrique le préoccupait déjà.

M. Soleillet rentra à Nîmes en 1862 et y passa la plus grande partie des années 1866, 1867, 1868, 1869 et 1870. En 1868, il envoya à une exposition aéorostatique de Londres un projet de ballon qu'il appelait un *aéroscaphe* ; plus tard, il envoyait une note à l'*Académie des Sciences* sur ce projet. Il est le premier qui ait proposé de remplacer le lest par de l'air comprimé.

Il se trouvait en 1870, à Tunis, qu'il quittait promptement pour venir en France s'engager dans un régiment de ligne, avec lequel il fit toute la désastreuse campagne de France. Après la guerre, il se consacra uniquement à la pensée de réunir le Sénégal à l'Algérie ; il explora dans ce but, en 1872-1873, le Sahara algérien ; en 1873-1874, sous le patronage de MM. Warnier, député d'Alger et le général Mircher, il fit, pour le compte de la Chambre de commerce d'Alger, l'exploration d'Alger à In-Salah et ramena dans Alger une caravane du Touat. De 1874 à 1878, il consacra son temps à donner des conférences en Europe, et en 1875, il contracta mariage avec Mlle Fleurat de Tunis. Il repartit au mois de mars 1878 pour l'Afrique comme rédacteur du *Moniteur Universel* et délégué de la Société des Études Coloniales et Maritimes. Il partit le 17 avril 1878 de Saint-Louis du Sénégal avec l'intention d'atteindre Tombouctou et de revenir en Algérie par le Sahara. Il a fait heureusement le voyage de Saint-Louis du Sénégal à Ségou-Sikoro, sur le Niger, d'où il a été obligé de revenir à Saint-Louis. Il est rentré en France par Bordeaux, le mardi 6 mai 1879. Il compte repartir ce mois de décembre pour continuer son voyage et achever l'œuvre qu'il a si heureusement commencée.

P. Bainier.

VARIÉTÉS

Cours populaire de géographie fondé par la Société, sous le patronage de la municipalité de Marseille.

Dans ces derniers mois, le professeur M. Paul Armand a étudié les voies de communication de la France. Il a passé en revue, en s'aidant du remarquable rapport de M. Krantz, les divers canaux qui mettent en relation nos divers bassins et étudié les réseaux de voies ferrées qui sillonnent notre territoire.

Les dernières leçons ont été consacrées à l'étude de nos provinces de la Flandre et de l'Artois. Le professeur se propose d'étudier ainsi successivement nos diverses provinces et par ces voyages à petite journée de faire connaître à son auditoire toujours nombreux et toujours sympathique les ressources multiples de notre patrie. P. B.

Extrait des Procès-verbaux des séances du 28 Mars et du 1er Avril 1879.

Le vendredi 28 mars, à 9 heures du soir, la Société de géographie de Marseille a tenu une séance extraordinaire pour recevoir solennellement M. Louis Vossion, l'un de ses membres, qui revenait de la Birmanie qu'il a habitée pendant plus de 4 années, et qu'il a étudiée à tous les points de vue. M. L. Vossion était l'un de nos jeunes et studieux officiers d'un grand avenir. Après avoir fait la guerre de 1870 et avoir été en captivité à Munster (Westphalie), il avait été dirigé sur l'Algérie pour combattre et vaincre l'insurrection arabe sous le commandement du vaillant général Lallemand, qui commande actuellement le 15e corps d'armée. Après la pacification de l'Algérie, M. L. Vossion quitta l'armée et alla passer près d'une année à Paris pour suivre les cours de la Sorbonne, du Collége de France, du Muséum, afin de bien se préparer pour la mission qu'il désirait remplir. Appelé à la cour du roi de Birmanie par l'un de ses camades de l'Ecole de Saint-Cyr, qui commandait alors la cavalerie de la Birmanie, il quitta la France pour aller étudier ce riche pays. M. Vossion revient aujourd'hui connaissant la langue du pays, et ayant fait une abondante moisson de renseignements de toutes sortes. Il espère retourner dans quelques mois en Birmanie.

M. l'amiral le baron La Roncière Le Noury, président de la Société de géographie de Paris, venu de Nice exprès pour assister à la séance, a bien voulu accepter la présidence de cette réunion. Au bureau avaient pris place M. le général Lallemand, commandant le 15e corps d'armée, M. Bourget, recteur de l'Académie d'Aix, M. Dédebat, secrétaire général de la préfecture, M. Hugueny, adjoint au maire, M. Belin, inspecteur d'Académie, MM. J. Talon et Delibes, vice-présidents de la Société, M. Zafiropulo, négociant, M. Reynald, professeur d'histoire à la faculté des Lettres d'Aix, M. Bainier, secrétaire général de la Société de géographie et P. Armand, secrétaire. Un public nombreux se pressait dans le local beaucoup trop étroit de la Société. On y remarquait les représentants de notre haut commerce et un certain nombre d'officiers de la garnison de Marseille, camarades de M. Vossion, qui avaient tenu à témoigner leurs sympathies à leur intrépide compagnon d'armes.

Deux des salles de la Société étaient transformées en un véritable musée où étaient exposées les curiosités ethnographiques que M. Vossion rapporte de son voyage, tels que des parasols gigantesques en soie et dorés, des éventails sur lesquels on remarquait des peintures très-délicates d'histoires romanesques, des étoffes aux couleurs brillantes, des laques admirables aux arabesques entremêlées, des coupes d'argent artistement repoussées, dont deux portant les douze signes du zodiaque, des boîtes d'argent pour la chaux et le bétel, des vases pagodes pour y serrer les aliments, la série complète des monnaies d'argent, de cuivre, et de plomb, des pièces d'or à 600/1000, la série des poids du pays, des sabres aux fourreaux de velours cramoisi et argent, des poignards à poignées d'ivoire ciselé, dont l'un renfermait dans son intérieur une figure du dieu Boudha, des carquois en bambou tressé et laqué, des flèches, des sandales, des habillements complets de dame birmane, et une collection importante et très-curieuse de vues, de photographies et de dessins représentant les monuments de ce coin si peu connu de l'extrême-Orient. Des échantillons de tous les riches produits qui pourraient donner lieu à des échanges avec ces riches et populeuses contrées étaient méthodiquement classés, étiquetés et exposés sur la table et dans tous les coins de la salle, partout où il y avait une place disponible. On y voyait de la houille, du lignite, des minerais de fer, de l'ambre, du cachou, des gommes laques, d'autres gommes, des bois de tek et d'acajou, des modèles de malles du pays en bois de tek, du papier noir fabriqué avec des fibres de palmier et ayant le même usage que nos ardoises, des manuscrits boudhistes sur feuilles de palmier, une grammaire pali, une grammaire birmane, dont

M. Vossion est l'auteur, et une belle collection d'ouvrages anglais sur la Birmanie. Dans cette exposition, qui a été visitée pendant 8 jours par tout Marseille, on voyait aussi des échantillons de plantes médicinales, de substances tinctoriales, des cigares du pays, des foulards, des soieries aux tons vifs et brillants, des cotonnades, des draps, en un mot tous les produits fabriqués dans le pays et tous ceux que Manchester y importe et pour lesquels Lyon pourrait facilement lutter avec l'Angleterre sur ce vaste marché. On voyait un dessin à vol d'oiseau, du palais royal, offert à M. Vossion par le général de cavalerie, son ami, et un plan levé avec des instruments de précision par M. Vossion lui-même, et comprenant outre Mandalay, la capitale actuelle, une partie du cours de l'Iraouaddy, avec les trois vieilles capitales de Sagaïn, Ava et Ammérapoura. Ce plan est destiné au bulletin de notre Société.

M. l'amiral de la Roncière le Noury, dans une chaleureuse improvisation a félicité la jeune Société de ses progrès, a rappelé brièvement ce qu'elle avait déjà fait pour la science géographique et comment elle recevait les voyageurs qui se vouaient à l'exploration de l'Afrique et de l'Asie. M. l'amiral a ensuite donné la parole à M. L. Vossion.

Dans une improvisation élégante et très-bien ordonnée, il a retracé à grands traits l'histoire et la géographie physique de la Birmanie, a donné des détails intéressants sur la religion, les mœurs, les institutions des Birmans. Il a décrit avec beaucoup de bonheur cette belle vallée de l'Iraouaddy qui, outre Mandalay, la capitale actuelle dont les rues sont tirées au cordeau, renferme plusieurs villes importantes et de nombreux bourgs et villages.

La population, de religion boudhiste, a des mœurs paisibles et pures et vit sous l'influence des prêtres qui jouissent d'un grand pouvoir dans le pays parce qu'ils sont pauvres et ne s'occupent que des choses religieuses et de l'éducation des enfants. Ils passent toute la journée en prières dans les pagodes ou les monastères qui sont très-nombreux. M. Vossion a passé en revue les richesses minérales de ce pays qui renferme des mines de houille, de fer, des gisements de plomb et d'étain, des gisements d'or et d'argent inépuisables, des dépôts d'ambre, dont on remarquait de beaux échantillons sur la table, et que les indigènes exploitent grossièrement. Il s'est appesanti sur les produits végétaux si variés, si nombreux, qui peuvent faire l'objet d'un commerce considérable avec la France. On rencontre, en effet, en Birmanie d'immenses forêts inexplorées de teks, d'acajous, d'ébéniers et d'autres arbres excellents comme bois de construction. Ce sont les Anglais qui exploitent déjà assez faiblement ces forêts, en faisant descendre les arbres vers Rangoon par l'Iraouaddy, le Sitang et le Salouen. De nombreuses plantes médicinales et à essences vivent dans les forêts, dont le séjour, depuis le mois de juillet jusqu'en octobre; est pernicieux à cause des émanations paludéennes qui se dégagent du sol trop riche en détritus et qui causent ce que l'on appelle dans le pays la *fièvre des forêts*. Il faut éviter à cette époque de parcourir les pays boisés ; les Birmans, comme les étrangers, sont sujets à ces fièvres, dont il faut se préserver avec soin.

M. Vossion a obtenu du gouvernement la concession d'une grande forêt que le roi fera exploiter à l'aide d'éléphants et de travailleurs du pays. M. Vossion a insisté surtout sur la place que la France peut prendre dans un pays où l'influence anglaise, paraît-il, est encore peu considérable sur le peuple. Le gouvernement birman désire s'unir étroitement à la France et contribner à tout ce qui pourrait amener des relations plus suivies avec notre pays. Dans ce but, il désire ouvrir des routes pour rattacher ses provinces du Laos avec les vallées du Song-Koi et du Meikong, explorées, on le sait, par les Français, et rattacher ainsi directement ces Etats avec nos possessions de la Cochinchine. M. Vossion a montré quels intérêts immenses, quels débouchés considérables la France pouvait avoir dans cette région, où il n'a pas peu contribué à faire aimer le nom de notre pays. Après cette brillante conférence, vivement applaudie par la nombreuse assistance, M. l'Amiral La Roncière a remercié le courageux explorateur au nom de la Société de géographie, au nom de la France, pour ses patriotiqnes efforts, et lui a annoncé que la Société de géographie de Marseille en reconnaissance des services éminents qu'il a rendus à la géographie en faisant connaître la Birmanie à la France, lui décernait une médaille d'argent, qu'elle lui fera parvenir dès qu'elle sera frappée. M. l'Amiral a engagé M. Vossion a aller répéter les mêmes choses à la Société de géographie de Paris où il trouverait un public aussi sympathique que celui qui venait de l'applaudir si vivement. M. J. Talon, vice-président de la Société, et directeur de l'Exploitation des Messageries maritimes, a remercié en quelques mots M. l'amiral d'avoir bien voulu faire l'honneur à la Société de géographie de Marseille de la présider, ce dont elle lui était très-reconnaissante. M. l'amiral a repris la parole pour dire combien il se trouvait heureux de présider une Société si active et si utile, et quel plaisir il avait en contemplant le mouvement géographique qui se produit aujourd'hui en France, et dont les Sociétés de géographie de Marseille, de Lyon, de Bordeaux, de Rouen, de Nancy, de Toulouse étaient les manifestations les plus éclatantes.

La séance a été levée à 11 heures, et chacun a pu admirer les nombreux objets très-curieux qui se trouvaient étalés dans les trois salles de la Société. M. L'amiral La Roncière et M. le général Lallemand ont étudié attentivement cette exposition et ne se sont retirés qu'à minuit.

Le mardi, premier avril, la Société a tenu sa séance ordinaire. Lecture des procès-verbaux des séances précédentes et dépouillement de la correspondance par le secrétaire général. La Société de géographie de Montpellier invite celle de Marseille à nommer des délégués au congrès géographique et à la réunion des sociétés savantes qui aura lieu à Montpellier le 28 août, pour y représenter la Société de géographie de Marseille.

MM. Dubard, Lanier, Courier et L. Bigot remercient de leur admission.

M. Vossion, qui assistait à la séance, a bien voulu prendre la parole et faire une causerie excessivement intéressante, et nous pouvons dire élégante, sur les points qu'il avait laissés dans l'ombre, faute de temps, dans sa conférence. Il a raconté à ses auditeurs attentifs tout ce qu'on pouvait désirer connaître sur l'instruction des habitants de la Birmanie, leur religion, le baptême des enfants, les mariages, les funérailles, les costumes, le genre de nourriture des peuples de ce pays ; en un mot, il a fait l'ethnographie complète de ces populations. Il a ensuite parlé du climat, de l'aspect du pays, de ses productions minérales, végétales et animales, de ses institutions politiques et commerciales, de ses voies de communications et des relations à établir entre la France et la Birmanie. Il a prié les assistants de lui adresser des questions sur ce qu'il avait pu oublier et qu'on désirait savoir, et il a répondu avec la plus grande aisance aux nombreuses questions qui lui ont été posées.

La Société a ensuite émis le vœu suivant, qui a été communiqué à M. le Ministre de l'instruction publique :

La Société de géographie de Marseille, considérant que notre colonie de Cochinchine exige d'une façon impérieuse la connaissance exacte des pays qui bordent le Meikong et s'étendent jusqu'au Tonkin, et après avoir entendu les renseignements très-intéressants fournis par M. L. Vossion, qui a résidé longtemps en Birmanie, émet le vœu suivant : Que le gouvernement prête son concours le plus effectif à la formation d'un nouveau groupe d'explorateurs, lesquels continueraient l'œuvre de MM. Fau et Moreau, que la mort a frappés au milieu de leurs travaux, et qui partant de Mandalay, sur l'Iraouaddy, iraient, en traversant d'abord les principautés Shanes soumises au roi de Birmanie et ensuite les points inexplorés du Laos, rejoindre le fleuve Song-Koï au point où il s'infléchit du côté de la Chine et où un navire français viendrait les attendre. La Société de géographie de Marseille émet en outre le vœu que l'expérience de M. Vossion et sa profonde connaissance de la Birmanie soit mise à profit dans une circonstance où il est d'un puissant intérêt pour la France et sa colonie de la Cochinchine de ne pas se laisser devancer par d'autres peuples, de profiter des bonnes dispositions à notre égard du peuple birman et de continuer l'œuvre si brillante par notre pavillon national pour laquelle Francis Garnier a donné sa vie.

Le vœu a été adopté et la séance a été levée après les paroles de remerciements adressées à M. Vossion par M. J. Talon, qui présidait la séance de ce jour.

P. Bainier.

La Société de géographie a reçu de M. le Ministre de l'Instruction publique, en date du 26 avril, la lettre suivante :

Monsieur le Président.

Le 4 avril courant, vous m'avez fait l'honneur de me communiquer le vœu émis par la Société de géographie de Marseille, au sujet de la formation d'un nouveau groupe d'explorateurs, qui continueraient l'œuvre de MM. Fau et Moreau.

La Société de géographie a également exprimé le désir que M. Louis Vossion soit attaché officiellement à l'exploration projetée. La Commission des missions, Monsieur le Président, sera saisie de ces deux questions, dès sa prochaine séance, et elle les examinera avec tout l'intérêt qu'elles comportent.

Recevez, etc.

Jules Ferry.

SÉANCE EXTRAORDINAIRE DU 19 MAI 1879.

La Société de géographie s'est réunie extraordinairement le lundi 19 mai, à 9 heures du soir, dans la grande salle de la Faculté des Sciences, pour entendre M. Soleillet qui venait raconter son voyage au Niger. La salle était trop étroite pour contenir toutes les personnes désireuses de l'entendre et qui avaient répondu à l'appel de la Société. Quatre grandes cartes de l'Afrique et un itinéraire du voyageur tapissaient les murs et permettaient au public de suivre avec intelligence le conférencier. Avaient pris place au bureau : M. A. Rabaud, président de la Société, M. Bourget, Recteur de l'Académie d'Aix, M. Hugueny, adjoint faisant les fonctions de Maire, M. Reboul, doyen de la Faculté des Sciences de Marseille, MM. J. Talon et Delibes, vice-présidents de la Société de géographie, M. Stéphan, directeur de l'Observatoire, MM. Heckel et Marion, professeurs d'histoire naturelle à la Faculté, M. le baron Guillaume, secrétaire de légation de S. M. le roi des Belges et membre de l'association internationale africaine, M. le général de division Guyon-Vernier, M. Em. Bernard, ingénieur en chef des travaux maritimes, président de la Société scientifique et de la Société de météorologie des Bouches-du-Rhône.

L'entrée de M. Soleillet a été saluée par d'unanimes applaudissements et le Président l'a présenté, en ces termes, à la réunion :

« Je suis heureux, dit-il, de pouvoir introduire, aujourd'hui, auprès de vous, M. Paul Soleillet, qui vient d'accomplir un heureux voyage de Saint-Louis du Sénégal à Ségou-Sikoro, sur le Niger.

« M. Soleillet n'est pas un étranger pour nous. Il est notre compatriote, un enfant du Midi comme nous; M. Soleillet est de Nîmes. Nous avons déjà eu le plaisir de le voir et de l'entendre, il y a quelques années, au Cercle Artistique; alors, comme aujourd'hui, M. Soleillet, toujours ardent et dévoué à la grande idée qu'il poursuit, voulait relier nos grandes colonies françaises de l'Afrique, l'Algérie et le Sénégal, aux grands marchés de l'Afrique centrale.

« M. Soleillet s'est préparé au grand voyage d'exploration qu'il projette du Sénégal à Tombouctou et de Tombouctou en Algérie par deux voyages préliminaires très-intéressants.

A la fin de décembre 1873, il se remit en route pour explorer le Sahara et tenter de ramener le courant commercial du Soudan vers notre belle colonie algérienne. Il parvint à In-Salah, centre de transit très-important, à moitié route de Tombouctou, presque en ligne directe à partir d'Alger, en passant par Laghouat. Il ne put surmonter les difficultés qui l'empêchèrent de pénétrer dans le Touât, mais il revint sans accident et son voyage fut certanement utile à l'accroissement de nos informations.

L'année dernière, M. Soleillet a tenté d'arriver à Tombouctou par une nouvelle voie et en partant également d'une de nos colonies.

Il s'est rendu au Sénégal, et seul avec un domestique, il a accompli, rapidement et avec des ressources très-limitées, le voyage de Saint-Louis à Ségou. Il vous expliquera lui-même les raisons qui l'ont engagé à ne pas poursuivre son grand voyage et à rentrer en France, pour se préparer à entreprendre, en janvier prochain, la grande exploration qu'il projette.

Vous penserez, comme moi, Mesdames et Messieurs, qu'il est particulièrement intéressant d'entendre les récits d'un courageux voyageur et l'exposé des projets, plus hardis encore, qu'il compte mettre bientôt à excution.

Monsieur Soleillet,

Soyez le bienvenu parmi nous, nous sommes heureux de vous revoir, Vous trouvez, à Marseille, une jeune société de géographie, qui se félicite d'être là pour vous accueillir et vous remercier de ce que vous avez fait; votre présence ici constate une fois de plus sa raison d'être et affirme son utilité. Vous pouvez compter, Monsieur, sur notre sympathie, et dans la mesure de nos forces, sur notre concours le plus dévoué. (Applaudissements).

M. Soleillet se lève et remercie les assistants de l'accueil qui lui est fait. Il s'en montrera reconnaissant en continuant une œuvre qui intéresse la ville de Marseille tout particulièrement.

Nous ne répéterons pas ici cette improvisation qui a été fort goûtée par l'auditoire qui l'a vivement applaudie. Nous prierons le lecteur de se reporter aux voyages classés par parties du monde où nous avons rendu compte de son exploration, qu'il a poussée jusqu'au point où le gouverneur du Sénégal pouvait le protéger, c'est-à-dire jusqu'à Ségou.

M. Rabaud l'a remercié au nom de la Société de géographie, et lui a annoncé que ses efforts seront certainement récompensés. La question africaine commence à tenir le public en éveil et à pénétrer dans les régions officielles ; il y a en ce moment un grand mouvement dans toute l'Europe concernant cette question et nous assistons à un grand réveil géographique ; la presse, le gouvernement, les chambres s'en occupent avec ferveur. Aussi de même que le Sénégal a déclaré que vous aviez bien mérité de la Colonie, a dit M. Rabaud à M. Soleillet en terminant, de même la France vous dira que vous avez bien mérité de la patrie.

La séance a été levée à 11 heures du soir.

Sont admis membres de la Société :

MM. ANDIOL, Jules, rue Montgrand, 31.
BORIN, Claudius, rue Breteuil, 78.
BOUQUET, Maurice, rue Dieudé, 35.
DESPÉRANDIEU, Antoine, boulevard de la Liberté, 11.
GARNIER. E., gérant de filature à Chomérac. (Ardèche.)
GIRAUD, Jos., directeur de la Banque de France, rue Montgrand, 33.
LOMBARD, Camille, cours Pierre-Puget, 60.
MARQUIS, Louis, professeur, rue Bossuet, 26.

Est nommé membre correspondant :

M. POULAIN, Charles, ingénieur et filateur à Pondichéry.

Le secrétaire général, gérant,

P. BAINIER.

UTILISATION DES ÉLÉPHANTS EN AFRIQUE

(2me article.)

Nous annoncions dans notre dernier bulletin que le vapeur de la British India, le *Chinsura*, venant de Bombay, était arrivé à Aden, en route pour Zanzibar, ayant à son bord quatre éléphants de l'Inde offerts à l'Association Internationale Africaine par sa Majesté le roi des Belges; nous avons cru devoir, à l'occasion d'une expérience aussi intéressante, publier une première étude sur l'utilisation des éléphants en Afrique et nous comptons tenir nos lecteurs au courant des résultats de ces essais et des renseignements que nous pourrons recueillir sur cette question.

En même temps que les membres de la nouvelle (2e) expédition belge de l'Association internationale africaine arrivaient à Zanzibar, les 4 éléphants expédiés de Bombay, 2 mâles et 2 femelles, ces puissants animaux étaient accompagnés de 6 mahouts ou cornacs et de 6 valets ou garçons d'écurie sous la direction d'un vieux sergent irlandais parlant l'arabe et parfaitement au courant de la conduite des éléphants; un autre mahout s'est joint à la bande comme volontaire. Cette expédition organisée d'après les instructions de M. Mackinnon, le créateur et l'habile et généreux directeur de la British India Steam Navigation Company, a été faite avec un soin, une prudence et une intelligence pratique qui devaient en assurer le succès. Pour éviter les inconvénients d'un transbordement, la Compagnie n'a pas hésité à envoyer son grand steamer débarquer ces éléphants en terre ferme; le 31 mai, le *Chinsura* en opérait le débarquement à Dar-es-Salam, port situé plus au sud que Bagamoyo, où l'opération pouvait se faire dans de bonnes conditions et où elle s'est très-heureusement accomplie. M. Carter a pris le commandement de cette expédition qui a dû partir de Dar-es-Salam quinze jours après. M. Popelin, qui est le chef de la seconde exploration, MM. Dutalis et Van den Heuvel partiront, sans doute, de Bagamoyo pour rejoindre le convoi des éléphants.

La tentative est des plus intéressantes ; elle peut amener d'inappréciables résultats, mais elle est certainement loin d'être sans difficultés ; elle peut en rencontrer de très-grandes, elle peut échouer, mais son insuccès même ne condamnerait pas définitivement l'idée.

Il ne faut pas se dissimuler que, transportés en Afrique, les éléphants de l'Inde vont se trouver dépaysés, que le climat peut ne pas leur convenir, qu'ils peuvent peut-être souffrir de la piqûre de la mouche tsetsé, qu'ils ne rencontreront pas d'aussi bonnes routes que dans l'Inde, qu'ils craignent beaucoup le soleil et qu'en Afrique il ne faut pas songer à voyager de nuit, que les éléphants ont besoin de beaucoup et de bonne nourriture, qu'il leur faut beaucoup et d'excellente eau, non seulement pour boire mais encore pour se baigner, et enfin qu'ils sont exposés aux flèches empoisonnées que ne manqueront pas d'essayer de leur lancer quelques nègres malveillants ou ennemis.

Si la très-intéressante expérience tentée par sa Majesté le roi des Belges d'utiliser les éléphants de l'Inde dans les explorations de l'Afrique centrale ne donnait pas les résultats que l'on peut espérer et, à plus forte raison, si elle réussit, la question mérite d'être étudiée à un point de vue plus général encore, celui de *la capture, la domestication et l'utilisation des éléphants africains en Afrique.*

Le marquis de Bute, un descendant des Stuarts d'Écosse, le richissime propriétaire des docks de Cardiff, est à la tête d'un projet dont MM. Frank Buckland et Gerald Waller s'occupent activement, celui de réunir les fonds nécessaires pour conduire à bonne fin un essai sérieux. Ces Messieurs se sont adressés aux personnes les plus compétentes qui leur ont fourni les premiers et intéressants éléments d'une enquête, qui doit précéder toute sage entreprise et que nous sommes heureux de pouvoir publier dans cette étude.

Voici d'abord la traduction de la lettre que M. Sanderson, inspecteur gouvernemental des éléphants dans l'Inde, qui a acquis une si grande renommée par ses merveilleux succès dans ses chasses à l'éléphant, écrit à Monsieur Franck Buckland, qui lui avait demandé s'il pensait qu'il fût possible de capturer et de dresser les éléphants africains en Afrique, s'il pouvait donner des idées à ce sujet, et s'il serait disposé lui-même, le gouvernement anglais accueillant favorablement le projet et l'y autorisant, à entreprendre la mise à exécution du projet qui pouvait amener de si grands résultats pour l'ouverture de l'Afrique et sa civilisation.

Camp de Mymensingh. Bengal-Oriental, 21 avril 1879.

« En sortant des jungles des montagnes de Garrow, il y a trois jours, après mon excursion d'hiver pour la chasse aux éléphants, j'ai reçu vos lettres des 14 et 21 mars, ainsi qu'une lettre de M. Gérald Waller, au sujet de l'introduction en Afrique de la chasse à l'éléphant. La saison avait été très-heureuse puisque j'avais réussi à prendre 129 éléphants en trois mois, alors que la moyenne annuelle n'était jusqu'à présent que de 60.

« Je prends un très-grand intérêt dans cette question de capture et d'élevage de l'éléphant africain. Le massacre sans distinction d'un animal à la fois si utile et si inoffensif, sans que l'on fît la moindre tentative pour essayer de faire profiter des services qu'il peut rendre à la grande cause de la civilisation de l'Afrique, était sans aucun doute une *tache* pour notre siècle ; et je suis heureux de voir que cette question a attiré l'attention de personnes haut placées.

« Les difficultés, au commencement d'une entreprise de ce genre, seraient sans doute considérables ; mais comme les difficultés sont des obstacles qu'il faut surmonter, si on peut obtenir l'argent nécessaire pour ce projet on peut compter certainement sur le succès final. Il se trouverait certainement quelque chose de positif pour venir à l'appui de cette méthode pratique, d'ouvrir le centre de l'Afrique par des moyens qui auraient pour effet direct de décourager les traitants.

« L'idée pratique donnée par sir Joseph Fayrer, K. C. S. I., qui consiste en ce qu'un officier indien bien au courant de la manière de prendre les éléphants, dans l'Inde, vienne visiter l'Afrique avec un petit détachement d'éléphants domestiqués et de mahouts (cornacs) pour y établir la chasse, est certainement la seule praticable ; et je suis tout prêt à accepter moi-même cette mission si les conditions que je pense vous poser vous conviennent et si le Gouvernement est disposé à m'y envoyer. Pour les conditions, je vous écris en particulier, et je continue à vous soumettre humblement mes opinions sur la manière dont l'affaire devrait être conduite.

« Je désirerais, si c'est possible, que ma proposition fût soumise à sir Samuel Baker, dont les opinions à ce sujet, tant au point de vue scientifique qu'au point de vue du *sport*, seraient de la plus grande valeur.

« Le but qu'on se proposerait d'obtenir serait, d'après ce que je comprends, d'apprendre aux indigènes, par exemple des environs du lac Nyassa ou de tout autre endroit, à capturer des éléphants que les trafiquants de Zanzibar pourraient acheter pour s'en servir dans leurs expéditions. On pourrait ainsi trouver des éléphants à Zanzibar ou partout ailleurs, en cas de besoin, pour les expéditions européennes dans l'intérieur.

« Tout en établissant cette industrie, l'expédition en question pourrait capturer dans le courant de trois années un nombre considérable d'éléphants qui seraient laissés en dépôt à la côte, à Bagamoyo ou ailleurs.

« Quand au commencement on aurait choisi l'endroit remplissant les conditions nécessaires, c'est-à-dire : 1° facilité d'accès ; 2° abondance d'éléphants ; 3° indigènes habitués à vivre avec les Européens ; 4° salubrité, comme base d'opération, l'expédition venue de l'Inde et qui se composerait, par exemple, de moi-même comme directeur, de 12 hommes et de 4 éléphants femelles bien dressées, pourrait capturer, par exemple, dans la première saison, douze éléphants, ce qui serait tout ce dont cette expédition pourrait se charger en commençant. J'en donnerai la raison plus loin. Au bout d'une année, ces éléphants capturés pourront être de quelque utilité pour capturer leurs semblables et on pourrait se charger l'année suivante de 20 nouveaux éléphants. Il y aurait donc 32 pour les

les deux premières années et je crois qu'en trois ans on pourrait domestiquer jusqu'à 50 éléphants africains. La manière à suivre pour prendre les éléphants serait probablement la suivante : établir des palissades auprès des gués qu'ils fréquentent ou dans des gorges entre deux collines où les avantages naturels du terrain viendraient en aide aux chasseurs. Dans nos battues au Bengale, nous entourons simplement le troupeau où nous le rencontrons d'un cercle de deux milles, par exemple, de diamètre, formé d'hommes ; nous construisons ensuite une palissade dans ce cercle sur les routes principales des éléphants ; on les y amène souvent quatre jours seulement après avoir commencé la battue. Mais pour cela il faut naturellement que chaque homme soit bien dressé, et il vaudrait mieux, probablement dans les commencements surtout, adopter en Afrique un plan plus simple. Les indigènes apprendraient bien vite à forcer les éléphants à traverser un gué ou à passer entre deux collines.

« En supposant qu'un troupeau de 20 à 30 éléphants soit enfermé dans la palissade, qui devrait se composer d'un fossé et de plusieurs barricades, et aurait par exemple 50 pieds de diamètre, il faudrait commencer, pour les motifs suivants, par abattre tous les éléphants ayant plus de 7 pieds de hauteur verticale à l'épaule :

« 1° Aucun éléphant indien domestique ne voudrait entrer dans une palissade où se trouveraient des adultes (tuskers-éléphants avec leurs défenses) qu'ils craignent beaucoup ; 2° les gros éléphants n'ont pas autant de valeur commerciale que ceux qui ont environ 7 pieds, car ces derniers peuvent être domestiqués bien plus facilement. Un éléphant de 7 pieds peut être facilement conduit, d'étape en étape, par un seul éléphant dressé, alors que pour des adultes (tuskers), il faut quatre femelles très-fortes. De plus, l'ennui et la peine qu'ils donnent aux hommes et aux bêtes est considérable, et il y a grand risque de les voir mourir de *langueur*.

« Un éléphant de 7 pieds est un animal très-convenable et domesticable et pourrait porter une demi-tonne ou même plus, en pays plat.

« Pour réussir dans une affaire de ce genre, il faut que les chefs de la contrée donnent toute l'assistance possible en fournissant des hommes.

« Pour faire la palissade, il faudrait au moins 200 hommes pendant une semaine; pour y amener les éléphants, il en faudrait peut-être un plus grand nombre pour un jour ou deux, et lorsque les éléphants auraient été pris et amenés aux piquets par les éléphants domestiqués, il faudrait constamment au moins une demi-douzaine d'hommes pour chacun d'eux pour apporter la nourriture et l'eau.

« Comment se procurerait-on cette assistance pour cette expédition ?

« Il n'est pas à supposer que les indigènes fassent ce travail à moins que leurs chefs ne les y obligent. Pour se gagner l'intérêt et le concours des chefs, on pourrait prendre en sérieuse considération la vue de nos éléphants dressés, le plaisir et la gloire qu'ils auraient à monter sur leur dos et le désir d'en posséder eux-mêmes, car on pourrait leur promettre de leur donner un ou deux éléphants parmi les premiers qui seraient pris. La gloriole de posséder des éléphants capturés par leurs propres chasseurs est un sentiment qu'il faut vivement encourager chez les chefs, et sur ce point, l'émulation assurerait à l'expédition un bon accueil partout où elle se présenterait.

« J'ai dit plus haut qu'un détachement de 12 mahouts avec 4 éléphants dressés, ne pourrait se charger que de la surveillance de 12 éléphants sauvages. Cela peut sembler un très-petit nombre, mais ce serait le maximum, car même avec 12 éléphants seulement à surveiller, le travail des éléphants dressés serait très-rude. Il faut surveiller les blessures que les cordes ont faites aux nouveaux venus, leur faire faire de l'exercice, les mener paître et les faire boire, les conduire d'étape en étape et tout cela constitue un travail très-fatigant aussi bien pour les hommes que pour les bêtes.

« Naturellement il est inutile de prendre charge de plus d'éléphants que ce qu'on en pourrait surveiller efficacement. En disant que dans la seconde année on pourrait dresser 20 éléphants, et environ 50 dans la troisième, je suppose que les Arabes ou tous autres indigènes de la côte pourraient faire des mahouts, car ceux qui seraient venus de l'Inde ne pourraient pas surveiller plus de deux éléphants chacun.

« Bien qu'un établissement indien pût ainsi prendre un certain nombre d'éléphants dans une expédition de trois ans, il faudrait faire bien davantage pour établir sur des bases solides la chasse à l'éléphant.

« Au bout de cette période les indigènes sauraient probablement bâtir des palissades et y amener les éléphants ; mais s'ils n'en ont pas de dressés, et sous la surveillance de cornacs, cela ne leur servirait à rien. Il est peu probable que les Indiens s'établissent même à Zanzibar, et à moins d'apprendre aux indigènes la manière de procéder, on manquerait le grand but qu'on se propose.

« Mon opinion serait d'offrir de la part du gouvernement au sultan de Zanzibar, un certain nombre d'éléphants bien dressés, dix au moins, si on pensait que dans la suite il encouragerait cette industrie. Deux de ses sujets, des Arabes conviendraient le mieux probablement, seraient adjoints, en qualité d'élèves, à chaque mahout qui leur apprendrait pratiquement à soigner les animaux, et au bout d'un an ils pourraient s'en charger eux-mêmes ; ainsi, lorsqu'on entreprendrait une battue, ces éléphants seraient conduits dans l'intérieur sous la surveillance d'Arabes. Des indigènes qui auraient été déjà dressés à amener les éléphants dans les palissades, seraient chargés de capturer les nouveaux éléphants, et les cornacs avec leurs éléphants dressés s'en assureraient lorsqu'ils auraient été amenés dans la palissade. Il serait évidemment inutile d'apprendre à ces gens-là à s'emparer des éléphants et de leur refuser ensuite toute assistance.

« En supposant que l'expédition fût résolue, je proposerais d'embarquer les 4 éléphants dressés et les 12 hommes à Bombay, au commencement de 1880, et de les diriger de Zanzibar vers le lac Nyassa ou toute autre place qu'on choisirait sous escorte de gens du Sultan. On pourrait, je pense, obtenir ces 4 éléphants à titre de prêt du gouvernement.

« Les hommes que j'emmènerais avec moi seraient des chasseurs bien connus de Chittagong, et devraient recevoir 50 roupies par mois, en outre des passages libres.

« A leur paye pour trois ans il faudrait ajouter les frais de transport pour les éléphants de Bombay en Afrique, des présents pour les indigènes et les fournitures d'armes et de tentes pour l'expédition. Je pourrais me procurer tous ces articles à Bombay.

« Il serait aussi nécessaire de s'adjoindre un Européen ou un *créole*, en sous ordre, un Zanzibarite serait le plus convenable probablement, non seulement pour avoir son assistance pour l'expédition, mais aussi pour pouvoir lui apprendre le *métier*; il pourrait aussi servir d'intermédiaire pour proposer les éléphants aux agents des jardins zoologiques, ou aux expéditions pour l'intérieur Cela assurerait à cette industrie une base plus solide qui si on la laissait entièrement entre les mains des indigènes.

« Vous voyez, par ce qui précède, qu'il faudra beaucoup d'argent. La chasse à l'éléphant cependant ne sera jamais implantée à moins en Afrique, et si elle doit jamais l'être il vaut mieux l'essayer maintenant que les éléphants sont encore en grand nombre et dans des lieux facilement accessibles.

« Voici la plus importante question sur cette affaire, que vous serez probablement plus à même que qui que ce soit de résoudre avec les personnes qui connaissent l'Afrique. Comment la mouche *tsetsé* nous traitera-t-elle? N'y a-t-il pas lieu de craindre pour les éléphants domestiques le même sort que pour les chameaux et les buffles du Dr Livingstone? Je ne pense pas que du fait que les éléphants sauvages et d'autres animaux résistent à ces piqûres, on puisse conclure définitivement que les éléphants domestiques n'y succomberaient pas.

« Il paraît qu'un vapeur remonterait le Zambèze jusqu'aux chutes de Shiré, et qu'un autre vapeur au-dessus de ces chutes transporterait les éléphants dans le pays environnant le *Nyassa*; mais les éléphants auraient un trajet à faire par terre. La *tsetsé* le permettant, combien faudrait-il de temps pour atteindre le pays du *Nyassa*, à raison de six milles par jour? Les éléphants pourraient faire en pays propice facilement jusqu'à 20 milles par jour d'une traite pendant 10 jours environ.

« Il est tout à fait nécessaire d'amener en Afrique des éléphants indiens, non-seulement dressés, mais aussi habitués à ce genre de travail. On ne peut venir à bout des éléphants que par d'autres éléphants. Je pense que 4 seraient le plus petit nombre qu'on pût en amener. Ce devrait être des femelles mesurant 8 pieds à l'épaule et pesant environ 2 1/2 tonnes chacune.

« Les jeunes éléphants ne seraient d'aucune utilité pour la chasse.

« Je ne doute pas que les éléphants indiens *s'entendissent* parfaitement avec ceux d'Afrique.

« Le nombre d'éléphants *sauvages* dont on pourrait prendre soin, dépend entièrement de l'importance du *koomkie*, (établissement, quantité d'éléphants dressés). La proportion habituelle est de un pour un. Ainsi cette année-ci, j'avais 123 éléphants dressés et j'en ai amené 129 sauvages. J'estime cependant que 4 éléphants indiens pourraient se charger de 12 éléphants africains de moins de 7 pieds de hauteur, pourvu qu'ils puissent être attachés au camp de dressage, et que la nourriture leur soit apportée par des hommes, les éléphants ne servant alors que pour le dressage des nouveaux pris.

« Il n'y a aucun avantage à capturer les jeunes. Il faudrait 10 ans avant de pouvoir s'en servir, tandis que les adultes peuvent être utilisés au bout d'un an seulement. Ainsi je ne vois pas quel avantage il y aurait à se procurer des jeunes par l'entremise de M. Hagenberg et de les réunir à Zanzibar, comme on le propose.

« On ne doit avoir aucun doute sur l'intelligence des éléphants africains, et sur la facilité avec laquelle même les plus gros pourraient être dressés par ceux de l'Inde.

« On pourrait peut-être instruire dans cet art les Nubiens, et, dans ce cas, on pourrait s'assurer des bons soins de M. Hagenberg.

« Je pense qu'il ne servirait à rien de faire cet essai pour moins de trois ans.

« Finalement, si on peut se procurer les fonds nécessaires et obtenir la coopération du gouvernement de l'Inde pour le prêt d'éléphants dressés et de mes services, je suis tout disposé pour ma part à donner le concours demandé, et à partir au commencement de l'année prochaine pour Zanzibar, et poursuivre tel plan d'opération que vous aurez décidé après sérieuses réflexions en vous consultant avec des personnes au courant de ces matières.

« SANDERSON. »

Extrait d'une lettre du Dr J. Kirk, agent politique, consul-général de S. M. Britannique à Zanzibar.

« Vous pensez que je n'approuve pas l'usage que l'on veut faire des éléphants. Bien au contraire, je crois que c'est une expérience qui promet beaucoup et que je poursuivrai jusqu'à ce que le résultat en soit bien connu. J'essayerai la chose franchement et je ne l'abandonnerai qu'après m'être convaincu que la réussite est impossible. J'espère donc voir bientôt arriver des éléphants ici.

« Je pense que vous oubliez que j'eus dans le temps un éléphant d'Afrique domestiqué, qui maintenant est dans l'Inde; je suis sûr qu'on peut les capturer et s'en servir. Il reste seulement à savoir s'ils répondront à l'attente et s'ils conviendront, commercialement parlant, c'est-à-dire, si somme toute, l'ancien mode de transport par porteurs n'est pas plus économique. Je n'ai pas d'autre doute. Je serais fort surpris qu'on ne pût pas les capturer et les dresser. Je suis sûr qu'on le peut, mais si les difficultés pratiques commencent, l'expérience réelle ne vient qu'après et il s'agit d'abord de décider si cela conviendra financièrement : pas au premier essai naturellement, mais lorsque l'affaire sera en bonne voie, et dans une marche régulière.

« Je pense, avec vous, que le nord du lac Nyassa serait un très-bon endroit pour capturer des éléphants. J'essayerais de les surprendre lorsqu'ils sont dans l'eau. Livingstone et moi nous en avons pris ainsi un jeune, et nous aurions pu en prendre un adulte dans le Shiré. Lorsque nous passâmes la première fois, les éléphants étaient toujours dans l'eau. Un autre moyen de les capturer, lorsqu'il n'y a pas de bois assez fort pour construire des palissades, serait d'adopter le système usité dans le centre de l'Afrique où je l'ai vu pratiquer sur une étendue de roseaux de un à deux milles.

« Lorsqu'on y a amené le troupeau, on met le feu aux roseaux et lorsque les éléphants essayent de sortir de ce cercle on les y refoule. A la fin ils sont tellement aveuglés par la fumée épaisse et ahuris par le crépitement des roseaux qui brûlent qu'on peut facilement les tuer. Je pense qu'on pourrait les capturer de cette façon.

« Les hommes le plus propres à ce travail sont les chasseurs d'éléphants de Gorongozo. Je les ai vus à Senna et je les ai rencontrés chassant l'éléphant entre le Shiré et le Zambèze.

« Ils chassent à pied, avec de petits chiens, et coupent le jarret aux éléphants. Ils sont braves et agiles et leur expérience qui jusqu'ici ne leur servait qu'à tuer ces animaux, pourrait être utilisée à les capturer.

« Dr Kirk. »

Extrait d'une lettre de l'Ingénieur à Dar-es-Salam.

« Je suis heureux de voir tout l'intérêt que l'on prend en Angleterre du centre de l'Afrique, et, si l'on parvient à organiser sur un bon pied des battues d'éléphants et le dressage, je ne doute pas que par la suite ils remplacent les porteurs. Pour les éléphants il faudrait une route tracée à travers les jungles de la côte, qui se composent de lianes, de caoutchoucs et de vignes entrelacées etc. ; mais après avoir traversé ce *rempart* sur une longueur de 70 à 80 milles sur la route méridionale de Lindi au Nyassa, un éléphant chargé pourrait passer par les sentiers des indigènes sans trop de difficulté, car sur ce parcours ce n'est que forêts ouvertes avec très-peu de gros bois. Pour la nourriture on pourrait acheter du cassava dans tous les villages indigènes que l'on traverserait, et où l'on est toujours certain de pouvoir s'en procurer.

« Il n'y a pas d'éléphants dans le pays de Zaramo et peu de ses indigènes paraissent en avoir jamais vu. Je parlai de ceci à un Arabe cette semaine. Il va très-souvent à Makengi pour tuer des éléphants et acheter de l'ivoire. Makengi est situé entre les rivières Ranga et Ruaha.

« Il dit que les chasseurs ont souvent des occasions d'attraper de jeunes éléphants, car lorsqu'on tue la mère ils ne veulent pas s'en séparer. Il m'a dit aussi qu'il avait souvent offert aux chasseurs une balle de tissus pour lui amener un jeune éléphant vivant, mais ils trouvent toujours quelque excuse : l'ennui que cela leur cause, le manque de cordes pour l'attacher etc., de sorte qu'ils tuent ces pauvres petites bêtes pour en manger la chair. D'après son dire, il y a encore des quantités d'éléphants dans le Makengi et il y a des marais à la jonction du Ranga et du Ruaha qu'ils fréquentent en grand nombre pendant la saison sèche. Ceci se trouve à 10 ou 15 jours de marche. Celui qui m'a donné ces informations a une bonne réputation, mais je ne pourrais pas garantir la vérité de ce qu'il avance.

« J'ai promis une récompense de 100 dollars à celui qui m'amènerait un jeune éléphant en bonne santé. Si on offrait définitivement une récompense je chercherais à persuader à quelqu'un ici de faire une expédition dans l'intérieur pour capturer des éléphants. Je suis certain que si les indigènes trouvent qu'ils obtiennent plus d'argent avec des éléphants en vie qu'avec l'ivoire seulement, il ne sera pas très-difficile d'avoir des éléphants africains pour le dressage. »

Une circonstance qui doit faciliter et hâter la réalisation de l'utilisation des éléphants en Afrique, c'est la possibilité et même l'avantage qu'il y a à dresser les individus nés libres et pris adultes. Il n'est pas nécessaire pour mettre entièrement l'éléphant sous la dépendance de l'homme de domestiquer l'espèce, et de faire entrer l'obéissance dans le caractère de ces animaux par l'hérédité; l'éléphant est préparé par sa nature et son caractère à la société de l'homme ; pris adulte, il se laisse domestiquer et devient l'esclave fidèle de l'homme; son intelligence est remarquable, sa docilité est manifeste ; malgré sa haute taille et sa force prodigieuse l'éléphant est un des êtres les plus inoffensifs de la nature et, traité avec douceur et égards, il devient le plus précieux auxiliaire de l'homme. La docilité de l'éléphant ressemble plus à celle du chien qu'à celle du cheval. L'obéissance à son gardien paraît être le résultat de l'affection plus encore que de la crainte.

Cette faculté de domestiquer et de dresser les éléphants adultes a fait juger inutile d'apprivoiser l'espèce et d'établir des haras d'éléphants, quoique les éléphants domestiques puissent se reproduire très-facilement dans cette condition. Dans les pays où il compte depuis des siècles parmi les animaux les plus utiles, et où il rend d'inappréciables services en Asie, et particulièrement dans l'Inde anglaise, on organise, comme le fait M. Sanderson, des chasses à l'éléphant dans lesquelles on s'attache à prendre les animaux vivants pour les apprivoiser et les dresser à la vie domestique, et l'on établit des dépôts de remonte et des écoles de dressage.

L'entreprise d'établir des haras, qui est inutile, serait très-dispendieuse ; la gestation est de 20 à 22 mois et l'animal qui vit de 100 à 120 ans, ne peut être mis au travail que vers l'âge de 15 à 18 ans ; puisque les individus nés libres et pris adultes peuvent être dressés, il convient de laisser à l'affection de leurs parents le soin de les élever en liberté et dans les meilleures conditions d'hygiène et d'entraînement naturel.

C'est en employant comme auxiliaires des éléphants apprivoisés qu'on parvient à prendre vivants, sans effusion de sang et presque sans périls, des animaux adultes d'une telle force et d'une telle intelligence ; c'est également à l'aide d'éléphants déjà apprivoisés qu'on dresse les captifs. Dans le dépôt central de remonte pour les éléphants, connu sous le nom de Khedda, que le gouvernement anglais entretient à Dacca, dans le Bengale, on garde un certain nombre d'éléphants choisis parmi les plus forts et les plus intelligents pour dresser les nouveaux venus. Le dressage d'un éléphant est l'affaire de quelques mois ; mais il ne faut le mettre au travail que lentement et par degrés, quand l'obéissance est entrée dans sa nature et qu'il a contracté de l'affection pour les personnes qui le soignent.

Les éléphants habitent, de préférence, les forêts à l'état de liberté ; ils se nourrissent de feuilles et d'écorces d'arbres ; leur nourriture est exclusivement végétale; le jour, ils se retirent au plus épais du fourré pour éviter les rayons du soleil et pour se reposer ; la nuit, ils se livrent à leurs pérégrinations et descendent vers le fleuve pour s'y baigner. L'eau est pour eux d'une indispensable nécessité, et ils pourraient difficilement s'en passer plus de vingt-quatre heures; ils la veulent pure et claire. Pour garder l'animal en bonne santé, il est nécessaire de le faire baigner souvent.

La ration journalière d'un éléphant était établie par les Anglais pour la guerre d'Abyssinie :

Fèves 1 kilog. 800 grammes.

Riz ou farine, 9 kilog.

Sel, 0,70 grammes ;

Foin, 80 kilog. ;

Eau, 180 litres ;

M. Rousselet donne les détails suivants sur la nourriture de l'éléphant que le maharajah de Rewah lui avait prêté comme monture. « La ration quotidienne d'un éléphant en marche se compose de 20 à 25 livres de farine de blé, que l'on pétrit avec de l'eau en y ajoutant 1 livre de ghi ou beurre clarifié et 1/2 livre de gros sel. On en fait des galettes de 1 livre chaque, que l'on cuit simplement sur un plateau de fer et que l'on distribue en deux repas à l'animal. Cette ration est absolument indispensable pour que l'éléphant ne dépérisse pas. Ces galettes de farine fournissent à l'éléphant ses repas réguliers, mais cela est loin de lui suffire, et dans les intervalles il absorbe une quantité de nourriture bien en rapport avec son énorme volume. Cet appoint lui est fourni par les branches de plusieurs arbres, principalement le bar, *ficus indica* et le pipul, *ficus religiosa*. On le conduit à la jungle, où il choisit et cueille lui-même les branchages à sa convenance. Il ne les mange pas sur place, mais charge sur son dos la provision nécessaire à la journée et la rapporte au camp. Il rejette les feuilles et le bois et ne mange que l'écorce ; c'est un spectacle curieux de voir avec quelle dextérité il enlève d'un seul coup, avec le doigt qui est au bout de sa trompe, l'écore entière d'une branche, quelque petite qu'elle soit. »

Au Museum de Paris, l'éléphant mâle mange :

5 bottes de sainfoin ;

3 » de paille de blé ;

4 » de paille d'avoine ;

3 décalitres de son ;

3 litres d'avoine ;

10 kilog. de betteraves.

Le public lui donne de 15 à 20 kilog. de pain.

Il boit 12 seaux d'eau par jour.

Au jardin d'acclimatation du Bois de Boulogne à Paris, on calcule que la nourriture de chaque éléphant coûte 4 fr. par jour.

Les éléphants doivent être soignés avec attention. Leur peau est délicate, elle est facilement irritée ; ils ont les pieds délicats et la nature de ces pieds ne permet pas de les défendre d'une façon artificielle, comme on fait pour le cheval ; quand ils ont à fournir de longues marches sur un sol pierreux, on leur enduit la plante des pieds d'un onguent qui lui donne de la dureté. Il faut avoir un soin égal du dos de l'éléphant, prendre garde que le harnais ne le blesse et surtout ne reste humide sur son dos. Matin et soir, il faut le baigner, et avant qu'il ne se mette en marche au soleil, lui graisser le front, les oreilles, les pieds et toutes les parties suceptibles de se fendre sous l'influence du soleil.

Il est certain que la tentative d'utiliser les éléphants en Afrique, doit rencontrer des difficultés et exiger des frais et des soins exceptionnels, mais il y a des précédents encourageants. Sur les 44 éléphants qui étaient partis de Bombay pour la guerre d'Abyssinie, où ils ont rendu à l'armée anglaise des services que les rapports officiels qualifient d'admirables, 39 éléphants retournèrent à Bombay après la campagne, et cependant, malgré toutes les précautions prises, il était souvent difficile de leur procurer le fourrage et la nourriture qui leur convient.

Quoique l'emploi le plus important que l'on ait fait de ces monstrueux et intelligents animaux soit celui de machines de guerre, ils remplissent aussi un rôle plus utile et plus civilisateur : l'homme en a fait l'auxiliaire de ses travaux et nous pouvons espérer voir bientôt le grand continent mystérieux fournir lui-même les puissants animaux qui pourront être utilisés à la conquête pacifique de l'Afrique par la civilisation.

Nous avons reçu une intéressante notice sur le débarquement à Msasani des 4 éléphants achetés par le roi des Belges. Nous reproduisons avec plaisir le récit du Dr Van den Heuvel, l'un des membres de la seconde expédition belge de l'Association Internationale Africaine, qui complète d'une manière heureuse les renseignements que nous avons donnés.

Le Dr Kirk, Consul général de S. M. Britannique à Zanzibar qui a tenu à assister au débarquement des éléphants sur la terre ferme après avoir donné des renseignements conformes, ajoute : « je ne puis vous dire combien cette question vous intéresse, cette affaire a été conduite de manière à faire le plus grand honneur à tous ceux qui s'en sont occupés. La première chose à faire sera de former les Africains à la conduite des éléphants, car les Indiens qui ne sont pas bons pour voyager en Afrique, en auront vite assez,

M. Carter est le meilleur homme que l'on puisse désirer pour diriger cette expérience que je considère comme une grande chose. »

A. Rabaud,

Président de la Société de Géographie.

DÉBARQUEMENT DES ÉLÉPHANTS.

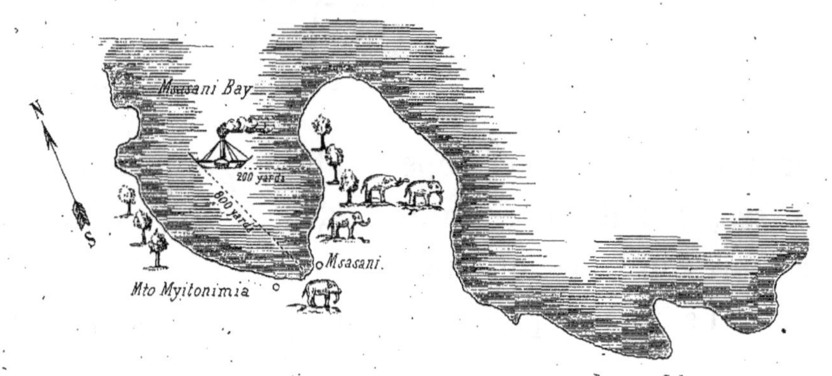

Plage de Msasani.

Mise à l'eau.

A l'Eau.

TYP. & LITH. BARLATIER-FEISSAT PÈRE & FILS.

ASSOCIATION INTERNATIONALE AFRICAINE

DÉBARQUEMENT DES ÉLÉPHANTS A MSASANI-BAY

Le débarquement de quatre éléphants sur une côte où rien n'était disposé pour une pareille opération présentait de sérieuses difficultés.

Elles ont été très-heureusement surmontées.

On commença par rechercher un point de débarquement favorable, et on le choisit de manière que le navire pût se rapprocher le plus possible de la terre ferme, et que la distance à franchir à la nage par les éléphants fût réduite au minimum.

L'étude des cartes de l'amirauté anglaise fit donner la préférence à une baie profonde, située à quelques milles de Dar-es-Salam et appelée Msasani-Bay ; c'est là, en effet, que la mer a le plus de profondeur le long des côtes.

Le 31 mai, à 6 heures du matin, la *Chinsura* quitta Zanzibar, se dirigeant au sud, vers la baie de Msasani, où elle arriva à 11 heures du matin.

Le navire s'approcha de la côte autant qu'il le put sans danger en ne s'avançant qu'avec la plus grande prudence, après des sondages répétés. Il s'arrêta définitivement au point indiqué au croquis fig. 1.

Il n'y avait qu'une distance de 200 yards entre ce point et la côte est, mais celle-ci était couverte d'une jungle épaisse qui s'avançait jusque dans la mer, et dont la traversée devait être difficile. D'un autre côté, entre le point où la *Chinsura* s'était arrêtée et la côte sud, il y avait au moins 800 yards, distance déjà considérable pour être franchie à la nage par les éléphants. On résolut néanmoins de tenter le débarquement de ce côté.

On installa sur un mât d'avant, un système de poulies qui permettait d'enlever les animaux de la cale, de les mouvoir vers le flanc du navire et de les laisser descendre dans la mer. C'est cette opération difficile et dangereuse dont nous avons essayé de donner une idée dans la figure 3.

Le premier éléphant à débarquer fut entouré de cordes auxquelles se cramponnèrent deux mahouts (cornacs) ; on lui passa sous le corps une ventrière faite de couvertures de laine, et un fort câble double dont les extrémités furent attachées à un solide crochet.

L'animal, ainsi ficelé, formait un véritable ballot qu'on enleva du fond de la cale jusqu'à quatre ou cinq mètres au-dessus du pont, qu'on fit ensuite tourner à dix mètres du flanc du navire, puis qu'on laissa descendre dans la mer. Au moment de l'immersion, les mahouts restés accrochés sur le dos de l'animal défirent les sangles et coupèrent les cordes entourant l'éléphant qui se trouva ainsi libre au milieu de l'eau.

A partir de ce moment, l'opération devint particulièrement intéressante. Engourdi par un séjour d'un mois à fond de cale, surpris de se trouver brusquement plongé dans l'eau, le pauvre éléphant tout à fait ahuri, ne comprenait pas les commandements du mahout, et, ne sachant où se diriger, restait immobile. Les mahouts le réveillèrent d'un coup de pique, tandis que l'on s'efforçait de l'éloigner du navire, en le remorquant à l'aide d'une barque. Le pauvre animal tourna deux fois la tête de notre côté, semblant chercher du regard ses compagnons dont on venait de le séparer si brusquement.

Enfin, après quelques efforts, on parvint à l'éloigner du navire ; il aperçut le rivage et cette vue le ranima instantanément. Il commença aussitôt à nager vers la côte, la trompe relevée, et laissant derrière lui, un large sillage. Il franchit rapidement les 800 yards qui le séparaient du rivage, et bientôt nous vîmes successivement émerger de l'eau les cornacs, la tête et l'immense dos de l'éléphant. A peine arrivé sur la terre ferme, il se mit à courir joyeusement, au grand ébahissement des naturels qui contemplaient avec stupeur le premier éléphant apprivoisé qui foulait le sol de la côte du Zanguebar.

Le débarquement des autres éléphants fut remis au lendemain, et le commandant de la *Chinsura*, M. Gavin, profita des dernières heures de jour pour se rapprocher encore de la côte, après que des nouveaux sondages lui eurent montré qu'il pouvait le faire sans danger.

On se décida à tenter cette fois le débarquement par la côte est, qui n'était plus éloignée alors que d'environ 100 yards de la nouvelle position du navire.

On recommença avec les trois derniers éléphants l'opération qui avait si bien réussi la veille; comme celle-ci, elle fut couronnée de succès.

Nous vîmes les trois éléphants prendre pied tour à tour sur la côte africaine et se frayer beaucoup plus facilement que nous ne l'avions espéré, un chemin à travers la jungle.

En 2 heures, le steamer était débarrassé de ses hôtes indiens et nous étions ravis de les voir se promener sur la côte.

A 11 heures, la *Chinsura* mit le cap sur Zanzibar, ramenant une grande partie de la colonie Européenne qui avait voulu assister à l'intéressante opération dont je viens d'essayer de vous donner une idée.

Signé : Dr VANDER-HEUVEL.

MSASANI-BAY, 1er juin 1879.

ZANZIBAR

LA COTE ORIENTALE D'AFRIQUE ET L'AFRIQUE ÉQUATORIALE

Il y a trente ans, au mois de juin 1849, *La Caroline*, une des frégates du Seyid-Saïd-Bin-Sultan, iman de Mascate et sultan de Zanzibar, entrait dans le port de Marseille. *La Caroline*, armée commercialement, venait de Zanzibar ; elle avait à bord un agent du Seyid-Saïd, l'Hadji Derviche, chargé d'offrir de la part de ce prince des présents au chef de la République Française et de consigner au gouverneur de Marseille un chargement assorti des riches produits de ses états. Mon père, alors Président de la Chambre de Commerce de Marseille, prit soin de la réalisation de cette cargaison; de là naquirent nos précieuses relations avec Zanzibar et ses sultans et les circonstances qui, quelques années après, me conduisirent à Zanzibar en 1853-1855.

Le Seyid Saïd, en souverain intelligent et éclairé, qui travaillait depuis longtemps à faire de Zanzibar, centre de ses possessions sur la Côte Orientale d'Afrique, l'entrepôt du commerce établi entre cette côte et les contrées baignées par l'Océan Indien, voulait ainsi ouvrir des relations avec la France, faire connaître et apprécier les produits de ses états et, par de nombreux achats, en retour, indiquer à l'industrie française les marchandises que le commerce pouvait y envoyer en échange.

Quoique depuis de longues années des relations de diverses natures existassent soit directement, soit indirectement, par l'intermédiaire de l'administration des colonies entre le gouvernement français et les imans ou sultans de Mascate et Zanzibar, quoique depuis cinq ans (17 novembre 1844) ce souverain fût lié avec la

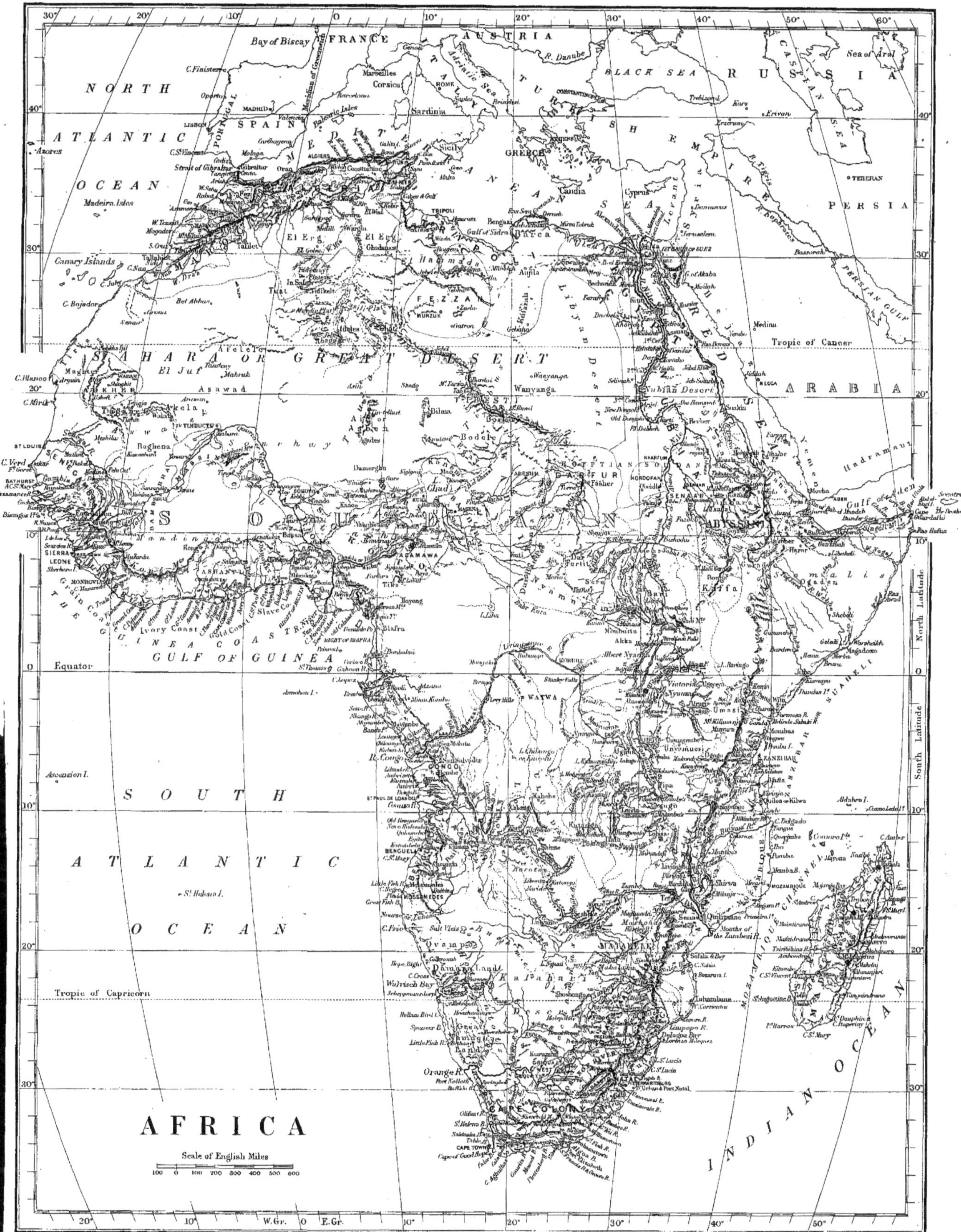

London: Edward Stanford, 55 Charing Cross.

France par un traité d'amitié et de commerce, il n'est que trop vrai de dire que ces noms de Mascate et de Zanzibar étaient à peu près inconnus en France, où l'on était dans une ignorance profonde sur tout ce qui concernait ces pays. On ignorait malheureusement bien autre chose en géographie.

Aujourd'hui, les connaissances et les études géographiques sont heureusement en grands progrès. La Côte Orientale d'Afrique, grâce à la vapeur et au percement de l'isthme de Suez, n'est plus qu'à quinze jours de Marseille, Zanzibar à vingt-et-un jours. L'Afrique équatoriale, visitée par d'intrépides explorateurs et de dévoués missionnaires chrétiens, n'est plus cette terre inconnue et mystérieuse, et Zanzibar, grand centre commercial, qui, dans quelques jours, correspondra directement et instantanément avec l'Europe, l'Inde, etc. par le télégraphe électrique, est devenu la tête de ligne des routes qui donnent accès à l'Afrique centrale, la grande porte de l'Afrique équatoriale, et a ainsi acquis une grande notoriété.

J'ai pensé que le moment était venu de publier une étude sur Zanzibar, la Côte Orientale d'Afrique et l'Afrique équatoriale. J'ai tâché de réunir et de résumer tout ce qui est connu de ces pays, en ayant soin de puiser mes renseignements aux sources les plus dignes de foi et en les soumettant à un contrôle sévère. J'ai pensé qu'ayant habité Zanzibar pendant une année entière 1854–1855, et ayant établi et conservé des relations suivies, relations rendues tout particulièrement agréables et intéressantes par l'extrême bienveillance que m'ont toujours témoignée ses sultans et que ne cesse de m'accorder son gracieux souverain actuel, le seyid Bargach-Ben-Saïd, je me trouvais en position de traiter ces questions avec quelque autorité.

J'ai entrepris ce travail avec une satisfaction d'autant plus grande que j'ai la conviction profonde que le prince éclairé et intelligent dont les états indépendants comprennent des îles remarquables, comme Zanzibar, Pemba, Monfia, etc. et plus de quinze cents kilomètres de côte, et qui règne à Zanzibar, dans cette île si riche et si fertile, qui commande ses états et qui, par sa position géographique, à peu près à égale distance du canal de Suez et du Cap de Bonne-Espérance, se trouve la capitale indiquée et l'entrepôt naturel de la côte Orientale d'Afrique, est destiné par la Providence à jouer un rôle très-important dans les destinées de l'Afrique équatoriale.

La conquête du monde africain par la civilisation est un fait aujourd'hui hors de doute, et l'on peut prévoir qu'elle s'effectuera dans des conditions extraordinaires de rapidité. La civilisation fait de louables efforts et cherche à féconder en Afrique les germes qu'elle a reçus de la nature en distribuant partout et d'une main prodigue les bienfaits de l'instruction et en y développant l'agriculture, le commerce et l'industrie; mais j'aime à croire que les nations civilisées, qui ont à cœur de répandre en Afrique les bienfaits de leur civilisation et qui prennent part à ces grandes entreprises reconnaîtront qu'elles ont devoir et intérêt à agir au nom des grands principes d'indépendance et de liberté, à ne pas vouloir absorber au profit exclusif de l'une d'elles en particulier, des contrées qui ont elles-mêmes un très-grand intérêt à être ouvertes au monde civilisé entier, à ce monde civilisé auquel incombent le devoir et l'honneur de se partager les sacrifices qu'exigent les explorations et les découvertes. J'aime à espérer qu'elles accorderont leur puissant et précieux concours à un allié fidèle, à un prince qui a prouvé par sa conduite dans la question de la traite des nègres et de l'esclavage, qu'on pouvait avoir toute confiance en son intelligence, en sa parole et en ses idées libérales et progressistes. Soutenu par les sympathies qu'il mérite, par les conseils des grandes puissances qu'il est capable d'apprécier et de suivre, par les assurances qui doivent lui être données sincèrement qu'il sera encouragé et protégé, mais non pas absorbé, aidé par des hommes dévoués à la philanthropie, à la science, à l'agriculture, au commerce et à l'industrie, puissamment facilité par le concours des capitaux qui trouveront à s'employer utilement et avantageusement dans ses états et au besoin par les fonds que les nations ou les capitalistes pourront mettre à sa disposition et qu'il saura faire fructifier, le seyid Bargache-Ben-Saïd peut et doit arriver par la persévérance, l'énergie et la prudence, à fonder un grand royaume central-africain, indépendant, ouvert à tous et qui fera honneur à ceux qui auront contribué à son établissement et à sa prospérité.

L'AFRIQUE

Quoique cette étude doive rester dans les limites de cette partie de l'Afrique qui doit être désignée sous le nom d'Afrique équatoriale ou tropicale, il convient cependant de la commencer par quelques considérations générales sur le grand continent africain.

Si l'on jette un coup d'œil sur la carte de l'Afrique (1), on saisit immédiatement la configuration spéciale de ce vaste continent et les traits principaux d'une organisation plus grossière que celle des autres continents, la seule Australie exceptée.

L'Afrique forme avec l'Europe, dont elle est cependant séparée par la Méditerranée, un couple continental parallèle à celui du nouveau monde des deux Amériques. L'Afrique se conforme au même modèle que l'Amérique du Sud ; les deux continents, dans leur structure générale, se ressemblent par leur très-grande masse triangulaire, aux rivages faiblement infléchis; l'analogie se retrouve même dans les détails des golfes et des promontoires, les contrastes mêmes, quoique très-nombreux, se reproduisent avec tant de régularité que l'unité de formation dans les deux masses continentales paraît évidente.

L'Afrique est une immense péninsule de forme triangulaire, reliée à l'Asie par une langue de terre de 145 kilomètres de largeur, l'isthme de Suez, qui est traversé par un canal de grande navigation qui en fait, à la rigueur, une véritable île isolée et détachée de la masse de l'ancien continent. Elle est baignée au nord par la Méditerranée, à l'ouest par l'Atlantique, à l'est par l'Océan Indien et la mer Rouge.

(1) Voir la carte dressée par E. Stanford qui est jointe à ce Bulletin.

Comprise entre 37° latitude nord (cap Blanc 37° 20') et 35° latitude sud (cap des Aiguilles 34° 51') et entre 20° longitude ouest (cap Vert 19° 54') et 49° longitude est (cap Guardafui 48° 52'), l'Afrique a une superficie de 30 millions de kilomètres carrés (29,928,254 kilomètres carrés), 3 milliards d'hectares. C'est 3 fois l'étendue de l'Europe et près de 57 fois la superficie de la France. La plus grande longueur de l'Afrique du nord au sud, du cap Blanc au cap des Aiguilles, est de 8,112 kilomètres et sa plus grande largeur de l'Est à l'Ouest, du cap Vert au cap Guardafui, est de 7,518 kilomètres. L'intervalle du Nord au Sud est de 72° et la distance en largeur est de près de 69°.

L'Afrique est campée sur l'Equateur dont s'éloigne à peu près également Alger, au nord, et le Cap, au sud. Elle est en très-grande partie une terre tropicale, car les quatre cinquièmes de son étendue se trouvent compris entre les deux tropiques ; les parties de sa surface situées au sud et au nord, en dehors des tropiques, dans les deux zones tempérées, ne forment guère que le cinquième de la superficie totale.

L'Afrique est massive ; les îles, les longues presqu'îles, les golfes pénétrants, ces découpures profondes qui permettent à la mer de pénétrer dans l'intérieur des terres, qui allongent le littoral et facilitent la navigation en lui offrant des abris, lui manquent et aussi les grands fleuves navigables, qui sont comme des golfes étroits continuant les estuaires salés et mettant le cœur des continents en communication avec la mer. On ne saurait considérer comme une presqu'île la partie avançant vers l'est du désert Somali, qui se termine en face de l'île de Socotra et qui n'est guère qu'une saillie, une sorte de presqu'île avortée.

L'absence de presqu'îles explique le manque de golfes et de baies un peu développées ; il y aurait bien sur la côte nord les syrtes ou les golfes de Gabès et de la Sidre, et à la côte ouest le golfe de Guinée, mais ils pénètrent si peu dans les terres qu'il est presque dérisoire de les considérer comme des golfes. La seule mer Rouge forme un véritable golfe, encore un seul de ses côtés appartient-il à l'Afrique, l'autre étant formé par la presqu'île arabique de l'Asie.

L'Afrique est la partie du monde qui offre le moins de découpures sur ses côtes qui sont très-uniformes, plates en général, bien que son littoral fasse beaucoup de sinuosités; le tour du rivage approche de 27,000 kilomètres, moins que celui de l'Europe et cependant l'Europe est trois fois plus petite. On ne compte que 1 kilomètre de côté pour 1,420 kilomètres de surface. Les côtes ont peu de ports avec des îles rares. Les îles peu nombreuses dans le nord et l'ouest ne se rencontrent en quantité que dans l'Océan Indien. La côte nord-ouest n'a que les îles du cap Vert, les Canaries et les Açores; ces dernières sont si éloignées de la côte qu'on peut à peine les rattacher à ce continent. La côte ouest est mieux et plus richement pourvue; c'est là qu'on rencontre la grande île de Madagascar, presqu'un petit continent elle-même, les Comores, Monfia, Zanzibar, Pemba, Socotra et de petites îles aux estuaires des fleuves.

La monotonie de ses côtes semble aussi se répéter dans la disposition uniforme des contrées de l'intérieur du continent; on pourrait dire que toute l'Afrique n'est qu'un vaste plateau traversé çà et là par des dépressions tantôt verticales, tantôt horizontales, des échancrures et des pentes variées, plus ou moins accentuées; ce serait plutôt un ensemble de plateaux. Il y a certainement des régions basses et même quelques dépressions s'abaissant au-dessous même du niveau de la mer, mais elles sont généralement limitées en étendue. Le relief général de l'Afrique n'est pas encore bien connu; il est probable que les monts Kenia et Kiliman'djaro en sont les hauteurs culminantes, et ces hauteurs se dressent loin du centre et présentent d'un côté une inclinaison relativement brusque et de l'autre une contre-pente très-allongée. L'élévation moyenne de l'Afrique ne saurait encore être fixée, mais les voyageurs modernes qui ont pénétré dans l'intérieur en ont assez vu pour qu'il soit permis d'affirmer l'analogie de l'Afrique et de l'Asie par la hauteur des terres. A l'exception de l'Egypte, des plaines du Niger, de quelques régions du littoral et des parties du Sahara, que l'Océan recouvrait sans doute naguère, ce continent est en entier composé de plateaux s'appuyant pour la plupart sur de hautes chaînes de montagnes. Ces chaînes de montagnes sont plus remarquables par leur largeur que par la hauteur, et en général elles n'arrivent à un niveau considérable qu'en s'élevant lentement de terrasses en terrasses. On arrive à la plupart des hautes terres de l'Afrique par une succession de terrasses étagées les unes sur les autres dont les pentes offrent un accès facile. Les plateaux de la colonie du Cap, dont la hauteur moyenne est au sud de 200 mètres à peine, s'élèvent par degrés vers le nord jusqu'au désert de Kalahari, à une altitude variant de 600 à 1,000 mètres au-dessus du niveau de la mer. Ce que l'on sait de l'intérieur de l'Afrique permet de croire que la hauteur moyenne des plateaux s'accroît faiblement dans la direction de l'Équateur, au centre même du continent; la région des grands lacs, où le Nil prend sa source, n'a qu'une élévation de 1,200 à 1,300 mètres, tandis qu'au nord les plateaux du Maroc et de l'Algérie sont dans une grande partie de leur étendue inférieurs à 1,000 mètres. Le plateau le plus remarquable du continent est, en l'état des connaissances actuelles, celui de l'Ethiopie, qui, sur une largeur de 1,200 kilomètres environ, se maintient à une élévation moyenne de 2,000 à 2,700 mètres. Ces hauts plateaux et ces montagnes élevées se dressent dans les régions orientales de ce continent où une chaîne alpestre partant des hauteurs de l'Abyssinie et s'élevant sur quelques points isolés au-dessus de la ligne de niveau des neiges éternelles descend au sud jusqu'à plusieurs degrés au-dessous de l'Équateur. A l'ouest, les montagnes de Kong et les plateaux situés entre le golfe de Guinée et le Niger sont les points culminants de cette partie de l'Afrique.

Dans l'ensemble, ce qui frappe le plus dans l'aspect de ce vaste continent, ce sont des plateaux d'une hauteur modérée et des montagnes qui, rompant la monotonie de ces plateaux, présentent, règle générale, partout la même apparence de murailles abruptes avec des sommets tronqués, ce qui s'explique par la nature des roches de grès qui forment principalement ce continent. Il y a naturellement de nombreuses exceptions qui amènent de sublimes aspects.

On ne connaît pas de volcan en Afrique, mais on assure dans le pays des Masaï, près de la côte orientale, qu'une montagne très-élevée, appelée par les indigènes la montagne de Dieu, s'éclaire tous les soirs d'une lueur magique en faisant entendre le bruit du tonnerre ; il y aurait donc là un volcan appartenant au groupe du Kenia et du Kilimand'jaro ; ni Krapft, ni Rebmann, ni le baron de Decken, n'en ont cependant rien dit. Mais la configuration générale de l'orographie africaine ne dément en rien la présence de foyers volcaniques dans ces parages. Aucune relation récente ne parle de volcans actifs, mais les anciennes relations signalent des volcans dans le Monomotapa, l'Angola, le Congo, la Guinée, le Kordofan et l'Abyssinie. Les îles qui dépendent géographiquement de l'Afrique en ont plusieurs, le pic de Ténériffe, le volcan de Corona dans l'île de Lanzarotte, le pic de Fogo (archipel du Cap-Vert) et l'île de la Réunion.

L'Afrique centrale contient, contrairement aux idées anciennes, un grand nombre de lacs d'eau douce, dont quelques-uns, comme le Victoria-Nyanza, l'Albert-Nyanza, le Tanganika et le Nyassa, offrent des surfaces d'eau d'une grandeur vraiment imposante; elle a plusieurs bassins fermés dont le principal est celui du lac Tchad, placé au centre du continent entre le bassin du Nil et celui du Niger, ce grand réservoir dont le Dr Nachiligal, qui en a fait le tour, estime la superficie à 11,000 kilomètres carrés, étendue qui se quintuple dans la saison des pluies. Son altitude au-dessus du niveau de la mer n'est que de 276 mètres.

L'Afrique possède un nombre relativement très-restreint de grandes artères fluviales, qui ne sont pas, à beaucoup près, en proportion de l'étendue du continent ; leur cours est irrégulier et interrompu par des chutes, des cataractes et des rapides jusqu'à peu de distance des côtes. Le Nil seul paraît faire exception ; le Livingstone-Congo, malgré son énorme volume d'eau, le Niger, le Sénégal, le Zambèze, le Gariep ou rivière Orange, le Djeub, etc., ne pourront être navigables qu'au moyen des grands travaux de la civilisation.

L'Afrique est la terre la plus tropicale du globe ; c'est le seul continent qui soit traversé par l'Équateur et les deux tropiques : le tropique du Cancer, traversant la partie la plus large du continent, le tropique du Capricorne, la partie la plus étroite. Les plateaux élevés de l'Afrique éprouvent seuls les rigueurs d'un froid véritable et même à un degré modéré. La partie comprise dans la zone tempérée du Nord a une étendue trois fois plus considérable que la partie tempérée du Sud. Les côtes de la portion tropicale sont, sans contredit, les parties les plus chaudes du globe, et en même temps les plus insalubres partout où l'humidité se joint à la chaleur ; mais il est certain aussi que dans cette partie du monde, partout où l'humidité s'unit à la chaleur, la végétation étale une vigueur et une magnificence extraordinaires ; quoique la réputation de haute fertilité appartienne spécialement à l'Afrique propre des Anciens, il n'est pas douteux aujourd'hui que l'Afrique centrale ne soit un riche et magnifique pays.

L'Afrique est traversée d'outre en outre de l'Atlantique jusqu'à la mer Rouge par le plus vaste désert du globe, par le Sahara, ce désert si long et si large, dépourvu d'eau, composé de terres nues et arides, avec des zones de sable, qui exerce une si grande influence sur son climat et sur ses moyens de communication, qui a empêché la civilisation de pénétrer par le Nord dans l'Afrique centrale et l'a contrainte à tâcher de se frayer la route très-tardivement par les côtes orientales et occidentales de l'Afrique équatoriale.

Les questions de climat et de distribution des pluies en Afrique ne sont encore que très-imparfaitement connues ; leur connaissance est cependant d'une très-grande importance: d'elle dépend le succès ou les difficultés des explorations et dépendront toujours les travaux des voies de communication, de l'agriculture, de l'industrie et du commerce. Les principaux traits connus des pluies africaines peuvent s'indiquer comme suit : 1° Les pluies d'hiver des régions du continent au nord et au sud des tropiques ; 2° Les pluies intertropicales d'une période ininterrompue qui suit le soleil vertical dans son passage sur l'intérieur du continent du Sahara au désert de Kalahari, s'étendant à l'est au Transvaal à Natal et à la partie est de la colonie du Cap; 3° Les pluies intermittentes ou doubles des côtes occidentales, le long des côtes nord du golfe de Guinée dans l'hémisphère nord et sur la côte d'Angola au sud du Congo dans l'hémisphère sud, et 4° les pluies de mousson sur les côtes Somali et du Souaheli ou de Zanzibar.

On distingue généralement dans la distribution des pluies dans la région intertropicale, cinq différentes zones : 1° la zone équatoriale de calmes avec des pluies toute l'année, plus fortes aux environs des équinoxes; 2° deux zones, une dans chaque hémisphére s'étendant à 15° au nord et au sud, au-delà de la zône centrale, dans laquelle les pluies sont doubles ou intermittentes ; les saisons sèches étant séparées par un intervalle moindre dans la moitié de l'année pendant laquelle le soleil est dans la déclinaison correspondant à l'hémisphère dans laquelle elle se fait et par un intervalle plus long quand le soleil est sur l'hémisphère opposé, et 3° deux zones d'une seule pluie tropicale où les doubles saisons n'en forment qu'une et qui se termine vers le 25me parallèle nord et sud.

La première de ces zones est probablement représentée en Afrique par une ceinture de pluie en toutes saisons qui s'étend sous l'équateur, entre le Victoria-Nyanza et la côte orientale ; mais les secondes zones ne peuvent être distinguées nulle part dans l'intérieur de l'Afrique tropicale où partout, excepté dans la ceinture équatoriale, il y a simplement une saison pluvieuse, pendant laquelle les pluies peuvent devenir plus fortes après le passage du soleil et plus faibles quand le soleil vertical est plus près du tropique; il n'y a pas de cessation distincte de pluies. Les seuls districts en Afrique, dans lesquels ces zones sont représentées sont les pays des côtes de la Guinée supérieure et de celles d'Angola, dans lesquelles il y a une double saison de pluies.

Peut-être le trait le plus remarquable des pluies intertropicales en Afrique est leur quantité modérée même ; dans la ceinture des pluies continuelles, la quantité qui tombe annuellement n'excède pas, autant du moins qu'on a pu l'observer, celle des pluies des côtes occidentales de l'Angleterre. Jusqu'à présent on connait très-peu de points du continent africain où il tombe dans l'année plus de

$2^{m},54^{c}$ d'eau, et l'on peut dire avec certitude qu'il n'y a en Afrique aucune région où la quantité de pluies puisse être comparée à celle qui est apportée par la mousson du sud-est aux montagnes de l'Inde ou à la vallée de l'Amazone, dans l'Amérique du sud, par les vents alizés de l'Atlantique par la même latitude que celle de la région des lacs africains.

On signale généralement comme un des caractères des pluies tropicales qu'elles ne tombent que pendant le jour. Cela paraît aussi la règle générale dans l'Afrique intertropicale, mais cela ne paraît être ni constant, ni universel.

Sans doute, plus sain dans l'intérieur, sur les plateaux, le climat de l'Afrique, mortel ou consumant sur les côtes, surtout sur celles de l'Afrique équatoriale, est un des principaux obstacles qui se soient opposés à l'introduction de la civilisation en Afrique. Des précautions prises pour les soins de la santé, de la prudence pour éviter les insolations et la malaria, le choix sage de l'eau et du régime, et d'autres soins hygiéniques dus à l'expérience, produiront un effet salutaire et diminueront les chances de maladies et de mortalité.

Le continent africain le moins connu de toutes les grandes parties du monde, est celui qu'habitent les populations les plus barbares; il est habité par des races qui, pour la plupart, sont dans un état de développement aussi grossier, plus grossier même, que celui des régions qu'elles habitent. Les vastes richesses naturelles de ce pays, richesses bien supérieures à ce que l'on pourrait croire d'après l'apparence grossière de l'ensemble, sont aux mains des races noires ou négroïdes qui sont les plus nombreuses et habitent presque seules l'Afrique. Quoiqu'il y ait une certaine conformité qui caractérise assez ses habitants pour que l'on puisse penser que dans des temps reculés une même origine a pu les faire tous comprendre sous la dénomination générale de Nègres, il paraît établi par la science moderne que les races de pur type nègre n'occupent qu'une portion comparativement petite de l'Afrique et ne se trouvent presque nulle part au sud de l'Équateur. Presque tout le pays au sud de celui des Nègres est surtout habité par les tribus Bankous qui diffèrent des Nègres par le langage et qui comprennent des races comme celles des Cafres, des Bechouanas, des Basoutos, etc.; mais les Hottentots forment par eux-mêmes une division et représentent les derniers survivants d'une race ruinée. Quant aux Boushmens, ils appartiennent à un groupe dont la classification n'est pas encore déterminée d'une manière satisfaisante. Les dernières études allemandes, se basant principalement sur les langages comme le meilleur système pour la classification des races, groupent les habitants de l'Afrique en six grandes divisions, dont quatre indigènes, les Foulahs, les Nègres proprement dits, les Bantous et les Hottentots; et deux étrangères, les familles Hamitiques et Sémitiques. Dans les îles, principalement à la côte est, il y a d'autres races dont la plus importante est celle des Hovas de Madagascar, que l'on rattache à la famille de la Malaisie. Les familles Hamitiques et Sémitiques occupent principalement et presque exclusivement le Nord et le Nord-Est; les Foulahs, le Nord-Ouest, les Nègres, une zone centrale s'étendant de l'Atlantique au Soudan d'Egypte; les Bantous, tout le Sud de l'Afrique à partir de quelques degrés au Nord de l'Équateur jusqu'au Cap de Bonne-Espérance, excepté l'extrémité Sud et Sud-Ouest qui est le domaine des Hottentots.

L'Afrique est habitée par des races trop nombreuses et surtout trop peu connues encore pour qu'il soit permis d'adopter comme absolument exacte cette classification; il y a en tous cas une grande variété de races mixtes issues des rapports à différents degrés des Nègres purs, des Négroïdes et autres races de nuances diverses, dont l'existence rendra très-difficile un classement absolument exact.

Il n'est pas permis d'espérer qu'avant de nombreuses années la statistique puisse nous présenter des chiffres à peu près exacts sur la population du monde africain. Plusieurs territoires dont la population est certainement élevée échapperont longtemps à un examen approfondi. On s'est trop longtemps mépris sur son importance, mais si les uns l'ont depuis sans doute exagérée, d'autres se souvenant trop des déserts connus et supposés l'ont trop diminuée. Il est dans la région des grands Lacs des états presque aussi peuplés que bien des contrées d'Europe. Stanley nous parle à chaque instant de royaumes d'une étendue relativement médiocre et qui possèdent des millions d'habitants. Quand on sera parvenu à faire le dénombrement de toutes ces populations, on atteindra probablement un chiffre plus élevé que l'évaluation actuelle.

Les uns n'accordent à l'Afrique pas plus de cent millions d'habitants, d'autres, moins encore. Les géographes allemands, qui font autorité, supposent que l'Afrique renferme un peu plus de 200 millions d'hommes ; les dernières publications anglaises évaluent la population de l'Afrique à 186 millions, ce qui, pour 30 millions de kilomètres carrés ferait environ 6 habitants par kilomètre carré ou 100 hectares, soit une population spécifique 11 1/2 fois moindre que celle de la France qui compte 69 habitants par 100 hectares. L'Afrique qui a 57 fois l'aire de la France n'en a probablement guère plus de 8 fois la population. La suppression de la traite dont l'Afrique a souffert sans s'épuiser, et l'influence de la civilisation européenne peuvent amener un accroissement de population très-rapide et très-grand. Il est bon d'observer que le chiffre approximatif de population spécifique appliqué à tout le continent africain ne donnerait pas une juste idée du caractère compacte des populations de l'intérieur. D'après le Dr Behm de Gotha, les régions des Nègres sont de beaucoup les parties les plus populeuses du continent. Si les populations sont très-clairsemées dans les parties des déserts, elles sont très-denses dans d'autres régions. Ainsi, dans le Soudan la population est évaluée à près de 80 millions, soit près de 20 habitants par 100 hectares ; la ville de Bida, sur le Niger, a une population de 80,000 habitants. On estime la population de l'Afrique orientale à près de 30 millions, et celle de l'Afrique équatoriale à 43 millions.

L'allemand Hellwald dans son livre : *La Terre et ses habitants*, classe les races du continent africain d'après le langage, considérant cette base comme la plus satisfaisante. Elle n'est pas cependant absolument exacte, mais elle permet, en attendant des connaissances plus précises, d'établir une première classification. On connaît plus ou moins bien près de 700 tribus sur le langage desquelles on a certains renseignements qui ont permis de les classer dans une famille ou dans un groupe. M. Hellwald établit sept grands groupes ou systèmes de langages en Afrique :

I. — La famille Sémitique, le long des côtes nord et en Abyssinie.

II. — La famille Hamitique, principalement dans le Sahara, l'Egypte et les pays des Gallas et de Somalis.

III. — Les groupes des Foulahs et des Nubiens, dans le Soudan occidental, central et oriental.

IV. — Le système Nègre, dans le Soudan occidental et central et dans les hautes régions de la Guinée et du Nil.

V. — La famille Bantou, partant au sud d'environ 6° de latitude nord, excepté dans le pays des Hottentots.

VI. — Le groupe Hottentot dans l'extrême angle sud-ouest du tropique du Capricorne au Cap.

VII. — La famille Malayo-Polynésienne à Madagascar.

Il évalue les chiffres des diverses races indigènes ainsi classées d'après les derniers renseignements à :

Nègres..............	130.000.000
Hamites.............	20.000.000
Bantous.............	13.000.000
Foulahs.............	8.000.000
Nubiens.............	1.500.000
Hottentots..........	50.000

ce qui porterait la population de l'Afrique à 177.550.000. — Ces chiffres ne sont qu'approximatifs et peuvent être bien modifiés par des renseignements nouveaux et plus précis. Les Bantous, par exemple, qui, d'après M. F. Müller, formeraient au moins un quart de la population de l'Afrique, s'y trouveraient au nombre de 50 millions.

Quoique certaines langues des Nègres soient riches et développées, elles ne possèdent pas de langage écrit.

Les récits d'Hérodote et des autres historiens anciens nous montrent les usages et les caractères physiques des anciens Ethiopiens différant peu de ceux de la race des Africains modernes. De cette race qui s'est répandue sur les deux tiers de tout le continent et qui est bien plus nombreuse, paraît-il, qu'elle n'a jamais été à aucune période de son histoire.

Il est intéressant de remarquer que la race nègre était répandue il y a plus de deux mille ans jusqu'aux côtes occidentales et qu'elle se distinguait alors par la plupart des coutumes et usages qui sont restées les mêmes jusqu'à présent. Cette race, sans histoire, sans communication, sans relations de régions à régions, a conservé de grands traits de ressemblance de types, d'usages, de langage d'une extrémité de l'Afrique à l'autre.

De cette description générale, quoique très-sommaire, du grand Continent Africain, il est facile de saisir les principaux traits qui expliquent les causes diverses qui ont empêché, laissé perdre et retardé les découvertes des côtes et surtout de l'intérieur de ces vastes et riches contrées et qui en ont tenu éloigné les progrès de la civilisation : organisation grossière des côtes et de l'intérieur du continent, absence de golfes, de baies, de bonnes rades, de ports sûrs, et par suite, manque d'abris contre les tempêtes, rareté d'îles si favorables à la navigation, au commerce et aux relations des peuples entre eux ; nombre restreint de grands fleuves navigables, tous, le Nil excepté, interrompus par des cataractes ou des bas-fonds ; climat généralement très-chaud et très-humide, pluies abondantes, humidité trop pénétrante ou trop grande sécheresse, maladies cruelles ou mortelles surtout pour les Européens, souvent manque d'eau ou de nourriture, bêtes féroces redoutables aux voyageurs, populations indigènes pour la plupart abruties ou viciées par le fétichisme et la longue pratique de la traite des nègres, rendues féroces ou brutales sous l'influence fatale des négriers, qui pendant plus de trois siècles ont fait leur horrible trafic sur les côtes de l'Est et de l'Ouest et l'ont fait pénétrer de proche en proche par leurs sous-traitants bien loin dans l'intérieur.

L'Afrique, dont nos vaisseaux font le tour depuis trois siècles et qui est connue dans l'histoire depuis plus de trois mille ans, l'Afrique qui jadis expédia de ses rives les colonies égyptiennes apportant dans l'Europe sauvage les premiers germes de la civilisation; l'Afrique est aujourd'hui la dernière partie du monde qui attend, de la main des Européens, les bienfaits salutaires de la civilisation.

Jusqu'à ces derniers temps, il y a quelques années à peine, l'Afrique était en grande partie ce que l'on a justement appelé un continent perdu, un continent mystérieux : perdu géographiquement et historiquement, perdu pour la civilisation et d'autant plus mystérieux que quoiqu'on n'en connût plus rien, on savait qu'il avait été en partie mieux connu autrefois.

Les auteurs anciens et arabes avaient bien laissé quelques données sur le bassin du Haut Nil. Les voyageurs Portugais, qui, au seizième siècle, avaient plusieurs fois, sans doute, fait le voyage d'une côte à l'autre et avaient certainement sur le centre de l'Afrique beaucoup de renseignements géographiques, en avaient assez dit pour que les géographes de l'époque aient pu tracer des cartes qui sont reconnues aujourd'hui comme présentant, avec bien des erreurs, des tracés approximativement exacts.

Sans parler de Ptolémée, qui, en l'an 130 av. J.-C., traçait déjà un cours du Nil, les cartes de Juan de la Cosa en 1495 ; Bernhard Silvan 1511 ; Diego Homen 1588 ; la carte d'Anvers de 1590 ; Pigafella d'après Duarte Lopez 1591 ; Mercator, en 1630 ; Vischer et de Will 1648 ; John Ogiboy en 1670 et d'autres avaient tracé quelques-uns des principaux traits du Continent Africain, sans doute d'après les renseignements des anciens explorateurs de l'Afrique et surtout des Portugais ; ils avaient des informations plus ou moins vagues, mais qui cependant leur avaient permis d'indiquer sur leurs cartes d'Afrique des montagnes, des rivières et des lacs qui se trouvent à peu près à leur place exacte suivant les découvertes modernes ; mais ces tracés n'étaient appuyées sur aucunes données connues, sur aucuns renseignements positifs parvenus jusqu'à nous. On croyait l'Afrique extraordinairement dépourvue de lacs. Les cartographes suivants, d'après des relations confuses, promenaient les lacs Zambèze et Maravi sur un grand espace de l'Afrique Equatoriale.

Mais quand l'avancement de la science réclama plus d'exactitude à la cartographie, et ne voulut plus rien admettre à la légère, quand l'esprit positif et sceptique des XVIIIme et XIXme siècles demanda à la géographie moderne, science exacte et positive, des preuves à l'appui de ses tracés, les géographes firent disparaître de leurs cartes tous les tracés de montagnes, fleuves et lacs qui n'étaient pas empruntés à des documents dignes de foi et n'admirent que les renseignements donnés par ceux qui avaient vu par leurs propres yeux les choses qu'ils avaient décrites ou qui les tenaient de sources indiquées et certaines.

Nos connaissances de la géographie de l'Afrique, au commencement de ce siècle, ne peuvent mieux être résumées que par l'exposé présenté en 1808 par la grande *African association* qui venait de se former à Londres.

« L'Afrique est un continent à part au point de vue géographi-
« que. Pénétrée par aucune mer intérieure, comme la Méditerranée,
« la Baltique ou la baie d'Hudson; n'ayant pas de grands lacs
« comme l'Amérique du Nord ; n'ayant pas comme les autres
« continents des rivières courant du centre aux extrémités ; mais
« au contraire, ses régions sont séparées les unes des autres par
« les moins praticables de toutes les voies, par d'arides déserts
« d'une si formidable étendue qu'ils doivent effrayer ceux qui les
« traversent par la perspective de la plus horrible de toutes les
« morts, celle de la soif. Le public ne doit pas s'attendre à ce que
« les progrès de la géographie puissent lui montrer l'intérieur du
« continent Africain en rien semblable aux autres, au contraire,
« etc. »

Peu après, l'*African association* fit paraître une carte représentant l'intérieur de l'Afrique comme un vaste désert inhabité si ce n'est par les animaux sauvages ; l'exemple fut suivi et c'est ainsi que jusqu'aux récentes découvertes, qui obligent de modifier sans cesse la carte d'Afrique, les cartes modernes présentaient, à partir de quelques lieues des côtes et le plus souvent même des côtes jusqu'aux côtes opposées, d'immenses vides, de grandes parties toutes blanches, et qu'on a pu dire que l'Afrique était un continent perdu.

Ces blancs laissés par les cartographes invitaient les découvertes ou les re-découvertes, aussi méritoires les unes que les autres ; ils sont peu à peu remplis par les glorieux travaux des explorateurs et des missionnaires, parmi lesquels il faut citer les noms bien connus de Mungo-Park, Caillé, Denham, Clapperton, Gray, Dochard, les Landers, Laing, Richardson, Barth, Baikie, Crowlher, Overvey, Rohlfs, Mage, Nachtigal, Duveyrier, d'Abbadie, Grandidier, d'Arnaud-bey, Savorgnan de Brazza, Ballay, Marche, Lacerda, Burton, Speke, Grant, Baker, Gordon-Pacha, Von der Decken, Silva da Porto, Serpa Pinto, Livingstone, Cameron et Stanley.

Aujourd'hui, grâce aux glorieuses et pacifiques conquêtes dues au génie infatigable et à la persévérance d'illustres explorateurs, la géographie peut dores et déjà, tracer une carte, sinon complète, du moins trés-convenable de l'Afrique, et peut compter que les efforts répétés de ces intrépides voyageurs et ces missionnaires amèneront de nouvelles découvertes, rectifieront et assureront les connaissances acquises.

On peut, en présence des nobles efforts qui sont tentés, facilement prédire qu'avant la fin du siècle, grâce aux travaux des explorateurs modernes, l'Afrique sera non-seulement découverte et re-découverte dans les parties qui ont toujours été inconnues, mais qu'elle sera connue et bien connue et parcourue dans tous les sens par les hommes de la vieille civilisation européenne qui y porteront, il faut l'espérer, avec leur commerce, leur industrie et leurs merveilleuses inventions, les bienfaits de la morale, de la science et du progrès dans un pays qui, cela est déjà bien constaté, n'oppose point aux échanges et aux communications d'obstacles naturels, et qui peut offrir en échange les produits d'un sol vierge, fécond, arrosé et ensoleillé.

Lorsqu'en 1853 je formai le projet de me rendre à Zanzibar et d'y créer un comptoir commercial, mon premier soin fut naturellement de recueillir tous les renseignements géographiques et autres relatifs aux pays que je comptais visiter; les documents que je pus réunir n'ajoutèrent pas beaucoup de poids à mes bagages; quelques extraits d'anciens livres, un rouleau de cartes marines anglaises et françaises, les instructions nautiques, une traduction des Luciades de Camoëns, quelques publications des missions anglaises et un mémoire autographié que le ministère du commerce, qui avait concouru aux frais de la mission du *Ducauédic* et qui s'y était fait représenter par un agent spécial, M. Koaner, venait de publier. Voilà tout ce qu'il me fut possible de me procurer, malgré mon très-grand désir de me préparer de mon mieux à cet intéressant voyage qui était loin alors d'être aussi facile qu'aujourd'hui et qui était considéré comme une grande entreprise et comme une audacieuse imprudence, à cause de la trop mauvaise réputation imméritée dont jouissait le climat de Zanzibar.

Il était parfaitement inutile d'emporter une carte géographique du continent africain ; elles ne contenaient que des blancs. Aucun travail d'ensemble n'avait été fait sur le passé de l'Afrique orientale ; les nom de Zanzibar et de Zanguebar indiquaient bien une île et une côte, dont on ne connaissait presque rien et dont on s'occupait fort peu, non-seulement en France, mais même en Angleterre, comme le prouve un rapport de la Société de Géographie de Bombay, écrit trois ans plus tard, en 1856, qui dit : « Il n'y a pro-
« bablement aucune partie du monde où le gouvernement anglais
« ait depuis si longtemps un résident et dont nous connaissions
« si peu que la capitale de ce royaume, d'un de nos plus fidèles
« alliés avec lequel nous sommes depuis plus d'un demi-siècle en
« rapports intimes. »

Depuis cette époque, la civilisation, qui a trouvé de grandes difficultés à pénétrer dans l'intérieur et à s'étendre des rivages africains de la Méditerranée en traversant ces déserts arides si longs et si larges qui séparent l'Afrique septentrionale de l'Afrique centrale, la civilisation qui veut se rendre maîtresse du grand continent africain s'est décidée à s'emparer de l'Afrique centrale par des marches de flanc et a choisi Zanzibar, cette île fertile et hospitalière pour point de départ d'où elle expédie, en pacifiques conquérants, ses explorateurs dévoués.

Je ne serai certainement contredit par personne en affirmant qu'aucun pays ne méritait et n'était mieux prêt que Zanzibar à devenir le rendez-vous des vaillants soldats de ces croisades humanitaires internationales que le monde civilisé suit avec tant d'intérêt et d'espérances, car il me sera facile de prouver qu'il n'existe pas un pays au monde où toutes les libertés soient plus largement accordées et plus loyalement respectées. Il n'est que justice d'en accorder le mérite et l'honneur à cette noble dynastie des Abou-Saïd de l'Oman et à son digne représentant actuel, le sultan Bargasche-bin-Saïd.

A. Rabaud,

Président de la Société de Géographie de Marseille.

VOYAGES CLASSÉS PAR PARTIES DU MONDE.

AFRIQUE.

L'abbé Debaize dans l'Afrique centrale. — On n'a pas de nouvelles directes de l'abbé Debaize. Le bruit, qu'il faut accueillir sous réserve, courait à Tabora qu'il avait été forcé de livrer un second combat heureux à Nyoungou et n'aurait éprouvé aucune perte. Son adversaire aurait eu des hommes tués.

L'expédition belge de l'Association internationale africaine. — M. Cambier, chef de la première expédition belge de l'Association internationale africaine, était encore à Tabora le 25 avril 1879. Les pluies touchaient à leur fin, et il se préparait à partir dans les premiers jours de mai pour Oudjiji.

M. Broyon, ayant conclu un arrangement avec M. Cambier pour retourner de Tabora à Zanzibar prendre une caravane de marchandises et la conduire à Oudjiji, était attendu à Zanzibar dans les premiers jours de juillet. Le docteur Dutrieux devait retourner à Zanzibar avec M. Broyon.

Les dernières nouvelles de Tabora disaient que Mirambo semblait avoir renoncé à attaquer l'Ounyaniembé, qu'il s'était porté dans l'Oussagazi dont les habitants l'auraient repoussé, et que de là, il serait allé guerroyer dans l'Ouha, d'après les uns, et d'après d'autres, dans l'Ouvinza. Pour plus de sûreté, les caravanes partant de l'Ounyaniembé pour l'Oudjiji prenaient la route la plus méridionale, celle qui se rapproche sensiblement de l'itinéraire suivi par Stanley dans son premier voyage. La durée du voyage pour les caravanes est d'environ deux mois par cette route.

Deuxième expédition belge de l'Association internationale africaine. — On saura bientôt, par expérience, si les éléphants peuvent être employés avec avantage aux explorations de l'Afrique centrale. Les quatre éléphants offerts par le gouvernement de l'Inde au roi des Belges, pour l'expédition dont on fait en ce moment les préparatifs, sont arrivés à Zanzibar. Ils ont été débarqués près de Dar-es-Salam, non sans difficultés. Pour débarquer le premier de ces animaux, on l'a simplement mis à la mer en vue des côtes, mais on a cru qu'il n'arriverait jamais vivant à terre. Après avoir parcouru la distance d'un mille et passé plus d'une heure à faire la moitié du chemin, il se retourna pour revenir au vaisseau. On ne peut décrire l'anxiété qui régnait à bord ; il semblait horrible de voir le pauvre animal se noyer ; il essaya, mais en vain, de remonter à bord ; enfin il repartit et gagna le rivage. On s'y prit mieux pour les trois autres éléphants ; le bâtiment s'approcha plus près de la terre où les trois pachydermes, à leur tour, arrivèrent sans accident.

M. Carter, chef de l'expédition des éléphants, est parti pour Dar-es-Salam, avec M. Lionel Rankin, missionnaire anglais, qui remplace le sous-conducteur Gullagher, qui retourne à Bombay. M. Carter doit faire cinq à six longues courses d'essai avec les éléphants et partira définitivement pour l'intérieur vers le 1er juillet. Il ira attendre à Djivoué-la-Singa le capitaine Popelin, chef de la seconde expédition belge, qui était parti le jour même avec le docteur Van den Heuvel pour Bagamoyo, où se trouvait déjà le lieutenant Dutalis. Tous les porteurs de l'expédition étaient réunis et ont dû se mettre en route le 6 juillet.

M. Henry-M. Stanley. — M. Henry Stanley a quitté Zanzibar il y a environ un mois ; il a passé à Malte, à Gibraltar et se dirige sur le Congo.

Les Missionnaires anglais dans l'Ouganda. — Une dépêche adressée à la Société des missions de Londres annonce l'arrivée à Ouganda, sur le lac Victoria-Nyanza, des missionnaires anglais envoyés par la Société dans l'Afrique équatoriale.

Ces missionnaires ont reçu du roi Mtésa le meilleur accueil.

Expédition du Dr Mullens dans l'Afrique centrale. — L'expédition de la *London missionnary Society*, composée du Rev. Dr. Mullens et des révérends Griffiths et Sauthon, est partie avec 160 Zanzibarites et 20 fusils seulement, 2 chaises à porteur construites à la mission française, ayant huit porteurs chacune. Rien ne leur manque ; ils ont avec eux toutes les provisions nécessaires ; ils sont chargés de beaux cadeaux pour Mirambo. Ils vont par Sadany, Mpouapoua et Tierra-Munza, résidence de Mirambo.

M. Keith Johnston dans l'Afrique orientale. — M. Keith Johnston, le chef de l'expédition anglaise subventionnée par la Commission des fonds, se propose de découvrir une route praticable de la côte de la mer au lac Nyassa.

Le Dr. Kirk, à la date du 30 mai 1879, a écrit de Zanzibar que M. Johnston avec son compagnon de voyage, accompagnés d'une troupe de 138 hommes, avaient quitté Zanzibar le 4 mai, à bord d'un bâtiment à vapeur mis à sa disposition pour cet objet. L'expédition a débarqué le même jour à Dar-es-Salam dans l'après-midi. Pour aider M. Johnston à effectuer son départ et prévenir les retards que les chefs indigènes de la côte pourraient amener par leurs intrigues, le Dr. Kirk accompagna l'expédition jusqu'à Dar-es-Salam et ne revint qu'après que, pourvue de guides, elle s'était mise en marche.

M. Johnston paraît avoir commencé son voyage dans les circonstances les plus favorables; il devait, quelques jours après, entrer dans une contrée nouvelle, très-intéressante et jusqu'à présent inexplorée. Pour les dix ou quatorze premières marches, le Dr Kirk supposait que l'expédition suivrait une route un peu plus rapprochée de la côte que la Société de géographie ne s'y attendait; l'état du pays rendait cette direction nécessaire. M. Johnston devait s'efforcer de suivre une ligne diagonale, de manière à arriver à la jonction de deux cours d'eau du Ruaha et de l'Urunga, qui, après s'être réunis, forment la rivière de Lufiji, laquelle se jette dans la mer en arrière de Monfia.

M. Johnston devait suivre, d'après toutes les probabilités, l'Uranga, la rivière principale, qu'il disait être navigable pendant plusieurs jours de marche, jusqu'aux montagnes qui, dans ce lieu, passent pour être très-éloignées de la côte. Jusqu'ici beaucoup de difficultés avaient interdit l'entrée de ce pays, riche en bestiaux, en grains et en ivoire. Mais maintenant on a toute espérance que les puissantes tribus qui en habitent les plaines seraient disposées à recevoir les voyageurs, et que la route jusqu'aux limites les plus éloignées de l'Ubéna leur serait ouverte.

La première peuplade qu'on devait probablement rencontrer sur la route, après avoir définitivement quitté la côte, était celle des Khuta, tribu paisible d'agriculteurs, occupant un district qui s'étend de l'emplacement, maintenant en ruines, de Zungomero jusqu'à Berobero, et qui est séparé de la rivière de Ruha par une plaine inhabitée. La peuplade de Mhoenge, que l'on dit être de race maviti ou zoulou, occupe le pays qui s'étend entre le Ruha et l'Uranga ; elle possède des bestiaux, et la contrée abonde en éléphants qui, du temps de Mui Gumbe, étaient conservés ; mais on dit que la défense a été levée de les tuer.

D'après des nouvelles plus récentes, le Dr Keith Johnston annonce qu'après avoir consulté ses natifs, qui connaisssent le pays entre Dar-es-Salam et Mhoenge, il a résolu de changer d'itinéraire et de se diriger au sud-ouest de Dar-es-Salam, vers la route de Berobero, par une route où les villages sont plus nombreux et mieux approvisionnés. Malheuresement, nous apprenons que l'illustre voyageur Keith Johnston est mort de la dyssenterie le 28 juin dernier, à Berobero, à 130 milles de Dar-es-Salam. Son œuvre sera continuée par son compagnon de voyage M. Thomson.

L'expédition internationale belge au Congo. — Par suite des difficultés de transport de la côte vers l'intérieur de l'Afrique, l'Association internationale africaine va essayer de faire parvenir ses approvisionnements par la voie du Congo. Elle a, à cet effet, affrété à Anvers le steamer belge *Barga*, jaugeant 829 tonneaux, et l'a envoyé à l'embouchure du Congo avec un chargement complet, dans lequel se trouvent des matériaux pour la construction de maisons, des huttes en bois, des tentes, des provisions, des armes, etc. Ce navire est commandé par le capitaine de Mytenaere ; il aura, entièrement chargé, un tirant d'eau de 4m,27 et conviendra admirablement à la navigation sur la côte africaine. Le chargement est destiné à la caravane internationale qui se trouve déjà en Afrique.

Le *Barga* ne pouvant, à cause de son tirant d'eau, remonter le Congo, on a dû chercher un moyen pour transporter la cargaison de la côte ouest vers l'intérieur de l'Afrique, à un endroit où pourra arriver l'expédition belge qui se dirige de l'est vers le centre et l'ouest de l'Afrique.

A cet effet, le *Barga* emporte 3 chaloupes à vapeur démontées et non pontées, un petit steamer à deux cabines pouvant contenir 30 personnes, et trois grands chalands de 50 tonnes chacun.

Le tirant d'eau de chacun de ces bâtiments n'excède pas 0m,38, ce qui leur permettra de remonter très-haut le Congo, pendant la saison des pluies. Par ce moyen, il sera possible d'établir des stations permanentes ou temporaires sur les deux bords du fleuve.

Les trois canots feront le service d'éclaireurs et de ravitailleurs ; le steamer remorquera les chalands qui porteront le matériel et les marchandises. Dans un voyage d'essai, les vapeurs ont fourni une vitesse de 14 nœuds à l'heure, égale à celle des plus rapides paquebots connus.

La flottille est commandée par le capitaine Loesewitz, qui a sous ses ordres 40 bons marins éprouvés, habitués à la température tropicale par de fréquents séjours dans les contrées équatoriales ; parmi eux se trouvent charpentiers, forgerons, mécaniciens, voiliers, etc. L'équipage a contracté un engagement de trois ans.

Le *Barga* a quitté les bassins d'Anvers le vendredi 6 juin.

L'expédition italienne dans le Choa. — Le capitaine Martini est parti de Zeilah le 6 juillet pour le Choa, grâce aux démarches énergiques du commandant des Amezaga. Une caravane de douze chameaux, envoyée par le roi Menelick comme renfort de la première, qui devait, à son retour, servir d'escorte à M. Martini, était arrivée à Zeilah et se préparait à repartir en même temps que l'autre.

Les deux caravanes étaient campées à Tokosciah, avec une température vraiment africaine. Les thermomètres sous les tentes marquaient de 46 à 48 degrés centigrades. Aussi un grand nombre d'Abyssins étaient-ils malades. Quelques-uns avaient même déjà succombé à la dyssenterie, mais la santé des voyageurs italiens était excellente.

Les lettres arrivées de Choa avec la dernière caravane démentaient la captivité de MM. Cecchi et Chiarini.

On a appris à Aden, le 6 août dernier, que la caravane de M. Martini a été dévalisée par les Issahs Somalis, à six journées de marche de Zeilah.

L'expédition allemande du Dr Gérhard Rohlfs à travers l'Afrique. — L'expédition du Dr Rohlfs, subventionnée par la Société africaine de Berlin, et qui avait pour but de pénétrer jusqu'au Congo, par le Wadaï, en partant de Tripoli, a à lutter contre de grandes difficultés pour atteindre le Wadaï en passant par l'oasis de Koufarah. A la date du 8 avril, le Dr Rohlfs se trouvait à Audjélah et n'avait pu engager aucun guide ; quand il en avait trouvé un, les partisans fanatiques des Senussi le lui enlevaient, et les indigènes refusaient d'aller avec lui sans guide. Plusieurs de ses hommes avaient déjà fait défection. De Sokna à Sella il a suivi un chemin tout nouveau entre les routes suivies par Beurmann et Hornemann, et il est arrivé à l'oasis de Bou-Naïm ou Abou-Naïm, *entièrement inconnue jusqu'ici*. Elle est située à l'ouest de Dschibbena et au sud de Marade. Celle de Dschibbena est très-riche en palmiers. La route de Sella à Audjélah n'est pas précisément intéressante. Quand tout va bien l'on fait 4 kilomètres à l'heure, mais on n'en fait que 3 et même moins quand les chameaux sont fatigués.

Les difficultés et les obstacles sans nombre opposés à l'expédition auraient été, paraît-il, de nature à l'entraver si le nouveau vali de la Cyrénaïque, Ali-Kemali-Pacha, n'était intervenu. Ordre formel a été donné, de la part du gouvernement turc, sur les instances de l'ambassadeur d'Allemagne à Constantinople, d'assister l'expédition de toute manière, afin de permettre une prompte réussite.

Il a été donné aux voyageurs une escorte de 80 hommes qui doivent leur faire cortége jusqu'à Schalouba, sur la frontière du Wadaï, et de là à quelques jours de marche, jusqu'à Abescher, la capitale du pays.

Pour le transport des bagages, il y a vingt-cinq chameaux, outre un certain nombre de bêtes de somme.

Les voyageurs espèrent donner de leurs nouvelles, datées d'Abescher, en octobre prochain. D'après les dernières nouvelles, le Dr Rohlfs rentrerait en Europe et le Dr Stecker resterait à la tête de l'expédition.

Expédition du Dr Lentz, au Maroc. — Le Dr Lenz, connu par ses explorations de l'Ogoôué, vient d'être chargé, par la section allemande de l'Association internationale africaine, d'une expédition au Maroc.

Savorgnan de Brazza. — Dans sa réunion du 22 juin, la Société de géographie d'Italie a décerné une médaille d'or à M. Savorgnan de Brazza, le chef de l'expédition française dans l'Ogoôué, pour ses récentes explorations dans le sud-ouest de l'Afrique.

Le major Serpa-Pinto et l'Afrique australe. — Le steamer l'*Orénoque*, à bord duquel Serpa-Pinto a regagné l'Europe, est entré dans le Tage le 22 juin à 8 heures du matin. Le Vice-Président de la Société de Géographie de Lisbonne, M. du Bocage, et le premier Secrétaire général, M. Luciano Cordeiro, se sont rendus à bord, et ce dernier a remis au hardi explorateur une médaille d'or et des brillants de la part d'une Société de Fernambouc.

La Société de Géographie a tenu une séance qui a duré quatre heures. Le roi assistait à la conférence, dans laquelle Serpa-Pinto a présenté à la Société une carte de l'expédition.

M. Serpa-Pinto vient d'accomplir, à travers l'Afrique, un voyage qui le place au premier rang des explorateurs. Nous allions rendre compte de ce voyage, en nous aidant des documents assez nombreux que nous avions recueillis, lorsque M. Serpa-Pinto est venu faire lui-même le récit de son exploration devant la Société de Géographie de Paris. Nous trouvons sa remarquable conférence dans la Revue scientifique, et nous sommes heureux d'en faire profiter nos lecteurs au lieu de leur raconter nous-même ce beau voyage.

Voici cette conférence :

« Messieurs, une loi du Parlement portugais, du 12 avril 1877, votait une somme de 160,000 francs pour les frais d'une exploration dans l'Afrique australe. La loi disait que l'expédition devrait constater les relations hydrographiques entre le bassin du Congo et celui de Zambèze et étudier les pays compris entre les possessions portugaises des deux côtes d'Afrique.

« Un comité officiel de géographie, créé près du ministère des colonies, sous la présidence du ministre de la marine, fut chargé de régler les détails de l'expédition.

« Ce fut M. d'Andrade-Corvo, alors ministre de la marine, qui présenta la loi au Parlement, et les travaux à faire en Afrique furent décidés par plusieurs hommes éminents, membres du comité. L'un des plus empressés à étudier les questions fut le docteur Bernadino-Antonio Gomes, dont la perte est encore vivement regrettée en Portugal.

« Les points principaux une fois réglés, on avait décidé de choisir le personnel de l'expédition et de la faire partir sans retard.

« Un grand nombre de jeunes gens se présentèrent pour faire partie de la mission, et malgré mes faibles titres j'eus l'honneur d'être choisi. L'expédition devant être composée de trois membres, deux officiers de la marine royale, hommes d'un mérite supérieur, furent désignés pour être mes compagnons de voyage.

« Venus tout d'abord à Paris, où nous avons fait l'achat du matériel nécessaire, nous partions pour Loanda, à la côte occidentale d'Afrique, le 7 juillet 1877, et, après quelques difficultés, nous quittions Benguêla, le 12 novembre 1877.

« Le problème du Congo venait alors d'être résolu par Stanley, et nous avons entrepris d'accomplir le reste du programme tracé par le Parlement qui avait envoyé l'expédition.

« Ce programme était si vaste, que nous avons bientôt reconnu qu'il était impossible à une seule expédition de le réaliser. De là nous vint l'idée de nous séparer en deux parties, ce que nous ne tardâmes pas à faire.

« Les approvisionnements de l'expédition furent partagés en trois, et pourvu d'un tiers des instruments, des étoffes et des verroteries qui sont la monnaie du pays, je me dirigeai sur Bihé par une route, tandis que mes compagnons devaient m'y rejoindre par une autre route. Le champ de l'exploration se trouvait ainsi élargi.

« Dans ma route jusqu'à Bihé, j'ai éprouvé beaucoup de contrariétés, et ce fut presque mourant que j'arrivai à la maison que Silva Porto, le vieil explorateur portugais, avait mise à ma disposition.

Une terrible fièvre rhumatismale m'avait pris et pendant trois mois m'a cloué au lit. Je ne pensais alors qu'à retourner à la côte et à revenir dans mon pays. Cependant la bonne saison de voyager étant arrivée, mes compagnons étaient partis du côté du fleuve Cuango qui devait être exploré, d'après les ordres du comité. Mes petites ressources étaient presque épuisées, ma santé était bien chancelante, et pourtant un jour je me décidai à partir aussi. J'étais encore au lit quand j'ai organisé mon expédition, qui, à ma sortie de Bihé, se composait de 150 personnes, femmes et enfants compris.

« Pourvu de très-bons renseignements sur les pays à l'est et au sud-est de Bihé, je brûlais de connaître ces pays.

« Passable chasseur, je ne comptais que sur la chasse pour vivre et pour nourrir mes gens.

« Après quelques derniers petits préparatifs, je suis parti de Bihé vers la fin de mai 1878. Un livre qui sera publié bientôt suivra pas à pas mon voyage, dont les épisodes, tantôt dramatiques, tantôt comiques, se succédaient sans interruption.

« Il m'est impossible d'exposer ici les détails de ce voyage, si fertile en événements, mais je tâcherai du moins de vous en faire connaître les principaux résultats.

« Tout d'abord il faut dire comment j'ai déterminé mes positions géographiques.

« J'avais deux sextants, un de Casella, de Londres, l'autre de Lorieux, de Paris ; j'avais également des horizons artificiels, et une lunette assez bonne pour observer très-bien les éclipses des satellites de Jupiter ; mais elle ne me permettait de suivre que très-difficilement les occultations d'étoiles, et me laissait dans l'impossibilité d'observer les occultations des étoiles inférieures à la troisième grandeur ; or, chacun sait que les occultations des étoiles de première importance ne se succèdent pas fréquemment. Voilà donc de quoi se composait mon petit observatoire portatif. L'expédition possédait un précieux instrument pour l'Afrique tropicale : je veux parler de l'*universel* de M. Antoine d'Abbadie, de l'Institut. Mais il était resté avec mes compagnons, qui, devant s'approcher de l'équateur, auraient été bien embarrassés pour déterminer des latitudes sans cet instrument.

« Outre les autres avantages aisément appréciables de l'*abba*, il en possède un qui est surtout précieux pour l'Afrique tropicale : c'est de permettre, par la disposition de sa lunette prismatique, de faire des observations, l'observateur restant à l'ombre d'un parasol tenu derrière lui.

« Cet avantage est précieux en ce qu'il épargne beaucoup de maladies à l'observateur dans un pays où le soleil ardent est surtout redoutable au moment de prendre des hauteurs méridiennes. J'ose même dire que l'explorateur de l'Afrique tropicale pourvu d'un abba peut réduire beaucoup sa provision de quinine.

« Malgré mon peu d'autorité, je me permettrai de présenter une opinion à l'égard de l'abba : je le voudrais un peu plus grand que ceux qui ont été construits jusqu'à présent ; j'y voudrais une lunette d'au moins 50 centimètres de long et les deux cercles, l'azimutal et le vertical, d'un diamètre un peu plus fort qu'on ne les a faits jusqu'ici.

« Dans ces conditions, l'horizontalité du cercle azimutal, d'où dépend la rigueur des observations, s'obtiendrait plus aisément.

« Outre mes instruments astronomiques, j'avais des boussoles de toute espèce, soit pour me guider, soit pour exécuter les levés de mon itinéraire. J'avais enfin des boussoles construites exprès pour étudier la déclinaison de l'aiguille aimantée, dont les variations, dans les différents endroits de la terre, échappent à une loi générale.

« Des instruments météorologiques m'ont permis de faire quelques études intéressantes sur les phénomènes de l'atmosphère.

« Mes altitudes ont été déterminées par des observations hypsométriques, et mes hypsomètres de Baudin ont été trouvés très-rigoureux, à la suite d'observations faites à l'École polytechnique de Lisbonne avant et après mon voyage, par M. João Capello, l'éminent météorologiste portugais. Le déplacement du zéro ne s'est pas produit dans un de mes hypsomètres, et dans l'autre, il a été de trois centièmes de degré.

« Mes latitudes ont été déterminées par des passages méridiens du soleil et de la lune et très-rarement des étoiles, toujours difficiles à observer dans un petit horizon artificiel. Mes longitudes résultent des observations des éclipses du premier et du deuxième satellite de Jupiter, de deux occultations d'étoiles et du transit de Mercure à travers le soleil, au mois de mai de l'année dernière. J'ai également obtenu des longitudes par des chronomètres, dont j'étudiais la marche très-souvent et que je comparais aux résultats obtenus par les éclipses des satellites. Tels sont, en peu de mots, les moyens que j'ai employés pour établir les cartes géographiques au centre de ce pays obscur que Stanley appelle le *Dark Continent.*

« Maintenant et sans faire, comme j'ai déjà eu l'honneur de vous le dire, un relevé pas à pas des événements de mon voyage à travers l'Afrique, je vais tâcher de vous décrire la partie que j'ai été le premier à visiter de cet immense continent. Je tâcherai de faire ressortir ce qu'il y a de plus remarquable dans la contrée parcourue.

« En suivant la ligne rouge qui marque mon voyage sur la carte, le continent, sur une distance de 80 à 100 milles de la côte occidentale, s'élève de 1600 mètres par deux terrasses énormes. Le fait a été constaté par Cameron un peu plus au nord, par Stanley, encore plus près de l'équateur, et par de Brazza sur l'équateur même. De là vient que les fleuves de l'Afrique australe se jettent dans l'Atlantique par une série de cataractes qui ne sont jamais très-éloignées de la côte. Le terrain, après cette élévation rapide, descend en pente douce jusqu'au lit du Zambèze par 23 degrés à l'est de Greenwich, puis il remonte doucement à l'est. Les versants du plateau du côté de l'est sont moins raides. De là vient une certaine navigabilité des fleuves qui vont à l'océan Indien, comme, par exemple, le Zambèze, qui n'a pas de cataractes dans les derniers 200 milles de son cours.

« Le pays, depuis la côte occidentale jusqu'à Bihé, est suffisamment connu pour que je ne m'arrête pas à parler de ces terrains calcaires près de la mer, de ses granites à 60 milles à l'est; de ses mines plus ou moins exploitées par les Portugais, de ses champs désolés dans les endroits secs, de sa végétation splendide près des rivières, de ses peuplades jadis abâtardies par l'esclavage et qui se relèvent aujourd'hui par la liberté et par le commerce.

« Toutefois, jetons un coup d'œil sur les sources des rivières situées entre la côte et Bihé et faisons dès maintenant une petite remarque, qui nous viendra plus tard en aide pour une importante conclusion qne nous avons à formuler. Nous avons là quatre rivières des plus importantes : le Quèbé, qui, sous un autre nom, va à Novo-Redondo, le Cuiba, le Cunene et le Cubango.

« Toutes ces rivières ont leurs sources entre le douzième et le treizième parallèle, et, avant de se diriger à l'est ou à l'ouest, elles courent d'abord nord-sud ou sud-nord.

« Cette remarque faite, quittons le pays et, de Bihé, marchons tout droit à l'est, En traversant le Quanza, nous entrons dans le pays des Quimbandes. C'est un beau pays coupé par des rivières sans cataractes et navigables pour de petits canots ; le Onda, le Varea et le Cuime lui donnent une fraîcheur magnifique et entretiennent sur ses rives et sur celles de ses affluents une végétation vraiment riche. Nous voyons, dans des prairies couvertes d'une herbe verdoyante, des troupeaux de bétail qui paissent paisiblement sans craindre la morsure de la *tsétsé*, la terrible petite mouche qui tue le bœuf et le cheval, et constitue l'un des plus grands obstacles à la prospérité de certains pays de l'Afrique australe.

« Le soleil, après avoir porté à environ 25 degrés la température de l'atmosphère, se penche sur l'horizon et disparaît derrière les cimes touffues des forêts qui cachent les villages Quimbandes. Les hommes reconduisent le bétail à leurs *kraal* entourés de fortes palissades : c'est qu'il faut le mettre à l'abri de l'attaque des bêtes fauves, et là, dans les forêts, pendant la nuit, rugissent le lion et le léopard.

« D'un côté, au milieu des champs où poussent un grand nombre de graminées différentes, nous entendons un tapage énorme, semblable à un chœur de bêtes féroces, mêlé à des éclats de rire vraiment effrayants. C'est une centaine de femmes qui s'en reviennent des champs Elles ont quitté leurs travaux et, sous la petite houe placée dans le panier qu'elles portent sur la tête, nous trouverons des épis de maïs, des pommes de terre et du manioc.

« Les mères portent leurs enfants sur le dos, attachés avec des sortes de serviettes faites en écorce d'arbres et, par dessus les hautes herbes dans lesquelles elles marchent, on peut voir, toujours penchées de côté, les petites têtes des enfants. Ces femmes sont toutes nues ; pourtant nous avions vu les hommes qui conduisaient le bétail, couverts de deux peaux de bêtes qui pendent de chaque côté de la ceinture,

« En continuant à marcher vers l'est, nous traversons des forêts, formées pour la plupart de légumineuses, et qui sont assez monotones. Mais, sur le bord de la rivière, nous apparaît, dans le lointain, une végétation étrange et qui nous fait croire que nous voyons des palmiers. En approchant, nous découvrons que ce sont des fougères, avec des troncs énormes comme on en voit seulement en Australie ou en Nouvelle-Zélande. Ici le *Fetus arboreum* est aussi développé que dans cette terre des merveilles. Mais, plus loin encore, sur les rives de l'Onda, nous croyons voir de très-jolis villages, très-bien bâtis et d'un riant aspect. Quelle déception ou quelle merveille ! ce sont des grandes villes, mais des villes bâties par les termites. De petites fourmis blanches vont, dans le sous-sol, chercher la terre glaise d'un blanc cendré qui leur sert de matériaux pour la construction de leurs bâtiments. Ces villes ressemblent à un village indigène, dont les huttes contiguës n'ont pourtant ni un aspect si agréable, ni une si belle couleur que les constructions des fourmis. La forte couche d'*humus* qui couvre le sol n'est pas employée par les architectes termites.

« Poursuivons, et sans regarder la nature d'aussi près que nous l'avons fait dans ce pays des Quimbandes, jetons un regard sur l'aspect général de la contrée. Voici tout d'abord le commencement d'une rivière qui se dirige au sud : c'est le Cuito, grand affluent du Cubango. Deux autres rivières, le Cuiba et le Cuime, se rendent au Quanza, et la quatrième est le Lungo-e-ungo, qui va au Zambèze. Marchant toujours au sud-sud-est, nous trouverons un nouveau cours d'eau qui va au sud : c'est le Cuanavare, affluent du Cuito ; d'autres se dirigent au nord du Lungo-e-ungo, d'autres s'en vont au sud. Nos guides nous disent : « Cette rivière si faible, que vous voyez commencer dans cette petite mare, est, à deux jours de chemin, une rivière énorme ; de grands canots conduisent les peuples Ambuelas d'une rive à l'autre. Cette rivière est la plus grande : c'est le Cuando, qui va au Zambèze et qui est aussi grand que le Zambèze. Du côté du soleil lui viennent beaucoup de rivières, celle-ci est la mère. » Ayant pris la position du fleuve en ce point, nous sommes par 19 degrés à l'est de Greenwich, et encore sur le 13ᵉ parallèle.

« Si nous portons maintenant nos observations sur une carte d'Afrique qui donne aussi les résultats des voyages de Livingstone, de Cameron et de Magyar, que voyons-nous? Nous voyons que, dans l'Afrique centrale, la ligne de partage des eaux est parfaitement définie et que ce partage est fait suivant un parallèle et non suivant un méridien. Nous voyons que le Congo, le Zambèze et les affluents de l'un et de l'autre, ont leurs sources entre les parallèles 12ᵉ et 13ᵉ, que beaucoup d'autres rivières y naissent et prennent toujours leur premier élan vers le nord ou vers le sud.

« Et pourtant le pays que nous traversons est plat; les seules dépressions sont les vallées des rivières qui ne produisent pas de différences de niveau supérieures à 40 mètres.

« Suivons notre rivière, celle que les natifs nous disent être « la mère », le Cuando. De l'est, elle reçoit trois grands affluents, le Cubangui, le Cuelibi et le Chicului ; de l'ouest lui viennent d'abord un grand affluent, le Queimbo, puis quatre autres de moindre importance.

« Effectivement, c'est une grande rivière; elle ne peut être autre chose que le Chobe de Livingstone. Les deux sont une même rivière, et, si nous en doutons, c'est seulement parce que les Ambuelas, qui connaissent bien leur rivière, nous affirment que c'est le Cuando et qu'elle n'a jamais été appelée Chobe. Mais nous passerons sur le Chobe et nous le saurons.

« En avant pour l'est! Mais qu'est-ce que c'est que cela?

« Un homme blanc couvert d'une petite peau de singe. Quel être étrange! En voici un autre, ils sont armés d'arcs et de flèches. Les voilà qui s'en vont et disparaissent dans les forêts épaisses. « Quels sont ces gens? » demandons-nous aux guides. Ils nous répondent: « Ce sont les Mucassequeres. — Alors c'est une tribu? — Oui, c'est une tribu nombreuse qui, étant nomade, se promène éternellement entre les deux fleuves le Cuando et le Cubango. » Ces Mucassequeres vivent de la vie la plus misérable; ils ne cultivent rien; les racines tuberculeuses des forêts et le gibier constituent leurs seuls aliments.

« Ils sont laids, avec leurs yeux obliques, leurs pommettes saillantes, leurs lèvres énormes, leur tête à demi chauve, où poussent de rares touffes de cheveux noirs et crêpus. Si curieux qu'ils soient à observer, laissons-les et marchons toujours.

« Nous entrons ici dans un pays affreux. Combien de marécages! quel désert! Passons vite, car je ne veux point vous y faire séjourner. Je ne pense qu'avec terreur à ce que j'ai souffert dans ce pays; dans quelle détresse j'y ai été! nous avons failli mourir de faim et de fièvre, moi et les miens.

« Je me souviens que, pendant cette partie du voyage, mes repas les plus rapprochés furent à quarante-huit heures de distance.

« Mais nous voilà sur un grand fleuve, c'est le Zambèze! Ici, il s'appelle Liambai et prend le nom de Zambèze seulement un peu en amont de son immense cataracte. Vous connaissez ce pays par les descriptions de Livingstone. Je l'ai trouvé bien différent de ce que l'avait trouvé le célebre explorateur anglais; il est gouverné par une autre race et j'y ai été presque perdu.

« Le climat en est mauvais et déjà Livingstone y avait cherché en vain l'emplacement d'une mission.

« Je ne veux pas vous entretenir de mes souffrances au haut Zambèze, elles ont été terribles. Descendons le fleuve et constatons que, si les affluents de la rive gauche sont bien placés sur les cartes, la rive droite, au contraire, n'a pas d'affluents en aval du 15° parallèle, après le confluent du Nhengo, le seul qui entre dans le fleuve depuis le Longo-e-ungo, jusqu'au Cuando.

« Depuis la cataracte de Gouha jusqu'aux Victoria-Falls, nous avons eu souvent à transporter nos canots par terre ; c'est un rude travail. Souvent aussi il nous a fallu descendre avec nos pirogues d'effrayants rapides. Mais voilà une grande rivière qui vient de l'ouest : c'est le Chobe.

« Nous questionnons les natifs ; ils nous répondent que c'est le fleuve Linianti ou le Cuando. Nous leur demandons alors où est le Chobe ; ils ne connaissent pas ce nom dans le pays, Mais c'est notre rivière que nous avons quittée pour venir au Zambèze et que nous retrouvons à son confluent.

« Tout ce pays, depuis le commencement des rapides, est d'une beauté sans pareille, mais il est malsain comme tout le Zambèze supérieur. Reposons-nous un peu à l'ombre des baobabs géants, les premiers que nous ayons rencontrés depuis longtemps, et pendant que nous nous reposons, je vais vous raconter une petite histoire qui m'est arrivée ici. Rassurez-vous, ce sera la seule de mon voyage que je vous raconterai.

« En traversant les pays que nous venons de parcourir, j'ai mené une rude vie. Il m'a fallu chasser pour me servir des peaux et de la viande du gibier comme objet d'échange contre les denrées nécessaires. J'étais accablé de fatigue.

« La fièvre me consumait toujours, et souvent je suis tombé près du gibier que je venais de faire tomber. Un jour, ici où nous sommes, j'ai rencontré un Européen qui m'a tendu une main d'ami : cet homme était un médecin anglais distingué. Nous avons été sur le point de succomber tous les deux sous une attaque des naturels. Là, dans une hutte, sur le bord du Cuando, nous avons passé toute une nuit la carabine à la main : je brûlais de fièvre, et le délire m'avait pris ; j'ai conservé le souvenir qu'un missionnaire était auprès de nous, puis j'ai perdu connaissance.

« Revenu de mon délire, après quelques jours, j'ai cru rêver. Au chevet du lit où j'avais failli mourir, se tenaient deux dames, deux vraies dames, qui m'avaient soigné, qui m'avaient sauvé la vie. L'une d'elles était Mme Coillard, Écossaise par naisssance, Française par mariage ; l'une de ces femmes qui ont le courage sublime d'unir leur existence à celle d'un missionnaire africain, et qui échangent la vie brillante des villes d'Europe contre la vie souvent pénible des forêts d'Afrique ; une de ces femmes qui vont, comme les sœurs, soigner les malades, enseigner l'Évangile aux enfants et la moralité aux sauvages.

« L'autre personne était une jeune fille de dix-huit ans, Mlle Coillard, la nièce du missionnaire. Celle-là était Française, tout à fait Française. Comment se trouvait-elle dans des pays si reculés? C'est une autre histoire bien dramatique, mais que je ne vous raconterai pas, parce que je sais que le pasteur Coillard publiera son journal et je veux lui laisser la parole pour le récit de ses propres aventures.

« Quelque temps après, j'étais un ami de la maison, et Mme Coillard faisait tout son possible pour jouer auprès de moi le rôle d'une mère, comme s'il eût été possible pour elle d'avoir un enfant de mon âge. Il faut avouer que la vie rude des forêts m'avait rendu un peu sauvage et que souvent j'étais un enfant assez indocile. Qu'elle me pardonne tous les tracas que je lui ai causés.

« Ce fut en compagnie de cette bonne famille, à qui je dois la vie et l'heureux résultat de mon voyage, que je traversai le désert du Kalaari.

« Passons vite à travers ces forêts vierges qui couvrent un pays désert au sud du Zambèze, et ne nous arrêtons plus avant d'arriver sur le 20e parallèle, par 27 degrés à l'est de Greenwich. Là il faut faire station ; un lac immense arrête nos pas.

« Le pays que nous venons de traverser est sec, nous brûlons de soif, enfin nous allons nous désaltérer ! Voilà un lac, voilà de l'eau ! Hélas, c'est malheureusement impossible, l'eau que nous rencontrons est salée, plus salée même que celle de la mer.

« Un groupe de nègres du pays arrive, ce sont des Massaruas, les bushmen du Kalaari. Alors nous apprenons qu'il faut faire un détour à l'est pour trouver l'eau sur le fleuve Nata. Le lac qui est devant nous est le grand Macaricari, qui a été signalé dans les cartes par Baines, Chapman et Mohr, mais qui, pour la première fois, fut visité par moi. Le grand Maricari est un des plus curieux phénomènes de l'Afrique australe. Énorme bassin à fond de sable, il communique avec le lac Ngami par la Botletle, qui déverse dans le Macaricari les eaux du Ngami, quand les crues du Cubango font déborder ce petit lac. Les rivières du centre de l'Afrique australe, entre le Zambèze et le Limpopo, ne sont pas permanentes, et, fleuves abondants à l'époque des pluies, elles ne sont autre chose que d'énormes sillons sablonneux au temps de la sécheresse. Le grand Macaricari se dessèche aussi et se dessèche en grande partie par l'évaporation des eaux. Alors une couche épaisse d'un centimètre, formée principalement de chlorure de sodium, recouvre son fond. Lorsqu'à la saison des pluies, les rivières viennent remplir le bassin du lac, l'eau est bonne et on peut la boire; quelques heures après, elle redevient saumâtre, et plus tard complètement salée : c'est que l'épaisse couche de sel s'est dissoute. Ce phénomène se reproduit périodiquement.

« Quelquefois il se produit un autre phénomène curieux. La pluie tombe forte du côté du Matebeli, et les rivières de l'est seulement remplissent le Macaricari. Celui-ci déborde et fait changer le cours du Botletle, qui chemine alors vers le Negri. Voilà comment s'expliquent les controverses de quelques voyageurs, qui disent, les uns qu'ils ont vu la rivière courir à l'est, et les autres à l'ouest.

« Après avoir jeté un coup d'œil sur ce mystérieux lac, nous continuons notre route vers le sud, en prenant tous les soins possibles parce que le pays n'a pas d'eau et que la traversée en est très-dangereuse.

« Mais dans peu de jours nous serons à Shoshong, la capitale du Manguato. Là nous serons bien, étant sous la protection du roi Cama, le meilleur des hommes.

« Nous sommes sur le 23e parallèle austral, et bientôt nous croiserons le tropique du Capricorne ; mais quelle est notre longitude? Je ne peux pas vous la dire. Les astres qui régissent leurs marches par des lois immuables, ces lois merveilleuses qui ont été pressenties par Galilée, exposées par Kleper, confirmées par Newton, prouvées jusqu'à l'évidence par Leverrier, ces astres brillants nous ont tenu un langage différent à moi et à un autre explorateur. Un troisième, quelque jour, décidera entre nous deux et peut-être me donnera raison.

« Devant nous est à présent le Transvaal, que vous connaissez trop bien pour que les petites rectifications que j'ai à faire dans quelques-unes de ses positions soient d'un grand intérêt. Plus loin le pays de Natal, dont la carte est parfaite, et qui est devenu si célèbre par la guerre terrible que soutient à présent l'Angleterre contre les Zoulous. Mon voyage à travers ces contrées a été très-riche en aventures, mais je ne saurais faire aujourd'hui le récit de mes tribulations et de mes souffrances.

« En concluant, j'ai à vous remercier de tout mon cœur, Messieurs, de la bonté que vous avez eue en m'accompagnant sur la carte dans ce rapide voyage que nous venons de faire à travers l'Afrique, et, croyez-moi, je n'ai pas la prétention d'avoir fait un travail parfait. Je parle dans un pays où les grands explorateurs sont au premier rang dans l'histoire des voyages. Où ont passé les Duveyrier, les d'Abbadie, les de Brazza et tant d'autres, il reste peu ou rien à faire; où j'ai passé, je n'ai fait pas plus que signaler de nouvelles contrées à visiter, de nouveaux problèmes à résoudre.

« Je sais l'intérêt avec lequel la Société de géographie de Paris a suivi mes travaux et je profite de cette occasion pour lui exprimer publiquement ma profonde reconnaissance.

« J'espère aussi qu'à leur retour, elle accueillera comme elle vient de m'accueillir mes courageux compagnons de route, MM. Brito Capello et Ivens, qui luttent encore contre les difficultés, les fatigues, les périls du voyage, et rapporteront certainement des trésors pour la géographie de l'Afrique. »

« SERPA PINTO. »

OCÉANIE.

M. Alfred Marche aux Philippines. — M. Marche s'est embarqué à Toulon, le 19 juillet, pour aller accomplir aux îles Philipines la mission que lui a confiée le Ministre de l'Instruction publique. Avant son départ, il a donné communication de ses projets aux sociétés de géographie de Lyon et de Marseille. Il a accompagné M. de Lesseps à Saint-Etienne, en même temps que M. Soleillet.

OCÉAN ARCTIQUE.

L'expédition du professeur Nordenskiold. — Une lettre du commandant du vaisseau à vapeur *la Véga*, parvenue récemment à Carlscrona, donne des nouvelles favorables de l'expédition suédoise dans les mers arctiques. La santé à bord était parfaite. *La*

Véga a quitté l'embouchure de la Léna le 27 août. D'abord elle a pu avancer sans trop d'obstacles, quoiqu'elle eût à lutter contre les glaces et à se préserver des bas-fonds. Le voyage s'est continué jusqu'au cap Jakow, où *la Véga* fut arrêtée pendant trois jours. Le 11 septembre, elle put en repartir et après un passage difficile atteignit le 13 le cap Nord où elle fut arrêtée jusqu'au 18.

A partir de ce moment, *la Véga* ne put avancer que de temps à autre à cause des glaces. Le 28 septembre, l'expédition atteignit le lieu d'où la lettre est écrite, au 67,6 degré de latitude, 173°,30' de longitude. Si *la Véga* était arrivée là trois jours plus tôt, elle aurait atteint le détroit de Behring. Elle n'est pas dans une rade, mais le long d'une côte de sable très-basse, où elle est amarrée aux glaces.

L'expédition a des provisions suffisantes et assez de charbon pour une navigation de 2,000 milles. On a passé auprès d'un ou deux villages dont les habitants sont des Tschütschezs, que l'on suppose être venus primitivement du Groenland et qui paraissent d'une race très-voisines des Esquimaux. Ils ont le visage basané, les cheveux et les yeux noirs; portent pour vêtement des peaux de rennes, habitent des tentes de peau et vivent de foies de phoque. Ils sont d'une nature douce et bienveillante. Les femmes, mais non les hommes, ont la figure tatouée. Leur langue est très-difficile à comprendre, mais les personnes de l'expédition l'ont apprise et ont composé un dictionnaire tschutschisque-suédois de plus de 300 mots. Il y a des villages indigènes à proximité de *la Véga*. La température en septembre est rarement descendue au-dessous de 3 degrés. Au jour le plus sombre de l'année, le 21 décembre, le soleil était au-dessus de l'horizon.

La lettre du commandant de *la Véga* a été remise à un chef qui était en visite dans ces régions et qui habite près d'Anadyrsk. L'expédition s'attendait à voir la mer libre vers le mois de juillet et espérait arriver au Japon vers le 15 août. On dit qu'elle est en ce moment vers le détroit de Behring.

La Jeannette et le Pôle-Nord. — On se rappelle que la *Jeannette* est un steamer du port de 400 tonneaux et de 200 chevaux de force, qui a été affrété par M. James Gordon-Bennett, directeur du *New-York Hérald*, et qu'il a mis généreusement à la disposition de la marine américaine. Ce navire est parti le 8 juillet 1879 de San-Francisco où il hivernait.

L'expédition est sous le commandement du capitaine de Long, de la marine des Etats-Unis, marin hardi, résolu, plein de sang-froid, vieil explorateur des mers polaires, et sur lequel on peut absolument compter. Tous les officiers du bord ont été choisis à raison de leur expérience des régions arctiques, et sont disposés à le seconder de toute leur énergie dans cette noble entreprise, et il est probable que celle-ci réussira comme toutes celles auxquelles M. Bennett a déjà attaché son nom et sa fortune.

Le nombre d'hommes qui compose l'expédition ne dépasse pas trente-deux, y compris un astronome, deux naturalistes, dont un pour la météorologie, M. Collins. L'équipage a été choisi sur 1,300 personnes qui se sont offertes ; on n'a admis que des marins ayant plus de vingt-cinq ans et moins de 35 ; on a pris soin de ne prendre que des hommes d'une taille moyenne, bien portants et accoutumés à la mer. On embarquera quatre Esquimaux à Alaska, du charbon et une meute de chiens esquimaux pour les explorations en traîneau sur la glace.

La *Jeannette* sera accompagnée jusqu'au détroit de Behring par un schooner qui transportera le charbon et les provisions et qui a été parfaitement équipé pour ce dangereux voyage. Au nombre des provisions que l'on emporte, se trouvent 8 tentes de six pieds sur neuf, une paire de voiles de rechange et un certain nombre de scies avec lesquelles on peut scier les glaces de dix à 12 pieds de profondeur.

Chaque homme à bord a un bon matelas en crin, un oreiller, deux épaisses couvertures bleues et des vêtements chauds. Une infirmerie a été organisée avec le plus grand soin. Tout l'espace réservé aux provisions en a été rempli. Excepté la farine, tous les approvisionnements en viandes, légumes et fruits ont été soumis à condensation. Ces approvisionnements ont été faits pour une période de trois années. Environ 20 tonnes de provisions et 70 tonnes de charbon seront laissées en réserve pour le voyage de retour, ou pour le cas où la *Jeannette* se perdrait ou devrait être abandonnée.

Toute l'expédition sera défrayée par M. Bennett et coûtera environ 300,000 fr.

On sait que M. Bennett a déjà envoyé à ses frais M. Stanley achever la découverte des grands lacs africains et du fleuve

Livingstone ; il envoie en ce moment la *Jeannette* au pôle Nord. N'est-il pas intéressant de voir un journaliste tenter seul ce que des gouvernements n'ont pu encore mener à bonne fin, et, non content de ce qu'il a déjà fait en Afrique et en d'autres pays, aborder si résolument et avec ses seules ressources la conquête scientifique du pôle Nord ?

Expédition scientifique danoise au Groenland. — On a appris à Copenhague la nouvelle de l'arrivée à Holsteinsborg de l'expédition danoise (voir page 124). Les lieutenants Jenssen et Hammer, avec M. Romerup comme géologue, sont repartis le 15 mai pour explorer la côte entre Holsteinsborg et Egedesmin. On dit que l'hiver a été, à Holsteinsborg, remarquablement doux, et que la glace avait complètement disparu le 15 mai.

P. BAINIER.

DERNIÈRES NOUVELLES DES EXPLORATEURS.

Le marquis *Antinori* est au Choa; on dit qu'il est arrivé au Kaffa. Le capitaine Martini est parti de Zeilah pour le Choa le 6 juillet. Sa caravane a été dévalisée, à 6 journées de marche de Zeilah, par les Issahs Somalis.

M. *Cambier,* chef de l'expédition belge de l'Association internationale africaine, était encore à Tabora le 25 avril 1879. MM. Broyon et Dutrieux devaient retourner à Zanzibar.

M. *Popelin* , chef de la deuxième expédition belge , et le Dr *Van den Heuvel,* étaient partis pour Bagamoyo aux dernières nouvelles, afin de se diriger vers le centre de l'Afrique. Carter, le chef de l'expédition des éléphants, était aussi parti pour Dar-es-Salam et a dû partir vers l'intérieur avec les éléphants le 1er juillet. Ils doivent se rencontrer à Djivoué-la-Singa.

M. l'abbé *Debaize,* le chef de l'expédition française dans l'Afrique centrale, était le 2 avril à Oudjiji, et doit être en ce moment vers le lac Alexandra.

M. *Keith Johnston,* le chef de l'expédition anglaise, de *l'African Fund,* est mort de la dyssenterie le 28 juin à Berobero à 130 milles de Dar-es-Salam ; son compagnon de voyage M. Thomson, le remplace.

M. *Alfred Marche,* s'est embarqué à Toulon, le 19 juillet, pour les îles Philippines.

M. *Masqueray* continue ses recherches archéologiques dans l'Aurès (Algérie.)

Le Rev. Dr Mullens, chef de l'expédition de la *London missionnary Society,* a quitté Zanzibar pour se rendre par Sadany, Mpouapoua à Tierra Munza.

Le professeur *Nordenskiold* est bloqué sur le navire *Véga,* dans les glaces de l'Océan Arctique, à 40 milles du cap Oriental, à Serdze-Kamen. On dit qu'il est arrivé au détroit de Behring.

M. le colonel *Prjévalski* était arrivé à Zaïssan le 27 février et comptait quitter ce poste le 21 mars.

Gerhard Rohlfs, explorateur allemand, était, à la date du 3 avril, dans l'oasis d'Audjélah. Il a quitté le commandement de l'expédition.

M. *Serpa Pinto* est rentré en Europe ; il était à Paris il y a quelque temps, et a été nommé chevalier de la légion d'honneur par le Gouvernement français.

M. *de Semellé* est rentré en France.

M. *Henry Stanley* est en route pour le Congo.

P. Bainier.

VARIÉTÉS

Comité français de l'Association internationale.

Les Chambres ont voté une somme de cent mille francs pour le Comité français de l'Association internationale africaine.

Allocation à la Société de géographie par le Ministère de l'Instruction publique.

M. le Ministre de l'Instruction publique a atttribué, par arrêté du 17 juillet 1879, une allocation de *cinq cents francs* à la Société de géographie de Marseille. Notre Société est heureuse du nouveau témoignage d'intérêt que lui donne M. le Ministre et lui en est très-reconnaissante.

Voyages et missions scientifiques.

Le crédit attribué aux voyages et missions scientifiques a été porté à 200,000 francs au budget de 1880.

Le service des missions a un triple intérêt politique, scientifique et commercial. Nos pères ont les premiers colonisé la Canada, la Louisiane, la Martinique, la Guadeloupe, Saint-Dominique, les Iles de France et de Bourbon, l'Inde, le Sénégal, et l'Algérie.

Il est du devoir de la France de ne point se laisser devancer dans la voie féconde des expéditions lointaines.

Les Congrès.

Le 28 août, il y aura à Montpellier réunion de l'Association scientifique de France et congrès de géographie.

La troisième session du Congrès international des Américanistes aura lieu à Bruxelles du 23 au 26 septembre 1879. Ce congrès a pour objet de contribuer aux progrès des études ethnographiques, linguistiques et historiques relatives aux deux Amériques, spécialement pour les temps antérieurs à Christophe Colomb, et de mettre en rapport les personnes qui s'intéressent à ces études.

La deuxième session du Congrès international de Géographie commerciale durera cinq jours et se tiendra à Bruxelles du 27 septembre au 1er octobre 1879.

Ce congrès est organisé par la Société belge de géographie qui a invité la Société de géographie d'Anvers et les principales associations commerciales et industrielles belges à se joindre à elle pour former un comité d'organisation. On a choisi pour Président M. Houzeau, directeur de l'observatoire de Bruxelles, président de la Société belge de géographie, pour Commissaire général M. Anatole Bamps, docteur en droit, Consul de la République de San Salvador, et pour secrétaire général M. J. Du Fief, professeur à l'Athénée royal de Bruxelles, secrétaire de la Société belge de géographie.

Le programme du congrès comprend cinq sections : explorations et voies commerciales, produits naturels et manufacturés, émigration et colonisation, enseignement, questions générales. Voici du reste ce programme.

Programme du congrès international de Géographie commerciale, à Bruxelles.

SECTION I. — EXPLORATIONS ET VOIES COMMERCIALES.

Explorations commerciales récentes ; leurs résultats.

Explorations commerciales à provoquer pour ouvrir de nouveaux débouchés au commerce et à l'industrie.

Programmes et questionnaires à proposer aux voyageurs, aux capitaines de navires, aux consuls.

Nouvelles routes terrestres, maritimes, fluviales à suivre ou à ouvrir au commerce.

Choix d'un méridien initial.

Installations maritimes et outillage des ports.

Mesures officielles et d'initiative privée à prendre pour augmenter le trafic et étendre les relations de la Belgique à l'étranger.

Vœux à adresser aux gouvernements.

SECTION II. — PRODUITS NATURELS ET MANUFACTURÉS.

Produits végétaux, minéraux et animaux à exporter des diverses parties du globe ; marchandises à y importer en échange.

Musées de géographie commerciale créés ou à créer.

Règlements internationaux pour l'échange des productions intellectuelles.

Procédés industriels des pays lointains et en particulier de l'extrême Orient.
Questionnaires à soumettre aux consuls et aux commerçants résidant à l'étranger.
Vœux à adresser aux gouvernements.

SECTION III. — ÉMIGRATION ET COLONISATION.

Causes générales de l'émigration.
Divers systèmes de colonisation ; exemples à suivre.
Développement des entreprises commerciales. — Comptoirs à l'étranger.
Conditions dans lesquelles doit être entreprise une exploration commerciale.
Acclimatement des colons.
Avantages offerts à l'immigration par différents gouvernements.
De la colonisation au point de vue belge.
Vœux à adresser aux gouvernements.

SECTION IV. — ENSEIGNEMENT.

Diffusion de la géographie commerciale : livres, publications périodiques, cours, conférences, voyages d'études,
Notions de géographie commerciale à introduire à tous les degrés : primaire, secondaire, supérieur et spécial.
Vœux à adresser aux gouvernements d'introduire la géographie commerciale dans les concours officiels.

SECTION V. — QUESTIONS GÉNÉRALES.

Organisation des corps consulaires.
Organisation des chambres de commerce.
Relations des sociétés de géographie commerciale entre elles et avec les sociétés scientifiques et économiques.
Moyens d'associer les intérêts commerciaux et scientifiques ; services réciproques que peuvent se rendre le commerce et la science.
Traités de commerce; protection et libre-échange.

P. BAINIER.

Cours populaire de géographie fondé par la Société, sous le patronage de la municipalité de Marseille.

Le jeudi 3 juillet a été clôturé le cours populaire de géographie fondé il y a 3 ans par la Société. Les dernières leçons ont été consacrées par le professeur à l'étude de la Normandie et de la Bretagne. M. Armand a surtout insisté sur cette province qui a encore sa physionomie toute particulière, et adopte avec plus de lenteur que les autres, les innovations modernes. Une étude historique a permis au professeur de retracer le passé de la vieille Armorique; mais c'est principalement au point de vue économique que le pays a été décrit. Les nombreux ports qui s'ouvrent sur cette côte si découpée, ont été étudiés successivement par M. Armand; leurs ressources ont été minutieusement indiquées, et les voies de communication rapide qui les mettent en relation avec le reste du territoire, n'ont pas été négligées.

Un public toujours nombreux n'a pas cessé de suivre ces leçons si vivantes. La salle de la rue de Lodi était chaque fois trop exiguë pour contenir le nombre des auditeurs qui se pressaient pour assister aux leçons du maître. Chacun regrettait qu'un local plus confortable, plus central et surtout plus vaste, ne fût pas mis à la disposition de la Société de géographie; aussi pour répondre aux désirs de la population de Marseille, désirs souvent formulés par la presse locale, le Bureau de la Société a fait une requête auprès du Conseil général des Bouches-du-Rhône pour que l'assemblée départementale mît à sa disposition la vaste salle de la rue Sylvabelle qui fait partie de l'hôtel de la Préfecture, et prît à sa charge les frais d'éclairage de ce nouveau local. Tout nous fait espérer que le Conseil général, voulant encourager l'œuvre de vulgarisation scientifique que s'est proposée la Société de géographie accèdera à notre demande, et qu'à la rentrée prochaine, M. Armand pourra recommencer ses cours devant un auditoire encore plus nombreux : Il continuera son voyage à petites journées à travers la France et étudiera les ressources agricoles, industrielles et commerciales de chacune de nos provinces.

On a remarqué cette année une modification notable dans le personnel du public qui se presse à ces cours. Les dames, principalement les jeunes filles qui se destinent aux examens, suivaient en grand nombre les leçons du professeur, prenaient des notes et par leur assiduité, été et hiver, montraient combien l'initiative prise par la Société en créant ces cours populaires avait été appréciée par tous.

A la séance de clôture, M. Armand a distribué à tous ses auditeurs un exemplaire du guide Clavier, que l'éditeur M. Cayer avait généreusement mis à la disposition de la Société de géographie; ce petit atlas des chemins de fer, fidèlement tenu au courant par l'auteur, peut rendre à l'enseignement d'utiles services. La Société de géographie remercie M. Cayer de sa généreuse libéralité.

P. B.

Deux des membres de notre Bureau ont été désignés par M. le Préfet pour faire partie du jury qui décerne un certificat d'étude aux élèves de nos écoles primaires. Ils ont pu constater les progrès immenses qu'a faits la géographie dans nos écoles: ce n'est plus comme une sèche nomenclature; les élèves connaissent leur carte, savent en tracer un croquis, et par leurs réponses pleines de précision montrent combien est sérieux l'enseignement qu'ils reçoivent. La Société de géographie de Marseille est heureuse de constater de tels résultats.

Concours ouvert par la Société de géographie de Marseille entre MM. les Instituteurs-adjoints.

Ce concours a eu lieu le jeudi 10 juillet dans la grande salle de l'école communale de la rue de Lodi. Le nombre des instituteurs qui ont répondu à l'appel de la Société, nous avons le regret de le dire, n'a pas été considérable ; quatre instituteurs seulement ont pris part à la lutte. Voici le sujet qu'ils avaient à traiter : « faire le croquis des cartes de la Normandie et de la Bretagne ; ports de Commerce et ports militaires de cette région. Quatre heures étaient accordées pour cette composition. La copie qui a paru à la Commission mériter le n° 1 est celle de M. Bourrilly, Louis, instituteur-adjoint à l'école de la rue Belsunce. C'est une composition véritablement remarquable; les détails économiques sont bien choisis, bien exposés et dénotent chez l'auteur l'habitude constante de se tenir au courant des questions qui intéressent notre pays ; la 2ᵉ copie est celle de M. Pons, Louis, de l'école des Catalans ; remarquable à bien des titres, elle est moins riche en détails que la précédente et n'offre pas la même unité de proportion que la Commission a signalée dans le 1ᵉʳ devoir.

Le 3ᵉ rang a été donné à M. Bourrilly, Noël, de l'école de la rue Belsunce. La Commission voulant aussi donner un témoignage de sa satisfaction aux efforts faits par M. Jouve, de la rue Lodi, a décidé qu'un ouvrage lui serait remis comme 4ᵐᵉ prix.

Un examen oral auquel ont bien voulu présider M. l'Inspecteur d'académie et M. Ricard inspecteur primaire, a mis en relief les qualités pédagogiques de nos jeunes maîtres : cet examen n'a pas modifié l'ordre des lauréats. La Société est heureuse de constater le développement considérable que l'étude de la géographie a pris dans l'enseignement public.

Les prix ont été décernés aux instituteurs-adjoints par la Société de géographie dans sa séance du 29 juillet.

P. B.

Liste des élèves qui ont obtenu les prix fondés par la Société de Géographie pour l'année scolaire 1878-1879.

LYCÉE DE MARSEILLE :

Cours de Saint-Cyr : MARÉCHAL, Alfred, de Moulins.
Mathématiques élémentaires : COMBARNOUS, Louis, de Saint-André (Hérault.)
Rhétorique : RALLI, Nicolas, d'Odessa.
Enseignement spécial : AQUADRO, Auguste, de Philipeville.

COLLÉGE D'AIX :

Rhétorique : CAUVIN, Gaston, de Digne.
Enseignement spécial : PELLON, Joseph, des Martigues.

COLLÉGE D'ARLES :

Rhétorique : MICHEL, Emile.

ÉCOLE NORMALE DES INSTITUTEURS D'AIX :

LÈBRE, Jude, de Saint-Cannat.

ÉCOLE NORMALE D'INSTITUTRICES D'AIX :

DUMONT, Marguerite-Céleste.

ÉCOLE SUPÉRIEURE DE COMMERCE DE MARSEILLE :

3e année : MARTI, Coriolan, de Sainte-Croix-de-Ténériffe (Canaries.)
2e » VALETTE, Ernest, de Marseille.
1re » FAURE, Ernest, de Marseille.

Nous n'avons pas encore reçu les noms des lauréats des écoles primaires.

Extraits des procès-verbaux des séances des 1er et 29 juillet 1879.

La Société de géographie de Marseille a souscrit à 5 exemplaires de la carte de Marseille et ses environs, par M. Lan ; 3 exemplaires seront offerts par la Société, savoir l'un au Cercle artistique, l'autre à la Société de géographie de Paris et le 3e à celle de Londres. Les deux exemplaires restants seront pour la bibliothèque de la Société.

M. Rabaud offre à la Société de géographie, de la part de l'auteur, l'ouvrage de notre honorable et savant bibliothécaire et archiviste, M. Joseph Mathieu. Cet ouvrage intitulé : *Histoire, commerce et statistique de Marseille*, fait honneur à son auteur, qui a su rendre attrayante et intéressante au plus haut degré une science qu'on regardait jusqu'alors comme un peu trop ardue et bonne pour les savants et les administrateurs. *Savoir amuser et instruire* avec la statistique est le plus bel éloge que l'on puisse faire de cet excellent volume que toute bibliothèque marseillaise voudra posséder. Nous espérons que M. Mathieu voudra faire le même travail pour les Bouches-du-Rhône, qu'il pourra étendre plus tard à la Provence. Nous savons qu'il possède tous les documents nécessaires à ces travaux que le temps rendra de plus en plus précieux.

La Société décerne dans sa séance du 1er juillet, une médaille d'argent à M. Lan pour sa carte de Marseille et ses environs, une médaille d'argent à M. Greffulhe, correspondant de la Société à Zanzibar, qui a rendu de sérieux services aux voyageurs qui débarquent dans cette île, et qui a tenu la Société au courant des explorations qui prennent ce point de la côte orientale d'Afrique pour point de départ.

La Société décerne aussi une médaille collective de vermeil à MM. Savorgnan de Brazza et Ballay.

La Société laisse à son Bureau le soin de désigner les Sociétés de géographie et les différents présidents ou autres membres de ces Sociétés auxquels il serait bon d'offrir la médaille de la Société, comme témoignage de bonne confraternité.

Dans la séance du 29 juillet, la Société a distribué les prix aux Instituteurs-Adjoints qui ont pris part au concours qui a suivi le cours de géographie populaire. Voici le nom des instituteurs lauréats :

1er prix MM. Bourilly, Louis, instituteur-adjoint à l'école Belsunce.
2e prix Pons, Louis, instituteur-adjoint à l'école des Catalans.
3e prix Bourrilly, Noël, instituteur-adjoint à l'école Belsunce.
4e prix Jouve, instituteur-adjoint à l'école de la rue de Lodi.

M. Bourrilly, Louis, a eu pour prix l'atlas de Hughes, le dictionnaire d'histoire de Bouillet, le dictionnaire des sciences du même auteur et les trois volumes de la géographie d'Onésime Reclus.

M. Pons, Louis, a eu 75 francs et les trois volumes d'Onésime Reclus.

M. Bourrilly. Noël, a eu l'atlas de Hughes et les trois volumes d'Onésime Reclus.

M. Jouve, a eu la géographie appliquée (géographie générale et France), par Bainier, et la géographie de Grégoire.

Le secrétaire général donne lecture du procès-verbal de la séance du 1er juillet. M. Béguin demande la parole sur le procès-verbal et fait la motion suivante : « La Société de géographie récompense le travail des instituteurs, des élèves et le zèle des correspondants; pourquoi ne récompenserait-elle pas les services des hommes éminents qu'elle a mis à sa tête et qui lui donnent la vie ? Je ne veux pas ici énumérer leurs services qui sont reconnus de tous, car je craindrais d'effaroucher leur modestie.

Je propose que la Société de géographie décerne une médaille d'argent de membre fondateur à son honorable président, M. Rabaud, aux deux vices-présidents MM. J. Talon et E. Delibes, au secrétaire général, M. Bainier, et au secrétaire chargé du cours populaire de géographie, M. P. Armand. »

La proposition de M. Béguin est votée par acclamation.

M. le Président remercie la Société de l'honneur qu'elle vient de faire aux membres de son Bureau.

La Société de géographie s'inscrit pour dix souscriptions au Congrès international de géographie commerciale de Bruxelles.

La Société autorise son Bureau à prendre une somme de 500 fr. sur le budget de 1881 pour souscription au Congrès pour l'avancement des sciences, si Marseille est désigné par l'Association scientifique qui se réunit le 28 août à Montpellier.

Sont admis membres de la Société :

MM. Argenti, Léonidas, négociant, cours Pierre-Puget, 33, Marseille.

Arrighi de Casanova, agent du service maritime des Postes, lignes de l'Indo-Chine.

Bardou-Job, Pierre, négociant à Perpignan.

Caussemille, jeune, négociant, boulevard de la Magdeleine, 111, Marseille.

Chanal, Casimir, négociant à Marseille.

A. Debély, à Marseille.

Frisch, Émile, courtier, rue d'Arcole.

Girard, Louis, négociant, rue des Abeilles, 18, à Marseille.

Hains, Eugène, négociant, boulevard Dugommier, 1, à Marseille.

Moullet, J.-B., fils aîné, boulevard de la Magdeleine, 135.

Revoil, Georges, à Marseille.

Sont nommés membres en vertu de l'article 7 des Statuts :

MM. BOURRILLY, Louis, instituteur à la Ciotat.

DORLHAC DE BORNE, Alphonse, directeur de l'École normale à Aix.

MICHEL, Georges, Ingénieur, 56, rue du Jardin des Plantes, à Marseille.

REBOUL, aide-naturaliste, à Marseille.

Sont nommés membres correspondants :

MM. E. CASSAS, consul de France à Tananarive.

CHEVARRIER, agent vice-consul de France à Jaffa.

DE NOUET, directeur des affaires étrangères à Saïgon.

LUCIEN N.-B. WYSE, lieutenant de vaisseau, à Paris, boulevard Malesherbes, 117.

Sont nommés membres d'honneur :

MM. L'AMIRAL MOUCHEZ, directeur de l'Observatoire, à Paris.

LEMYRE DE VILERS, gouverneur de la Cochinchine, à Saïgon.

Membre donateur :

M. BARDOU-JOB, Pierre, à Perpignan.................. 100 francs.

Errata : Lire ANDIOL, Henri, au lieu de Jules, à la page 137.

Le secrétaire général, gérant,

P. BAINIER.

ZANZIBAR

SOUVENIRS DE VOYAGE 1853-54

Je n'aurais pas songé à publier en 1879 des souvenirs d'un voyage accompli il y a 26 ans et qui ne présentent pas par eux-mêmes un grand intérêt, si je n'avais pensé qu'ils pouvaient cependant avoir leur utilité comme terme de comparaison entre les moyens de communication qui existaient alors et ceux bien autrement prompts, faciles et confortables, qui sont aujourd'hui à la disposition des voyageurs, surtout depuis que le génie créateur de M. de Lesseps a percé l'Isthme de Suez et ouvert cette grande route maritime de l'Orient, qui permet d'aller directement de Marseille à Zanzibar, en parcourant, en 18 ou 20 jours, les 4700 milles qui séparent ces deux ports, tandis que par la route du Cap, ils se trouvaient à plus de 8400 milles l'un de l'autre. On a songé, depuis lors, à franchir cette distance avec des bateaux à vapeur, et l'industrie humaine a tellement perfectionné ces instruments de transport, qu'ils n'ont plus besoin que de quantités de charbons relativement faibles, et qu'ils sont assez gros pour porter eux-mêmes le combustible nécessaire. En outre, de nombreuses escales ont été créées autour de cette Afrique que la civilisation attaque de tous côtés, et ont facilité les voyages vers ces terres lointaines.

En 1853-54, j'ai dû m'estimer très-heureux d'arriver à Zanzibar après 72 jours de voyage et dans des conditions souvent pénibles. Si je fus parti quinze jours plus tard, si j'avais éprouvé le moindre accident, si je n'avais pas eu la très-bonne chance de trouver un bateau à Aden, et quel bateau ! j'aurais pu, comme d'autres, attendre à Aden, à Bombay ou à Mascate de très-rares occasions qui ne m'auraient conduit à Zanzibar qu'après un pénible voyage de cinq à six mois ou plus. Il pouvait arriver, et c'est ce qui était prévu par mon capitaine, que la mousson du S.-O. se déclarât quelques jours plus tôt du côté de Zanzibar. J'aurais été obligé de rebrousser chemin et de rentrer à Aden après deux ou trois mois de séjour à bord d'un affreux boutre indigène, ce qui eût été, il n'en faut pas douter, une douloureuse aventure.

Aujourd'hui, chaque mois on peut se rendre de Marseille à Zanzibar sur de magnifiques bateaux à vapeur où l'on trouve tout le confort désirable, en 21 jours réglementairement, souvent en 18 ou 19 jours, et l'on en revient de même. Tandis qu'en 1855, pour revenir de Zanzibar, j'ai dû attendre très-longtemps une occasion, profiter de la complaisance du capitaine d'un navire à voile d'une maison amie, qui a bien voulu se détourner de sa route pour me débarquer à Maurice, après un mois entier d'une navigation rendue déplorablement lente par des calmes désespérants. J'ai, de plus, dû attendre à Maurice une occasion qui ne s'y est présentée qu'au bout de quarante jours et grâce à une entente avec de nombreux passagers, qui nous permît d'affréter un voilier qui rencontra encore des calmes désespérants, et pendant la moitié desquels nous fûmes à la ration. Au bout de 32 jours seulement nous pûmes aborder dans l'île de Ceylan et débarquer à Pointe-de-Galles. Ceux d'entre-nous qui rentraient directement en Europe, tandis que je visitais Ceylan et me rendais à Bombay, eurent, après trois semaines de séjour forcé dans l'île, beaucoup de peine à trouver de mauvaises places sur le bateau mensuel de la Compagnie Peninsulaire et Orientale, qui, seule, à cette époque, faisait le voyage d'Aden et de Suez.

En 1854, nous sommes restés à Zanzibar six mois et cinq jours sans recevoir aucune nouvelle directe ou indirecte d'Europe. Ma famille, en France, a dû aussi attendre six mois de mes nouvelles et cependant je n'avais négligé aucune occasion possible. Aujourd'hui, on reçoit, sans compter de fréquentes occasions, régulièrement toutes les quatre semaines, en Europe et à Zanzibar, des nouvelles qui, par lettres, mettent 18 à 23 jours pour parvenir à leur destination, et qui, au moyen du télégraphe d'Aden, sont transmises de Zanzibar en Europe et vice-versa en 8 ou 10 jours. Dans quelques jours, grâce au câble qui va relier les colonies du Cap, de Natal, de Mozambique à Zanzibar et Zanzibar à Aden, nous pourrons recevoir en Europe des télégrammes de Zanzibar quelques heures avant celle de leur expédition, car il est déjà midi à Zanzibar qu'il n'est encore que 9 heures 20 minutes du matin à Marseille.

Le principal intérêt de cette étude étant de suivre pour Zanzibar, pour la côte orientale d'Afrique et l'Afrique équatoriale les immenses progrès qui se sont accomplis depuis un quart de siècle, rien de ce qui caractérise la situation d'alors ne doit être négligé. Par ce qui s'est fait pendant ces vingt-cinq dernières années, on peut se faire une idée de ce qui pourra se faire d'ici à la fin du siècle.

Le 26 décembre 1853, le lendemain de la Noël, plein d'espoir, mais le cœur très-gros de m'éloigner pour longtemps d'une mère et d'une sœur chéries, qui restaient seules et qui me voyaient partir avec un regret d'autant plus poignant, qu'elles s'exagéraient les dangers auxquels j'allais m'exposer, je m'embarquai dans le vieux port de Marseille, à bord du steamer de la Compagnie Peninsulaire et Orientale le *Vectis*, qui devait me conduire à Malte. Le ciel était d'une pureté admirable, grâce à un très-fort vent de N.-N.-O., le fameux mistral des Marseillais, qui soufflait avec violence, la mer était très-agitée, mais ce vent, tout désagréable qu'il fût, nous était favorable; il ne méritait cependant pas de recevoir le doux nom de zéphyr et il ne m'était pas possible de le flatter au point de pouvoir dire avec Lamartine :

« Qu'un zéphyr embaumé t'apporte mes adieux,
« Marseille fille grecque, où vivent mes aïeux. »

Le *Vectis* (nom latin de l'île de Wight) était un excellent steamer; on le disait alors un magnifique bateau, il faisait l'admiration de tous, il était de 1000 tonneaux, sa machine avait une puissance de 400 chevaux, il était à aubes; le diamètre de ses roues avait près de 10 mètres; il était considéré, avec sa sœur la *Valetta*, comme un des plus rapides steamers qui eût été construit; il appartenait à la Compagnie Peninsulaire et Orientale (P. A. O. C°), qui était déjà une puissante compagnie.

Elle avait débuté par une modeste ligne de vapeurs entre l'Angleterre et l'Irlande et, par ses capitaux, était d'origine Irlandaise, ce que témoigne la devise de l'ordre de Saint-Patrick : « *quis separabit* » inscrite au-dessous d'un soleil levant, devise qui se trouve, suivant l'usage anglais, représentée partout, à bord de ses steamers.

Nous étions 24 passagers à bord, mais, à cause du mauvais temps nous nous trouvions à peine une dizaine à table.

Après une traversée de 53 heures, nous arrivions à Malte le 29 et nous trouvions déjà ancré dans le beau port de la Valette le steamer de la même Compagnie, le *Colombo*, qui devait nous conduire à Alexandrie. Il était parti de Southampton le 20 et avait accompli la plus belle traversée qui se fût faite jusqu'alors. C'était son premier voyage. Construit à Cowes comme le *Vectis*, il était à hélice et beaucoup plus grand, 2000 tonneaux, 450 chevaux de force, sa longueur était de 300 pieds, soit 91 mètres 40. C'était un des grands steamers de cette époque. Nous étions mouillés assez loin du *Colombo*; n'ayant pas pu retenir ma place d'avance, je me hâtais de m'embarquer avec mes bagages sur un bateau maltais et de me rendre à bord du *Colombo*, où il y avait déjà plus de cent passagers. Il n'y a point de place à bord; le purser, qui est très-aimable, m'offre de tenter la chance et de partir, il me casera tant bien que mal. C'est dit, je n'ai pas de temps à perdre; je laisse mes bagages à bord et je me hâte de profiter des quelques heures dont nous pouvons disposer pour visiter cette très-intéressante ville de Malte que, par suite de changement d'itinéraire, peu de voyageurs ont la chance de trouver aujourd'hui sur leur route; je débarque donc et j'escalade les rues de cette ville pittoresque; toutes les rues, en escalier, offrent un aspect curieux et bizarre qui saisit et séduit : les maisons blanches, bien construites avec les belles pierres dont l'île abonde, sont d'une propreté remarquable, elles se présentent coquettement avec leurs balcons à rideaux extérieurs, derrière lesquels brillent ou doivent briller de beaux yeux noirs. Aux coins des rues des madones et des saints et partout des médaillons qui portaient autrefois des armoiries et des croix de Malte, aujourd'hui totalement effacées. Il n'entre pas dans mon sujet de décrire ici la belle église de Saint-Jean, avec ses magnifiques tombeaux et ses admirables mosaïques, ni le château du gouverneur et ses jardins plantés d'orangers, ni la salle d'armes et son armée de chevaliers en bois ou en carton, recouverts des anciennes armures des chevaliers de l'Ordre, en un mot, tout ce qui rappelle la prospérité antique de cette ville de Malte, qui a joué un rôle assez important dans l'histoire des peuples. Je me bornerai seulement à constater ici l'impression que me produisit la présence à Gibraltar, au milieu des teintes chaudes et vives de ce pays méridional, de la froide et correcte administration anglaise, qui a fait de Malte l'une des plus importantes possessions britanniques, située presqu'au centre de la Méditerranée. Malte, on le sait, surveille à la fois l'Orient et l'Occident. Cette impression, je l'avais déjà ressentie à Gibraltar; plus tard, dans l'Inde, je devais l'éprouver.

Après ma courte excursion dans la ville des chevaliers, je revins à bord : à 11 heures 1/2 le *Colombo* sort du port; je m'installe dans ma cabine des deuxièmes, tout à fait à l'avant, mais j'y suis en très-bonne compagnie avec deux officiers du bord, qui ont cédé leurs couchettes, et je retrouve dans les soins et les attentions de toutes sortes dont on m'accable, une forte compensation du désagrément que je suis sensé éprouver et dont j'ai, dès le premier moment, pris mon parti.

Nous sommes au dimanche 1er janvier 1854; la journée à bord paraît plus longue et plus triste. Bien des souvenirs depuis la première enfance s'attachent à ce jour de fête. La pensée se reporte avec plus de persistance sur les personnes et les choses absentes. C'est une consolation de pouvoir écrire, et c'est en même temps une nécessité, car demain matin nous serons à Alexandrie, où je mettrai mes lettres à la poste et où je serai bien aise de pouvoir disposer de tout le temps qui nous sera accordé par les exigences du voyage.

Le 2 janvier, après 78 heures de mer depuis Malte, nous nous trouvons à 6 heures du matin devant Alexandrie; la pensée de mettre, pour la première fois, les pieds sur le sol de l'Egypte est pour tous et surtout pour ceux que l'Orient attire et séduit d'avance, une forte et douce émotion. Du bord, nous pouvons apercevoir assez distinctement la plage plate et unie, et surtout d'innombrables moulins à vent, disposés comme dans un paysage flamand, mais le fond du tableau est d'un bleu pur et sans mélange et quelques palmiers qui balancent leurs cimes pittoresques nous disent que nous sommes loin des brouillards, au pays du soleil éclatant. On distingue assez nettement le phare, le palais du vice-roi, les bâtiments de guerre et du commerce qui se balancent dans le port, L'entrée d'Alexandrie est difficile, à cause des bas-fonds de la rade et il n'y a que deux passes praticables pour les gros navires; le concours d'un pilote est sinon indispensable, du moins convenable et régulier; nous l'attendons, mais le vent est contraire et ne permet au pilote de monter à bord qu'à 8 heures.

Nous jetons l'ancre dans le beau port d'Alexandrie à côté du joli yacht de M. Stephenson, l'illustre ingénieur anglais qui construit le chemin de fer d'Alexandrie au Caire; cette voie de communication rendra, il est vrai, ce voyage moins intéressant, et lui ôtera presque toute sa poésie, mais il établira des relations faciles et promptes entre les deux mers. La loi du progrès exige que l'on aille vite, le plus vite possible; aussi, si, au point de vue de la civilisation, il n'est pas permis de manifester des sentiments de regrets pour le passé, au point de vue artistique et pittoresque, il est impossible de ne pas les exprimer.

Avant même que le steamer soit en place, le pont est envahi par une nuée de gens de toutes couleurs: comme j'avais pris mes précautions d'avance, je parviens à me débarrasser des importuns et à m'embarquer avec mes petits bagages de route, le reste est confié aux soins de la Compagnie jusqu'à destination; je me glisse dans une chaloupe qui traverse le port et nous conduit à une petite jetée où nous débarquons. Là, nous sommes assaillis par une foule grouillante et compacte d'Arabes, de nègres et de négrillons qui nous offrent leurs services dans une langue composée d'un mélange incroyable de mots de toutes les nations, où l'italien, l'anglais et le français s'efforcent de dominer. Au milieu de tout ce monde déguenillé, piétinent des quantités énormes de ces fameux petits ânes d'Egypte sur le dos desquels leurs conducteurs veulent vous mettre de force ; ce n'est que grâce à des efforts inouis que nous finissons par nous débarrasser de tout ce monde et par prendre place dans les espèces d'omnibus qui nous attendent pour nous conduire, en traversant rapidement la ville, jusqu'à l'hôtel, sur la place des Consuls, qui résumait alors tout l'Alexandrie européen.

Nous pouvons disposer de quelques heures pendant lesquelles on transportera les bagages et les dépêches du steamer au bateau du Canal où nous devons nous embarquer ; ces quelques heures suffisent largement à visiter Alexandrie, car il ne reste pas grand chose de la grandeur de cette ville bâtie par Alexandre-le-Grand, qui voulut en faire la capitale de son immense empire, de cette cité réputée autrefois la plus belle du monde, décorée de temples, de gymnases, de théâtres, de portiques sans fin, célèbre par son serapeum rempli de lettrés, de grammairiens, d'artistes, de sophistes, de poètes. Alexandrie, qui avant Mehemet-Ali avait vu sa population descendre à 6000 habitants, elle qui en avait eu 600.000, est très-animée et très-vivante, mais ce mouvement est tout commercial ; des balles de coton, du blé, du sucre, etc., etc., encombrent ses places et ses ports.

A 2 heures, nous quittons l'hôtel dans les mêmes véhicules, qui nous conduisent à vingt minutes de là, sur les bords du canal Mahmoudieh ; ce canal, qui relie Alexandrie au Nil, fut commencé en 1819, par l'ordre de Mehemet-Ali, qui lui donna le nom de Mahmoud, alors sultan de Constantinople. Plus de deux cent cinquante mille ouvriers furent, dit-on, occupés pendant plus d'un an au creusement de ce canal, qui a coûté 7 à 8 millions et qui a causé la mort de plus de 20 mille ouvriers, qui moururent de maladies ou d'accidents. Un bateau construit comme les bateaux-postes de nos canaux, mais beaucoup plus grand, reçoit les voyageurs ; il est remorqué par un bateau à vapeur assez puissant. Je m'embarque avec quelques passagers de ma connaissance à bord du remorqueur, nous y serons plus à notre aise que sur le bateau, qui est absolument encombré. Nous partons à 3 heures, nous sommes beaucoup mieux sur le remorqueur que le reste des passagers entassés sur le bateau-poste, mais quand l'heure du dîner arrive il n'y a rien à bord et il faut attendre que la barque nous fasse passer des vivres, ce qui ne peut se faire que très-tard et dans de très-mauvaises conditions. La soirée est fraîche et très-humide. A minuit, nous arrivons à Atfeh, sur les bords du Nil. D'après un bon avis reçu d'un homme fort au courant des us et coutumes du pays, il s'agit, pendant que la barque monte l'écluse qui doit la conduire à côté du bateau à vapeur qui chauffe sur le Nil pour nous conduire au Caire, de courir jusqu'au dit vapeur pour y avoir une des très-rares couchettes qui se trouvent à bord. Le conseil était bon, j'arrive à temps et le backchich aidant, je puis m'installer dans une chambre où je pourrai me coucher et faire ma toilette, ce que tant de passagers seront dans l'impossibilité de faire. Je prends la clé de ma chambre et, tranquille de ce côté, je vais assister sur le pont à la confusion et au pêle-mêle qui a lieu au moment de l'arrivée du gros des passagers, les arrivants de la barque, sont au moins deux ou trois fois plus nombreux que les places à distribuer et beaucoup ne trouvent pas un coin pour se blottir pendant la nuit dans le salon; ils doivent rester sur le pont; or, la nuit est très-humide et très-fraîche à cause de la pureté du ciel.

A minuit et demi, nous partons; je vais égoïstement me coucher et attendre que la clarté du jour nous permette de jouir du spectacle qui nous est pour le moment ravi par l'obscurité de la nuit. Dès que le jour paraît, je m'empresse de me rendre sur le pont, pour voir et admirer, par une superbe matinée, les beaux paysages de l'Égypte; le ciel est bleu et sans nuages, d'une pureté admirable; à l'horizon de magnifiques lignes bien nuancées, quelques villages en terre, de petits bois de palmiers dont les cimes s'élèvent au-dessus de beaux sycomores au feuillage vert-noir et puissant.

Le Nil serpente et revient si souvent sur lui-même que l'on aperçoit au loin les voiles des bateaux qui le remontent, car le vent est favorable, ou les mâts des barques qui descendent, sur quatre ou cinq plans, comme s'il y avait quatre ou cinq rivières latérales. Des barques chargées de coton, de blés, d'esclaves, qui vont se vendre à Alexandrie, sillonnent le fleuve immense, tandis que des oiseaux sur tous les rivages volent par milliers de tous côtés : ce sont des ibis, des canards aux couleurs variées, des buffles, des chameaux cheminant sur les berges et détachant leur brunes silhouettes sur l'azur du ciel.

J'avais eu la chance de pouvoir me coucher et dormir ; mais je me demandais en voyant tout ce monde entassé sur le pont comment on pourrait déjeuner et dîner, mais comme dit le poète :

> Une loi qui d'en bas semble injuste et mauvaise
> *Dit aux uns jouissez, aux autres enviez.*

En vertu de cette loi, le maître d'hôtel trouva juste et équitable que ceux qui avaient bien dormi pussent bien manger : il servit donc aux rares privilégiés des cabines, un excellent repas à côté de la cuisine, pendant que les autres passagers cherchaient une petite place dans le salon ou aux tables que l'on avait établies sur le pont.

A 2 heures, nous commençons à apercevoir dans le lointain les pyramides; nous ne sommes pas très-éloignés du Caire à vol d'oiseaux, mais les contours du Nil ne nous permettront pas d'y arriver avant 6 heures. A 4 heures et demie, nous sommes au barrage du Nil qui est en construction; c'est l'endroit où le fleuve se sépare en deux branches, les travaux ne sont pas achevés et il est question de démolir ce long et beau pont destiné à élever les eaux du Nil pour arroser une plus vaste étendue de pays. La passe pour les bateaux est difficile et dangereuse, notre vapeur y est remorqué péniblement par une centaine de nègres, au moyen de cordages, qui leur ont été lancés du bord.

Le soleil est sur le point de disparaître, l'horizon semble en feu, le paysage est superbe; à mesure qu'on avance le pays devient beaucoup plus boisé et plus peuplé, les pyramides sont très-visibles à notre droite. On aperçoit, au loin et dans le brouillard, à notre gauche, le Caire et ses nombreux minarets, si élancés, si gracieux. Nous passons à côté de Shoubra, le palais d'Alim Pacha, fils de Mehemet Ali, et à 6 heures et quart nous arrivons à Boulacq, au port du Caire, où nous débarquons, à la lueur des machalhas ; ces grandes torches de bois résineux, brûlant dans une espèce de grille en fer adaptée à un long bâton porté par des nègres à demi-vêtus d'une guenille blanche, donnent à la scène une physionomie étrange et caractéristique. Des omnibus traînés par quatre chevaux nous attendent au débarcadère et nous conduisent au Caire.

Je désire vivement visiter le Caire, et je ne tiens nullement à arriver des premiers à Suez ; pourvu que j'y arrive à temps pour m'embarquer cela suffit. Pour la traversée du désert du Caire à Suez il y a 80 milles, qu'on parcourt dans des espèces de carrioles à six places à peine suspendues, traînées par quatre chevaux ou mules. Pendant que les bagages et les dépêches vont à dos de chameaux on divise les voyageurs par bandes de six pour une voiture et par groupes de quatre voitures qui partent de quatre en quatre heures, afin que les chevaux ou les mules puissent se reposer. Le sort m'a désigné pour le convoi qui doit partir le lendemain à six heures du matin. Le chef du transit égyptien chargé de ce service me fait annoncer, peu de temps après, qu'un monsieur allemand a pris ma place et m'a cédé la sienne dans le dernier convoi qui ne partira qu'à six heures du soir ; c'est pour le mieux, j'ai donc vingt-quatre heures devant moi à passer dans la capitale de l'Egypte ; j'y ai trouvé de jeunes artistes amis, qui me feront voir et bien voir le Caire qu'ils connaissent si bien.

Aussi dès que le soleil est levé, nous sommes en selle sur les excellents petits bourriquets d'Egypte et nous partons, suivis d'autant de négrillons que nous avons d'ânes, pour visiter les monuments de la ville qui a remplacé Memphis ; j'ai vu beaucoup de choses en quelques heures et, grâce à mes compagnons qui me guident si bien, j'ai assez bien vu pour pouvoir au besoin écrire de longues pages sur cette ville si riche en souvenirs, mais quoiqu'en

Afrique, je ne crois pas devoir m'étendre sur un sujet qui ne rentre pas dans le cadre que je me suis tracé.

Cette grande ville, la plus grande et certainement la plus populeuse de l'Afrique, représente bien l'Orient actuel avec ses splendeurs en ruine, sa poésie, ses tons chauds, sa saleté, ses misères, sa philosophie et le contraste qui s'y manifeste déjà des produits criards de l'industrie moderne importés d'Europe pour satisfaire à l'amour propre de races dégénérées, qui ne tarderont pas à remplacer ce que le passé leur a laissé de grandeur et d'originalité par la sotte imitation d'une civilisation dont ils ne prendront avec exagération que le pire côté. Qu'il me soit permis cependant de consigner ici l'impression profonde que j'ai ressentie et conservée de ma première visite à cette suite de grandes et belles mosquées, à ces minarets légers, gracieux et dentelés qui sont désignés sous le nom de tombeaux des califes et qui, avec leurs belles arabesques, leurs magnifiques dentelures, leurs ciselures, leurs stalactites, leurs boiseries, leurs parquets, leurs faïences, sont un précieux souvenir de la splendeur des anciens maures, de cet ensemble imposant de ruines que Victor Hugo a justement appelé la *ville qui dort*. Nous étions arrivés devant le merveilleux spectacle qu'offrent ces belles ruines, dans une plaine de sable pailletée de couches blanches, au moment où la brume matinale le faisait paraître plus grand et plus calme encore; nous en partons à regret laissant le chaud soleil d'Egypte inonder de lumière ces restes d'une civilisation qui a brillé d'un si vif éclat, sur cette ancienne terre des Pharaons où l'on retrouve des monuments qui remontent à des temps plus reculés que les dates que dans notre enfance on assignait au déluge et à la création du monde.

Après une journée de fatigue mais surtout de douces émotions artistiques, je monte en voiture; le dernier convoi, dont je faisais partie, se composait d'une seule voiture et nous n'y étions que trois voyageurs ; aussi, n'étions-nous ni serrés ni étouffés ; en revanche nous étions un peu plus cahotés. La carriole traînée par quatre chevaux part au galop et nous fait parcourir en deux heures les quatre premières stations, soit 20 milles. Nous étions encore dans le bon chemin. Nous nous arrêtons à la quatrième station pour souper, dans une grande salle blanchie à la chaux et entourée de divans; le repas est servi à l'anglaise sur une grande table qui tient tout le milieu de la pièce. Nous mettons six heures pour parcourir les quatre stations suivantes; le chemin est affreux, nous sommes terriblement cahotés, ensablés, poussiérés. En arrivant à la huitième station, nous trouvons le convoi précédent qui se mettait en route pour Suez. Un nouveau souper est servi, on sait que beaucoup d'Anglais, les seuls qui voyagent sur cette route, sont toujours disposés à manger en voyage.

A sept heures du matin nous arrivons, toujours cahotés, à la douzième station où le déjeuner est servi, nous en repartons une demi-heure après pour arriver avec la chaleur à Suez à onze heures, après seize heures et demie de route. Le désert du Caire à Suez est une vallée plus ou moins large de sable et de cailloux, entre des montagnes arides, brûlées par le soleil et en partie formées de sable sans végétation aucune; celles au midi sont assez élevées.

La petite ville de Suez ne présente rien de remarquable, les voyageurs y assistent dans la cour du transit à l'arrivée des bagages qui viennent de traverser le désert à dos de chameaux ; gare à ceux qui n'ont pas des malles ou des caisses d'une solidité à toute épreuve et bien cordées, et même encore ceux-là frémissent en pensant dans quel état sont les choses délicates qui y sont renfermées.

La marée est basse, d'ailleurs les navires ne peuvent ancrer qu'à une certaine distance de la ville ; nous nous rendons dans une embarcation à bord du beau steamer le *Bengal* qui appartient aussi à la Compagnie Péninsulaire et Orientale. C'est un vapeur neuf de 2,200 tonnes et 470 chevaux, à hélice, qui est très-bien emménagé, très-grand salon, table pour cent personnes, pankas, etc.; il touchera à Aden, à Pointe-de-Galle et ira à Calcutta; le purser me donne une cabine très-convenable et tout me fait espérer un voyage confortable.

Nous partons de Suez pour Aden le 5 janvier à six heures du

soir; quoique le vent soit faible, il est contraire, la chaleur est supportable, la soirée très-agréable. Le 6 au matin on aperçoit encore les deux rivages, et du côté de l'Arabie, très-vaguement le mont Sinaï ; à huit heures, 22° 1/2 cent., à onze heures et demie, 26° 1/2.

On ne risque pas de mourir de faim à bord du steamer, qu'on en juge !

A six heures du matin, le thé ;
A huit heures et demie, déjeuner à la fourchette ;
A midi, tiffin ou lunch ;
A quatre heures, dîner long et copieux ;
A sept heures, thé ;
A neuf heures, grogs.

La journée du 7 est plus chaude ; à huit heures 26° 1/2, à dix heures 27. Le 8, le thermomètre s'élève dès huit heures à 28°, à midi 29°, dans les cabines il est à 33° ; on n'aperçoit plus les côtes. Le 10, vent contraire très-fort, peu de passagers à table, pas de dame ; on aperçoit la terre du côté de l'Arabie. Le 11 nous ne sommes pas très-éloignés de la côte asiatique, on voit très-bien Moka ; le rivage est aride ; à midi nous apercevons l'île de Périm, qui indique l'entrée du détroit, on voit les deux bords, la côte d'Afrique, dans le brouillard, celle d'Arabie aride et désolée, sans traces de végétation ; à une heure p. m. nous sommes au milieu du détroit de Bab-el-Mandeb, nous passons entre Périm et la côte d'Arabie, très-près de terre. Mais bientôt nous perdons de nouveau le rivage de vue, mais pas pour longtemps, car à une heure a. m. nous sommes à la hauteur du cap d'Aden ; nous attendons en dehors de la rade et nous n'y entrons que le 12 à six heures du matin ; une demi-heure après nous jetons l'ancre près du bateau de la compagnie des Indes qui vient prendre les dépêches et les passagers pour Bombay. Près de nous sont deux navires anglais qui déchargent du charbon pour le dépôt de la compagnie, quelques barques arabes sont dans la petite rade, c'est probablement sur une de ces barques que je devrais m'embarquer, la perspective est peu souriante.

La presqu'île d'Aden offre, vue du navire, un aspect effrayant de tristesse ; des montagnes élevées et volcaniques formant des vallées qui ressemblent à autant de cratères ; l'impression que fait éprouver la vue de cette forteresse anglaise qui fait suite à Malte et à Gibraltar, est, on le voit, loin d'être agréable, et l'idée d'y séjourner peut être assez longtemps et fort peu réjouissante pour le voyageur.

Dès que nous avons jeté l'ancre, plusieurs embarcations s'approchent du bord, avec l'agent de la compagnie et le directeur des postes. M. Suart, l'ingénieur en chef des grands travaux d'Aden, vient à bord du *Colombo*. Son frère, un de mes plus aimables compagnons de voyage, qui se rendait à Bombay où il était juge et où il mourut du choléra malheureusement peu de temps après son arrivée, me présente à lui ; il me reçoit très-amicalement, m'engage à aller avec lui au Camp, nom qui est resté à la ville d'Aden, et comme il n'y a pas d'hôtel, si ce n'est à Steamer-Point, où nous allons débarquer, et qui est à 5 milles de la ville, il m'engage à dîner et à coucher chez lui ; l'invitation est faite si cordialement que je l'accepte sans façon ; il me prendra à l'hôtel du Prince de Galles où nous allons débarquer après qu'il aura conduit son frère à bord du bateau pour Bombay.

Le vapeur est entouré d'une nuée de petites barques et de négrillons à la nage, qui plongent sans cesse pour attraper les pièces de monnaie que les voyageurs leur lancent dans l'eau. L'endroit où nous débarquons, Steamer-Point, est une de ces petites vallées entourées de montagnes hautes, noires et grises, désolées comme un volcan, arides comme un cratère. Cette vallée s'avance un peu sur la mer et forme une plage près de laquelle débarquent les bateaux à vapeur. Sur cette plage se trouve un petit village construit en paille pour les natifs, une petite maison en pierre pour la police et un bâtiment plus grand également en pierre pour la Compagnie Péninsulaire, de vastes hangars pour le charbon et enfin l'hôtel du Prince de Galles, construit presque uniquement pour les voyageurs des bateaux de l'Inde, qui y séjournent quelques heures ou même quelques jours si les bateaux qui y correspondent arrivent plus tôt ou plus tard que la date réglementaire.

A l'hôtel, je trouve un indien, Thomy, qui a été au service de M. de Belligny, notre consul à Zanzibar ; il m'apprend qu'une goëlette est partie il y a peu de temps pour Zanzibar et qu'il n'est point attendu de navire à cette destination. Il faudra donc prendre un boutre arabe. A quatre heures et demie, M. Suart vient me chercher à l'hôtel ; son cabriolet nous y attend, la route qui conduit de Steamer-Point au Camp est très-bonne ; elle cotoie la mer pendant plus de deux milles jusqu'au port des bateaux arabes *Bender Jevaman*, puis après une montée assez forte, au bout de laquelle se trouvent un bastion et une porte, elle passe dans une tranchée au-dessus de laquelle sont des fortifications assez importantes et débouche dans la vallée d'Aden, dite le Camp. C'est là qu'est bâtie la ville, qui ressemble à beaucoup de petites villes arabes. Constructions basses en pierres, avec galeries et beaucoup d'ouvertures, les casernes sont encore toutes construites en roseaux plus ou moins enduits de toiles et de chaux. La maison du capitaine Suart se trouve dans la plus haute partie de la vallée, à quelque petite distance de la ville, elle est construite à l'indienne, entourée de galeries en roseaux tressés. A côté se dresse l'habitation du gouverneur agent politique, le capitaine Haines, qui y habite depuis la prise de la presqu'île, le 19 janvier 1839. Il était alors dans la marine et dirigeait l'expédition qui a fait tomber Aden au pouvoir des Anglais.

Le lendemain je descends à la ville pour chercher un logement où je puisse passer les quelques jours que j'aurai très-probablement à consacrer à Aden. Je trouve une hospitalité très-gracieuse chez des Parsis, les correspondants du collecteur des douanes de Zanzibar sur la grande place, et je m'empresse de chercher un bateau qui puisse me conduire à Zanzibar, il n'y a pas de temps à perdre, car il faut profiter de la fin de la mousson de N.-O.; grâce aux bons soins de mes hôtes, les Meruonjee Sorabjee, aux renseignements qui me sont donnés par les capitaines Haines et Suart, j'ai dès le surlendemain affrété un bateau arabe, boutre ou daou, en français, bengalo ou dow en anglais. Le Banian Ghérdhier s'engage à mettre à la fin du mois à ma disposition pour aller à Zanzibar sa ganza *Futtel Kheer* (que l'on peut traduire en français le *Succès*) dont le nacodah ou capitaine est un arabe nommé Mohamed Nassor; il devra faire quelques escales sur la côte d'Arabie et sur la côte d'Afrique ; cette condition est loin de me déplaire, il ne me reste donc qu'à attendre et à me préparer à ce voyage peu confortable mais qui promet d'être intéressant.

Quoique Aden soit en Arabie et par conséquent en Asie et que sa description ne rentre pas directement dans le sujet que je me propose de traiter et dont je suis, du reste, un peu sorti en publiant ces souvenirs de voyage, je me laisse aller à transcrire ici quelques notes prises à cette époque. Aden est maintenant un point tellement fréquenté par les voyageurs qui vont et viennent de Chine, du Japon, des Indes, d'Australie, de la Côte Orientale d'Afrique, etc., qu'il n'est pas sans intérêt de consigner ici des renseignements sur ce port véritablement très-important et qui joue un si grand rôle dans les relations des autres parties du monde avec la Côte Orientale d'Afrique et Zanzibar.

Aden, sous le double point de vue politique et commercial, a déjà (1854) acquis une grande importance, qui doit selon toute probabilité, s'accroître sensiblement. La presqu'île d'Aden est un promontoire rocheux ayant milles anglais de long sur trois de large, relié à la terre ferme par une langue de terre de deux milles de longueur, étroite, basse et en partie marécageuse. Le point culminant, connu sous le nom de Djebel Sham-Sham, s'élève de 1,776 pieds au-dessus du niveau de la mer.

La ville est située sur la rive Orientale, où la masse des rochers s'inclinant vers la mer forme un amphithéâtre au milieu duquel elle est bâtie. Devant la ville, la côte décrivant un demi-cercle forme une petite baie, défendue à l'extrémité sud par la petite île fortifiée de Syrah. Une belle route, qui, pour sortir de l'amphithéâtre où est bâtie la ville, doit gravir une colline dont les pentes quoiqu'adoucies par les travaux d'art ont dû conserver une assez grande raideur, aboutit, en suivant les bords de la mer, au port situé du côté opposé, à l'abri de la pointe Occidentale de la presqu'île. Le port, qui n'est qu'une partie d'une magnifique rade, appelée Bunder Tuwagi, formée par le grand cercle décrit par la côte depuis la pointe Occidentale de la presqu'île d'Aden jusqu'au Cap Sale, permet l'accès aux navires du plus grand tirant d'eau. Les navires ne calant que vingt pieds mouillent dans le port à peu de distance de la côte, tandis que de plus forts sont obligés de jeter l'ancre en rade où ils sont en complète sécurité et à une distance très-raisonnable de terre. La rade d'Aden est très-sûre dans les deux moussons ; il n'y a pas de mer, ni de rude marée ; les courants sont souvent assez forts ; la mer monte d'un mètre quarante-cinq centimètres environ. Quand un navire arrive il est signalé bien avant son entrée ; s'il vient de l'est, c'est ordinairement le fort de Syrah qui le signale le premier, si le navire arrive de l'ouest c'est la vigie de la montagne de Sham-Sham qui fait connaître son arrivée.

Le capitaine Haines qui, lorsque l'occupation anglaise fut décidée, fut chargé d'en diriger les opérations en 1839, donne dans son rapport une intéressante description de l'état de la presqu'île immédiatement avant l'occupation : « Aden vu de loin, dit-il, res- « semble à une île, parce que l'isthme qui relie cette localité à l'Arabie est très-basse, tandis que la presqu'île s'élève en rochers escarpés couverts de fortifications croulantes et de tours d'observations. La côte est nue, sèche et stérile, ses vallées ne le sont guère moins, mais l'ensemble présente à l'œil un aspect grandiose et d'un pittoresque sévère.

« Du temps de l'empereur Constantin, Aden était une place de commerce assez importante pour avoir été érigée en *emporium Romanum* ; mais aujourd'hui cette ville ne compte pas plus de quatre-vingt-dix maisons construites en pierre, le reste n'est qu'un amas de cases qui recouvrent l'ancien emplacement de l'antique et florissante cité. Même à l'époque du règne de Soliman le Grand, la possession d'Aden était l'objet de la convoitise des Turcs et des Portugais et donna lieu à de sanglantes luttes. Mais après la chute de ces deux puissances, en l'année 1730, Aden retomba au pouvoir des indigènes. Sous la vicieuse administration de ces derniers, où l'oppression le disputait au monopole pour étouffer le commerce, cette ville déchut rapidement, les traitants l'abandonnèrent et aujourd'hui elle n'est plus qu'une misérable bourgade, sans commerce, à peine fréquentée accidentellement par des navires allant chercher dans son port un refuge contre la tempête.

« Qu'Aden ait été autrefois une cité florissante, on ne saurait le mettre en doute, en considérant les débris de ses murailles, les citernes, les établissements de bains, etc., ainsi que l'aqueduc qui d'une distance de dix milles à l'intérieur apportait l'eau jusqu'au port ; il mesure 16,320 yards de développement, le canal à 19 pouces de profondeur sur 16 de largeur, l'ouvrage entier a 4 pieds 1/2 de large et sa maçonnerie se compose d'un mélange de pierres et de briques ; avant que le docteur Halton eut examiné la chose de plus près, on l'avait pris pour une voie romaine. Ce grand ouvrage destiné à pourvoir de bonne eau la population d'Aden et d'en procurer plus facilement aux bâtiments mouillés dans le port est l'œuvre des Turcs. Ne pouvant pas compter d'une manière positive sur la trop rare saison des pluies, ils firent en outre tailler dans le roc des puits de 50 à 120 pieds de profondeur et exécutèrent dans les vallées des travaux d'art servant à recueillir les eaux pluviales tombant des hauteurs et qui lorsque les eaux en débordaient déversaient leur trop plein dans des bassins inférieurs.

« La population actuelle de ce village, car on ne saurait à présent se permettre de lui donner le nom de ville, ne s'élève pas à plus de 600 âmes ; dans ce nombre on compte 250 Juifs, 50 Banians de l'Inde, le surplus est de race Arabe. Tous les capitaux et les meilleures habitations sont entre les mains des deux premières castes. Il existe à Aden une douane, gardée par un poste de 40 à 50 Bédouins ; le commerce y est fort insignifiant. De temps à autre, on voit arriver dans le port des bâtiments de l'Inde, qui sur leur passage pour se rendre à Moka, vendent ici par minimes quantités des tissus de coton, du fer, du riz, du plomb, etc. Des bateaux y apportent des dattes de Mascate et du Golfe Persique et des moutons de Berberah ; l'exportation ne consiste guère qu'en une espèce de sorgho. Le régime qui gouverne le pays n'est qu'un despotisme absolu fondé sur l'arbitraire caprice d'un vieillard stupide, le sultan de Sahidish, qui tout en étant plus riche que ses voisins, ne vise qu'à thésauriser aux dépens de ses sujets; il a déjà deux fois failli perdre ses Etats par son avarice et, pas plus tard qu'en 1836, ses voisins les Fathalis, frappèrent Aden d'une contribution forcée et n'évacuèrent la place que sur les instances de son marabout le Sheick Heydrousi. Depuis ce moment-là ils l'ont forcé à leur payer un tribut. Le pays s'apauvrit sous la misérable administration du sultan, qui, indépendamment de l'imposition générale, prélève une taxe de 20 p. 0/0 sur le produit de la culture du sorgho et 10 p. 0/0 sur d'autres céréales, un droit de capitation d'une piastre d'Espagne et la dîme sur tous les bestiaux. En retour il paye lui-même une seconde contribution à la tribu des Hashidis, et sous ce prétexte il extorque encore de nouveaux subsides à ses sujets.

« Je visitai avec trois officiers les fortifications d'Aden et je trouvais une magnifique route qui conduit au sommet du Djebbel Sham-Sham. Originairement, un rempart flanqué de bastions et muni de citernes suivait toute la ligne des hauteurs du Djebbel Sham-Sham, mais ces ouvrages, qui ne sont plus aujourd'hui que des ruines, ne pourraient jamais servir à rien; d'ailleurs, la côte protége parfaitement la ville de ce côté-là. La route qui mène au sommet du Djebbel Sham-Sham, est réellement un des plus beaux ouvrages d'art ancien que j'aie vus. Elle prend naissance à 900 ou 1000 pieds au-dessus du niveau de la mer et sa construction en gros moellons est tellement solide que sur bien des points pas une pierre n'a bougé depuis trois siècles.

« Elle a de 10 à 12 pieds de large et court en zigzags sur les flancs de la montagne en décrivant un angle de 20 à 40 degrés. Cette voie, dans toute sa longueur, doit mesurer de 5 à 600 pieds. J'ai peine à concevoir une entreprise aussi considérable; mais il en résulte immédiatement la preuve certaine qu'Aden a dû être une grande ville, d'une extrême importance, sans quoi, elle n'aurait ni songer, ni pu exécuter un travail aussi énorme.

« L'île fortifiée de Syrah serait, entre les mains des Anglais, une position d'une haute importance, ainsi qu'elle l'avait été déjà par le passé, s'il est permis d'en juger par les débris de ses fortifications. Son élévation est de 430 pieds ; à marée basse, elle communique avec Aden par un petit banc de sable, elle est petite mais escarpée et susceptible d'être défendue par une poignée d'hommes contre des centaines d'assaillants ; elle domine complètement la ville et la baie qui est devant la ville. Le plan des fortifications a été tracé par un homme de talent. Elles ont été construites de telle manière que le fort triangulaire qui couronne le sommet, domine tout le reste ; mais à l'exception de la tour ronde, située au nord, tous ces ouvrages sont fort dégradés. L'île renferme deux citernes en bon état. Il y a là un magasin et derrière s'élève insensiblement, sur une longueur de 380 pieds et une largeur de 60 à 150, un espace de terrain qui serait propre à des constructions ; à raison de son exposition qui la rend accessible à toute brise fraîche, cette localité fournirait un emplacement très-favorable au casernement de troupes européennes ou à l'établissement d'un hôpital.

« Dans les vallées qui environnent Aden, on rencontre beaucoup de réservoirs qui n'auraient besoin que d'être réparés pour servir à l'approvisionnement d'eau suffisante à une population considérable. On trouve de même partout une quantité de beaux puits, la cinquième partie seulement en est utilisée et si on les curait ils fourniraient trois fois plus d'eau. L'eau m'en a paru bonne et ceci est un point important pour le cas où Aden viendrait à passer sous puissance anglaise (1) parce qu'alors la population prendrait très-rapidement de l'accroissement. Mais il faudrait établir dans le port même des réservoirs d'eau convenables pour l'alimentation des navires, qui, dans l'état actuel des choses, sont obligés d'envoyer leurs embarcations jusqu'à l'extrémité de l'isthme où l'eau se transporte dans des outres à dos d'hommes ou de bourriquets ; ce qui est une opération longue et dispendieuse, et le sultan perçoit un impôt qu'il partage avec sa garde. Quant à présent, la ville n'offre pas une seule maison qui soit propre à servir d'habitation à un

(1) Aden a passé sous puissance anglaise, mais l'eau des puits n'a pas été bonne.

Européen; on n'y trouve pas davantage d'ouvriers exerçant les professions de forgerons, de charpentiers ou de tailleurs de pierres. Il serait donc indispensable d'y amener de l'Inde tous les ouvriers, ainsi que les matériaux de construction, à l'exception des bois qui viennent de Zanzibar et de la chaux, que l'on tire de Makhalaz.

« Les exportations d'Aden ne valent pas la peine d'être mentionnées; elles consistent principalement en froment, en sorgho que l'on cultive dans les bas fonds aux environs de Sahidesh. Le café provient de la région des montagnes, mais il ne s'embarque pas à Aden parce que le Sultan exige un droit de sortie absurde qui varie de 16 à 18 piastres par sac; c'est pour cette raison que cette denrée est expédiée à Benhamed, sur le territoire de Hadj Iradis, où elle ne paie qu'une ou deux piastres. L'importation consiste dans le petit nombre d'articles de consommation à l'usage de la tribu des Abdàllis, tels que riz, dattes, coton, fer et plomb, sur lesquels le sultan prélève un droit de 50 à 60 p. °/₀ et souvent il achète lui-même, contraignant les marchands à accepter un prix qu'il fixe arbitrairement.

« Mais, sous la domination anglaise, Aden ne tarderait pas à devenir un entrepôt de la plus haute importance, le port en est sûr, facilement accessible de jour et de nuit et assez vaste pour contenir la plus forte escadre.

« La ville de Sannah en est distante de 8 journées de marche pour des chameaux chargés. Les contrées qui produisent le café sont plus rapprochées d'Aden que de Moka, et la route en est tout aussi bonne. D'autres riches places de Yemen, sont situées à proximité et les villes de l'Hadramant sont ouvertes au commerce d'Aden. Si Aden passait sous la domination anglaise, Moka ne tarderait pas à tomber en peu d'années. Les contrées montagneuses, au nord de la ville, produisent de la gomme, de l'encens et du café. Vis-à-vis Aden, en Abyssinie, se trouve Berberah d'où, en 24 heures, les bateaux peuvent ou transporter dans le port d'Aden les produits de l'Afrique, ou y porter les marchandises de l'Inde et de l'Angleterre. Tous les produits du Harrar et des autres villes sur le littoral africain viendraient se concentrer ici et nous pourrions en recevoir de la myrrhe, du café, de la gomme, de l'ivoire, de la poudre d'or, des plumes d'autruches, etc., et y expédier, en retour, des tissus, du riz, des fèves; les Banians et même les marchands arabes abandonneraient Moka pour chercher à Aden plus de sécurité. Aden attirerait bientôt des milliers d'habitants et ferait revivre ainsi la splendeur passée de cette ancienne cité.

« Les navires peuvent fréquenter Aden et en sortir en toutes saisons, tandis que pour aller de Moka jusqu'au détroit, distance qui n'est pas de 40 milles anglais, on emploie souvent 8 jours et plus, notamment dans la période de mars à mai.

« Je n'ai rien à ajouter sur l'avantage que présente la position d'Aden pour l'établissement d'un dépôt de charbon à l'usage de la navigation à vapeur desservant la ligne de Suez; sous ce rapport sa position est telle qu'elle ne saurait être plus favorable. »

Ce rapport si exact et qui prévoit si bien ce qui devait arriver, qu'il n'y aurait guère pour décrire l'Aden d'aujourd'hui qu'à le suivre en indiquant comme réalités ce qui n'étaient que des espérances, devait naturellement décider l'Angleterre à s'emparer au plus tôt de ce nouveau Gibraltar, dont elle ne pouvait cependant prévoir l'immense importance que lui a donné le percement de l'isthme de Suez, percement qu'elle ne voulait pas et auquel elle a été la dernière à croire et dont la première elle a profité. Le prétexte d'une occupation d'Aden fut vite et facilement trouvé et la Compagnie des Indes en prit possession, au nom de l'Angleterre, le 19 janvier 1839; le capitaine Haines dirigeait l'expédition. Il eut la satisfaction de présider pendant 15 ans, comme agent politique, à la transformation de sa conquête, mais il fut compromis dans des affaires d'argent et très-probablement plus malheureux que coupable, il ne put jouir plus longtemps de sa création, si précieuse à l'Angleterre.

A la suite de cet extrait du rapport du capitaine Haines, j'écrivais en janvier 1854 : Aujourd'hui Aden est depuis 15 ans au pouvoir des Anglais, beaucoup des espérances émises par le capitaine Haines se sont réalisées, beaucoup d'autres me paraissent devoir se réaliser avec le temps. La ville a sensiblement gagné, on y a élevé des constructions européennes, des casernes, des hôpitaux. On a relevé quelques-unes des anciennes fortifications, on en a construit et on en construit de nouvelles qui rendront la position formidable. On a creusé et l'on creuse chaque jour des puits et des citernes. On a établi sur le port des embarcadères pour charger et décharger les navires.

Comme station maritime et comme dépôt de charbon, Aden a répondu à tout ce que l'on était en droit d'attendre. Comme place de commerce, Aden a pris une importance qui va toujours en augmentant; mais ce n'est pas cependant encore la situation que sa position maritime, son port, la liberté et la facilité des transactions qui existent ainsi que la sécurité sous le gouvernement britannique devraient lui avoir donné, cela tient à différentes circonstances qui disparaîtront peu à peu, car les avantages que présente Aden sur les autres ports de la Mer Rouge sont nombreux et faciles à saisir. Le commerce avec l'Abyssinie s'est accru, mais pas encore au degré désiré. Il faudrait, pour que ce commerce prît la direction d'Aden et acquît l'importance qu'il peut avoir, que les Saumalis et autres tribus de cette partie de l'Afrique se prêtassent au passage des caravanes et donnassent de l'extension à leurs propres produits. Le commerce avec l'Arabie, quoiqu'ayant pris un grand développement, n'est pas encore tout ce qu'il peut et devrait être : cette infériorité provient de ce que les tribus environnantes se sont montrées tellement hostiles, que les caravanes de l'intérieur n'osent pas toujours tourner leurs pas vers Aden. Aussi, c'est à cette circonstance que Moka doit de n'avoir pas encore autant souffert de cette concurrence que les grands avantages offerts par Aden peuvent le faire supposer ; ce changement pourtant s'est déjà manifesté d'une manière très-sensible et la plus grande partie des marchands Indiens de Moka a émigré, et s'est fixée à Aden. Les tribus que l'on rencontre de Sannah à Aden ne sont pas très puissantes, mais chacune d'elle est néanmoins en état d'intercepter les convois de marchandises. Aussi, Aden, finira-t-il par s'emparer de tout le commerce de Moka.

Aujourd'hui (1879), Aden est devenu une ville importante, Moka est une ville déserte. Le commerce, surtout celui des cafés, y a pris une très-grande importance. Les relations avec la côte d'Afrique se sont développées ; cependant les Saumalis continuent comme autrefois à dévaliser les caravanes. Il serait intéressant de pouvoir donner ici une description de l'Aden actuel et un état de la statistique commerciale de cette colonie anglaise, pour montrer ce qu'est devenu ce grand entrepôt du golfe qui donne accès à la mer Rouge, mais j'ai hâte de clore cette digression, de terminer, puisque je l'ai entrepris, le récit de mes souvenirs de voyage, et d'arriver à Zanzibar, pour y suivre la série des explorations qui, parties de ce port, ont fait connaître les mystères de l'Afrique équatoriale.

J'ai donc, faute de mieux, affreté le *Futtel Kheer* ; c'est un bateau arabe dans le genre de nos tartanes provençales et surtout espagnoles qui font le petit cabotage dans la Méditerranée. C'est un de ces étranges daous (les Anglais écrivent dow) arabes qu'on rencontre dans tout l'Océan-Indien et qui ont conservé des formes qui doivent dater, presque sans changements, des Phéniciens. Quelques-uns sont très-grands, ils jaugent de 20 à 500 tonneaux, leur pont est beaucoup plus grand que leur quille, au moins un quart en sus. Chargés, ils ont l'avant très-peu élevé au-dessus de l'eau, tandis que leurs poupes, comme presque toutes celles des anciens navires, s'élèvent hardiment et présentent extérieurement une masse imposante, mais trompeuse, de boiseries souvent élégantes; un seul grand mât très-penché en avant porte une grande vergue et une gracieuse voile latine. A l'arrière, un très-petit mât au milieu de la dunette suit la même inclinaison et porte également une voile latine. Le *Futtel Kheer* est un des petits daous il ; jauge 29 tonneaux ; il est en bon état, pour un daou ; il est en train d'être calfâté avec des fibres de cocos et enduit d'un mélange de chaux et d'huile de requin qui se durcit dans l'eau et préserve le bois des piqûres des vers; cette opération remplace le doublage. Mon daou n'est ponté qu'à l'arrière ; la seule chambre qui se trouve sous la dunette, et qui est haute de 1^{m}20, est mise entièrement à ma disposition. Cette cabine sera installée par les charpentiers du vapeur de guerre français le *Caïman*, qui vient de mouiller en rade d'Aden et que le commandant Cormier a bien voulu m'offrir, et garnie de meubles de Bombay que j'achète à Aden.

Le capitaine Haines, devant lequel je passe le contrat d'affrétement du *Futtel Kheer*, me recommande particulièrement au nacodah, qui prend l'engagement de me transporter fidèlement *mort ou vif* à Zanzibar. Si malheur arrivait, il me salerait avec du sel dont il a une ample provision à bord et livrerait mon corps au consul de France avec mes bagages et mes caisses d'argent dont déclaration est faite et enregistrée par l'agent politique. Le capitaine Haines me recommande instamment de ne descendre à terre ni sur la Côte d'Arabie, ni sur la Côte Orientale d'Afrique, aux points où nous devons toucher en allant à Zanzibar.

Le 31 janvier, aussitôt le daou prêt, je m'embarque, car nous sommes pressés par la mousson et mon capitaine a fait ses réserves pour le cas où elle ne lui permettrait pas d'atteindre Zanzibar. Nous mouillons le soir à l'extrême pointe sud d'Aden en dehors de la rade, nous y passons une nuit déplorable avec forte mer, les mouvements de ces sortes de bateaux, bas de l'avant, haut de l'arrière, sont des plus pénibles, quand on est à l'ancre avec grosse mer. J'ai essayé cette nuit là, pour la première et la dernière fois, de coucher dans ma cabine. La chaleur, des nuées de moustiques, d'innombrables cancrelats, d'énormes rats et une odeur des moins agréables m'ont décidé à m'installer dorénavant jour et nuit sur un petit cadre établi sur le petit pont supérieur au-dessus de la cabine. Quoi qu'il arrive, je n'essayerai plus de me coucher dans cette affreuse chambre, préparée cependant avec tant de soin, je dirai presque avec luxe, grâce aux charpentiers du *Caïman* ; c'eût été charmant dans un climat tempéré et sans ces affreux animaux.

Le 1er février au jour, nous saluons le *Caïman* qui sort de la rade d'Aden et qui doit quelques jours après se briser sur un écueil près de Zeïla, où depuis lors il sert de signal aux bateaux qui veulent entrer dans ce port de la Côte d'Afrique. Nous aussi nous levons l'ancre et mettons à la voile. La brise est fraîche mais contraire ; il nous faut louvoyer, mais comme ces bateaux virent de bord vent arrière, nous perdons à chaque bordée une partie du chemin fait ; nous restons ainsi sept jours sans avancer beaucoup ; le huitième jour, au matin, le vent devient plus fort, nous marchons très-bien, c'est pour nous une grande jouissance et une grande distraction, j'en suis tout heureux. Mais un coup de vent un peu plus fort fait casser le petit mât de l'arrière. La chute de ce mât blessa et faillit tuer mon cuisinier, mulâtre portugais de Goa. Un nouveau coup de vent fendit en deux la grande voile, et au moment où cet accident vient contrarier notre marche, nous partons à peine, nous avons encore milles à faire ; je me demande s'il ne serait pas sage de retourner à Aden pour attendre ou chercher une meilleure occasion. J'entre en conférence avec mon capitaine par l'intermédiaire de mon cuisinier, qui comprend l'anglais et parle l'indien à un Indien qui traduit l'indien en arabe à mon nacodah. S'il plaît à Dieu ! il est grand, il est très-grand, et les deux mains du brave Mohamed Nassor me disent de me calmer et de ne rien craindre. La vergue et la voile ont été amenées, nous ballotons au gré des flots ; au bout de quelque temps les matelots noirs ou métis sortent du milieu d'un amas de colis une vieille voile rapiécée qui ressemble à certains pavillons faits de pièces et morceaux des mendiants Espagnols ; elle est mise en place, hissée, et nous voilà de nouveau en route, avec un peu de prudence, en laissant arriver la barre un peu plus, nous attendrons que la bonne voile soit remise en état. Dieu est grand ! Allons de l'avant. Avant de venir dans ce pays, je n'aurais jamais cru que l'on pût voyager dans de telles conditions, ayant pour tout guide une boussole si mal articulée que pour qu'elle puisse fonctionner quand le bateau penche trop d'un côté, elle est déposée dans une petite caisse pleine à moitié de grains de sorgho, dont on change avec la main le niveau suivant les besoins. Heureusement que le ciel est pur et que le jour on voit le soleil ou les côtes et la nuit les étoiles. Allah Akbar !

Le lendemain, après neuf jours de mer, nous arrivons dans le pittoresque petit port de Malkalah. Je n'ai pas un instant l'idée ni le désir de tenir compte des recommandations qui m'ont été faites à Aden, et m'étant habillé convenablement, après m'êtr emuni de quelques présents dont j'avais eu soin de faire provision, je me rends avec mon capitaine chez le sultan arabe qui me reçut fort bien et très-dignement dans son petit château fort, tout muni de créneaux; il est avec ses deux jeunes fils, l'un de 7 à 8 ans, l'autre de 5 à 6 ans, déjà armés du poignard et du sabre. Il paraît un peu scandalisé de ce que je marche sur ses tapis avec mes souliers. Je n'ai pas d'interprète, je lui fais signe que j'ôte mon chapeau tandis qu'il garde son turban et que mes souliers ne sont pas des babouches ; il me comprend plus ou moins bien, aussi la visite s'achève très-cordialement. Il accepte les petits cadeaux que j'offre à ses enfants. Je visite en sortant cette intéressante petite ville arabe très-animée et je retourne à bord où je reçois quelques petits présents du sultan, trois chèvres, une courge, etc. La physionomie de la population, qui n'est pas accoutumée à voir des Européens, m'engage à ne pas descendre à terre le jour suivant, mon nacodah me fait signe que je suis bien à bord et descend seul. Nous mettons à la voile dans l'après-midi et le 11 au matin nous mouillons devant la plage de Sheher, la plus grande ville arabe de la côte du golfe d'Aden ; mon capitaine me fait comprendre par quelques mots que je puis saisir, par l'intermédiaire de ma série d'interprètes et par ses signes, que nous resterons trois jours à Sheher, que je puis y débarquer sans crainte et que j'y serai bien reçu, que je puis prendre ce qui m'est nécessaire pour ces trois jours. Ainsi fut fait : je m'embarque avec mon capitaine et mon cuisinier dans le petit canot du daou et dès que le canot est échoué sur la plage un nègre vigoureux me prend à cheval sur son cou et me dépose sur le sable où je suis reçu d'une manière aussi cordiale que digne par un grand et élégant Arabe, qui a sans doute du sang noir dans les veines, car il a un teint très-foncé : c'est Mahaboud, le ministre, l'ami et l'homme de confiance du sultan de Sheher Ali-ben-Nadj, qui est venu à ma rencontre dès que l'on a aperçu le drapeau tricolore que j'ai fait hisser au grand mât du *Futtel-Kheer,* qui battait pavillon anglais à Aden, mais qui depuis notre départ bat pavillon arabe tout rouge.

Mohaboud, qui est suivi d'une nombreuse population, curieuse de voir un blanc, chose très-rare alors dans une ville qui n'a pas de port, me conduit avec mon capitaine chez Ali-Ben-Nadj, qui me reçoit très-cordialement et avec beaucoup d'égards. Mon nacodah lui explique qu'il me conduit à Zanzibar auprès du sultan Sayid-Saïd, sultan de Mascate, Zanzibar et autres lieux, dont la réputation est très-grande en Arabie. Des rafraichissements et le café étant pris, le sultan me fait signe de suivre Mahaboud, qui est sans doute chargé de me loger et de me faire les honneurs de la ville. Je n'oublierai jamais la gracieuse hospitalité qui m'a été offerte pendant les trois jours que nous avons passé à Sheher. Sans interprète, j'ai, toujours accompagné de Mahaboud, reçu et rendu de nombreuses visites, parcouru à pied et à cheval la ville et ses environs, malheureusement bien secs et stériles, passé des revues, avalé beaucoup de tasses de café, etc. etc. L'intelligence et la cordialité de mon hôte, car je logeais chez Mahaboud, m'a rendu tout facile et agréable. Après une échange de cadeaux et de salams, j'ai pris congé du sultan et le 13 je me suis embarqué accompagné du gracieux Mahaboud, qui ne m'a quitté qu'à bord du *Futtel-Kheer*. Le 14, nous mouillons à Hani pour faire de l'eau; le 16 nous sommes à Dis, le 18 nous partons de Baidah Misenat où nous avons mouillé la veille au soir. Nous traversons presqu'en ligne directe le golfe d'Aden, le 20 nous passons près de la petite île montagneuse et aride d'Abdel-Koury, le surlendemain nous apercevons la presqu'île de Ras-Hafoun et la Côte d'Afrique que nous suivons d'assez près le jour, de plus loin la nuit, parfois nous reconnaissons le rivage; c'est ainsi que nous apercevons Ouarcheir, la ville la plus au nord de la Côte Orientale d'Afrique. La côte est un rivage de sable blanc entrecoupé de roches basses ou de falaises rocailleuses ; elle est bordée d'une ceinture de récifs qui, sauf quelques solutions de continuité, se prolonge jusqu'au port de Magadoxo. A un ou deux milles au-delà du rivage, on aperçoit un rideau de collines continues, de teintes rougeâtres, montrant un peu de végétation, des buissons et quelques arbustes. La côte aride, sablonneuse et de hauteur uniforme, n'offre rien qui puisse indiquer l'approche d'une ville avant que l'on aperçoive les minarets de Magadoxo, qui se voient de 7 à 8 milles au large.

Le 26 février nous mouillons dans le petit port de Magadoxo (*qu'il vaudrait mieux prononcer Mogdocho*), qui est formé par le récif qui borde la côte depuis Ouarcher et qui laisse entre lui et le rivage, qui se creuse un peu devant la ville, un chenal de trois à quatre cents mètres et d'une profondeur de trois mètres environ, dans lequel on entre par une coupée naturelle, existant dans le récif; les boutres y sont suffisamment abrités contre la mer. Il n'y a ni dans le port ni dans la passe assez de fond pour des navires même d'un faible tonnage ; ils sont obligés de mouiller au large en dehors.

La ville se présente sous l'aspect de deux groupes distincts entre lesquels s'élève, isolée de toute autre construction, la plus haute de ses tours ; le groupe du sud est beaucoup plus considérable que celui du nord. Magadoxo est une ville fondée par les Arabes musulmans et qui a eu son moment de grande prospérité ; elle était devenue comme la capitale de tout le pays environnant, et le chef-lieu des diverses stations arabes, établies sur cette partie de la côte, Ouarche, Merka, Brawah, etc. Sa grande mosquée était pour les fidèles un lieu de pèlerinage ; l'histoire parle du royaume de Magadoxo. La ville actuelle, qui date de la fin du 3me siècle de l'hégire (Xme siècle de notre ère) et qui fut probablement fondée sur les lieux où avait existé une ville plus ancienne, a dû voir sa décadence s'opérer rapidement. La cité arabe est composée de maisons de pierre, qui, pour la plupart, tombent en ruines, puis de cases somalis ayant la forme de ruches, la toiture en paille, et le pourtour en branchages. L'espace que l'on voit entre les deux parties de la ville provient de l'écroulement des édifices intermédiaires.

Je débarque avec mon nacodah et quelques hommes du bord, en présence d'un nombre déjà assez considérable d'indigènes, venant voir le m'zongo (blanc) dont la présence dans le port était signalée par le drapeau (*la bendera*) tricolore et qui avait été déjà aperçu à bord par quelques-uns d'entre eux. Presque tous étaient armés de sagaïes et de boucliers, d'arcs, de flèches et de poignards ; quelques Arabes débarqués des boutres qui étaient mouillés à côté du nôtre, nous regardaient sans curiosité. Mon capitaine me conduisit chez le vieux chef du pays, qui me reçut très-bien. On lui expliqua les motifs de mon voyage et on lui parla de mes relations avec le sultan de Zanzibar ; l'audience terminée et le café pris, Mohamed-Nassor insista beaucoup pour me reconduire à bord, après ne m'avoir fait parcourir qu'une partie de la ville, suivis que nous étions par une foule familière et indiscrète, mais qui cependant ne me paraissait pas hostile ni malveillante ; il revint seul à terre où il resta quelque temps pour ses affaires ; dès qu'il fut revenu nous mîmes à la voile.

Le surlendemain au jour nous mouillons en rade de Merka. Nous débarquons sur la plage à cheval sur les épaules des plus vigoureux de nos matelots, et suivis encore d'une foule curieuse, nous entrons dans la ville, moins importante que celle de Magadoxo, mais ayant l'aspect de toutes les petites villes arabes. Mon capitaine me laisse chez le représentant plus ou moins officiel du sultan. Mais son absence se prolongeant, je perds patience et j'ai l'imprudence de sortir et de parcourir la ville et surtout celle de me laisser conduire par un souhaheli, qui était venu me voir à bord dès notre arrivée et qui me conduit chez lui pour me faire voir des marchandises, des dents d'éléphants. Quand on m'a servi le café, il insiste pour avoir de l'argent ; sa conduite et la manière d'agir de ses gens me paraissent suspectes ; je me décide à sortir immédiatement coûte que coûte ; j'étais sans arme, ce que je regrettais ; je n'avais à la main qu'une forte canne. Je me lève tout d'un coup et repoussant énergiquement mon homme et deux ou trois des siens, je me trouve sur le palier de l'escalier, au milieu des femmes voilées qui me regardaient de loin à travers la porte qui allait se fermer sur moi ; je ne doute pas que l'intention de mon hôte était probablement d'obtenir de moi de l'argent que, sur un ordre qu'il comptait m'arracher, il serait allé chercher à bord du boutre. Je crois avoir choisi le moment précis d'agir, profitant du trouble, des cris des femmes, je me hâte de descendre l'escalier et une fois dans la rue de me rendre à la plage. J'ai acquis plus tard la conviction et même la certitude que mes craintes étaient fondées, car, quelques mois après mon arrivée à Zanzibar, je rencontrai dans une des petites rues de cette ville mon homme de Merka, qui y était venu trafiquer ; je donnais immédiatement l'ordre à mon homme d'affaires, qui m'accompagnait, de le suivre et de le faire arrêter s'il ne voulait lui-même subir la peine qui était due à cet homme et je rentrais au Consulat pour envoyer ma plainte au Sultan. J'étais à peine, depuis quelques minutes, assis dans la chancellerie du Consulat que je vis arriver mon indigène suivi à quelque distance par Abd'allah, mon homme d'affaire ; il eut beau se mettre à mes genoux et me baiser les pieds, je n'hésitais pas, je ne voulus pas me laisser attendrir et je me résignais, pour l'exemple et dans l'intérêt de la sécurité des voyageurs, à l'envoyer au Sultan, qui reçut ma plainte par le chef des janissaires du Consulat et lui fit administrer 24 coups de bâton, juste mais sérieuse punition de sa coupable tentative.

Mon capitaine m'ayant rejoint sur la plage de Merka, nous remontons à bord et nous mettons à la voile pour ne plus nous arrêter qu'à destination, car il était très-nécessaire de nous hâter, la mousson faiblissait et la perspective de ne pouvoir pas atteindre Zanzibar et la nécessité de revenir en arrière n'était rien moins que séduisante.

Le 1er mars, je passe la ligne pour la première fois, sans recevoir d'autre baptême que celui qui m'est administré deux ou trois fois chaque jour par un des hommes de l'équipage dans l'espèce de cage suspendue au bord du boutre et qui sert de cabinet de toilette.

Avant de parler de notre arrivée, il convient de dire quelques mots de ma vie à bord pendant cette navigation sur l'océan Indien ; ce ne sera pas long, car ma manière de vivre était des plus monotones et je dois avouer qu'elle m'a bien souvent donné des moments de tristesse profonde. Le mouvement me manquait, la conversation était impossible, la lecture très-difficile. J'ai dit que dès le premier jour, j'avais dû renoncer à descendre dans ma petite cabine que j'avais abandonnée aux insectes et aux animaux qui, sans doute, s'y trouvaient mieux que moi; je m'étais installé sur la petite dunette élevée à l'arrière, où j'ai passé tout le temps de la traversée, plus d'un mois, assis dans un grand fauteuil de rotin, ou étendu sur un petit cadre amarré sur le petit pont de la dunette et qui me servait de lit. Dès que le soleil était levé, je m'installai dans la cage en bois, pendue le long du bord qui servait de cabinet de toilette et j'y recevais d'agréables douches : deux de nos matelots puisaient l'eau de la mer dans des sacoches en cuir pendues à une corde et m'aspergeaient en chantant gaiement ; après la douche, je me livrais à un exercice gymnastique sur place et je revenais à mon lit ou à mon fauteuil, au-dessus desquels j'avais installé une très-petite espèce de tente pour être à l'abri du soleil et de la réverbération et surtout pour pouvoir lire. J'avais une malle pleine de livres de toute sorte et je pouvais varier mes lectures. Chaque jour, mon capitaine ou un jeune Arabe passager, qui parlait aussi indien, venaient s'asseoir auprès de moi et me donner une leçon d'arabe qui ne pouvait consister qu'à m'apprendre les noms des choses qui pouvaient s'indiquer par des gestes. A son tour, mon jeune professeur me demandait les noms, en français, des objets qu'il me montrait et comme exemple de ces leçons mutuelles, je ne puis résister à en citer un, quoique le sujet ne soit pas des plus gracieux : Un jour, mon jeune Arabe, qui s'appelait Abd'allah, s'était installé non loin de moi et passait en revue sa garde-robe ; il avait étendu une grande chemise jaune-nankin sur le petit pont et au moyen d'un vieux boulet de canon qu'il faisait rouler sur les coutures et qu'il appuyait vigoureusement ; il semblait la repasser. Mais tel n'était pas son but, il ne songeait qu'à écraser dans les coutures la vermine qui s'y était logée ; quand il eut ainsi anéanti les habitants de sa chemise jaune, il prit une chemise blanche, mais il s'aperçut qu'elle avait besoin d'une réparation et il se mit à refaire une des coutures; la reprise terminée, il jugea sans doute convenable de ne pas se déranger pour reprendre son massacre général avec le boulet de canon et il se mit à attaquer ses petits ennemis un à un et avec ses doigts. Dès que je m'aperçus du travail de patience auquel il se livrait, je lui fis signe de s'éloigner : allons, allons, cochon, va t' en loin de moi ; mais lui, avec ce sang froid et ce calme qu'ont tous les Arabes de tout âge et de toutes conditions, me montrant un de ces horribles insectes qu'il venait de cueillir entre ses doigts, me dit : « Français, Français, comment appelle ? » — cochon va t'en. Français : pou ! ah pou, pou : kétir, kétir ; des pous il y en a beaucoup, beaucoup.

Souvent, surtout quand la brise était fraîche, je m'amusais à pêcher à la traîne, j'éprouvais un grand plaisir à prendre les premiers énormes poissons qui exigeaient l'aide de deux ou trois hommes pour être hissés à bord ; mais il y en avait trop, la pêche était trop facile et trop abondante ; il n'y avait plus de plaisir chaque fois qu'un de ces gros poissons se trouvait pris et montait à bord, je ne manquai pas de songer à la passion de mes compatriotes, les Marseillais, et de me rappeler la réponse que me fit un soir un de ces enragés pêcheurs que je voyais tous les samedis soir pendant l'été, passer devant un cabanon, à la Madrague, où nous nous réunissions, avec quelques amis, pour passer le dimanche. Ce pêcheur avait avec lui un véritable arsenal : lignes de pêche, panier, filet à la main, grande lanterne de toile, etc. Après avoir, pendant longtemps, échangé des saluts et des bonsoirs, je me décidais à lui adresser la parole et à lui demander à quel genre de pêche il se livrait ainsi toute la nuit : je vais m'installer, me répondit-il, tout naturellement sur un rocher là-bas pour pêcher aux pékois. — Et vous en prenez souvent ? — Il y a sept ans, Monsieur, me répondit-il avec conviction, j'en ai pris un énorme qui a manqué casser ma ligne et s'échapper, mais je l'ai eu ! Depuis lors, sa pêche n'avait pas été fructueuse, mais notre pêcheur vivait dans l'espoir de voir renouveler sa pêche miraculeuse.

Quand nous passâmes sous l'équateur nous perdîmes de vue la côte d'Afrique, nous aperçûmes alors, à notre gauche, une terre verdoyante, c'est Pemba, l'une des trois îles qui forment l'archipel de Zanzibar et que les Arabes ont justement surnommée *Iezirèt el Khesra,* l'île verte. Enfin, le 7 mars 1854, au matin, nous aperçûmes l'île de Tumbat, la petite île du cap nord de Zanzibar et nous entrâmes dans le chenal qui sépare Zanzibar de la côte souaheli Nous longeons de très près cette verdoyante île de Zanzibar, ce n'est pas sans une véritable et très-agréable émotion que j'aperçois cette île, but principal de mon voyage, qui est encore pour moi, à bien des égards, un pays mystérieux où il me tarde d'arriver.

Vers la fin de la journée, nous apercevons au loin, s'avançant et se détachant de la ligne verte de l'île, une ligne blanchâtre, brillante, c'est la ville de Zanzibar, c'est le port. Mais avec le soleil qui vient de disparaître et qui n'est suivi que d'un très-court crépuscule, qui, sous l'équateur et non loin de lui, ne dure guère que cinq minutes, le vent est tombé, nous ne sommes plus poussés que par une très-légère brise de terre, qui nous porte les parfums aromatiques des girofliers ; l'île verdoyante est devenue noire. Mon nacodah, qui connaît parfaitement sa route, ne compte pas s'arrêter et jeter l'ancre pour attendre le jour ; vers les 11 heures du soir nous apercevions déjà des lumières à bord des navires en rade et des maisons de la ville, quand nous passons près d'un grand navire dématé et servant de stationnaire dont les gardes nous ordonnent de mouiller ; il faut obéir et passer encore une nuit à bord de ce boutre qu'il me tarde tant de quitter ; j'ai beaucoup de peine à décider le sommeil à calmer l'impatience de l'attente et à abréger cette dernière nuit d'un voyage qui a été plus pénible et plus fatigant pour l'esprit que pour le corps.

Je suis réveillé avant l'aurore quoiqu'endormi depuis deux ou trois heures à peine ; sous ces latitudes l'aurore n'est pas plus longue que le crépuscule. J'aperçois tout près de nous le vieux stationnaire qui nous a donné l'ordre de mouiller, c'est le *Shah-Allum*, une vieille frégate de 50 canons construite à Bombay ; peu à peu je puis distinguer en face de nous, à l'extrémité d'un riant croissant de verdure luxuriante, la ville de Zanzibar, bâtie sur une pointe de sable, longue de plus de deux kilomètres, qui s'avance de l'est à l'ouest dans une magnifique rade sûre et spacieuse. La file à peu près continue de hautes maisons blanches à terrasses qui bordent le rivage qui fait face au mouillage et regarde le nord offre, à travers la forêt de mâts des navires et des bateaux de tous genres qui sont mouillés dans le port, un aspect riant et presque imposant. Quelques cocotiers qui élèvent leurs ondoyants panaches çà et là au-dessus de ces blanches maisons à terrasses et à créneaux, le vieux fort avec ses bastions crénelés, le minaret de la mosquée et les mâts de pavillons, du palais et des consulats, se détachant sur un ciel pur, chaud et brillant, donnent à la ville de Zanzibar un cachet tout oriental. Celui qui n'aurait vu la ville de Zanzibar que de la rade, ainsi qu'on l'aperçoit en arrivant du nord, s'en ferait une idée bien supérieure à la réalité. La rade commençait à s'animer avec le jour, mais la brise ne se levait pas encore.

Près de nous, se détachant sur un fond, de magnifique verdure, entourée d'arbres splendides et au milieu d'une végétation luxuriante et variée, nous voyons très-distinctement la résidence de campagne, la royale villa et le harem de Sa Hautesse le Seyid-ben-Sultan, Iman de Mascate et Sultan de Zanzibar et des Souhahelis. C'est là dans cette résidence de M'toni, située près du rivage de la mer, à une lieue environ dans le nord-est de la ville, sur le bord d'un ruisseau dont elle a tiré son nom, dans cette habitation arabo-africaine, qui n'a rien de cette apparence de château-fort si aimée des Arabes en Asie, dans cette villa princière qui n'a ni élégance, ni richesse au point de vue de l'art, mais qui doit un grand charme et ses agréments à sa position pittoresque et aux frais ombrages des magnifiques bosquets au milieu desquels elle s'élève, que le vieux sultan passe régulièrement quatre jours de la semaine. Le soleil se lève et aussitôt au mât de pavillon qui est à côté du kiosque construit en avant de la façade qui regarde la mer, près de la porte d'entrée principale et qui domine le grand corps de logis, un long bâtiment à terrasse n'ayant qu'un étage, le pavillon rouge du sultan est hissé. Le Seyid-Saïd est donc à M'Toni. La brise n'est pas levée, nous sommes toujours à l'ancre ; je fais hisser au grand mât, au bout de la grande vergue latine, le pavillon tricolore; peu de temps après un canot est mis à l'eau devant le palais, se détache de la plage et vient à bord ; mon nacodah me nomme et raconte d'où nous venons. Par l'intermédiaire de ma série d'interprètes ordinaires, je dis à l'eunuque à la voie flûtée qui est dans le canot, que dès que je serai habillé je me rendrai auprès de Sa Hautesse si elle veut bien me recevoir et que je le prie de lui présenter mes respectueux salams. Il me répond qu'il va prévenir Sa Hautesse de mon arrivée, qu'elle me recevra certainement avec plaisir, qu'il va m'envoyer un canot et qu'il y aura des hommes à la plage pour me recevoir. Me voilà donc à six heures du matin, endossant l'habit noir, la cravate blanche et le chapeau haut de forme pour faire ma première visite au sultan, et être reçu en première audience sans aucun interprète. Le thermomètre marque 29 degrés 1/2 centigrades; il n'y a pas d'air, le soleil commence à chauffer, mais j'ai hâte d'arriver, de voir le sultan et de visiter la ville; il ne me vient même pas à l'idée, ce que je regrette, ayant un grand respect pour la loi, moins que les Anglais mais plus que la plupart des Français, qu'en me présentant ainsi moi-même au sultan, je scandaliserai les consuls de France présents et avenir qui, malgré l'amitié et l'amabilité de plusieurs d'entre eux, ont de la peine à me pardonner ce manquement aux lois de l'étiquette et ce mépris involontaire de la règle qu'ils imposent, de par les droits superbes qu'ils tiennent de la loi d'exception sur les consulats en pays musulmans. Ces droits, il faut l'avouer, si on examine sérieusement la question, sont rendus nécessaires à cause de la déplorable espèce de Français qui malheureusement voyage plus que l'autre dans les pays lointains.

Une petite embarcation aborde le *Futtel-Kheer*; je m'y embarque en tenue chaude mais irréprochable; nous échouons sur le sable; un vigoureux nègre me prend à cheval sur ses épaules et me dépose à terre sur la plage, en face de l'entrée principale du palais d'été de Sa Hautesse. On arrive à la porte d'honneur par une allée d'orangers et de citronniers sur la gauche de laquelle s'étend une plate-forme de niveau avec le pied de la maison et plantée d'arbres de même espèce; au milieu de cette sorte de terrasse est une pièce d'eau qui, au moyen d'un tuyau de conduite, s'alimente au ruisseau qui a donné son nom à la résidence, tandis qu'un autre tuyau emporte l'eau du bassin au bord de la mer et sert d'aiguade pour les navires. . . . .

Deux eunuques, suivis de quelques serviteurs, me reçoivent et m'escortent, deux soldats beloutchis, au teint foncé mais non des nègres, les pieds et les jambes nus, ayant pour pantalons un méchant lambeau d'étoffe attaché comme ces mouchoirs dont les gamins chez nous se serrent pour remplacer les caleçons de bains quand ils n'en ont pas, vêtus d'uniformes rouges semblables à ceux des cypayes de l'Inde ou des soldats anglais en Europe, ayant sur la tête de grands et vieux shakos anglais d'où sortent par derrière et sur les épaules de longs cheveux noirs gras et luisants, montent la garde à la porte du palais et me portent les armes : je reçois ces honneurs avec un sérieux qu'il me serait peut être difficile de garder si j'avais près de moi des compagnons de voyage qui puissent causer. Le chef des eunuques, qui me guide, me fait entrer dans le vestibule et pénétrer à droite dans une grande et très-longue salle aux murailles blanches et nues et n'ayant pour tout mobilier que des chaises et des fauteuils de rotin. Il m'engage à m'asseoir et me fait comprendre plus par ses gestes que par ses paroles que Sa Hautesse est en prière à la mosquée qui est dans le voisinage et qu'elle viendra bientôt. Il se retire un instant et revient peu après, suivi de serviteurs nègres qui portent une petite table ou plutôt un espèce de tabouret, des plateaux chargés de fruits, de gâteaux et de sorbets. Je mange avec plaisir une superbe mangue et une délicieuse petite banane ; je fais signe que j'ai terminé mon repas et pendant qu'on emporte le reste des fruits, un nègre présente sous mes mains un plateau creux pendant que l'autre me verse sur les doigts de l'eau parfumée, un troisième me présente une serviette et un autre me répand sur la tête et sur la barbe, au moyen d'un gracieux flacon en argent, de l'eau de rose fraîche et délicieuse. A peine ai-je terminé cette toilette parfumée, que plusieurs Arabes très-dignes et dont quelques uns ont fort grand air, entrent les uns après les autres dans la salle où je me trouvais, la salle du barzah ; ils viennent me toucher la main et me présenter de fort dignes et fort gracieux salams ; j'ai vite épuisé les quelques phrases et le peu de mots arabes appris pendant mon voyage. On annonce l'approche de Sa Hautesse; les Arabes vont à sa rencontre et rentrent à sa suite. Il est rare de réunir à un si haut degré que le sultan Seyid-Saïd la majesté de la taille, la noblesse de la physionomie, la grandeur et la grâce parfaite du geste et de la parole ; je m'inclinais en me nommant et lui présentais l'hommage de mon respect plutôt par le geste que par la parole ; il me tendit gracieusement et amicalement la main et me fit un accueil à la fois cordial et digne ; il me conduisit à l'extrémité de la salle, me fit asseoir à sa droite ; la conversation ne pouvait durer bien longtemps ; il le comprit vite, le café fut servi suivant l'élégant usage oriental ; il me présenta à celui des Arabes présents qui avait le plus grand air après lui et qui seul portait, comme lui, le turban haut et en pointe par devant, un peu moins haut que le sien cependant ; c'était le Seyid-Soliman-ben-Ahmed, gouverneur de Zanzibar. Quand il étai ntré, j'avais cru un moment que ce pouvait être le sultan lui-même, car il recevait aussi les hommages de ceux qui étaient dans la salle ; mais l'hésitation n'avait pas duré longtemps, il s'était nommé à moi et je savais très-bien qui il était. Le sultan me fit comprendre que Seyid-Soliman allait me conduire en ville et qu'il était chargé par Sa Hautesse de prendre soin de moi et de me faire les honneurs de Zanzibar ; il me reconduisit jusqu'aux escaliers, me donna une nouvelle poignée de main et me dit au revoir, s'il plaît à Dieu !

Un cheval noir ayant une selle arabe, espèce de bât, bleue et argent, sans étriers, était à ma disposition; sans songer à mes jambes qui quoique, bonnes alors, étaient rouillées par un séjour de plus d'un mois dans mon étroit boutre, je voulus monter sans aide; je pris un élan trop fort, le cheval mal redressé fit un brusque mouvement d'écart et je me trouvais de l'autre côté du coursier, tenant heureusement encore la crinière en mains ; mon chapeau roulait dans le sable à quelques pas de moi ; personne ne rit ni ne sourit ; un nègre me rapporta promptement mon chapeau, un autre me prit le pied, je me mis en selle et nous voilà en route. Seyid-Soliman, monté sur un superbe bourriquot blanc de Mascate, grand comme un petit mulet, marchait à côté de moi. Nous cheminions depuis un quart d'heure, ne disant pas grand chose et surtout ne nous comprenant pas beaucoup, lorsque nous aperçûmes, arrivant par un sentier qui aboutissait au chemin que nous suivions, un Arabe monté sur un bourriquet; Seyid-Soliman l'appela immédiatement; il vint à nous suivi de son âne, dont il était descendu par respect pour le gouverneur : c'était Abdallah-ben-Ali, un homme d'affaire du sultan fort intelligent, qui dirigeait une des propriétés du souverain, celle où l'on cultivait la canne à sucre. Les Européens l'avaient surnommé Abdallah-ben-Schamba (schamba veut dire campagne en souhaheli). Abdallah parlait très-bien anglais; je m'empressai d'exprimer par son intermédiaire à Seyid-Soliman, qui m'avait d'abord fait dire par lui les choses les plus gracieuses de la part du sultan et de la sienne, les regrets que j'éprouvais d'avoir été forcé de me présenter ainsi à Sa Hautesse, etc. Abdallah remonta sur son âne, se mit entre Seyid-Soliman et moi et nous continuâmes notre route; la conversation ne discontinua plus jusqu'à ce qu'ayant traversé le pont sur la lagune, nous entrâmes dans la ville de Zanzibar où nous descendîmes chez Seyid-Soliman, dont la demeure était à côté du consulat de France.

Le gouverneur envoya de suite prévenir de mon arrivée M. de Belligny, notre consul, qui m'attendait d'Europe mais qui ne pouvait croire que je fusse, en effet, arrivé puisqu'il n'y avait pas de navire nouvellement mouillé en rade. Seyid-Soliman m'accompagna quelques instants après au consulat où je fus reçu comme un vieil ami; je tiens à payer ici un tribut de reconnaissance à M. de Belligny, à la mémoire de son excellente et digne femme et à M. Kulhmann, drogman, chancelier du consulat, qui m'ont accueilli si cordialement et avec lesquels j'ai passé un an à Zanzibar dans la plus agréable intimité. M. de Belligny ne me permit d'accepter le logement que Seyid-Soliman m'offrait de la part du sultan que pour y installer mes bureaux; il voulut que je devinsse son convive; depuis je suis toujours resté son obligé et son ami.

Me voilà donc à Zanzibar; j'y suis entré dans des circonstances particulières, rares et probablement uniques, c'est-à-dire à huit heures du matin par terre, à cheval; j'y ai été introduit par le gouverneur de la ville, après avoir déjà présenté mes hommages à Sa

Hautesse le sultan Seyid-Saïd qui m'avait donné des preuves de cette haute bienveillance que ses fils et successeurs ont daigné me continuer et me rendre de jour en jour plus précieuse.

Je termine là le récit de ce voyage qui, comme je l'ai dit en le commençant, n'a d'autre mérite que son exactitude et d'autre but que celui de servir de point de comparaison pour constater les progrès accomplis depuis vingt-six ans.

Après avoir brièvement retracé l'historique de Zanzibar et de la côte orientale d'Afrique et tâché de grouper tous les renseignements que nous pouvons avoir sur ces pays, qui attirent aujourd'hui si vivement l'intérêt de la vieille Europe, je repasserai en revue toutes ces entreprises, les tentatives plus ou moins heureuses, les grandes explorations, qui, ayant pris Zanzibar comme point de départ, ont refait la carte de l'Afrique équatoriale, qui était blanche et vide quand j'étais à Zanzibar en 1854 et qui est aujourd'hui déjà bien remplie. L'Afrique centrale sera certainement bientôt non-seulement visitée et connue dans tous ses détails, mais ouverte à la civilisation, au progrès, à l'agriculture, au commerce et à l'industrie. Avant la fin du siècle, grâce aux hardis explorateurs, grâce à l'initiative du roi des Belges, qui a donné un bel élan aux efforts individuels, comme aux efforts organisés, continus, systématiques et internationaux, le voile de ténèbres qui pesait sur l'Afrique centrale sera déchiré définitivement. Le continent perdu, *le continent mystérieux*, sera le continent bien aimé que la vieille civilisation traitera avec d'autant plus de soins et d'amour qu'il sera son dernier né, qu'elle aura beaucoup plus de peine à l'enfanter et qu'elle lui aura donné plus de preuves de son audace, de sa persévérance et de son génie.

A. RABAUD,

Président de la Société de Géographie de Marseille.

UTILISATION DES ÉLÉPHANTS EN AFRIQUE

(3me article.)

Les dernières nouvelles reçues de Zanzibar et datées du 16 octobre, annoncent que M. Carter, avec les éléphants offerts par Sa Majesté le roi des Belges à l'Association internationale africaine, avait traversé très-heureusement l'Ougogo et qu'il était en marche vers Taborah.

Les éléphants se portaient à merveille, ils avaient parfaitement résisté à toute les fatigues et à toutes les privations pendant la traversée du Marenga Mkali, désert où l'eau manque absolument ; ils sont restés pendant 42 heures sans boire et pendant 31 sans manger, marchant pendant vingt-sept heures et demie chargés de plus 1200 livres chacun.

M. le docteur Kirk, agent politique et consul général de S. M. Britannique à Zanzibar, écrit à la même date : « vous serez heureux, comme moi, d'apprendre que la tentative d'introduction en Afrique des éléphants domestiques, doit être d'ores et déjà considérée comme un immense succès.

La réussite de cette intéressante expérience qui peut et doit amener de si grands changements et produire de si beaux résultats dans les explorations, dans les communications et dans les transactions de l'Afrique centrale, est d'autant plus importante qu'une nouvelle expérience, tentée par les missionnaires Algériens dans l'Afrique équatoriale, semble malheureusement prouver qu'il faut renoncer, du moins pour le moment, aux mulets pour le transport des fardeaux dans ces contrées. L'un des pères écrit de Toubougoué, 24 septembre : « 'Le capitaine Foot nous apprend une « nouvelle qui nous a bien attristés, sur cinq des mulets de la « caravane qui nous précède, trois sont morts, probablement à la

« suite du froid qui régnait dans cette région et surtout de l'humi-
« dité des herbages ; cette perte a son importance pour tous et
« surtout pour moi, qui rêvais de faire ma seconde caravane
« toute de mulets et sans porteurs. Il faut renoncer à ce rêve ;
« j'étais heureux de voir le nôtre porter si allègrement sa charge
« de 120 à 130 kil. à travers les montagnes, escaladant d'un pied
« tranquille et toujours sûr les fossés ou les rochers du sentier.
« Ah ! c'est un bon pagazi (porteur), disaient nos askaris (soldats);
« il porte tout ce qu'on lui donne sans jamais se plaindre. »

Le 2 juillet 1879, à 1 h. 15 p. m. M. Carter, conduisant les éléphants, quittait Dar-es-Salam ; le drapeau royal Belge et le drapeau bleu à l'étoile d'or de l'association internationale Africaine étaient déployés à l'avant-garde, les tambours battaient, les hommes déchargeaient leurs fusils, les femmes et les enfants poussaient des cris. M. Rankin dirigeait l'arrière-garde.

Cette première caravane d'éléphants représentait une grande idée pénétrant dans l'Afrique équatoriale, la réalisation des généreuses pensées d'un noble cœur, peut-être la plus prompte et la plus heurense solution de la grande question de la civilisation de l'Afrique centrale.

La caravane suivait la route construite par M. Mackinnon, pour relier la côte au nord du lac Nyassa ; la route est excellente, elle a donné le temps de coordonner les éléments divers dont se composait la caravane. Les éléphants marchaient à raison de 3 milles anglais, (4 kilomètres 827) en 1 heure 15 min., soit 2 mille $\frac{40}{100}$, soit 3 kilom. 860 mèt. à l'heure, et portaient chacun 1000 livres, soit 453 kil., outre leurs bâts et leurs propres provisions. Le soleil était très-chaud, les mahouts indiens pleuraient et demandaient à retourner chez eux. Les pagazis (porteurs), avec leurs charges de 70 livres chacun, suivaient fléchissant sous leurs charges et s'éloignaient de la caravane. A 5 heures après-midi les éléphants et leur suite arrivaient au village de M'Konga, à 8 milles $^1/_2$ (13 kilom. 67) de Dar-es-Salam. Tout le village était sorti à leur rencontre ; les physionomies exprimaient l'étonnement et la crainte ; le chef du village reçut cependant la caravane très-amicalement ;

les porteurs n'arrivaient qu'à 10 heures du soir. Il fallut, à la demande du chef des pagazis, réduire la charge de 10 livres de 31 k., 75 à 27 k. plus leurs rifles et leurs couteaux.

Le 4, à 9 heures du matin, la caravane se remettait en route, les éléphants, à l'avant garde cette fois, pour ne pas laisser les traînards à l'arrière ; elle suivait une route qui serpente autour d'une rangée de collines et descend dans des vallées très-boisées ; les jungles sont épaisses et le sol couvert de broussailles, par ci par là un beau copalier ; dans un terrain très-marécageux les éléphants enfonçaient jusqu'au poitrail ; il fallut les décharger, car ils avaient de la peine à se mouvoir. A 2 h. 30 p. m. la caravane arrivait à Kimane ayant fait une très-bonne étape de 12 milles (19 kilom. $^1/_3$) ; les hommes et les animaux étaient presque rendus. Le 5, la caravane se remettait en marche au point du jour ; il fallut couper ; des arbres pour faire des ponts et placer des madriers l'un à côté de l'autre sur les endroits mous pour que les éléphants pussent passer ; elle arrivait à 1 h. 30 p. m. à Umpagi. Un des éléphants nommé Sundergund, un animal indocile, avait donné beaucoup de peine, se refusant à traverser les ponts où les autres passaient très-bien et obligeant à le décharger presqu'à chaque heure, travail pénible demandant environ 40 minutes pour décharger et recharger ; un des autres éléphants nommé Naderbuck donnait aussi de la peine, les deux femelles se conduisaient parfaitement.

Le 6, la caravane partait avec un temps chaud et couvert, vent léger. Les éléphants passaient un bon pont ; Sundergund faisant des siennes, on ne peut le persuader de faire de même ; même après l'avoir déchargé, on lui met les fers aux pieds afin de l'empêcher de se sauver dans les jungles, et en remontant le courant on parvient à lui faire traverser la rivière. Le chef des mahouts craignant la fuite des éléphants dans les jungles, il faut chaque soir leur mettre les fers aux pieds et leur donner une garde de trois hommes pendant qu'ils prennent leur nourriture, ce qui est une besogne accablante pour les hommes après qu'ils ont eu déjà une journée de travail pénible. Les Indiens refusaient de manger de la racine de Kassava, du maïs ou du sorgho (mitama) ; ils voulaient du riz : leur chef leur donne sa propre provision, flattant ces enfants gâtés jusqu'à ce qu'ils soient plus avant dans l'intérieur. Il est à désirer que les nègres apprennent à conduire les éléphants. La caravane fut obligée de couper une jungle épaisse de 1 $^1/_2$ mille pour se rapprocher de l'eau.

Le lundi 7, à 6 heures et demie, la caravane se remettait en marche vers l'O.-S.-O. et à 9 heures vers l'O.: journée pénible, beaucoup de bois à couper, pas de vivres, pas même de Kassava ; on dut se contenter des restes de la veille.

Le 8, il fallut encore travailler pour couper la jungle et chercher de l'eau.

Le dimanche 13, la caravane arrivait à la rivière Kingani, après un voyage de 11 jours $^1/_2$ des plus fatigants, quoique la distance directe de Dar-es-Salam à la rivière Kingani ne soit que de 50 milles (80 kilom. $^1/_2$) ; la caravane dut faire 78 milles de chemin, (128 kilom. $^3/_4$) pour éviter les marécages et les jungles.

Le 14, la rivière Kingani était traversée en 5 heures, sans le moindre accident, avec l'aide de deux petits canots. Les éléphants après avoir traversé la rivière furent tellement piqués par des milliers de mouches tsétsés qu'ils furent rendus à peu près fous, mais sans que la piqûre de cette mouche parût produire de l'effet sur eux. Le 19, la caravane était à Luzanga, à environ 5 jours de marche de Simba-Moueni, ayant eu à lutter contre des difficultés inouïes, coupant son chemin au travers des jungles, cherchant des routes, de l'eau et suivant une route qui n'avait jamais été visitée, ni parcourue. Quoique le pays traversé eût une mauvaise réputation, le chef de l'expédition n'eut point de difficultés avec les indigènes, ayant soin d'évaluer et de payer immédiatement les dégâts commis à leurs récoltes. Etant juste et leur expliquant que les Européens ne s'abandonnent jamais à la crainte mais agissent toujours avec équité, en maintes circonstances les indigènes n'ont pas réclamé d'indemnité, mais ont porté de petits présents à la caravane.

Le 3 août, la caravane arrivait à Mpouapoua, et y attendait l'expédition dirigée par le capitaine Popelin, accompagné du docteur Vanden-Heuvel. Le 13, un des éléphants mourait subitement. Les animaux avaient été constamment observés, guettant le moindre signe de maladie ou de faiblesse, dans la crainte des effets de la tsétsé, mais les éléphants étaient tous en excellente santé. M. Carter et les mahouts pensent qu'il est mort d'apoplexie, attendu que, d'après un soigneux examen fait par tous les hommes attachés aux éléphants, il a été reconnu que cet éléphant était en parfaite santé, mangeant sa provende comme d'habitude deux heures encore avant sa mort. Le personnel indien disait que ces morts subites ne sont pas rares parmi les éléphants indiens dressés, et comme il est mort soudainement et sans se débattre et que son sang était très-noir, il paraît probable qu'il est mort d'apoplexie. Ses défenses, pesant à peu près 29 livres chacune (13 kilog.), ont été envoyées à Zanzibar. Il fallut entrer en pourparler avec les chefs au sujet de l'enfouissement de l'éléphant auquel ils s'opposaient, mais grâce au concours de la Church Mission society, établie à Mpouapoua, l'affaire fut bientôt arrangée d'une manière satisfaisante et l'éléphant mort fut enfoui dans une fosse de 12 pieds × 10 × 8 = 3m 60 × 3m × 2m 40.

Comme nous l'avons dit en commençant, les dernières nouvelles reçues de Zanzibar annoncent que la caravane a très-heureusement traversé l'Ougogo et était en marche vers Taborah. Nous tiendrons nos lecteurs au courant des détails de cette intéressante expédition dès qu'ils nous parviendront.

L'expérience de l'introduction des éléphants indiens en Afrique a complètement réussi. Les éléphants ont été couverts de tsetsés pendant 23 jours ; ils ont traversé un pays inexploré et inconnu jusqu'ici des blancs ; un pays où les montagnes et les collines alternent incessamment avec les vallées marécageuses, les jungles épaisses et épineuses, les rizières à bords escarpés. Ils ont prouvé, non-seulement qu'ils peuvent y vivre, mais encore y prospérer en se nourrissant des produits du pays tout en portant des charges d'environ 1,200 livres (540 kilogr.), soit 200 livres (90 kilogr.), de plus que la charge réglementaire, et cela dans des conditions très-différentes de celles qui existent dans l'Inde. Ils se sont faits à la nourriture du pays; ils se trouvent bien de l'herbe et des pousses d'arbres fournis par le pays. Ils ont résisté aux fatigues et aux privations, ils sont restés pendant 42 heures sans boire et 31 sans manger, marchant pendant 27 heures et demie. Les pays montagneux qu'ils ont traversés ont nécessité des ascensions et des descentes dans les limites du possible; nul animal chargé autre que l'éléphant n'eût pu accomplir semblable tâche. Ils ont traversé heureusement, avec leurs volumineux bagages, des sentiers étroits le long des précipices escarpés, de ces précipices que Cameron considère comme réclamant la plus grande circonspection même de la part des porteurs.

Les routes ainsi nommées, même la célèbre route des caravanes de Bagamayo à Mpouapoua, sont à peine des sentiers ayant souvent moins d'un pied de largeur et qui, pour chercher l'ombre traversent souvent la jungle. On comprend le travail qu'il faut exécuter à la hache ou à la serpe pour former le passage de 12 pieds sur 10 dont les éléphants chargés ont besoin.

M. Carter, qui conduit d'une manière si énergique et si intelligente cette expédition des éléphants, écrivait de Mpouapoua qu'il est convaincu que si la seconde partie du programme de S. M. le Roi des Belges, relativement à la capture et à la domestication des éléphants africains, était mise à exécution, l'Afrique pourrait dater sa nouvelle chronologie et son entrée dans la communauté des nations, de l'ère de l'éléphant.

A. RABAUD,
Président de la Société de Géographie.

M. Carter, chargé de la conduite des éléphants, écrit à un de ses amis d'Angleterre la lettre suivante qui donne une idée des difficultés qu'il a eu à vaincre dans la mission qui lui a été confiée.

Mpanga-Sanga (Ugogo C A), 16 Septembre 1879.

. . . .

Comme vous devez le savoir, j'ai été arrêté à Mpouapoua depuis le 3 juillet jusqu'au 2 septembre. Par conséquent, mes calculs, au sujet de l'herbe que je comptais trouver en route ne reposent plus sur rien et mes pauvres éléphants ont dû se contenter d'herbe séchée au lieu d'herbe fraîche, et marcher pendant des jours entiers sans eau, au lieu d'en avoir tous les jours. Cependant j'ai soumis mes éléphants, — pauvres bêtes ! — à une foule d'expériences, comme vous le verrez par les extraits suivants de mon journal :

Le 3 courant, à 6 h. 30 du matin, je suis parti avec mes éléphants de Chungo pour traverser le Marenga Makali, district entièrement sans eau (j'avais attendu jusque-là pour tacher de me procurer, mais sans succès, de l'eau potable pour les éléphants), et nous avons traversé une plaine unie, rejoignant et dépassant notre caravane de porteurs à pied (qui était partie à 5 h. 45 du matin), à raison de 3 $^1/_2$ milles par heure, jusqu'à 9 h. 20 du matin. Nous avons alors trouvé des jungles, et il fallut se frayer un passage la hache à la main. Bientôt après nos porteurs à pied nous passèrent devant, et je restai seul avec les éléphants et 7 hommes pour couper les jungles. Celles-ci devinrent de plus en plus épaisses jusqu'à 1 heure après-midi ; c'était alors tellement mauvais que nous devions couper, à chaque pied de terrain, pour nous faire un passage à travers les plus horribles et épineuses jungles. Ceci jusqu'à 8 heures du soir.

A ce moment l'escouade des hommes pour les éléphants se montrait sur le point de renoncer à ce mauvais travail, et j'ai été obligé de les faire aider par les éléphants, déjà lourdement mis à l'épreuve, ils renversaient les arbres à demi-coupés et se frayaient un passage à travers les épaisses broussailles couvertes d'épines, faisant en 5 minutes ce qui nous aurait coûté au moins une heure la hache et le pieu à la main. (Je pourrais parler un mois entier sans parvenir à vous faire comprendre ce que c'est que les jungles épineuses de l'Afrique. Cela défie toute description).

Et à force d'encourager mes hommes avec des promesses de beaucoup d'eau potable qu'on trouverait plus loin et en travaillant moi-même avec eux épaule contre épaule, nous avons passé heureusement cette terrible nuit jusqu'à 7 heures du matin. En ce moment, le chef de l'équipe des éléphants, un homme splendide, se laissa tomber à terre, en disant : « Grand Maître, j'ai fait tout ce que j'ai pu pour vous. Je n'en puis plus. Laissez-moi mourir ici. »

J'ai essayé de relever ce pauvre homme, mais je m'aperçus qu'il avait perdu l'usage de ses jambes. J'ai dû me résoudre à le laisser avec l'espoir de pouvoir lui envoyer plus tard de l'eau et des secours.

Je ne pourrais jamais assez dire de bien de mes hommes africains. Ils s'attachaient à moi (comme des briques) et n'ont pas discontinué de manier la hache pendant 24 heures, sous un soleil brûlant, sans boire ni manger ! Je n'aurais jamais cru qu'un homme pût supporter si longtemps un aussi rude travail sans boire.

A 9 h. 30 du matin, le 4 courant, nous finissions de traverser ces jungles, et à une distance d'un mille environ, nous apercevions le camp et nous avions de l'eau sous la main. Mais chose étrange ! mes hommes se couchèrent, et j'eus beaucoup de peine à les faire avancer.

Moi-même je sentais que ma tête s'égarait et j'éprouvais une sensation inexprimable, comme si des torrents d'eau fraîche se pressaient dans ma bouche. Je me croyais aussi chez moi avec ma mère, et je me sentais très-heureux, bien que chancelant comme un homme ivre. La fatigue du corps et de l'esprit avait été trop forte, je suppose, car j'avais été très-inquiet pour mes éléphants. Cependant, je parvins à me secouer et nous nous traînâmes jusqu'au camp.

En vérité, ces jours-là nos photographies n'auraient pas eu beaucoup de succès auprès du public en Angleterre. Vous ne pouvez pas vous figurer des gens aussi misérables, déchirés, saignants et effarés que nous. Mes noirs étaient devenus blanc-bleuâtre et avec leur lèvres entr'ouvertes, ne semblaient plus avoir une heure à vivre.

Les éléphants avaient fait des merveilles. Ils n'avaient pas touché d'eau pendant 42 heures (depuis le 2 courant à 5 heures du soir), 31 heures sans manger (car après les avoir fait boire le 4 courant à 11 heures du matin, ils avaient dû marcher 2 heures et demie pour arriver à une sorte de marais desséché où croissaient quelques algues).

Ils avaient marché 27 heures et demie avec leurs lourdes charges et en nous aidant à abattre les arbres, etc., etc.

Après cela les plus sceptiques ne peuvent plus douter que l'éléphant ne soit le futur civilisateur de l'Afrique.

CARTER,
Chef de l'expédition des éléphants en Afrique.

LA DÉCOUVERTE DES SOURCES DU NIGER

La Société de géographie de Marseille éprouve, à bon droit, une très-grande satisfaction et une légitime fierté à publier les premiers renseignements relatifs à la découverte des sources du Niger. Elle tient à adresser ses plus vifs remerciements à M. C.-A. Verminck, l'un de ses membres fondateurs, qui a conçu la belle pensée et qui a pris la généreuse initiative d'organiser à ses propres frais et qui a dirigé avec autant d'intelligence que d'énergie une exploration qui avait pour but la découverte des sources du Niger, entreprise qui a pleinement réussi.

M. Verminck, que nous félicitons sincèrement, a prouvé la vérité des assertions que nous avons émises dès le début de notre Société, que le commerce travaille sans cesse pour la géographie et lui apporte toujours de nouvelles découvertes et de nouveaux éléments, qu'il est la grande force motrice par laquelle les bienfaits de la civilisation et les heureuses découvertes de la science sont répandues dans les coins les plus reculés du monde habitable.

La science doit savoir un gré infini à l'éminent commerçant qui, au prix de grands sacrifices pécuniaires et de combinaisons, fruit d'un travail assidu et d'une expérience acquise, lui offre une magnifique découverte et de sûrs et précieux renseignements ; mais elle n'a aucun droit de s'étonner si ce négociant, quelque généreux qu'il soit, ne livre pas à la publicité ses informations particulières qui intéressent son commerce et font partie de ses secrets professionnels qui sont légitimes et respectables.

Nous sommes certains d'être les interprètes de toutes les sociétés de géographie et de tout le monde scientifique en remerciant M. C.-A. Verminck, en lui déclarant qu'il a bien mérité de la science géographique et en le citant comme un noble exemple à tous les négociants intelligents, hardis et entreprenants, qui doivent se convaincre que si le commerce est forcé de garder certains sentiments d'égoïsme quand il s'agit de ses intérêts particuliers, il peut et doit se distinguer, s'honorer et s'ennoblir en mettant généreusement au service de la science et des progrès de la civilisation les grands moyens d'action dont il dispose.

LA RÉDACTION.

EXPÉDITION FRANÇAISE AU NIGER

ET DÉCOUVERTE DES SOURCES DE CE FLEUVE

Depuis longtemps, l'attention du monde géographique est fixée presque exclusivement sur l'est et le sud-ouest de l'Afrique, où de nombreux et intrépides voyageurs ont tour à tour exploré, avec succès, les contrées que baignent le Nil, le Congo, le Zambèze, l'Ogôoué et les Grands Lacs.

Seul, le bassin du Niger n'a fait l'objet d'aucune nouvelle recherche, et bien qu'à son embouchure il existe un commerce actif et sans cesse croissant, son cours supérieur est resté à peu près fermé aux Européens, malgré les intéressants voyages de Mungo-Park, R. Caillié, et plus récemment de Mage, Barth et Soleillet.

La région des sources n'a même jamais été entièrement explorée et il n'a été fait dans cette direction que de rares tentatives isolées, restées infructueuses. En 1822, le major Laing s'avança audelà de Falabah, mais ne put arriver aux sources. En 1869, M. W. Reade, que patronnaient MM. A. Swanzy, de Londres, et Ch. Heddle, de Sierra-Leone, tenta par deux fois la même aventure.

A son premier voyage, il ne put dépasser Falabah ; la seconde fois, il arriva au Niger, mais ne put remonter jusqu'aux sources.

Il fit néanmoins un voyage remarquable, qui le conduisit au Bouré, pays de l'or, d'où la famine l'obligea à retourner à Sierra-Leone.

MM. Laing et Reade plaçaient, d'après les informations des indigènes, les sources du Diolibah, ou Niger supérieur, au pied du Mont-Loma, dans le pays des Korankos et à dix journées de marche au sud-est de Falabah.

Ils ne purent les atteindre à cause de l'état continuel d'hostilité qui règne entre les tribus du Mont-Loma et les tribus de la plaine. Celles-ci, en effet, ont fait de la contrée qui les sépare des sources leur territoire de chasse à l'esclave. Les guerres et la famine y sont donc permanentes, et les tribus pourchassées sont impitoyables pour tout étranger qui s'aventure chez elles.

D'autres causes plus générales ont découragé les explorateurs qui auraient voulu diriger leurs recherches de ce côté : l'insalubrité notoire du pays, le manque de routes praticables, la rapacité bien connue des chefs de l'Intérieur, et, par suite, les dépenses considérables qu'entraînent ces voyages.

Il fallait bien cependant qu'un jour ou l'autre ce problème géographique fût résolu, et certains indices faisaient supposer que de nouvelles tentatives seraient avant peu dirigées de ce côté, mais par d'autres que des Français.

C'est alors que M. Verminck se décida à prendre les devants et à organiser lui-même une expédition, qui aurait pour mission de découvrir les sources du Niger. Il fut poussé à prendre cette détermination par le désir de réserver à la France l'honneur de cette découverte et de payer une dette personnelle de reconnaissance envers cette terre africaine sur laquelle il avait débuté et grandi dans la carrière commerciale, et où il a aujourd'hui des intérêts de grande importance.

Il fut encouragé dans son dessein par la pensée que son organisation à la côte d'Afrique lui fournirait les moyens de réussir là où d'autres avaient échoué.

Ces considérations et quelques autres d'un ordre différent faisaient de cette expédition une œuvre pratique et utile ; une circonstance, pour ainsi dire imprévue, la rendit, sous certains rapports, nécessaire et en activa les préparatifs.

On se rappelle qu'il y a quelques mois l'attention publique fut momentanément dirigée vers la côte occidentale d'Afrique, à la suite de l'occupation de Matacong par les Français et des Scarcies par les Anglais. On sait aussi qu'à la suite des réclamations du gouvernement anglais, l'île de Matacong fut évacuée, sous réserves, il est vrai, par les Français, mais que les Anglais, par contre, se fixèrent solidement aux Scarcies, bien que les chefs du pays eussent fait aux Français l'offre de leur territoire.

Cette attitude respective des deux Gouvernements devait porter et porta en effet une grave atteinte au prestige de notre nation, en même temps qu'elle devait (c'est le but avoué de la politique coloniale anglaise) porter un coup fatal au commerce français, qui, jusqu'alors, avait été prépondérant dans ces pays.

C'est en partie pour se rendre compte de la portée du dommage que devaient causer au commerce français l'abandon dans lequel on le laissait, l'indifférence avec laquelle on le traitait, comme aussi pour étudier les moyens de rendre moins désastreuses les conséquences de cet abandon, que ce voyage fut résolu et entrepris sans retard.

L'expédition étant décidée en principe, il fallait trouver les hommes pour la conduire. M. Verminck s'adressa à celui de ses agents qui, par la position qu'il occupait, lui parut le plus apte à mener cette tâche à bonne fin. Il fit part de son projet à M. Zweifel, agent de Rotombo (rivière de Sierra-Leone), dont le comptoir est le plus rapproché du point où l'on signalait l'existence des sources.

M. Zweifel accepta avec d'autant plus d'empressement que depuis longtemps il n'attendait qu'une occasion pour entreprendre un pareil voyage, et qu'il s'y était préparé dans une certaine mesure.

Il avait non-seulement recueilli de nombreuses informations sur les pays de l'intérieur, mais il en avait appris les principaux idiomes et il avait su se créer des relations amicales avec quelques chefs influents.

M. Zweifel se déclara prêt à partir sur le champ, bien que l'on fût au commencement de la saison des pluies, qui est la saison la moins propice aux voyages à cause des inondations et des difficultés de ravitaillement.

Sur sa demande, on lui envoya les instruments, cartes et livres nécessaires à son voyage et on lui donna l'autorisation de choisir dans le personnel de la maison un compagnon de route.

Il s'adjoignit un de ses collègues, M. Moustier, agent de Boké (Rio-Nunez), qui était sur le point de partir pour la France en congé de convalescence, mais qui n'hésita pas à partir pour l'intérieur dès que le but de l'expédition lui fut connu.

Tous deux ayant habité la côte pendant plusieurs années, étaient parfaitement acclimatés et connaissaient à fond les mœurs des indigènes, de sorte qu'ils avaient de sérieuses chances de mener leur entreprise à bonne fin.

Un troisième compagnon de voyage devait se joindre à eux; c'était un des capitaines de la maison, qui avait été spécialement désigné pour s'occuper des observations astronomiques, pour fixer les longitudes et latitudes des différents points et tracer exactement la route parcourue. Ce capitaine ne put malheureusement se rendre en temps utile à Sierra-Leone, et l'expédition partit sans lui, car la saison des pluies était déjà très-avancée et le moindre retard pouvait l'exposer à trouver les routes tout à fait impraticables.

Le 20 mai 1879, M. Verminck adressa à MM. Zweifel et Moustier une lettre d'instructions dont nous détachons quelques extraits :

« Le but essentiel de votre voyage, leur dit-il, doit être à la fois géographique et commercial. Quant aux observations astronomiques, j'ai désigné M..., capitaine du navire..., qui doit se rendre à Sierra-Leone par première occasion, et qui, par ses connaissances professionnelles, vous sera certainement d'un grand secours en ce qui concerne le côté scientifique de votre voyage.

« Le but commercial est d'étendre nos relations d'affaires avec les pays situés auprès du Niger, d'étudier leurs productions, de reconnaître les voies les plus faciles pour arriver jusqu'à nos comptoirs et, en un mot, d'examiner avec soin toutes les questions se rattachant au développement de notre activité commerciale dans ces contrées.

. . . .

« Le but géographique doit être la découverte des sources du

Niger; j'y attache la plus grande importance, et c'est principalement en vue de cette découverte que j'ai formé le projet de l'expédition que vous êtes appelés à diriger. . . . .

« D'autres voyageurs ont exploré le Niger et ont suivi et déterminé le cours, mais la source elle-même est encore ignorée.

« On s'en est peu occupé jusqu'à ce jour. Le « Caput Nili quærere » est depuis longtemps le mot d'ordre des explorateurs. Ce problème est à la veille d'être résolu, mais celui des sources du Niger reste entier. . . . .

« Il est probable que bientôt l'attention publique se dirigera de ce côté ; de nombreux indices le font présager. Eh bien, prenons les devants et qu'à nous revienne l'honneur de cette découverte.

« Le major Laing et M. Reade placent les sources du Niger à peu de distance de celles de la Rokelle ; ils n'ont pu y arriver, le haut pays étant en état de guerre ou de révolte. Depuis cette époque il est possible que ce pays soit pacifié et qu'aucun obstacle sérieux ne s'oppose à votre entreprise.

. . . .

« Si vous arrivez aux sources du Niger, je désire que vous en déterminiez la position exacte, afin que cette découverte ait une valeur *géographique* importante. Je vous ferai remarquer à ce sujet que le Niger doit avoir plusieurs sources, et que vous devrez vous efforcer de découvrir la principale, celle qui mérite réellement d'être appelée « la tête de la grande eau. »

« Lorsque vous aurez trouvé les sources, vous pourrez retourner immédiatement à Sierra-Leone, afin d'annoncer le résultat de votre exploration, et dans ce cas nous remettrions à plus tard le projet d'une exploration plus étendue. Mais, si vous préférez, vous pourrez expédier à Sierra-Leone les notes de votre voyage et poursuivre votre route en descendant le fleuve jusqu'au Bouré et même jusqu'à Ségou-Sikoro.

« Si vous trouvez que ce projet de trouver les sources du Niger est impraticable, vous avez carte blanche pour pousser une pointe vers l'Est, ou pour descendre le fleuve, ou pour traverser le

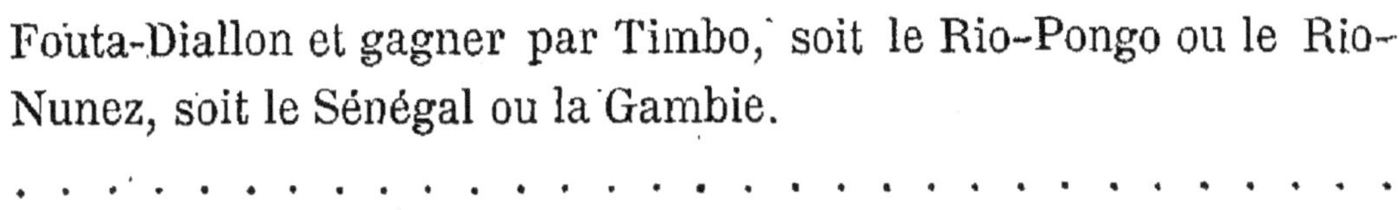

Fouta-Diallon et gagner par Timbo, soit le Rio-Pongo ou le Rio-Nunez, soit le Sénégal ou la Gambie.

. . . .

« Vous verrez par ce qui précède que je ne vous impose pas un programme strict. Quant à votre itinéraire, je vous donne carte blanche, tout en insistant d'une manière particulière sur la découverte des sources du Niger. Vous jugerez vous-mêmes s'il convien de restreindre ou d'élargir le champ de vos investigations pendant ce premier voyage.

. . . .

« Si votre voyage réussit et amène d'utiles résultats, je désire que la France soit la première à en profiter. Ceci dit, je crois que moins vous ferez de politique dans votre voyage, mieux cela vaudra.

« Je vous disais au début de cette lettre que l'expédition doit avoir un caractère principalement géographique et commercial. Je compléterai ma pensée en ajoutant qu'elle doit avoir un caractère essentiellement français.

« Je veux dire par là que vous devez avoir en vue, dans vos recherches et études diverses, l'intérêt du commerce français et étudier les voies et moyens les plus propices pour l'étendre et le faire prospérer dans ces pays.

. . . .

« Le navire *Foulah* sera à Sierra-Leone vers le 20 juillet. Si vous n'êtes pas partis avant cette époque, vous trouverez à bord quelques articles pouvant vous être utiles. Le capitaine qui doit vous accompagner prendra probablement passage sur ce navire. »

. . . .

Au reçu de cette lettre, MM. Zweifel et Moustier engagèrent les guides et interprètes nécessaires, plus une cinquantaine de porteurs, dont le chef se trouvait être un ancien serviteur et compagnon de voyage de Livingstone.

Ces hommes devaient transporter les provisions, les marchandises d'échange destinées à acheter des vivres en route, et les présents destinés aux chefs de l'Intérieur.

Avant le départ de Sierra-Leone, une circulaire fut adressée à tous les comptoirs de la maison Verminck pour les prier de faire honneur aux bons que les voyageurs auraient à fournir de l'Intérieur, et qui, vu le peu de sécurité des routes, devaient être payables sur le point, quel qu'il fût, que les porteurs de bons pourraient atteindre. Cette précaution fut, par la suite, des plus utiles.

Le 11 juillet, l'expédition quittait Port-Lokkoh, point extrême de la branche nord de la rivière de Sierra-Leone, et arrivait le 25 du même mois à Big-Boumba, capitale du pays des Limbahs.

C'est de cette ville qu'est datée la première lettre des voyageurs.

« Nous sommes arrivés ici le 25 courant, en bonne santé, écri-
« vent-ils, mais un peu fatigués ; nous comptons nous remettre en
« route aujourd'hui même (27). »

« Notre voyage s'est jusqu'à présent heureusement effectué, bien qu'avec quelques retards, à cause des nombreux cours d'eau, gonflés par les pluies, qu'il nous a fallu traverser ; nous avons dû en franchir quelques-uns à la nage.

« Nous éprouvons beaucoup de difficultés à nourrir nos hommes, car le riz, qui d'ailleurs s'annonce bien, n'est pas encore mûr.

« La route que nous avons suivie se trouve un peu au sud de celle de Reade. Ce dernier, dans la relation de son voyage, dit avoir rencontré des forêts de grands arbres depuis Port-Lokkoh jusqu'à Big-Boumba. Il n'y a que dix ans que ce voyage a eu lieu et déjà tout a changé. Le pays que nous avons parcouru jusqu'ici est peu boisé : on ne trouve que des broussailles et, à de rares intervalles, quelques arbres de grande dimension.

« Il est probable que les forêts qu'a vues Reade, ont été abattues pour faire place à des plantations de riz et de graines.

Il y a beaucoup de palmiers dans le Lokkoh et le Limbah, et il existe dans ces deux pays une loi qui condamne à l'esclavage tout homme qui détruit un de ces arbres.

. . . .

« Veuillez nous envoyer ici deux ballots de tissus que le roi nous fera parvenir plus en avant ; enveloppez bien ces marchandises pour que la pluie ne les gâte pas.

« Un de mes hommes est tombé malade à Rocriffi; j'ai laissé avec lui son frère pour le soigner. S'ils arrivent à Rotombo, ils auront à travailler pour le solde de leurs avances. »

Leur seconde lettre est datée de Falabah, ville importante, située à 300 kilomètres environ de Sierra-Leone, et à 100 kilomètres de Farabanah, sur le Niger.

Falabah, 20 août 1879.

« Nous sommes arrivés ici le 16 courant.

« Nous avions l'intention de changer de route à Sagalah et de marcher directement vers le Mont-Lomah, mais partout où nous passions on nous conseillait de ne pas prendre cette route, parce qu'il y a dans le Koranko la guerre et la famine.

« Nous avons dû, par conséquent, nous rendre à Falabah, comme le major Laing et Reade. Vous savez que ce dernier, à son second passage, s'est dirigé de cette ville droit au Niger, à Farabanah et non vers le Mont-Lomah.

« Ce n'est qu'aujourd'hui que nous avons pu parler au roi Siwa de notre projet, de chercher les sources du Diolibah, et il semble que la Providence nous favorise, car voici ce qui nous arrive :

« Falabah est une grande ville dont les habitants sont guerriers pendant une saison, cultivateurs pendant l'autre. L'an dernier, les gens du Koranko se battaient entre eux. Les gens de Limbah et de Falabah prêtaient secours aux Korankos de Soulimaniah contre les Korankos du Mont-Lomah, et dans une de ces batailles le frère du roi de Falabah fut fait prisonnier par les Korankos de la montagne.

« Ceux-ci ne savaient trop que faire de leur royal prisonnier. Le tuer ou le vendre ne leur aurait pas donné grand profit; de plus, ils redoutaient les colères du roi de Falabah. Dans cette perplexité, ils trouvèrent que le moyen le plus pratique de se débarrasser de leur prisonnier était de lui donner trois femmes et dix esclaves, et de l'apporter en triomphe à Falabah, ce qui fut fait.

« Ils entrèrent dans la ville le 17 courant, soit le lendemain de notre arrivée. Il y eut grande fête ce jour-là : 5000 hommes au moins étaient sous les armes, onze balafons et huit tambours de bataille battaient la marche guerrière du pays.

« A la suite de cet événement, les Korankos sont devenus les alliés de Falabah; c'est à cette alliance que nous allons devoir les moyens d'arriver à nos fins.

« Le 18 courant, l'ambassade du roi du Mont-Lomah nous fit une visite. Nous leur demandâmes indifféremment quelques renseignements sur leur pays et leurs montagnes, puis nous vînmes à leur parler de la grande rivière, le Diolibah (Niger). Ils nous dirent que la grande rivière passe entre le Mont-Lomah et une autre montagne, et que les sources se trouvent à deux jours de marche derrière cette montagne. Les sources se composent, d'après leurs dires, de trois branches, dont chacune a un nom particulier, mais ces branches se réunissent bientôt et forment un petit lac, d'où sort la rivière sous le nom de Diolibah.

« Ce matin, nous avons fait notre présent au roi et nous lui avons fait connaître notre désir de voir la grande eau. Il nous a répondu qu'il est en dispute avec les Sangaras du haut du fleuve, que ceux-ci empêchent les caravanes du Bouré de monter à Farannah, et que, certainement, ils ne nous laisseront pas passer, car, d'ici à un mois, une guerre générale éclatera entre ces Sangaras et tous les pays voisins.

« Nous avons alors expliqué au roi que nous ne tenons pas à voir le Diolibah à Farannah même, mais que notre principal désir est d'en voir les sources.

« Là-dessus, il nous promit de nous donner un guide et de nous faire accompagner par les Korankos, qui ont ramené son frère.

« Le roi Siwa nous a dit, de plus, que les sources du Diolibah se trouvent entièrement dans le territoire des Korankos, à six ou sept journées de marche d'ici, et qu'une fois ces sources découvertes, nous pourrions descendre la rivière, mais qu'au lieu de la traverser pour aller dans l'Est ou dans le Nord, nous ferions mieux de retourner chez lui, car, dans le Koranko, aussi bien que dans le Sangara, il y a famine.

« Nous partirons donc dans quelques jours et nous espérons que tout ira bien.

« Dès notre retour à Falabah nous vous enverrons un nouveau courrier et nous essaierons d'aller au Rio-Nunez en passant par Timbo, capitale du Fouta-Diallon.

« Nous avons beaucoup souffert en route, mais nous nous portons bien.

« Veuillez nous croire vos dévoués serviteurs.

« J. Zweifel. — M. Moustier. »

A cette lettre sont jointes différentes informations qui n'ont d'importance qu'au point de vue du commerce et de la politique coloniale.

Le dernier courrier de Sierra-Leone n'a apporté que deux lettres, très-courtes des explorateurs que nous reproduisons ci-après :

Socorah (près du Mont-Lomah), 12 septembre 1879.

« Nous sommes près de la frontière du Koranko et du Kissi, et nous avons déjà traversé trois branches du Niger, soit le Tentaraba, le Tamicono et le Falico. Nous avons failli nous noyer dans le Falico.

« Il est probable que dans trois jours nous verrons la source de cette branche ; nous chercherons après la source du Tembi, qui est la branche principale du Niger.

« Nous avons vu la source du Séli, qui n'est autre que notre rivière Rokelle (ou de Sierra-Leone).

« Nous sommes au milieu de la guerre et il peut nous arriver que nous soyons faits prisonniers par les Haoussahs (15,000 hommes, avec 10,000 chevaux), qui sont de l'autre côté du Diolibah et qui ont chassé tous les Sangaras dans le Koranko et Soulimaniah.

« Vous ne pouvez pas vous figurer la peine que nous avons eue et que nous avons toujours. Dans chaque ville ou village, on nous met des obstacles de tous genres.

« Heureusement que nous sommes plus au courant des mœurs de ces indigènes que Reade ou Blyden ; autrement depuis longtemps nous aurions perdu tout espoir.

« Nous sommes toujours bien fatigués. »

Koulako (près de Tembi, source principale du Niger), 3 octobre 1879.

« Nous venons d'accomplir le but de notre voyage.

« Les sources du Niger sont découvertes. Nous avons réussi, mais avec quelles peines ! Dieu seul le sait !

« Nous retournerons par Port-Lokkoh, car le temps ne nous permet pas de revenir par la route de Timbo.

« Nous avons découvert en plus la source de la rivière Kamaranka, et nous avons visité la source de la Rokelle, découverte par le Major Laing.

« Contentez-vous pour le moment de ce peu de mots, car l'occasion n'est pas sûre ; vous pouvez nous attendre à Sierra-Leone, courant novembre, si la santé nous reste.

« Nous sommes mouillés presque chaque jour jusqu'aux os, puis exposés à un soleil de 50 à 60°, mais ces fatigues du corps ne sont rien en comparaison des fatigues morales que ces sauvages d'ici nous font supporter.

« Nous sommes entre le Koranko, le Kissi et le Cono.

« Nous restons vos dévoués serviteurs.

« J. Z. — M. M. »

MM. Zweifel et Moustier sont arrivés à Sierra-Leone le 10 novembre dans un état de santé déplorable. Ils confirment leurs dernières lettres et donnent la position de la source du Tembi, la branche principale du Niger, qui se trouve, d'après eux, par 12° 53' de longitude Ouest de Paris (10° 32' O. Greenwich) et 8° 36' de latitude Nord.

Cette source est sacrée, mais les indigènes ont laissé les explorateurs s'avancer jusqu'à Koulakoya où le Tembi n'a qu'un mètre de largeur. La source n'est distante de ce village que de 6 kilomètres environ.

La colline Tantafara donne naissance au Falico et au Bafi (eau noire); la colline Tembi Coundou (tête du Tembi) donne naissance au Tembi et au Babbé. Le Falico, le Tembi, grossis du Tamicono, forment le Diolibah ; le Bafi et le Babbé en s'unissant forment la rivière Kamaranka, qui se jette à la mer au Sud de Sierra-Leone.

Les voyageurs étant exténués de fatigue n'ont pu envoyer de cartes ni de plus amples détails, qui suivront par un prochain courrier.

Tels sont les derniers avis reçus à Marseille. Il est très-probable que l'un des premiers courriers attendus à Liverpool apportera de plus longs détails sur cet intéressant voyage.

Notre prochain bulletin en entretiendra nos lecteurs, et nous donnerons la carte des pays parcourus.

F. B.

VOYAGES CLASSÉS PAR PARTIES DU MONDE.

AFRIQUE.

L'abbé Debaize dans l'Afrique centrale. — On n'a pas de nouvelles directes de l'abbé Debaize. On pense qu'il se trouve dans la région comprise entre le nord du Tanganyika et le sud du lac Alexandra.

L'expédition belge de l'Association internationale africaine. — M. Cambier, chef de la première expédition belge de l'Association internationale africaine, écrit d'Ousavira, en date du 25 août, qu'il est heureusement arrivé à Karéma ou Masikamba, sur la rive orientale du lac Tanganyika, au sud d'Oudjiji, par 7 degrés de latitude sud. Après avoir déposé le gros de sa caravane, il s'était porté à la rencontre des retardataires. M. Cambier était parti de Kioura le 7 mai et était arrivé le 26 à Kasagera. Sa caravane se composait de 230 Ouanyamouésis et de 35 Ouangouamas.

MM. Popelin et Vanden Heuvel, de la deuxième expédition belge, après avoir quitté la côte le 10 juillet, se sont dirigés vers Mpouapoua en suivant à peu près l'itinéraire de Stanley dans son premier voyage, lorsqu'il allait à la recherche de Livingstone.

Pendant cette marche, les deux voyageurs ont fortement souffert des fièvres qu'ils avaient prises au passage de la Makata. Ils sont arrivés à Mpouapoua le 15 août, y ont séjourné, et ont pu s'y rétablir à peu près complétement. MM. Popelin et Vanden-Heuvel ont rejoint à Mpouapoua la caravane des éléphants conduite par M. Carter. La deuxième expédition belge, qui a pour chefs le capitaine Popelin et le docteur Vanden-Heuvel, se compose de 50 Zanzibarites et de 267 Ouanyamouésis.

Le capitaine Popelin, qui va rejoindre M. Cambier, a rencontré les porteurs de son collègue et a écrit du Grand Kanyényé, à la date du 20 septembre, que sa santé était excellente, mais que celle du Dr Vanden-Heuvel avait été éprouvée par les fièvres. M. Popelin avait dû payer de très-forts tributs ou *hongos* dans les districts de l'Ougogo.

MM. Broyon et Dutrieux, ne font plus partie de l'expédition dirigée par M. Cambier.

M. Dutalis avait été fortement atteint des fièvres ; M. Popelin, craignant de le voir succomber et agissant conformément à ses instructions, a donné à son compagnon l'ordre de revenir en Europe. M. Dutalis s'est embarqué le 19 septembre à bord d'un steamer de la *Union Mail Steam Ship C°* en destination de Southampton, par voie du Cap.

Parti de Dar-es-Salam, le 2 juillet, M. Carter, chargé de l'expédition des éléphants, est arrivé le 3 août à Mpouapoua. Les éléphants, chargés chacun d'environ 1200 livres (545 kilog. environ), ont pu gravir les montagnes, traverser les rivières, les marais, les ravins ; ils se sont contentés de la nourriture du pays. Ils ont voyagé à travers les districts infestés par la tsetsé ; littéralement couverts de ces insectes, ils ne paraissaient pas avoir souffert de leurs piqûres.

Un des éléphants est cependant mort peu de temps après l'arrivée de M. Carter à Mpouapoua, mais il paraît avoir succombé à une attaque d'apoplexie. M. Carter se proposait d'accompagner MM. Popelin et Vanden-Heuvel dans leur voyage vers Tabora.

Depuis quelque temps, l'île de Zanzibar est en correspondance directe télégraphique avec le Cap par Mozambique, Delagoa-Bay, et Natal, et ne tardera pas à être en communication immédiate avec Aden, où la ligne se joindra au réseau européen.

Mission du lac Victoria. — La mission du lac Victoria, dirigée par le père Livinhac, se trouve dans les meilleures conditions à Kadouma. Le roi M'tesa a envoyé en présent des dents d'éléphants au sultan de Zanzibar et au consul anglais.

M. Henry-M. Stanley. — M. Henry Stanley se trouve en ce moment sur les rives du Congo, qu'il explore au point de vue de la navigation et du commerce, pour y fonder des maisons de commerce ou des colonies.

L'expédition italienne dans le Choa. — Le capitaine Martini, accompagné de M. Antonelli et d'un agent commercial du port de Gênes, et qui se rendait au Choa pour rejoindre l'expédition italienne, a dû rebrousser chemin et revenir à Zeïla.

Le docteur Matteucci est arrivé à Milan, revenant d'Abyssinie.

L'expédition allemande du Dr Gerhard Rohlfs à travers l'Afrique. — M. le Dr Rohlfs n'a pas pu continuer son voyage, et les dernières nouvelles nous apprennent qu'il était de retour à Bengazi. Il était le 9 avril 1879 à Djalo, oasis qui est à quelque distance et à l'est d'Audjila. Il se proposait de partir de là pour gagner l'oasis de Koufara, et de pénétrer dans le Soudan en longeant le rebord oriental du Tibesti. M. Rohlfs a visité l'oasis de Djofra, qui se trouve à vingt jours de marche de Tripoli, et où l'on remarque les trois villes de Sokna, d'Illon et de Ouaddân. Ces deux dernières villes n'ont été visitées qu'une seule fois par deux Européens, les anglais Lyon et Ritchu, en 1819, lesquels durent prendre le costume arabe pour circuler plus librement. M. Rohlfs a séjourné particulièrement dans la ville de Ouaddân, située à 30 kilom. à l'ouest de Sokna ; à l'exception de quelques maisons qui sont bâties sur une colline, la ville s'élève entre de hautes dunes. La population est presque entièrement composée de *Churfa*, c'est-à-dire de prétendus descendants de Mahomet, et d'Arabes d'origine berbère.

Le climat de cette oasis est sain, mais extrêmement chaud ; les sources y sont très-abondantes, et partout, à 3 ou 4 mètres de profondeur du sol, on rencontre de l'eau. On y récolte des fruits excellents, comme pêches, abricots, amandes, raisins, dattes et beaucoup de légumes et de grains, tels que des tomates, des oignons, de l'ail, des carottes, des navets, des betteraves, de l'orge, du millet, du blé ; il y a aussi du coton et du tabac. Les antilopes et surtout les gazelles sont communes sur une montagne voisine.

Explorations françaises en Afrique. — Le ministère de l'Instruction publique vient d'allouer une subvention de 100,000 fr. au Comité français de l'Association internationale africaine pour l'établissement de deux stations scientifiques et hospitalières, l'une dans la partie occidentale et l'autre dans la partie orientale de l'Afrique. La première se fera dans l'Ogôoué et sera probablement confiée à Savorgnan de Brazza; la seconde sera établie dans l'Ousagara, sur la côte orientale.

Expédition anglaise dans le sud de l'Afrique. — Une expédition se prépare depuis deux mois au cap de Bonne-Espérance, dit l'*Argus*, pour l'un des voyages d'exploration les plus hasardeux qu'on ait encore entrepris dans l'intérieur de l'Afrique. MM. Bagot et Beaver, partis d'Angleterre, le 11 juillet dernier, à bord du *Walmer-Castle*, sont arrivés au Cap, après une bonne traversée. Depuis leur débarquement, ils ont donné tous leurs soins à l'organisation de leur expédition, et, tout étant prêt, on pensait que leur départ aurait lieu le 14 ou le 15 octobre.

L'expédition a pour objet de dresser la carte générale et complète de la région qui s'étend entre le Zambèse et les lacs Albert et Victoria-Nianza. A ce dernier point, ils espèrent se réunir à Gordon Pacha; mais cette espérance peut être déçue. L'expédition entière prendra quatre années. MM. Bagot et Beaver devaient partir avec deux vagons, des porteurs et des guides en nombre suffisant. Rien de ce que la prévoyance peut suggérer n'a été omis et les explorateurs se préparaient à partir dans les meilleures dispositions et avec les plus grandes espérances, pour ce voyage d'une difficulté formidable.

Expédition française aux sources du Niger. — MM. Zweifel et Moustier, agents de la maison C.-A. Verminck, de Marseille, viennent de faire une grande découverte, celle des sources du Niger. C'est M. Verminck qui a pris l'initiative de cette expédition et qui l'a subventionnée. Elle était à la fois scientifique et commerciale, mais surtout géographique, ainsi que le prouve la relation de cette exploration que nous avons donnée précédemment. Aussi serons-nous très-bref ici. Nous nous bornerons à dire que les deux voyageurs, avec leurs guides et interprètes, plus une cinquantaine de porteurs, dont le chef était un ancien serviteur de Livingstone, quittaient Port-Lokkoh, sur la rivière de Sierra-Leone, le 11 juillet et arrivaient le 25 du même mois à Big-Boumba, capitale du pays des Limbas. Ils sont arrivés le 16 août 1879 à Falabah, grande ville dont les habitants sont guerriers pendant une saison, cultivateurs pendant l'autre.

Ils étaient le 12 septembre à Socorah, près du mont Loma, et près de la frontière du Koranko et du Kissi; ils avaient traversé trois branches du Niger, le Tentaraba, le Tamicono et le Falico, où ils ont failli se noyer. Ils ont vu la source du Seli ou rivière Rokelle, qui se jette dans l'Atlantique.

Le 3 octobre 1879, ils écrivaient de Koulako, près de Tembi, source principale du Niger, qu'ils avaient découvert les sources de ce grand fleuve, qui se trouvent par 12°,53′ de long. O. et 8°,36′ de lat. N.

ASIE.

M. Prjévalsky dans l'Asie centrale. — Le voyageur russe Prjévalsky, continuant à parcourir l'empire chinois, a traversé heureusement le désert de Khamo et a atteint l'oasis de Chatcheou, dans la province de Kan-sou; il se rendra de là à Lassa, capitale du Thibet.

La Russie a rétrocédé la riche province de Kouldja à la Chine, qui lui a donné en compensation le territoire qui enveloppe l'Irtych supérieur au-dessus du lac Zaïssan; ce territoire se compose plutôt de steppes que de terrains fertiles.

AMÉRIQUE.

Voyage du docteur Crevaux. — M. le docteur Jules Crevaux a accompli très-heureusement sa deuxième expédition dans les régions les moins accessibles et les moins connues de la Guyane et du bassin de l'Amazone; il est rentré à Paris vers la fin d'août, et nous avons eu la bonne chance de faire sa connaissance, ainsi que celle de son fidèle serviteur, le nègre Apatou, qui a partagé les fatigues de son premier voyage, et qui ne l'a jamais abandonné dans le second. Le docteur Crevaux est Lorrain, et de la Lorraine annexée; il est tout jeune, et néanmoins il a déjà accompli deux longs et périlleux voyages, dont le premier a été publié dans le *Tour du monde*, et dont l'autre va être livré à la publicité. Quand on connaît le docteur Crevaux, on ne peut s'empêcher de l'estimer et de l'aimer, tant il y a de modestie dans ce vaillant explorateur doué d'un caractère entreprenant et indépendant.

Le 24 juillet 1878, il partit de Cayenne avec une mission du gouvernement français; il remonta l'Oyapock presque jusqu'à ses sources et mesura la distance qui sépare ce cours d'eau du Kou, affluent du Yari; il prit à l'ouest par l'Apaouani, le pays des Roucouyennes, et parvint au bord du Parou, rivière considérable, qu'il a descendue presque tout entière. Arrivé à l'Amazone, il s'est porté jusqu'à l'embouchure du Yari, et a suivi ce cours d'eau, du sud au nord, jusqu'aux chutes redoutables de Pancada. Il se dirige ensuite vers Para, où il conçoit le hardi projet d'aller reconnaître pour son compte le haut Amazone et ses tributaires. Il repart de Para et parvient jusqu'aux frontières du Pérou; il revient à Para pour se procurer de nouvelles ressources, et au bout de quelques semaines, il se retrouve à la bouche du Putumayo, qu'il remonte pendant 18 jours de navigation pénible avant d'arriver aux sources de cette importante rivière, c'est-à-dire aux pieds des Andes. Il regagne l'Amazone par une route nouvelle et inconnue, mais il est abandonné par ses compagnons, à l'exception d'Apatou; il parvient à un autre affluent de l'Amazone, le Japura, et s'embarque sur ce cours d'eau sur le bateau de l'aventurier Santa-Cruz, qui s'intitule lui-même le *pirate des Andes*, et qui a récemment assassiné un explorateur anglais auquel il servait de guide. 500 lieues durant il descend le Japura, ne dormant pour ainsi dire jamais et tenant en respect, par sa ferme attitude, le sinistre pilote et ses gens, aussi bien que les sauvages qui, de temps à autre, viennent rôder autour de ses campements. Il finit par atteindre l'Amazone et rentre à Para le 24 juillet 1879, avec un tracé de 1,500 lieues exécuté à la boussole et au théodolite, avec de nombreuses notes et un grand nombre d'échantillons nouveaux de la flore de ces pays à végétation si luxuriante.

OCÉAN ARCTIQUE.

L'expédition du professeur Nordenskiold. — Le *New-York-Hérald* a publié la dépêche suivante que son correspondant de Yokohama (Japon) lui a adressée à la date du 4 septembre 1879:

« Yokohama, 4 septembre.

« Le vapeur suédois *Véga*, ayant à bord le professeur Nordenskiold, est arrivé hier ici, venant du détroit de Behring, après avoir contourné heureusement tout le nord de l'Europe et de l'Asie.

« Les consuls étrangers sont allés féliciter le professeur Nordenskiold du succès de son expédition. »

Le but du célèbre professeur Nordenskiold est donc accompli ; il vient de prouver, par le fait, qu'il existe au nord de la Sibérie une route maritime praticable pour le commerce de l'Europe du nord.

Nordenskiold a donc mis du 18 juillet 1878 au 3 septembre 1879, soit près de 14 mois pour aller de Tromsoë à Yokohama ; mais il a été pris dans les glaces pendant 294 jours, et à deux journées du but de son voyage ; sans ce contre-temps, il serait arrivé 10 mois plus tôt à Yokohama.

On se rappelle que la *Véga* a été équipée aux frais du roi de Suéde, de M. Oscar Dickson et de M. Sibiriakof. L'expédition était placée sous les ordres du professeur A.-E. Nordenskiold, Finlandais de naissance, mais naturalisé Suédois ; elle comprenait le capitaine de vaisseau Palander, second commandant ; le professeur Kjellmann, botaniste ; le docteur Almquist, médecin et botaniste ; le docteur Stuxbery, zoologiste ; le lieutenant Bove, de la marine royale italienne, hydrographe ; le lieutenant Hogaard, de la marine royale danoise, météorologiste ; le lieutenant Nordquist, de la garde impériale russe, zoologiste ; et, enfin, le lieutenant Brusevitz, de la marine royale de Suède. L'équipage se composait de 21 matelots choisis entre les plus robustes de la flotte suédoise.

Parti de Gothembourg, port suédois sur le Cattégat, le 4 juillet 1878, le navire la *Véga* touchait à Tromsoë le 21 du même mois, et y restait jusqu'au 28 pour y faire ses provisions et y prendre des fourrures. Il a traversé la mer de Kara, a longé les côtes septentrionales de la Sibérie et a traversé le détroit de Behring. Il rentrera en Norvége après avoir accompli la circumnavigation de l'Asie et de l'Europe. Cette audacieuse entreprise a été tentée

18 fois et toujours sans succès pendant ces trois dernier siècles. Donc pour la première fois un navire a longé la côte entière de la Sibérie, dont le tracé, pour la majeure partie du moins, résultait de reconnaissances faites par terre, en traîneau et dans des conditions peu favorables. M. le Président de la Société de géographie de Londres, dans son discours d'ouverture, n'hésite pas à dire que la découverte du passage nord-est par l'expédition suédoise du pôle est le résultat le plus important de l'année. Le problème du passage en Asie par le nord de l'ancien monde est donc résolu, grâce à la ténacité du savant professeur Nordenskiold, qui vient de prouver que le passage du nord-est est praticable. Nous allons résumer ce voyage, qui est l'un des plus beaux accomplis depuis longtemps. Le navire n'a pas rencontré de glace entre l'île de Waïgatz et le continent, ni dans la mer de Kara; mais la glace l'a arrêté pendant 4 jours au cap Taimyr. L'expédition quitta, le 1er août, le Port-Dickson, à l'embouchure orientale de l'Yénisséi et suivit les côtes de la Sibérie; le 20 août 1878, le cap Tchéliouskine était doublé pour la première fois; c'est le point le plus septentrional de l'Asie, qui est situé par 77° 41' lat. N. et 104° 1' long. E. Il y avait peu de glace. Le 26 août le navire était à l'embouchure de la Léna; le 30 août, il franchissait le détroit qui sépare l'archipel de la Nouvelle-Sibérie de la terre ferme; les glaces l'ont empêché d'explorer les îles de la Nouvelle-Sibérie. Au commencement de septembre, il était au large de l'estuaire de la Kolima; le 28 du même mois, à la tombée du jour, la *Véga* jetait son ancre dans la baie de Kolouchin ou Koloutchine. La mer était calme, sans apparence de glaces flottantes, et aucun obstacle ne semblait devoir s'opposer à la marche heureuse et rapide jusqu'en ce moment de la *Véga*. Mais, dans la nuit, le froid devint excessif, des glaçons arrivèrent du large et se joignirent à ceux qui bordaient le rivage; au lever du jour, c'est-à-dire le 28 septembre, la *Véga*, cernée de tous côtés, se trouva dans l'impossibilité de se mouvoir et fut obligée de faire ses préparatifs pour un long hivernage, à la petite distance d'un mille et demi de la terre ferme. Du côté du large, la glace s'étendait jusqu'à vingt milles du bateau; au delà, la mer était parfaitement libre.

La *Véga* a été prise par les glaces, près du pays des Tchouktches, par 67° 7' de lat. nord et 173° 24' long. ouest en un point nommé Sertzé-Kamien, peu distant du détroit de Behring. Il a hiverné depuis le 28 septembre 1878 jusqu'au 18 juillet 1879. Tout l'équipage et les explorateurs ont toujours eu une bonne santé; personne ne s'est démoralisé et n'a eu le scorbut. Nordenskiold a fait un grand nombre d'observations scientifiques et en particulier des études ethnographiques. La côte est habitée sur ce point par 4,000 Tchouktches qui ont plusieurs villages et se nourrissent de poisson; ils entretinrent avec tout le personnel de l'expédition d'excellentes relations, et lui fournirent des ours et des rennes; le gibier était abondant. M. le professeur Nordenskiold, ayant appris que ces populations souffraient de la faim, leur fit généreusement distribuer trois mille livres de pain, et tout ce dont il put disposer, sans perdre de vue cependant les éventualités auxquelles l'exposait un hivernage dans ces régions désolées. On verra plus loin quelques observations sur ces tribus.

Progressivement l'hiver devint de plus en plus sévère, et le thermomètre descendit jusqu'à-36° centigrades. Comme il n'y avait que peu ou point de vent, cette température n'était pourtant pas désagréable; mais vers le mois de janvier il y eut de fortes tourmentes qui éprouvèrent rudement les explorateurs. Pendant l'un des jours d'hivernage, qui n'eut que trois heures, le soleil montra seulement le bord de son disque.

Le printemps arriva enfin, et avec lui le froid s'adoucit. Le 18 juillet, on ne remarquait aucun changement dans les glaces qui tenaient le vaisseau prisonnier, et chacun se croyait menacé d'être condamné à l'inaction pendant quinze jours encore.

Ce jour-là, à midi, la mer devint libre tout à coup, et quatre heures plus tard le bateau reprenait sa marche après 294 jours de détention. C'est donc un an après son départ d'Europe, que le navire dégagé put reprendre sa route.

Le 20 juillet, deux jours après avoir quitté l'hivernage, le cap Est était dépassé sous vapeur, l'approvisionnement du charbon à bord étant encore de 80 tonnes. L'expédition se dirigea du Cap Est vers le port Clarence, situé sur le rivage américain. Elle le visita et elle traversa de nouveau le détroit pour se rendre à la baie de Koniam, en examinant attentivement la formation du fond de la mer, et les courants de l'océan Arctique et de l'océan Pacifique. Les explorateurs se sont arrêtés à l'île de Saint-Laurent et à l'île de Behring, en dehors de la côte du Kamtchatka, afin d'étudier la faune et la flore de cette contrée septentrionale de l'Asie et de l'Amérique.

Dans l'île de Behring, les zoologistes firent une précieuse découverte d'ossements fossiles. C'étaient ceux d'un immense animal marin — *Rhytina Stelleri* — disparu de notre planète depuis plusieurs centaines d'années.

C'est à l'île de Behring qu'ils ont reçu les premières nouvelles d'Europe par l'agent d'une compagnie commerciale d'Alaska.

De l'île de Behring, qu'elle quittait le 19 août, la *Véga* mit directement le cap sur le Japon ; elle fut favorisée par un très-beau temps jusqu'au 31 août, jour où elle eut à traverser une forte tempête d'orage et de pluie. La foudre tomba sur le grand mât de hune et blessa, peu sérieusement, il est vrai, plusieurs matelots qui se trouvaient sur le pont.

Le navire est arrivé à Yokohama le 2 septembre 1879, à 10 heures et demie du soir. Nordenskiold pensait rester 15 jours dans cette ville avant de rentrer en Europe par la voie de Suez.

Pendant un voyage ou plutôt une absence de quatorze mois, la *Véga* n'a pas eu un seul homme de malade ; le scorbut n'a pas une seule fois menacé l'équipage et les passagers. Cette expédition est certainement une des plus heureuses ; elle fait le plus grand honneur aux hommes éminents qui l'ont conçue et préparée.

Le professeur Nordenskiold et ses amis ont reçu, à Yokohama, une réception vraiment enthousiaste. Dans un grand banquet qui leur a été donné, le chef de l'expédition a pris la parole et a dit qu'il pensait que le voyage d'Europe en Asie, par le détroit de Behring, serait une chose aisée dès qu'on aurait de bonnes cartes et quelque expérience de la route. « Du Japon à l'archipel de Léna, a-t-il ajouté, la navigation n'offre aucune difficulté pour des hommes attentifs et habiles, et comme la rivière Léna communique directement avec le centre de la Sibérie, il y a là une perspective de grands rapports commerciaux. Le Japon, qui est admirablement placé pour cela, saura à coup sûr en profiter. »

M. Nordenskiold pense que la route maritime de l'Océan Atlantique à l'Océan Pacifique, le long de la côte septentrionale de l'Europe et de l'Asie, peut être parcourue dans l'espace de quelques semaines par un bateau à vapeur apte à une pareille navigation. On fera de bonnes cartes et la route sera tout à fait praticable.

Le beau voyage du professeur Nordenskiold aura certainement de grands résultats et d'heureuses conséquences. Au point de vue de la géographie physique, une connaissance plus parfaite de notre globe est déjà chose considérable. Les observations météorologiques, recueillies par les explorateurs, les collections des fossiles, des animaux et des plantes faites dans ces régions glacées, considérées à tort par l'imagination comme une solitude et où pourtant la vie déborde, sont de la plus haute importance et ajouteront beaucoup à la science. Les résultats économiques ne se feront pas longtemps attendre, car ce voyage démontre la possibilité de naviguer dans les mers de la Sibérie septentrionale, auxquelles aboutissent des fleuves immenses, navigables ou flottables, dont le cours traverse de vastes étendues de pays d'une richesse considérable en produits naturels de toute sorte. On pourra aller désormais chercher ces produits aux embouchures de l'Yénisséi et de la Léna, pour les amener en Europe par la voie la plus courte, avec laquelle les marins se familiariseront bien vite. La *Gazette* russe de *Saint-Pétersbourg* constate déjà l'établissement définitif de la route commerciale entre l'Europe et la Sibérie par la mer de Kara. Des produits hambourgeois, de l'huile d'olive et même du champagne, ont été déjà importés en Sibérie par cette voie et ont été placés dans les magasins de la ville de Tomsk ; en revanche, du froment sibérien, amené des sources de l'Obi, a été exporté et se vend sur le marché de Londres. L'ouverture de la nouvelle voie maritime aura pour effet, dès à présent, de donner un essor rapide à l'agriculture en Sibérie.

Voici comment Nordenskiold nous dépeint la tribu polaire des Tchoutches ou Tchouktchis avec lesquels il a été en relation pendant l'hivernage qu'il a supporté dans la baie de Koloutchine. Les Tchouktchis rappellent beaucoup les Groënlandais dans leurs types et dans leurs usages. Ils ont des tentes qui sont recouvertes à l'intérieur de peaux de rennes et éclairées avec de l'huile de phoque. Ils s'habillent de peaux de rennes comme les Lapons. Dans les cérémonies, ils mettent un bonnet orné de verroteries. Les semelles de leurs chaussures sont en peau de morse ou d'ours.

Les hommes portent les cheveux ras ou très-courts, sauf ceux de devant qu'ils ramènent sur le front, tandis que les femmes ont la chevelure longue et nattée.

Les Tchouktchis ne connaissent pas du tout l'argent, qui n'a alors aucune valeur à leurs yeux. Un petit morceau de papier avec bordure dorée, servant à envelopper un morceau de savon, a plus de prix pour eux qu'un billet de banque. Un bouton doré percé au milieu est plus recherché que toutes les monnaies d'or ou d'argent. Ils procèdent encore à l'aide des échanges directs. Ils aiment beaucoup l'eau-de-vie et le tabac. Ils ne sont pas voleurs, mais trompeurs et n'hésitent pas à tromper les Européens sur la valeur réelle des échanges. C'est ainsi que parfois ils vendaient aux membres de l'expédition de Nordenskiold deux fois la même chose ; quand on s'apercevait de leur escroquerie, ils témoignaient en riant une surprise des plus amusantes. Plusieurs portent à leur cou des amulettes.

Les Tchouktchis ignorent complétement les langues européennes, à l'exception pourtant de quelques mots d'anglais et d'un salut en langue russe. Le lieutenant Nordquist se mit à étudier leur idiome et après quelques semaines, il en sut assez pour se faire assez bien comprendre. Nordenskiold n'a pas rencontré de chrétiens parmi eux.

« Le 6 octobre 1878, Nordenskiold reçut la visite du chef des Tchouktchis, nommé Vasili-Menka : c'était un petit homme brun, aux traits légèrement fatigués. Il portait une espèce de jaquette en peau de renne blanche, au-dessous de laquelle on pouvait distinguer une chemise de laine. Menka était accompagné de deux indigènes pauvrement vêtus. Il ne savait pas lire et avait une connaissance très-médiocre de la langue russe. En revanche, il put s'orienter sur une carte qu'on lui montra ; il désigna un grand nombre de localités les plus connues de la Sibérie nord-ouest. Bien que premier magistrat du district, il n'avait aucun soupçon de l'existence d'un empereur russe ; il savait seulement qu'Irkoutsk était la résidence d'un très-grand personnage. Au commencement de sa visite, il faisait toutes les marques de la dévotion, le signe de la croix devant quelques photographies accrochées aux parois des cabines du navire, mais bientôt il s'arrêta en s'aperçevant que Nordenskiold et ses compagnons n'agissaient pas de la même façon. Il dit qu'il devait partir pour Markova et Nordenskiold lui remit un paquet de lettres à l'adresse du gouverneur russe de cette ville. Lorsque Menka eut pris ces lettres, Nordenskiold crut s'apercevoir que ce chef s'était imaginé qu'elles lui conféraient un nouveau titre et une autorité plus grande sur ses sujets.

En effet, à peine arrivé sur la plage, il rassembla autour de lui une foule de Tchouktchis, et, tenant entre ses mains les lettres à l'envers, il fit semblant de les lire avec un aplomb imperturbable, et se mit à haranguer ensuite le peuple qui était saisi d'admiration pour l'immense érudition de son chef.

Les Tchouktchis apprécient surtout l'eau-de-vie, le tabac, les couteaux, les aiguilles à coudre, les vêtements aux couleurs voyantes. Leur principal marché, où ils donnent rendez-vous chaque été aux trafiquants américains, est l'île d'Irbit, à l'entrée du détroit de Behring. Pour une belle peau de castor, ils acceptent une simple feuille de tabac, car les hommes et les femmes aiment beaucoup à fumer.

Le navire Nordenskiold. — Le navire russe le *Nordenskiold*, qui avait été envoyé par M. Sibiriakoff à la recherche de l'expédition suédoise, s'est perdu le 5 août 1879, à Nemero, sur la côte nord-est de Yedo. Les officiers et l'équipage du *Nordenskiold* ont pu heureusement être sauvés. Ils se consoleront aisément de la perte de leur navire en apprenant que la *Véga* a si bien rempli sa mission.

La Jeannette et le pôle Nord. — Des baleiniers, qui viennent de rentrer le 8 novembre à San-Francisco, annoncent qu'ils ont aperçu la *Jeannette* dans les mers arctiques. Elle avait heureusement franchi le détroit de Behring et se dirigeait vers la terre de Wrangel. Nos lecteurs se rappellent que la *Jeannette* est un steamer du port de 400 tonneaux, affrété par M. James Gordon-Bennett, pour faire une expédition au pôle Nord (voir page 197).

Expédition néerlandaise aux régions polaires. — Cette expédition est revenue à Hammerfest le 24 septembre après un voyage pénible. Le navire *Willem-Barents* a essuyé de rudes tempêtes et rencontré des masses considérables de glaces dans la mer de Kara et au nord de la Nouvelle-Zemble. L'expédition a réussi cependant à atteindre la terre François-Joseph, qu'on n'avait pas revue depuis sa découverte par les deux explorateurs autrichiens Weyprecht et Payer.

P. Bainier.

DERNIÈRES NOUVELLES DES EXPLORATEURS.

Le marquis *Antinori* est au Choa. Le capitaine Martini est rentré à Zeïla.

M. *Cambier*, chef de l'expédition belge de l'Association Internationale africaine, est arrivé le 25 août à Masikambas, sur le bord du lac Tanganyika, par 7° de latitude sud.

M. *Popelin*, chef de la deuxième expédition belge, et son compagnon Vanden-Heuvel, étaient le 20 septembre au Grand Kanyényé.

L'expédition des éléphants, dirigée par Carter, était arrivée le 3 août à Mpouapoua. Broyon, Dutalis et Dutrieux n'ont pas continué le voyage et sont rentrés à Zanzibar ou en Europe.

M. l'abbé *Debaize*, le chef de l'expédition française dans l'Afrique centrale, doit être en ce moment dans les pays inconnus situés entre les grands lacs. On n'a pas de ses nouvelles.

M. *Alfred Marche* fait route pour les îles Philippines.

M. le professeur *Nordenskiold* est arrivé le 2 septembre, 1879 à 10 heures et demie du soir, à Yokohama.

M. le colonel *Prjévalski* a atteint l'oasis de Cha-tcheou, dans la province de Kansou.

M. *Gerhard Rohlfs*, explorateur allemand, n'a pu continuer son exploration, et est rentré à Bengazi.

M. *Henry Stanley* remonte le fleuve Livingstone ou Congo.

MM. *Zweifel* et *Moustier*, agents de la maison Verminck de Marseille, viennent de découvrir les sources du Niger. Cette belle expédition a été faite par l'initiative de M. Verminck, qui l'a subventionnée.

P. Bainier.

VARIÉTÉS

Congrès des sociétés françaises de géographie et de l'Association française pour l'avancement des sciences, à Montpellier, du 28 août au 4 septembre 1879.

L'Association scientifique de France a tenu ses assises à Montpellier du 28 août au 4 septembre. En même temps avait lieu le Congrès des sociétés françaises de géographie. La Société de géographie de Marseille y avait délégué M. A. Rabaud, son président, et l'un de ses membres, M. G. Revoil. Nous donnons brièvement ici le résumé des travaux qui ont rempli les séances de la section géographique de l'Association scientifique de France et celles du Congrès des sociétés françaises de géographie, qui s'est ouvert à Montpellier le 29 août 1879, simultanément avec la réunion de l'Association française, sous les auspices de la Société Languedocienne de géographie. Les séances du matin étaient réservées à l'Association et celles du soir au Congrès.

Les sociétés de géographie suivantes étaient représentées à ce Congrès : Société de géographie de Paris, représentée par MM. Ch. Maunoir et J. Jackson ; Société de géographie de Lyon, ayant pour délégué M. Chambeyron ; Société de géographie commerciale de Bordeaux, dont MM. Manès et le Dr Azam étaient les délégués ; Société de géographie de Marseille, représentée par MM. A. Rabaud et G. Revoil ; Société de géographie de Nancy, ayant pour délégués MM. le Dr Fournier et Brau de Saint-Pol-Lias ; Société de géographie de Montpellier, représentée par MM. Germain, de Rouville, Nolen et Cons ; Société de géographie d'Oran, ayant pour délégué le commandant du génie Kramer ; Société de géographie commerciale de Paris, ayant délégué MM. le sénateur Pomel et Brau de Saint-Pol-Lias ; la Société des études maritimes et commerciales, représentée par M. Paul Soleillet, et la Société de topographie de Paris, représentée par MM. Delmas et Gaubert.

Dès la première séance du 29 août 1879, le bureau est ainsi constitué : Président : M. Germain ; vice-présidents : MM. Ch. Maunoir, Chambeyron et Pomel ; secrétaire : M. G. Revoil.

Après diverses allocutions prononcées par MM. Maunoir, Manès, Chambeyron, Rabaud, Brau de Saint-Pol-Lias, Kramer, Delmas, relatant principalement l'historique de chacune des sociétés qu'ils représentent, la parole est donnée successivement à :

M. Paul Soleillet : Voyage au Sénégal ;

M. Ch. Maunoir : Voyages de M. le Dr Crevaux à la Guyane et au Brésil, dans le bassin de l'Amazone.

Le 30 août. — M. Hauchon. — La végétation à Montpellier et dans les Cévennes dans ses rapports avec la nature du sol.

M. Michel. — Vestiges laissés par les populations qui se sont succédé dans le Midi avant l'occupation romaine.

M. Cazalis de Fondouce. — Même sujet.

M. le colonel Fulcrand. — Présentation d'un instrument de précision inventé par M. le colonel Goulier.

M. Ch. Maunoir. — Sur la carte de France de l'État-major.

1er septembre. — M. le commandant d'État-major Bécat. — Présentation d'une carte des environs de Montpellier au $\frac{1}{40,000}$

M. Jobert, professeur à la Faculté des sciences de Dijon. — Colonies européennes, particulièrement allemandes, du Sud du Brésil. Récit d'une mission scientifique de trois ans.

M. le commandant Kramer.— Chemin de fer transsaharien de l'Ouest.

M. Brau de St-Pol-Lias. — La Société d'exploration et de colonisation.

M. J. Dupuis. — L'ouverture du fleuve Rouge (Tonkin).

M. Paul Soleillet. — Manière de voyager en Afrique.

Le lundi 1er septembre, à 9 heures du soir : Conférences dans la salle du Grand-Théâtre :

M. Rabaud. — Zanzibar, grande tête de ligne de l'Afrique australe, et les explorateurs de l'Afrique équatoriale.

M. Paul Soleillet. — Voyage au Sénégal.

M. G. Revoil. — Voyage au pays des Somalis Medjourtines.

M. Brau de Saint-Pol-Lias. — Voyage à Sumatra.

3 septembre. — MM. G. Renaud et A. Leenhardt. — Unification des tarifs de chemins de fer.

M. G. Renaud. — Développement et avenir des débouchés de la France en Asie et en Afrique.

M. James Jackson communique les réponses adressées par divers ministères et diverses compagnies de chemins de fer aux vœux exprimés par le Congrès des sociétés françaises de géographie tenu à Paris en 1878.

Le Congrès se sépare sans émettre de nouveaux vœux ; il désigne Nancy comme la ville où il se réunira en 1880 sous les auspices de la Société de géographie de l'Est.

La session de l'Association française a été ouverte le 28 août 1879 par un discours de son président, M. Bardoux, suivi de deux allocutions prononcées par M. Laissac, maire de Montpellier, et par M. Cazelles, préfet de l'Hérault. M. Gaston de Saporta a lu un compte-rendu de la session de Paris en 1878, et M. Georges Masson, trésorier, a communiqué le rapport financier de l'Association.

La section de géographie de l'Association a inauguré ses travaux en donnant la présidence d'honneur à M. Ch. Martins. La présidence a été dévolue à M. Ch. Maunoir. M. A. Rabaud et M. le Dr Fournier ont été nommés vice-présidents, et M. Cons, secrétaire.

La section de géographie a entendu les communications suivantes :

29 août. — M. Paul Soleillet. — Le chemin de fer Transsaharien. Peuplement et fertilisation du Sahara, avec l'aide des rivières souterraines.

M. le colonel du génie Fulcrand. — Levés topographiques au Sénégal en 1856 par une température de 57° C. sous la tente.

30 août. — M. G. Revoil. — Le pays des Somalis.

1er septembre. — M. le colonel Fulcrand. — Présentation d'instruments de voyages et de reconnaissances géographiques.

M. le général Parmentier. — Sur la transcription des noms propres arabes.

M. l'abbé Rougerie. — Sur la météorologie et le régime des vents, courants atmosphériques reproduits autour d'un globe en rotation dans l'air ambiant et reliés avec la pression atmosphérique.

3 septembre. — M. Albert Fabre. — Sur l'exécution en relief du département de l'Hérault.

4 septembre. — Lecture par M. Paul Soleillet d'un mémoire de M. l'abbé Durand sur le Sahara.

Dans la séance du 3 septembre, la section de géographie de l'Association française a élu :

Président pour l'année 1880 : M. le général Parmentier.

Délégué pour 3 ans : M. James Jackson.

Membre de la Commission des subventions : M. Ch. Maunoir.

Dans son assemblée générale de clôture du 4 septembre, l'Association française a élu M. Ch. Maunoir sous-secrétaire général de l'Association française.

L'Association française, qui doit se réunir l'année prochaine à Reims, a décidé, dans son assemblée générale de clôture, que la session de 1881 aurait lieu au printemps à Alger.

L'Association française a visité les villes de Nîmes, Aigues-Mortes et Cette, et partout elle a reçu un accueil des plus flatteurs et des plus empressés.

P. Bainier.

Congrès international de Géographie commerciale de Bruxelles.

La deuxième session du Congrès international de géographie commerciale, dont l'organisation avait été confiée à la Société Belge de géographie, qui s'était assuré le concours de la Société de géographie d'Anvers et des principales institutions commerciales et industrielles de Belgique, s'est tenue à Bruxelles du 27 septembre au 1er octobre 1879.

Nous sommes heureux de constater que, dans de telles conditions et comme il était facile de le prévoir, cette seconde session a pleinement réussi et a donné tous les résultats que l'on en pouvait attendre. Elle a fourni en trois jours de discussions non interrompues une remarquable somme de travail ; elle a touché, quand elle n'a pas discuté entièrement, toutes les questions de son programme ; elle a soulevé des questions nouvelles, elle a soigneusement écarté presque toutes les questions qui pouvaient paraitre trop personnelles ou étrangères au but du Congrès. On a pu regretter que dans un Congrès de géographie commerciale l'élément commercial maritime et industriel y fût insuffisamment représenté ; que les négociants, les marins, les industriels n'aient pas, en plus grand nombre, compris qu'ils pouvaient, sans livrer ou compromettre leurs intérêts et leurs secrets professionnels, apporter au Congrès l'appui de leurs connaissances spéciales et pratiques, de leur talent et de leur expérience, et qu'ils n'aient pas profité des grands avantages qu'offre un Congrès qui met en présence des représentants de peuples et d'intérêts les plus divers et qui fait sortir du conflit de leurs idées une idée prédominante que chacun emporte avec soi, qu'il vulgarise et fait entrer peu à peu dans l'opinion publique de chaque pays.

La Société de géographie de Marseille a été représentée au Congrès de Bruxelles, par son président, auquel la Société de géographie de Paris avait confié l'honneur de la représenter comme son délégué.

Nous ne pouvons, à notre grand regret, reproduire ici le compte-rendu du Congrès, qui a déjà été publié avec une rapidité remarquable par M. J. du Fief, secrétaire général de la Société Belge de géographie, secrétaire général du Congrès. Nous nous bornerons à citer le discours prononcé par notre président à la séance solennelle d'ouverture du Congrès, au Palais des Académies de Bruxelles, en présence de S. M. le roi des Belges. Cette séance était présidée par M. le général Liagre, ministre de la guerre, président de la Société Belge de géographie.

« SIRE,

« MESDAMES, MESSIEURS,

« Délégué au Congrès international de géographie commerciale de Bruxelles, par la Société de géographie de Paris, à laquelle l'opinion publique donne encore le nom qu'elle a porté longtemps, celui de Société de géographie de France, la société-mère de toutes les sociétés de géographie de France, la première Société de géographie qui ait été créée dans le monde, je bénéficie, de par son droit d'ainesse, de l'insigne honneur de vous adresser la parole, non-seulement en son nom et en celui de sa très-jeune sœur, la Société de Marseille, que je préside, mais au nom de toutes les sociétés étrangères et de tous les membres étrangers qui assistent au Congrès, et je remplis ici, avec une bien légitime satisfaction, la flatteuse et agréable mission qui m'est confiée : celle d'offrir à sa Majesté le Roi, à ce Roi si aimé, qui donne un si bel exemple à tous les souverains, à tous les présidents de républiques, à tous les gouvernants du monde (applaudissements réitérés) et qui a daigné prendre ce Congrès sous son haut patronage, sous ce patronage qui est toujours acquis à toutes les idées grandes et généreuses, les plus respectueux hommages de tous (nouveaux applaudissements) ; de remercier la Société belge de géographie et tous les membres du Comité d'organisation du Congrès ; d'exprimer à la Belgique et aux représentants de la ville de Bruxelles notre reconnaissance pour la si gracieuse hospitalité qui nous est offerte et enfin de donner au Congrès et à tous ses membres l'assurance la plus sincère de leurs sentiments de cordiale sympathie et d'entier dévouement.

« Toutes les sociétés de géographie, vous n'en doutez pas, tiennent à cœur de suivre tous les efforts qui sont tentés pour favoriser l'étude et la vulgarisation des connaissances géographiques; elles sont heureuses de pouvoir prendre part aux travaux de toutes les réunions qui, sous un prétexte légitime, s'occupent, avec désintéressement et ardeur, des progrès de cette science géographique pour laquelle elles se sont créées et à laquelle elles ont voué leurs existences et leurs efforts. Mais rien ne pouvait être plus précieux et plus agréable à ces sociétés et à leurs représentants en particulier que de participer à ce Congrès, qui se réunit dans cette belle ville de Bruxelles, dans cette superbe capitale de la libre, intelligente et industrieuse Belgique, dont le Roi, auguste et vénéré Souverain, est devenu de par sa noble, généreuse et féconde initiative, de par son admirable persévérance, le protecteur le plus éclairé et le plus militant de cette science, la plus haute personnalité géographique à laquelle nous puissions rendre hommage. (Applaudissements unanimes et prolongés. — Sa Majesté salue plusieurs fois l'assemblée).

« Qu'il me soit permis de considérer aussi comme une satisfaction et un honneur de représenter à ce Congrès un prince étranger, dont le nom mérite de figurer parmi ceux qui rendent d'éminents services à la géographie : tous les voyageurs de la côte orientale savent quel accueil bienveillant, quelle protection généreuse et libérale leur est accordée par le Seyid Bargache, le sultan de Zanzibar, dont la loyale conduite dans les questions, si palpitantes, de suppression de la traite et d'abolition de l'esclavage, est digne du respect et de l'admiration de toutes les nations civilisées. (Sa Majesté applaudit à ces paroles). Ce prince qui gouverne et développe avec tant d'intelligence son sultanat et surtout son île de Zanzibar, cette perle de l'océan Indien qui est devenue la grande tête de ligne, la grande porte généreusement ouverte de l'Afrique centrale, d'où, au nom de la science, du commerce et de la civilisation, de hardis explorateurs s'élancent courageusement vers le grand continent jadis mystérieux, aujourd'hui mieux connu, et qui devient le continent aimé, grâce aux nobles et persévérants efforts qui sont faits avec tant de cœur et d'énergie pour l'explorer, le civiliser et l'ouvrir à la science, à l'agriculture, au commerce et à l'industrie.

« En prenant, Messieurs, ma modeste part aux travaux du Congrès, je tâcherai d'y représenter le plus dignement possible, en m'inspirant de son esprit de sagesse, de persévérance et de progrès, cette grande Société de géographie de Paris, qui m'a fait l'honneur de me déléguer auprès de vous et qui n'a pas craint, elle qui possède à sa tête et dans son sein des hommes si éminents, de choisir pour la représenter à cet intéressant et savant Congrès, un modeste négociant de Marseille. Peut-être a-t-elle tenu à ce que son délégué à ce Congrès de géographie commerciale, fut plus spécialement un commerçant s'étant occupé de géographie et pouvant parler avec quelque expérience des rapports qui peuvent et doivent exister entre le commerce et la géographie. Elle a probablement pensé qu'il était naturel que ce fût l'un de ses membres, qui s'est toujours occupé de commerce, qui la représentât dans ce Congrès, où doivent spécialement être étudiées les questions de géographie commerciale, de cette importante subdivision de la géographie générale.

« La Société de géographie de Paris, bien que son institution l'oblige à rester sur le terrain de la géographie proprement dite, ne néglige aucune partie de cette science géographique, dont le champ est si vaste; elle en affectionne toutes les branches et est heureuse de participer à toutes les études qui ont à cœur plus spécialement certaines parties de cette science si étendue, qui a besoin du concours de presque toutes les sciences.

« Je ne voudrais pas abuser de la permission, appréciée, qui m'est donnée de prendre la parole dans cette réunion solennelle devant un aussi éminent auditoire; je tiens surtout à ce que vous ne voyiez dans ce que j'ai dit ou pourrai dire ni idée de critique, ni symptôme d'opposition. Mon désir le plus ardent, mon vœu le plus sincère est de voir toutes les sociétés de géographie, générales ou spéciales, tous ceux qui s'intéressent à la géographie, s'entendre pour que tous leurs efforts, séparés ou réunis, contribuent au développement et à l'avancement de toutes les branches de la géographie.

« Je vous demanderai la permission de vous soumettre dans les réunions des sections quelques observations qu'il me semble utile d'examiner sérieusement, quelques questions qu'il me parait nécessaire de bien fixer. Je le ferai avec une franchise digne de vous, digne d'une assemblée aussi distinguée, aussi impartiale, aussi désireuse de faire ce qui est bien et ce qui est bon.

« Je vous demanderai, si tout en travaillant avec une ardeur toujours plus grande, avec passion, il ne convient pas, dans l'intérêt même de l'avancement de la géographie, après être resté trop longtemps en arrière dans cette science si utile à tous, de ne pas aller trop vite, de s'organiser, de se classer et de laisser à l'étude et à l'opinion publique le temps de se reconnaitre et de suivre le mouvement, évitant ainsi le danger d'une trop grande, quoique généreuse précipitation.

« Je vous engagerai à agir avec prudence et réserve dans les rapports à établir entre la géographie et le commerce, avec le commerce qui a des secrets professionnels et qui peut quelquefois craindre de les voir divulguer mal à propos, au détriment de premiers pionniers, et, tout en reconnaissant que l'entente est très-facile à établir entre la science, le commerce et l'industrie, je me permettrai de vous conseiller de ménager des susceptibilités légitimes.

« C'est à cause de ces diverses considérations qu'il me semble, avant tout, utile de bien définir le champ où peuvent s'étendre les recherches de la géographie commerciale et l'objet qu'elle doit se proposer, de déterminer les conditions dans lesquelles elle doit agir, les limites dans lesquelles elle doit se maintenir pour être non-seulement bien classée comme branche spéciale de la géographie et ne pas faire double emploi, mais aussi être acceptée, patronnée et encouragée par le commerce lui-même auquel elle est destinée et doit rendre de grands services, et qui doit, à son tour, lui fournir naturellement ses plus précieuses connaissances, mais qui ne lui accordera son aide et ses sympathies qu'à condition de savoir où on veut le mener.

« Le commerce n'a pas, comme sa sœur l'industrie, les moyens de protéger ses découvertes par des brevets d'invention ou de perfectionnement, il est donc naturel qu'il tienne à garder ses secrets le plus longtemps possible. Avec les moyens actuels de communication, il ne peut les garder longtemps et il les livre vite à la géographie commerciale, qui les enregistre.

« Et quand nous en arriverons à l'enseignement, à la vulgarisation de la géographie commerciale, elle sera facile à définir; je me sentirai alors à mon aise, car je n'aurai plus de réserves à faire, de prudence à conseiller; je retrouverai, en toute liberté, l'énergie, la persévérance et l'enthousiasme que l'on ne peut manquer d'acquérir dans une réunion aussi distinguée et sous le haut patronage de ce Souverain éclairé et libéral, qui daigne nous donner à tous un si merveilleux exemple de ces vertus sans lesquelles il ne saurait y avoir de grandes, sages et généreuses entreprises et sans lesquelles on ne pourrait légitimement prétendre à ces succès durables, que nous voulons tous et que je souhaite de tout cœur ! »

Notre président a pris une part assidue aux travaux de la 1re section du Congrès et à toutes les séances générales.

Il a lu à la première réunion générale de toutes les sections un travail sur les rapports réciproques de la géographie et du commerce. Nous le donnons ci-après.

Résolutions et vœux présentés par les sections et adoptés en séance générale du congrès.

1re SECTION

EXPLORATIONS ET VOIES COMMERCIALES.

1° Le Congrès de géographie commerciale estime que, dans l'intérêt général du commerce de toutes les nations, il est grandement à désirer qu'une ou plusieurs voies ferrées relient le littoral africain aux régions centrales.

2° Qu'une exploration soit envoyée pour déterminer la route la plus courte de Mandalay au Mékong, et de ce fleuve au point le plus rapproché du Song-Koï.

3° Que les gouvernements ayant des colonies sur les côtes de l'Afrique australe soient priés de rechercher les moyens d'assurer la sécurité aux commerçants se dirigeant vers l'intérieur.

4° L'ouverture d'un canal interocéanique devant favoriser dans une large mesure le commerce et la navigation du monde entier, le Congrès international de géographie commerciale de Bruxelles, sans revenir sur les travaux déjà faits et savamment examinés, émet le vœu que les Sociétés de géographie et les Associations commerciales et industrielles, fassent tous leurs efforts ponr favoriser la prompte exécution du percement de l'isthme américain et insistent auprès des gouvernements pour maintenir cette œuvre, due à l'initiative privée, dans la plus complète neutralité.

5° Considérant que la voie du Tong-King, découverte par M. Dupuis, est la voie la plus courte et la seule facilement accessible pour pénétrer dans la province du sud-ouest de la Chine et qu'un traité du 15 mars 1874, conclu entre la France et l'Annam, ouvre cette voie au commerce de toutes les nations, le Congrès renouvelle le vœu, déjà exprimé par le Congrès de Paris :

a) Que cette voie soit signalée à l'attention du commerce international ;

b) Que la France prenne des mesures pour assurer l'exécution dudit traité.

6° Le Congrès de Bruxelles invite les Sociétés de géographie à étudier au plus tôt la question d'un méridien initial unique et à adresser, en conséquence, des propositions à la commission permanente du Congrès. Les gouvernements sont invités à réunir des délégués plénipotentiaires pour arrêter le méridien à faire adopter.

7° Le Congrès est d'avis qu'il y a lieu d'adopter, dans toutes les cartes et œuvres géographiques quelconques, une indication positive du méridien auquel elles se rapportent et, subsidiairement, qu'il est désirable d'admettre, au point de vue scientifique international, un méridien unique auquel les cartographes réduiront les méridiens nationaux.

8° Le Congrès international appréciant les services que rend au commerce maritime l'établissement des postes électro-sémaphoriques, émet le vœu que le réseau en soit complété de manière que, dans un avenir prochain, il enveloppe tout la littoral européen au moins sur les caps les plus avancés en mer et les plus fréquentés par la navigation.

9° Les gouvernements sont priés de tenir le commerce au courant des installations maritimes qui se créent dans les ports étrangers, notamment des arsenaux maritimes.

10° Dans l'intérêt du commerce international, il est désirable d'établir les nouvelles installations maritimes dans les ports de l'Europe, de manière qu'elles soient en dehors du système douanier.

11° Les gouvernements de l'Europe reconnaissant que les installations maritimes sont d'utilité publique, il est désirable que les pouvoirs publics, gouvernements ou villes, ne prélèvent à titre de droits que la somme strictement nécessaire à couvrir les intérêts des dépenses faites pour ces installations.

12° Il est désirable de voir s'établir au plus tôt des voies ferrées dans la presqu'île des Balkans et en Asie Mineure, ces voies de communications devant ouvrir à l'Europe industrielle de nouveaux débouchés et apporter dans ces régions la richesse et de nouveaux besoins.

13° Considérant que la différence entre les poids, mesures et monnaies des diverses nations constitue une véritable entrave au commerce et introduit une confusion inutile dans les opérations commerciales et dans la comptabilité, le Congrès émet le vœu :

a) Que l'unification des poids, mesures et monnaies soit préconisée sur toute la surface du monde comme chose extrêmement désirable ;

b) Que le Congrès spécial des plénipotentiaires qui aura à décider la question du méridien initial unique soit appelé à examiner les voies et moyens nécessaires pour amener cette unification universelle des monnaies, poids et mesures chez tous les peuples civilisés.

2me SECTION

PRODUITS NATURELS ET MANUFACTURÉS ; QUESTIONS GÉNÉRALES.

1° Le Congrès émet un vœu en faveur du libre-échange et du maintien du système des traités de commerce jusqu'à l'établissement définitif du libre-échange.

2° Qu'en raison de l'augmentation des rapports internationaux et du développement des relations commerciales, le nombre des consulats rétribués soit augmenté ; que les consuls non rétribués soient choisis, autant que faire se pourra, dans la nationalité du pays qu'ils sont appelés à représenter, et que la même personne ne représente pas à la fois plusieurs pays.

3° Que les agents consulaires de tous pays soient tenus à des connaissances plus approfondies des langues étrangères et au moins de celle du pays qu'ils représentent ; et que, dans leurs rapports, les informations commerciales soient l'objet d'un développement précis et pratique.

4° *a)* Que le principe de l'organisation des chambres de commerce se développe dans le sens d'une participation plus large des intéressés ;

b) Que le droit d'élection soit élargi en proportion du progrès actuel des affaires, de manière que tous les intérêts soient représentés et que les droits d'élection et d'éligibilité soient accordés également aux négociants de toute nation, chaque fois qu'ils rempliront les conditions commerciales exigibles par les lois du pays où ils résident.

5° Il est d'une grande importance, pour les intérêts du commerce, que les chemins de fer qui conduisent d'un pays à un autre, soient d'une largeur de voies uniforme.

6° Dans l'intérêt du transport des marchandises et pour faciliter le commerce, il est à désirer que l'on harmonise les écluses des canaux tant nationaux qu'internationaux.

7° Que les sociétés de géographie commerciale et les chambres syndicales de tous pays, se mettent en rapport entre elles pour correspondre sur toutes les questions qui les intéressent; que ces associations échangent entre elles les publications qui se rapportent aux questions géographiques et commerciales; et qu'elles se communiquent tous les faits, progrès ou inventions, pouvant répondre à l'accomplissement de leur mission.

8° Que les associations industrielles et commerciales de tous pays se pénètrent de ce fait : qu'en raison du grand développement des rapports internationaux de notre époque, il importe désormais de substituer l'initiative privée à l'habitude de rechercher partout la tutelle des gouvernements, — et que, pour les mêmes raisons, il serait à recommander aux dites sociétés d'étudier les moyens d'employer et de choisir en elles-mêmes des délégués spéciaux relevant de l'autorité de ces sociétés qui leur donneraient un mandat de représentation spéciale.

9° Attendu qu'il résulte de documents nombreux et authentiques, ainsi que des relations des voyageurs tant en Afrique qu'en Asie, que la traite de l'homme est le principal obstacle non-seulement au développement de la civilisation, mais aussi à l'extension de tout commerce :

a) Le Congrès émet le vœu de voir toutes les sociétés de géographie, et particulièrement la Société khédiviale du Caire, mettre à l'ordre du jour constant de leurs travaux, la question de l'abolition de l'esclavage dans les pays musulmans où il est toléré officiellement par les gouvernements ;

b) Il invite les sociétés de géographie à user de leur influence à Constantinople et à Téhéran pour l'établissement, dans ces capitales, de sociétés de géographie qui pourrait poursuivre officiellement la réalisation de ce vœu.

10° Que l'on demande aux gouvernements qui ont conservé des droits d'entrée sur les livres, instruments, modèles, etc., se rapportant aux sciences, d'abolir complétement ces droits.

3me SECTION

ÉMIGRATION. — COLONISATION.

1° Le Congrès trouve désirable que les nations harmonisent leurs législations commerciales ; et, d'autre part, qu'il s'établisse le plus possible d'unions douanières. Une union douanière est spécialement recommandée entre la Belgique et les Pays-Bas.

2° Que le Congrès international de géographie commerciale fasse, dans la première séance générale de chaque session, une révision préalable du programme des questions qui lui sont soumises.

3° Que les gouvernements et les explorateurs recueillent, sur les pays vers lesquels se portent la colonisation et l'émigration, le plus de données possible, quant aux conditions climatologiques, démographiques et hygiéniques de ces contrées.

4° Qu'une part plus large soit faite, dans le prochain Congrès international de géographie commerciale, aux questions qui forment le vœu précédent, et qui pourraient faire l'objet d'un formulaire à rédiger par des spécialistes.

4me SECTION

ENSEIGNEMENT.

1° Chaque Congrès fera imprimer les procès-verbaux des séances de la session, assez à temps pour permettre au Congrès suivant de s'inspirer de ses travaux.

2° Le Congrès renouvelle le vœu que les écoles commerciales des divers pays échangent entre elles un certain nombre de leurs élèves, pour faciliter à ces derniers l'étude des langues.

3° Le Congrès renouvelle avec instance le vœu, déjà émis dans le Congrès de 1875, que : dans les écoles de tous les pays, l'enseignement de l'histoire et celui de la géographie soient distincts.

4° L'enseignement de la géographie, basée sur la topographie, sera officiellement recommandé aux professeurs par les gouvernements, dans l'intérêt scientifique comme dans l'intérêt commercial.

5° Les ouvrages dédiés à un Congrès appartiendront de droit à la Société de géographie qui aura pris l'initiative ou l'organisation de la session du Congrès.

6° Tous les éléves des établissements d'instruction seront appelés, pendant les vacances, á prendre part à des excursions ayant pour but la connaissance du canton et de l'arrondissement.

7° Dans le but de faciliter aux professeurs de géographie, membres de Congrès, la connaissance des renseignements et documents relatifs à la géographie, à la statistique, à la législation et à l'histoire du commerce, les différents ministères de chaque pays seront priés de vouloir bien les communiquer à ces professeurs, sur la demande qui leur en sera faite.

8° Des géographes, en nombre suffisant, seront attachés à la commission d'enseignement chargée d'examiner le matériel cartographique ancien et nouveau des établissements d'instruction.

9° Des expositions de matériel scolaire géographique auront lieu à l'occasion des congrès de géographie.

10° Des concours seront ouverts entre les auteurs d'ouvrages de géographie et entre les instituts cartographiques et les fabricants de reliefs.

11° Les gouvernements sont priés d'envoyer gratuitement leurs cartes topographiques aux écoles et aux maitres d'école, ou de les leur livrer au meilleur marché possible.

12° La 4me section exprime le vœu de voir se généraliser le système d'échanges internationaux des œuvres relatives aux arts, aux sciences et aux lettres qui fonctionne déjà entre l'Italie, la France, la Belgique et l'Institution smisthsonienne pour les deux Amériques.

Elle émet, en outre, le vœu que les divers pays désignent des délégués plénipotentiaires chargés de formuler et de signer un cartel d'échanges uniforme et général.

13° Que le plan d'études commerciales présenté par la Société de géographie de Lisbonne soit adopté comme base de ces études.

14° Qu'il soit créé dans chaque État des cours publics et gratuits des langues parlées dans les colonies de cet État et dans les pays avec lesquels il est en relations commerciales.

Outre les vœux qui précèdent, l'assemblée générale du Congrès a adopté, dans sa séance de clôture, les résolutions suivantes proposées par le Bureau :

a) La troisième session du Congrès se tiendra à Lisbonne. Tous pouvoirs sont laissés au Comité d'organisation portugais pour décider l'époque de cette session. Toutefois le Congrès engage le Comité portugais à ne pas faire cette réunion avant deux ans, et à se mettre en relation avec le Comité du Congrès des sciences géographiques de Paris (de 1875), afin de ne pas entraver la prochaine réunion de ce dernier Congrès.

b) Le bureau de la session de Bruxelles est constitué en Comité permanent, chargé de poursuivre dans tous les pays représentés au Congrès la réalisation des vœux émis par celui-ci. La mission de ce comité cessera lors de la constitution du Congrès de Lisbonne, auquel il remettra ses pouvoirs et rendra compte de ses efforts.

Communication faite au Congrès de Bruxelles par M. Rabaud, sur les rapports de la géographie et du commerce.

MESSIEURS,

Votre Bureau ayant bien voulu m'autoriser à vous parler maintenant en mon nom personnel, j'ai pensé qu'il m'était permis de vous présenter franchement quelques observations qui vont, il est vrai, au cœur même des questions qui doivent occuper le congrès, mais que je vous prie de ne considérer ni comme une critique, ni comme un symptôme d'opposition. Il s'agit de bien définir la géographie commerciale et d'étudier quelle mesure et quelle prudence, il peut convenir de garder vis-à-vis de certains intérêts respectables qui rendent et peuvent rendre de très-grands services à la géographie. Je veux donc vous parler de la géographie commerciale, des rapports qui doivent exister entre la géographie et le commerce, entre le commerce et la géographie.

Malgré le danger, que je n'ignore pas, qu'il y a à parler de soi, malgré la crainte de nuire ainsi aux idées que l'on croit justes et que l'on tient à exposer utilement, je me trouve forcé, bravant le fameux mot de Pascal : *le moi est haïssable*, de prendre pour exemple la géographie et le commerce à Marseille.

Quand, sous l'impression salutaire produite en moi par la nouvelle de la mise à exécution prochaine de la grande et noble pensée de Sa Majesté le roi des Belges, qui prenait la généreuse initiative de créer l'Association internationale africaine, j'eus résolu, avec quelques amis, de fonder à Marseille une Société de géographie, notre premier soin fut de nous rendre compte des obstacles que nous pourrions avoir à surmonter, et des conditions favorables qui devaient nous permettre de conduire à bien une entreprise que nous tenions à rendre digne d'une grande ville commerciale devenue industrielle, et j'ose le dire, de tout temps renommée par son intelligence et son ardeur aux nobles entreprises.

L'histoire locale ne nous montrait aucune trace d'existence d'une institution ressemblant plus ou moins à une société de géographie. Quelle cause avait pu ainsi s'opposer pendant 2566 ans à la création d'une telle institution dans une ville qui, depuis sa fondation, 590 av. J.-C., par l'explorateur de la colonie grecque de Phocée, le jeune Protis, occupe une position géographique des plus heureuses, qui a depuis longtemps conquis une grande situation commerciale et maritime, qui voit sans cesse circuler dans son port et sur ses quais une géographie matérielle et vivante, où les recherches et les études géographiques s'imposent d'elles-mêmes, où tout le monde, volontairement ou même sans le savoir, fait de la géographie et où le culte des lettres et des sciences a souvent, comme dans les grandes cités italiennes ses voisines, accompagné la prospérité matérielle ?

Il nous fut facile de nous convaincre que, si pendant des siècles de prospérité commerciale et maritime, les Marseillais n'avaient pas éprouvé le besoin, compris la nécessité de créer une société pour recueillir, contrôler, classer et vulgariser les renseignements utiles et intéressants qui arrivent d'eux-mêmes par les rapports des capitaines, les récits des marins et des voyageurs, par les correspondances de tous les instants, par la vue des produits mêmes de tous les sols et de toutes les industries du monde entier, c'est que, navigateurs et commerçants, ils craignaient de faire connaître à tous les résultats de leurs périlleuses explorations, de leurs hardies tentatives, résultats acquis péniblement, souvent par un travail personnel incessant, par des périls bravés et par des difficultés vaincues, et qu'ils ne voulaient pas divulguer des secrets qu'ils considéraient comme leur propriété et leur fortune.

Nous dûmes constater que, malgré les immenses progrès accomplis, malgré la vulgarisation plus générale des notions maritimes, commerciales et géographiques, les mêmes préoccupations existaient encore, les mêmes craintes excitaient les mêmes défiances et, que nous rencontrerions de très-sérieuses difficultés à créer dans un port de commerce une société de géographie, si nous ne savions, par de nécessaires concessions, par une sage réserve et une loyale discrétion, respecter certains secrets du commerce et ne lui demander, au nom de la science, que ce qu'il peut et veut bien nous donner, prêts, au contraire, à lui être utiles en toute occasion et à contribuer de notre mieux, avec lui, à la prospérité de notre grande ville, où le commerce et plus récemment l'industrie ont pris un si grand essor.

Ayant hautement manifesté notre volonté de respecter les prérogatives et les prétentions légitimes du commerce, nous avons rencontré partout de précieux concours et de sympathiques encouragements; c'est ainsi que la Société de géographie de Marseille a été créée par le commerce marseillais lui-même. Cependant nous avons eu grand soin de ne pas lui donner le titre de société de géographie commerciale, d'abord pour ne pas éveiller les susceptibilités du commerce et aussi, il faut bien le dire, parce que nous avons considéré qu'il était très-difficile de bien fixer les limites de la géographie commerciale et que nous n'avons pas cru que notre Société eût aucun avantage à limiter son programme.

Le commerce de Marseille, ne voyant dans sa société de géographie qu'une œuvre d'utilité générale, consacrée à l'étude spéciale de la géographie dans un but essentiellement scientifique et surtout vulgarisateur, lui rendant des services, lui en demandant souvent, mais respectant ce qui lui convient de regarder comme ses secrets personnels, ne lui refuse ni ses subsides ni son précieux concours, et notre Société sait aujourd'hui qu'elle peut compter sur son généreux appui et sur la précieuse assistance de ses agents à l'étranger, qui ont rendu et rendent tous les jours de grands services aux explorateurs et aux voyageurs de la science et de la philanthropie.

Certainement les négociants, armateurs et coloniaux, ceux qui ont des comptoirs établis sur divers points du globe, ne nous communiquent pas leurs renseignements commerciaux et ne nous font pas connaître le fort et le faible de leurs opérations commerciales; mais ils s'intéressent assez à notre œuvre pour lui fournir tous les renseignements géographiques et scientifiques, qu'ils habituent leurs capitaines et leurs agents à leur envoyer en même temps que ceux de leur commerce personnel.

En vous citant l'exemple de Marseille, je vous ai montré les susceptibilités du commerce, susceptibilités légitimes qu'il est nécessaire de ménager, mais je vous ai prouvé en même temps que l'entente était facile à établir entre la géographie et le commerce, que tout dépendait d'une sage réserve, d'une prudente conduite.

Tous les genres de commerce n'ont pas, d'ailleurs, les mêmes appréhensions que le commerce maritime et colonial proprement dit. Beaucoup d'industries et certains commerces qui se rapprochent de l'industrie ne demandent pas mieux que de trouver dans les sociétés de géographie un moyen de publicité et de propagande. C'est ainsi que certaines sociétés, entre autres notre sœur de Bordeaux, a pu sans danger et même avec avantage, prendre le titre de société de géographie commerciale, justifier ce titre et y trouver les éléments d'une prospérité très-grande et d'un éclat que je suis heureux de constater. Cela tient, il vous est facile de le comprendre, à ce que le principal commerce de Bordeaux, du département de la Gironde et des départements voisins, consiste à produire et à exporter ces vins merveilleux qui n'auraient pas besoin de réclame, mais qui ne peuvent que gagner à être mieux connus et à être répandus dans le monde entier.

La raison d'être d'une société de géographie commerciale à Bordeaux confirme, selon moi, la raison de ne pas être commerciale d'une société de géographie établie dans un port dont le commerce est surtout maritime et colonial, ainsi que dans tous les pays où il y a des intérêts commerciaux à ménager, j'oserai même dire des secrets professionnels à protéger.

Cette prétention du commerce d'avoir ses renseignements et ses secrets est plus légitime et plus naturelle qu'elle peut le paraître de prime abord. Le commerce ne pouvant se faire protéger, comme l'industrie, par des brevets d'invention ou de perfectionnement, se protége et se défend lui-même comme il peut, c'est-à-dire en conservant pour lui le plus longtemps possible ses renseignements particuliers et ses secrets. C'est ainsi que les Portugais, pendant longtemps, ont conservé le secret de ces expéditions hardies qui leur avaient valu au, XVIe siècle, l'empire de la mer des Indes.

Mais avec les moyens de communications rapides d'aujourd'hui, le commerce ne peut garder longtemps ses secrets; ils tombent vite dans le domaine public et la science s'en empare, les classe et les vulgarise.

Après vous avoir montré le commerce jaloux de ses intérêts, redoutant les indiscrétions, se méfiant de la publicité, permettez-moi de vous dire que ce commerce, qui pourrait sembler égoïste et avaricieux, a toujours fourni et apporte sans cesse à la géographie une grande partie de ses connaissances. Il est évident que le commerce, avec son désir ardent de découvrir de nouveaux produits, de trouver de nouveaux débouchés aux inépuisables ressources de l'industrie, travaille sans cesse pour la géographie et lui apporte toujours de nouvelles découvertes et de nouveaux éléments. Grâce au génie du commerce, à cette ardeur, à cette excitation que lui donne le besoin d'acquérir des richesses, les périls sont bravés, les difficultés sont vaincues et les bienfaits du travail général circulent dans le monde entier. La Providence, en établissant des différences de sol, de climat et par conséquent de produits naturels, a ouvert la voie à ces échanges de commerce et de civilisation. L'influence du commerce au point de vue moral, est donc puissante et salutaire ; le commerce est toujours, quoique souvent involontairement, la grande force motrice par laquelle les bienfaits de la civilisation et les heureuses découvertes de la science sont répandus dans les coins les plus reculés du monde habitable. Je ne nierai certes pas qu'avec ce qu'il y a de bon dans la civilisation, le commerce n'apporte pas aussi avec lui ce qu'elle a de mauvais, qu'il ne commence même pas quelquefois par là, mais l'exception ne fait pas la règle, et le commerce n'en reste pas moins un des plus grands éléments de la civilisation et de la diffusion des sciences humaines.

Le commerce fait de la géographie pratique, comme il fait de l'économie politique exacte, quoique souvent non raisonnée. C'est le commerce qui étudie le mieux ce que chaque pays produit, peut produire et consommer. C'est lui qui approfondit, sans se douter souvent que c'est une science, la science des lois qui régissent la distribution et la consommation des produits ayant une valeur d'échange, qui sont nécessaires, utiles ou agréables aux hommes. C'est le commerce, en un mot, qui dirige ce va et vient d'importation et d'exportation qui constitue la richesse des nations.

Si maintenant j'examine la question de géographie commerciale au point de vue de l'enseignement et de sa vulgarisation, je recouvre toute ma liberté, je me sens à l'aise, je n'ai plus de réserves à faire, et puisque j'ai parlé de Marseille et de notre Société de géographie pour expliquer le système de prudence que nous avons dû adopter et que je me suis permis de vous recommander, je vous demande l'autorisation de vous en parler encore pour vous dire que dès qu'il s'est agi d'enseignement, notre Société n'a pas aperçu d'obstacle et n'a pas hésité un moment. Dès son début, elle a créé un cours populaire, public et hebdomadaire de géographie commerciale; plus tard, elle a institué, sous le patronage de l'autorité universitaire, un cours de géographie commerciale avec concours et prix en faveur de MM. les instituteurs-adjoints des écoles communales de la cité. Ces cours ont été très-suivis et très-appréciés et leur succès nous invite à en créer de nouveaux. Nous avons fondé aussi des prix de géographie aux cours commerciaux annexés au lycée et dans la remarquable Ecole de commerce, créée à Marseille par l'initiative du commerce local, Ecole qui compte parmi ses professeurs les plus distingués notre secrétaire général, M. Bainier, qui a su élever si haut l'enseignement de la géographie commerciale. Nous avons en outre commencé à réunir les précieux et nombreux produits destinés à la création d'un musée des matières premières et facilité ainsi l'étude de notre globe au point de vue commercial.

Vous le voyez, Messieurs, nous ne négligeons pas la géographie commerciale et c'est avec une très-grande satisfaction que nous venons prendre part à vos travaux.

Comment, en effet, ne porterions-nous pas un intérêt tout particulier à la géographie commerciale, nous qui vivons dans une ville où tout vous parle de géographie et de commerce, nous qui parcourons souvent ces beaux quais d'un développement de 12 kilomètres et demi, bordant des bassins pouvant contenir plus de mille navires, où l'on aperçoit des vaisseaux de toutes les nations, des hommes de tous les pays et de toutes les races; où on assiste au débarquement des produits si variés et si curieux de tous les points de l'Univers, à l'embarquement des produits de notre sol et de nos industries, qui vont être répandus dans le monde entier. Que de questions géographiques surgissent à la vue de ce spectacle! Là nous sommes en présence d'une géographie commerciale pratique, saisissante, vivante, parlante. Des navires aux riants pavillons de toutes les couleurs, de toutes les nations, des matelots, des voyageurs, qui parlent toutes les langues, des produits de toutes les parties du monde : ici les oranges dorées et parfumées d'Espagne, des îles Baléares, d'Algérie ou de Malte ; des primeurs et des fruits d'Algérie, d'Italie, de Sicile ; des bananes des Canaries ou de l'Inde ; des ananas de Singapore ; là des arachides du Sénégal, des sésames de l'Inde, des bois du Mexique, de Madagascar, du Canade, de Californie, d'autres de la Baltique ou de l'Adriatique ; des morues de Terre-Neuve ; du pétrole des Etats-Unis ou de Valachie ; des cuirs de La Plata, de Montevideo, de partout, des vachettes de Calcutta ; des peaux de moutons et de chèvres du Cap ; du poivre de Sumatra ou de la côte de Malabar ; de la canelle de Ceylan ou de Chine ; des soies de Syrie du Bengale de Chine ou du Japon ; des sucres de toutes les colonies ; du café de Moka, de Java, d'Haïti et de diverses provenances ; du coton d'Egypte, du Levant, d'Amériqne, de l'Inde, des laines du Maroc, etc., etc. Je ne puis citer tous les produits naturels ou manufacturés qui se débarquent sur nos magnifiques quais et tous les pays qui les produisent. Le commerce en reçoit tant et de si divers ! Toujours il en découvre de nouveaux, la consommation les accepte et l'industrie trouve de nouveaux moyens et de nouvelles machines pour les employer.

Que de renseignements utiles, indispensables, l'étude de la géographie peut nous fournir sur tous ces pays, sur leurs produits divers, sur ces matières premières, qui alimentent notre travail, nos usines, nos industries et notre commerce ! Elle nous apprendra aussi, en nous faisant connaître les mœurs et les coutumes de leurs habitants, quels sont les produits de notre sol et de notre industrie que nous devons envoyer en échange, dans ces diverses contrées ; ces produits, nous les trouvons aussi sur ces quais de Marseille, prêts à être embarqués sur ces navires. sur ces beaux paquebots qui vont s'acheminer rapidement vers des contrées lointaines et curieuses en y transportant des hommes qui porteront certainement au loin un reflet de la civilisation de l'Europe.

Tous ceux qui assistent à ce spectacle, que je crains de vous avoir dépeint trop longuement, font tous sciemment ou sans le savoir de la géographie commerciale, mais ils ne pourront la faire sérieusement et utilement que s'ils sont guidés par des notions exactes et certaines ; c'est à la géographie, aux Sociétés et aux Congrès de géographie qu'il appartenait de centraliser de contrôler, de classer et de vulgariser toutes les connaissances, tous les renseignements, toutes les données scientifiques, toutes les découvertes qui doivent servir à l'enseignement à tous les degrés de la géographie commerciale dont la connaissance est devenue à notre époque plus nécessaire, plus indispensable, par la rapidité des communications qui rapproche et mélange des intérêts autrefois étrangers et aujourd'hui unis, ainsi que nous en avons l'incontestable et très-agréable preuve dans ce Congrès.

Je serai heureux si vous me pardonnez d'avoir trop longtemps abusé de votre bienveillante attention, quoique n'ayant pu aborder certainement qu'une partie de la question et si vous arrivez avec moi à cette conclusion que : La géographie commerciale, cette grande subdivision de la géographie, de cette science dont le champ d'étude est si vaste, si illimité qu'elle est obligée de se subdiviser et de former des sciences assez importantes pour être devenues des sciences spéciales, mais qui font toujours partie de la géographie ; que la géographie commerciale, dis-je, mérite, à tous égards, d'être étudiée, organisée, formulée avec autant d'ardeur que de soin, mais que pour rendre de grands services et faire de véritables progrès, il faut parvenir à bien déterminer le champ où peuvent s'étendre ses recherches et l'objet qu'elles doivent se proposer ; qu'elle doit, ainsi bien définie et sûre d'elle-même, être présentée dans des conditions de correction, de sagesse et de prudence qui la fassent non-seulement accepter mais patronner et encourager par le commerce, auquel elle emprunte son nom, par le commerce qui lui fournit ses plus précieuses connaissances, qui doit être le premier à en profiter et qui doit lui rendre généreusement tout ce qu'elle aura fait pour lui. Que la géographie commerciale, ainsi comprise, doit être enseignée, répandue et vulgarisée avec l'énergie, la persévérance et l'enthousiasme que l'on ne peut manquer d'acquérir dans une réunion aussi distinguée et sous le haut patronage de ce Souverain éclairé et libéral qui daigne nous donner un si bel exemple de ces vertus sans lesquelles il ne saurait y avoir de grande et généreuse entreprise.

A. RABAUD.

Cours populaire de géographie fondé par la Société, sous le patronage de la municipalité de Marseille.

Le cours populaire de géographie, interrompu pendant les vacances, a recommencé le jeudi 30 octobre, dans la grande salle de l'Ecole communale de la rue de Lodi.

Le même public, tout aussi nombreux, s'est présenté à l'ouverture de ce cours si utile et si intéressant. Le professeur, M. P. Armand, continue, avec son talent habituel, l'étude de la géographie de la France.

P. B.

Extrait du procès-verbal de la séance du 4 novembre 1879

M. A. Rabaud, président de la Société de géographie, rend compte de sa mission au Congrès de Montpellier et au Congrès international de géographie commerciale à Bruxelles, auxquels l'avait délégué la Société de géographie de Marseille, ainsi que M. G. Revoil.

La Société vote une somme de cinq cents francs pour l'acquisition de divers instruments qu'elle offrira à M Révoil comme encouragement et comme témoignage de l'intérêt qu'elle prend à l'exploration que va entreprendre ce jeune voyageur. M. le Président rappelle que la Chambre a voté 100,000 fr. pour les explorations africaines et que le Comité français de l'Association internationale est d'avis de diviser cette somme en deux parties égales, dont l'une sera affectée à subventionner une station dans l'Ogôoué sous la direction de MM. Savorgnan de Brazza et Ballay, et l'autre, sur la côte orientale de l'Afrique, dans l'Ousagara.

M. Leséruríer, directeur des douanes à Marseille, a fait don à la Société d'un atlas ancien par E. Mentelle, membre de l'Institut.

La Société vote par acclamation une médaille de vermeil à M. Serpa-Pinto, qui a bien mérité de la science par sa belle traversée de l'Afrique Australe.

M. Revoil donne quelques explications qui ont vivement intéressé la Société sur son voyage au pays des Somalis Medjourtines. M. Revoil remercie tout d'abord le Président de la Société de géographie de l'avoir aidé pour lui faire acquérir la position qu'il a maintenant vis-à-vis des sociétés de géographie. Il remercie celle de Marseille en particulier de ce qu'elle veut bien lui accorder sa sympathie et des encouragements, et lui promet de faire tous ses efforts pour continuer à mériter son estime et ses faveurs.

M. Revoil raconte succinctement son voyage dans le pays des Somalis Medjourtines. Il passe en revue les productions de ce pays, telles que gommes, encens, myrrhe, nacres, perles, plumes d'autruche, indigo, moutons, chevaux, beurre fondu. Le commerce est entre les mains des Arabes et des Banians. Les Somalis de cette partie de l'Afrique forment une belle race d'habitants, n'ayant ni le nez épaté, ni les lèvres lippues. Ils ne sont pas négociants, vivent sous le régime féodal et ont le sentiment de la propriété. M. Revoil s'étend assez longuement sur les mœurs des Somalis-Medjourtines. Il parle des quatre ports principaux de ce pays, savoir Alloulah, Bender-Gashem, Bender-Khor et Bender-Sciada, où M. Revoil fut dépouillé de ses dessins et de ses notes par le sultan. Le récit de l'exploration de M. Revoil fait l'objet d'un volume qui va paraître incessamment.

M. Rabaud remercie M. Revoil de sa communication si intéressante, et il espère que dans deux ou trois ans M. Revoil aura accompli un beau voyage dans ces pays mystérieux de l'Afrique et viendra en rendre compte à la Société de géographie de Marseille, qui sera trop heureuse de lui adresser ses chaleureuses félicitations.

P. B.

Séance du 4 novembre 1879.

Sont admis membres de la Société :

MM. Ancey, Félix, Grande rue Marengo, 56.

Bonnet, Alfred, courtier maritime, rue Beauvau, 4, à Marseille.

Faucon, Amable-Antoine, courtier maritime, rue Beauvau, 5, à Marseille.

Lambert, banquier à Bruxelles.

Lesérurier, Charles, directeur des douanes à Marseille, rue Sylvabelle 39.

Est nommé membre d'honneur :

M. le général Liagre, ministre de la guerre de la Belgique, président de la Société belge de géographie, à Bruxelles.

Sont nommés membres honoraires correspondants :

MM. Bamps, commissaire général du congrès international de géographie commerciale de Bruxelles.

Le Dr Brunialti, secrétaire général de la Société de géographie commerciale de Rome, professeur d'économie politique et de droit constitutionnel à l'Université de *Pavie*.

Du Fief, secrétaire général de la Société belge de géographie, à Bruxelles.

Hellewald, géographe et directeur de l'Ausland.

Le secrétaire général, gérant,

P. BAINIER.

Bainier

Supplément au Bulletin de la Société de géographie de Marseille

Nos 8, 9, 10 et 11. — AOUT, SEPTEMBRE, OCTOBRE et NOVEMBRE 1879

EXPÉDITION

AUX SOURCES DU NIGER

Nous sommes arrivés à Sierra-Leone le 10 novembre, de retour de notre voyage aux sources du Niger.

Comme notre santé laisse beaucoup à désirer et que le licenciement de notre escorte et les occupations de la traite absorbent les quelques instants pendant lesquels la fièvre nous laisse tranquilles, nous ne pouvons pas encore vous envoyer le récit détaillé de notre voyage. Il ne sera pas prêt avant fin décembre.

Veuillez donc vous contenter pour le moment d'un résumé de notre marche depuis Falabah jusqu'à la source du Tembi; j'y joins une carte explicative et quelques vues de montagnes.

Nous n'avons pu quitter Falabah pour chercher les sources que le 28 août, car les frères du roi et les chefs les plus influents du pays étaient opposés à notre voyage et ont fait tout leur possible pour que la route nous fut fermée.

Fort heureusement, le roi Siwah nous a été constamment favorable, ce que nous attribuons en grande partie à notre connaissance des langues timné et soussou. Nous avons pu, de la sorte, nous entretenir directement avec lui, sans interprète ni témoins, ce qui semblait lui plaire beaucoup.

Le roi Siwah nous donna pour guide Fillah (lequel dans le temps a accompagné Reade à Farannah). Il lui adjoignit quelques Korankos (ceux-la mêmes qui avaient ramené son frère Taïro Soury), mais ces derniers nous abandonnèrent déjà à Songoyah, dès qu'ils s'aperçurent que les natifs ne voulaient pas nous laisser continuer notre route.

En passant à Berria, nous avons visité la source du Séli ou Rokelle ; elle sort d'une petite colline appelée Yellimé, près d'une grande colline de granit (Kankoukasama) au pied de laquelle se trouve le village de Magatou. Il paraît que le major Laing s'est avancé jusqu'à Berria-Timbacco (qu'il ne faut pas confondre avec Berria-Foutambom de Reade).

A Songoyah, nous avons traversé une branche du Niger, large de 6 mètres, la Tentaraba. Elle prend sa source à 20 kilomètres environ au S. O. de Songoyah et se jette dans le Niger à Sansemboh, sous le nom de Tentaraba Balia.

Près de Songoyah, se trouve la source du Tamincono, qui se jette dans le Falico à Liah. Les premières grandes difficultés que nous avons éprouvées pour aller de l'avant nous ont été faites à Songoyah et à Tamania. Ces deux villes voulaient nous obliger à nous rendre dans le Sangarah, à Berré-Bouriah, où se trouve Fodé-Darami, qui veut devenir, dans le Sangarah, ce qu'a été Oumar al Hadzi, dans le Foutah, c'est-à-dire prophète et roi.

Ce Fodé-Darami est Mandingue de naissance et a été élevé à Timbo. Il paraît qu'il a été plusieurs fois pillé par les Sangarahs païens, et que pour se venger, il résolut de les détruire en appelant à son aide les Korankos de Mafindi, les Bambaras et Foulahs de Ségou, ainsi que les Haoussahs.

Il a complétement réussi, car tous les Sangarahs se sont réfugiés dans le Koranko et dans le Solima, après que leurs villes eurent été brûlées par les envahisseurs.

Les Korankos de Fodaya, de Cabaya et de Socora commencent à regretter leur alliance avec ce prophète, car Fodé-Darami n'a pas la force de renvoyer les Haoussahs, venus à son secours et qui se trouvent chez lui au nombre de 30,000 hommes et 15,000 chevaux.

Ces guerriers de l'intérieur prétendent avoir conquis le pays et ne veulent plus retourner. Ils ont écrit à tous les chefs du Koranko et au roi Siwah de Falabah, de se tenir prêts à les recevoir, car ils ont l'intention de leur rendre visite dans leur voyage vers l'eau salée, dès que le Diolibah sera assez bas pour que les chevaux puissent le traverser.

A ce propos, je dois vous dire que deux jours avant notre entrée à Falabah, le roi Siwah avait fait proclamer que tout étranger était libre de passer dans son territoire, mais que ses propres sujets ne devaient pas s'éloigner, parce qu'il allait avoir besoin d'eux pour repousser les étrangers qui menaçaient d'envahir leur pays.

Nous aurions bien voulu voir l'armée de ce prophète, qui doit être composée de tous les types possibles de l'intérieur, mais il aurait alors fallu renoncer à l'espoir d'arriver aux sources du Diolibah. Dans ces conditions, nous avons préféré exécuter avant tout le programme que vous nous avez tracé, et nous avons répondu aux deux ambassades que Fodé-Darami nous a envoyées pour nous inviter à lui rendre visite, que nous passerions chez lui à notre retour des sources.

A Socora, nous avons traversé le Falico et c'est là que toute notre caravane a été sur le point de se noyer.

Le Falico ne mesure, à cet endroit, que dix mètres de largeur en temps ordinaire, mais à l'époque de notre passage, il était sorti de son lit et formait un lac de 300 mètres. Le pont, en forme de hamac et fixé d'un arbre à l'autre, fut enlevé par l'eau à peine une heure après notre passage.

A Socora, nous avons également visité le Tembi, qui coule à 45 minutes de la ville. En temps normal, son volume est d'un sixième environ supérieur à celui du Falico.

Les habitants de ce village de Socora voulurent nous forcer à rebrousser chemin, sous le prétexte que nous allions détourner le cours du Tembi et détruire la source sacrée.

Si nous avons pu aller plus loin, c'est grâce à l'intervention de quelques marchands soussous de Mellacorée, qui, connaissant très-bien nos factoreries de la côte, prirent notre défense et réussirent à apaiser les natifs en les rassurant sur le but de notre voyage.

Cet obstacle franchi, nous avançâmes lentement dans les montagnes, mais c'est de Birimba à Koulakoya que nous éprouvâmes les plus grands ennuis et les plus continuelles tracasseries. Il nous fallut dépenser 17 jours pour faire ces 30 kilomètres environ, car nous fûmes arrêtés, pour ainsi dire, à chaque pas.

Après avoir dépassé Tantafarra, où se trouvent la source du Falico et celle du Bansouncolo, nous aperçûmes trois grandes montagnes : Yenkina (3,500 pieds de hauteur), qui se trouve au milieu de la chaîne de Lomah; Daro (4,000 p.), qui sépare le Koranko du Kono, et Courouworo (3,800 p.), qui divise le Kissi du Koranko.

C'est à partir d'ici que les indigènes nous regardaient plutôt comme des diables que comme des êtres humains.

Les Korankos de Songoyah et de tout le long de la frontière de Solima sont très-hospitaliers, tandis que ceux qui habitent près de Kissi-Kono sont les gens les plus sauvages que nous ayons jamais vus.

Ils n'aiment pas à voir des étrangers chez eux, et ce n'est que très-rarement que l'on trouve de ce côté des Soussous ou d'autres trafiquants étrangers qui, partout ailleurs, voyagent en assez grand nombre.

Ce pays est peu fréquenté parce que ses habitants sont très-farouches et n'ont que peu de besoins. Ils plantent eux-mêmes du tabac, ils ont du fer, et quant au sel, ils ne le connaissent pas, ou du moins, comme ils n'exportent rien, ils n'ont pas les moyens de s'en procurer.

Ce n'est que la poudre qui les met en contact avec la côte, et encore les flèches sont-elles beaucoup plus usitées chez eux que les armes à feu.

Ces Korankos ont un idiome particulier qui participe de l'aboiement du chien et des cris du chimpanzé. C'est la race la plus dégradée qu'il nous ait été donné de rencontrer.

Nous sommes enfin parvenus à Koulakoya-Forria, à 6 kilomètres de Tembi-Coundou (la tête du Tembi), qui est considérée comme un lieu sacré.

A Koulakoya, le Tembi n'a qu'un mètre de large. Nous aurions vingt pages à vous écrire sur les diverses cérémonies que pratiquent les indigènes auprès de la source sacrée du Tembi. Mais le temps nous manque aujourd'hui, et cette description trouvera sa place dans la relation complète de notre voyage.

Notre intention était de descendre le Niger, après en avoir visité les sources, mais la guerre nous en a empêchés. La ville de Farannah, vers laquelle nous voulions nous diriger, venait d'être saccagée et brûlée.

Il est fort heureux pour nous qu'à l'époque où nous montions vers les sources, les Korankos aient remporté quelques succès dans la guerre, car cette circonstance nous a permis d'avancer. A notre retour, les Korankos venaient de subir une grande défaite, près de Cabaya, ce qui nous a décidés à rentrer à la côte par le chemin le plus court, de peur d'être faits prisonniers.

Si les Korankos avaient été battus plus tôt, il est certain que nous n'aurions pas pu visiter les sources du Niger.

Notre caravane a toujours compté 60 à 70 hommes, mais bien que nous ayons voyagé pendant les quatre plus mauvais mois de l'année, nous avons la grande satisfaction de pouvoir vous dire que nous n'avons pas perdu un seul de nos hommes.

Pendant tout le voyage de retour, nous avons constamment marché à pied et nous avons cédé nos hamacs à nos hommes malades, afin de n'en laisser aucun en arrière.

Nous ne voulons pas entreprendre aujourd'hui de vous décrire toutes les difficultés que nous avons éprouvées en route ; non-seulement il nous fallait tenir tête aux exigences et aux menaces des natifs, mais encore il fallait trouver la nourriture pour nos hommes dans un pays hostile et où régnait la plus grande famine. Cette responsabilité, qui pesait sur nous, de nourrir tout ce monde, a été le sujet de nos plus vives et plus constantes préoccupations.

D'après ce qui précède, vous avez vu que le Niger est formé par les trois branches Tamincono, Falico et Tembi.

La longitude de la source du Falico est 12°45' ouest de Paris, et la latitude 8°45' nord ; la longitude de la source du Tembi est 12°53' ouest de Paris, et la latitude 8°36' nord.

Sur le versant occidental des collines qui donnent naissance aux sources du Niger, se trouvent les sources de la rivière Kamaranka, qui se jette dans l'Océan en face de l'île Plantani, au nord du Sherbro.

Du mont Tantafarra descendent le Falico et le Bafi ; du mont Tembi-Coundou descendent le Tembi et le Babbé.

Ce sont le Bafi (eau noire) et le Babbé (eau blanche) qui forment la rivière de Kamaranka.

Nous réservant de vous donner une relation complète de notre voyage d'ici à quelques semaines,

Nous restons vos bien dévoués,

Zweifel.

M. Moustier.

Sierra-Leone, 15 novembre 1879.

Bannier

LES

HIVERS RIGOUREUX EN PROVENCE

Un travail de ce genre a été fait plusieurs fois pour les hivers rigoureux qui ont régné en France et en Europe : il existe même un livre fort curieux du savant bibliophile G. Peignot, ayant pour titre : *Essai chronologique sur les hivers rigoureux ;* mais rien encore n'a été publié de spécial sur les grands froids dont les désastres ont plus particulièrement frappé la Provence. Pour atteindre ce but, nous avons consulté avec le plus grand soin nos vieux historiens locaux, et toutes les histoires particulières des villes comprises dans le rayon de cette ancienne et riche province. C'est donc une étude toute nouvelle que nous offrons à nos lecteurs, étude qui peut, cette année-ci, présenter, en quelque sorte, un double intérêt, historique et d'actualité.

Plusieurs écrivains, fort recommandables d'ailleurs par leur profond savoir, ont émis l'opinion que la température de nos contrées avait, à diverses reprises, subi des changements notables. Rien, à notre avis, ne vient confirmer cette opinion, et surtout depuis l'ère romaine. Non-seulement les semailles et les récoltes ont lieu, de nos jours, aux mêmes époques qu'autrefois, mais encore, le laurier, la vigne, l'olivier et le figuier croissent avec autant de succès que dans ces temps lointains. On verra, de plus, par nos recherches sur les hivers, que dans tous les siècles on a compté des années remarquables par leurs froids rigoureux, comme on en trouve, à d'autres périodes de temps, demeurées fameuses par leur sécheresse et leur excessive chaleur.

Les premiers hivers rigoureux qui soient mentionnés par l'histoire dans notre province, sont ceux des années 400 et 462. Pendant le premier, le Rhône fut pris dans toute sa longueur. Quelques historiens avancent que durant cet hiver, qui fut général en Europe, la mer Noire resta entièrement gelée; pendant le second, sous le règne de Septime Sévère, le Var fut glacé sur tout son cours. En 791, les vignes souffrirent beaucoup du froid en Provence. Des troupeaux entiers périrent dans les étables faute de nourriture. En 822 et 859, le Rhône gela. Pour ce dernier hiver, qui fut très-rigoureux dans toute l'Europe, Calvinius nous fait connaître, d'après les annales de Fulde, que la mer Adriatique gela de telle sorte, qu'on pouvait aller à pied de la terre ferme à Venise.

Le Rhône gela encore en 874. Il tomba, cette année, une si grande quantité de neige, depuis le mois de septembre jusqu'à la fin de mars, que les forêts devinrent impraticables. En certains endroits de la Provence, les habitants des campagnes, ne pouvant plus se procurer du bois pour réchauffer leurs membres engourdis, périrent de froid, même dans leurs maisons. Les hivers de 1113, 1216, 1302 et 1323 furent également désastreux pour les habitants de la Provence. Une chose digne de remarque, c'est que, dans l'hiver de 1216, la gelée fit éclater les tonneaux dans les caves.

Tous les fleuves de Provence et d'Italie gelèrent en 1334. En 1356, le Rhône et la Durance, sortant de leur lit, ravagèrent tous leurs bords. Un hiver rigoureux succéda à ces inondations; la neige, qui tomba en quantité, ayant couvert les champs et les routes, et ayant durci par une bise glaciale, tous les fruits de la terre périrent : il s'en suivit une épouvantable famine qui décima les populations. Papon nous apprend qu'à Avignon la saumée de blé se vendit alors 8 florins, c'est-à-dire environ 69 livres de notre monnaie. Pour ajouter à tant de malheurs, une cruelle épidémie vint se joindre à tous ces fléaux.

Au mois de décembre 1364, le Rhône et la Durance gelèrent tellement que, s'il faut en croire l'historien Papon, la glace eut jusqu'à 15 pieds d'épaisseur. L'auteur de l'histoire de Barbentanne partage l'opinion de ceux qui pensent qu'il y a exagération dans ce fait; quoiqu'il en soit, il est certain que des chevaux et des chars, lourdement chargés, traversèrent ces grands cours d'eau sur la glace qui les couvrait sans s'exposer au moindre péril, et que nombre de personnes moururent de froid. Dans cette année, vraiment désastreuse, les chaleurs de l'été et les sauterelles firent périr toutes les plantes, et le froid détruisit tous les arbres.

L'hiver de 1408, témoin de la naissance du bon roi René, est un des plus rigoureux dont l'histoire ait conservé le souvenir. Ce fut le plus terrible que l'on eût éprouvé en Europe depuis cinq siècles; aussi les vieux chroniqueurs l'appellent-ils le *grand hiver*. Le Danube gela sur tout son parcours. Les Provençaux eurent beaucoup à souffrir de la violence du froid qui tua les oliviers, les vignes et les amandiers; cela ne les empêcha pas de fêter, avec les sentiments de la joie la plus vive, la naissance du prince qui devait être si populaire dans nos contrées, et dont le souvenir et les bienfaits vivent encore tant de siècles après lui.

En 1460, le Rhône charria des glaçons et fut entièrement pris dans le courant du mois de janvier.

Nous arrivons au fameux hiver de 1507. Cette année, le port de Marseille gèle, la neige s'élève à trois pieds, les herbes sont garanties, mais tous les arbres périssent. Un fait très-curieux à mentionner c'est la douceur de la température de l'hiver précédent. Cette particularité a fixé l'attention de notre historien de Marseille, Ruffi, qui s'exprime ainsi en la relatant:

« Il n'y a pas lieu d'oublier, en cet endroit, une chose fort remarquable, c'est que, bien que le climat de Marseille soit en quelque réputation pour la température de l'air et pour la douceur des hivers qui rendent ce séjour agréable dans la plus rigoureuse saison de l'année, cette douceur fut néanmoins si extraordinaire, durant l'hiver de 1506, qu'on ne lit point dans l'histoire qu'il en ait fait un semblable en cette ville; car, au mois de janvier, les arbres étaient autant avancés qu'ils ont accoutumé de l'être au mois de mai. Le blé, l'orge et le seigle avaient déjà formé leurs épis et poussé leurs tuyaux jusques à leur juste hauteur; mais aussi l'année qui suivit fut bien différente de celle-là, et il sembla que la nature n'avait pas chassé le froid de l'année précédente, mais qu'elle l'avait conservé pour le joindre à l'hiver suivant qui fut si rigoureux que le port se trouva *glacé* jusqu'à la chaine, avec tant de solidité qu'on y passait sans danger, et les oiseaux, qui ne pouvaient vivre dans leur élément, tombaient morts en si grand nombre, que le peuple ne fit jamais telle chère à si bon marché. »

A mesure qu'on approche des temps modernes, l'intérêt grandit. Il est certain qu'on ne peut demeurer insensible en présence d'une aussi longue suite de malheurs et de calamités, éprouvés par nos pères dans le pays que nous habitons.

Dans le seizième siècle, après le grand hiver de 1507, dont nous avons déjà parlé, on compte celui de 1548 qui, bien que moins rigoureux, n'en fut pas moins très-froid, il fut même assez général dans le Midi ; toutes les rivières de cette partie de la France furent gelées, au point de pouvoir porter les charrettes les plus lourdement chargées. Vient ensuite l'hiver de 1564. Charles IX, qui était venu faire un voyage en Provence, se trouvait à Salon. Le froid commença à Noël, et il fut général dans toute l'Europe. Le Rhône fut pris dans toute sa largeur à Arles. Tous les oliviers périrent, ainsi que bon nombre d'arbres fruitiers. Le savant, M. A. Denis, nous apprend, dans ses *Promenades à Hyères,* qu'en une seule nuit tous les orangers de cette localité succombèrent par la rigueur du froid, et que l'on fut obligé de couper ces arbres entre deux terres. L'un d'eux avait porté dans la saison plus de quatorze mille oranges.

En 1568, le 11 décembre, les charrettes traversèrent le Rhône sur la glace et la débacle n'arriva que le 21 du même mois. L'hiver de 1570 à 1571 fut un des plus rudes de ce siècle. Mézerai raconte « qu'il dura depuis la fin de novembre 1570 jusqu'à celle du mois de février suivant, et que, durant ces trois mois entiers, il tint les rivières gelées à porter charroi et *brûla* les arbres fruitiers jusque dans les racines, même en Languedoc et en Provence. » Arles surtout eut beaucoup à souffrir des rigueurs de cet hiver; à Marseille, il ne fut bien fort qu'après le mois de janvier. En Languedoc, le froid ne se fit également sentir que dans ce mois; il tua les oliviers et les arbres fruitiers. Suivant l'auteur d'une histoire de la ville d'Agde, la terre était demeurée couverte, pendant soixante jours, d'une neige gelée, dont la pesanteur avait fait crouler les maisons.

Tous les historiens de Provence mentionnent les rigueurs de l'hiver de 1586. L'armée du duc d'Epernon, après avoir soumis le château de la Réole, s'en alla mettre le siége devant Chorges, encore occupé par les religionnaires; mais avant qu'on fût parvenu à forcer cette place, un froid des plus rigoureux survint et fit périr beaucoup de soldats. Nostradamus, dans son *Histoire et Chronique de Provence,* nous fait un tableau navrant de la situation de cette armée : « Il n'est pas croyable, dit-il, combien la rigueur des froidures, des neiges et des glaçons fit des aspres et impitoyables ravages, spectacle terrible à voir. Les sentinelles étaient trouvées raides et mortes avec la demi-pique en main; les hommes à cheval gelés comme des statues de sel; des laquais, les uns enterrés en des fumiers jusques au col, mourant de froid et jetant des plaintes effroyables et continuelles, hideux et plustôt semblables à des fantosmes qu'à créatures humaines..... Les autres autour des feux et des braziers, transis, demi-brûlés et rostis, si qu'on jettait à grands tas les corps morts, dans de grandes fosses, non sans une horreur épouvantable et grande commisération des regardans. »

Bouche ajoute à ces détails qu'il n'y eut guère que les gentilshommes et quelques autres personnes qui purent se garantir des rigoureux excès de cet effroyable hiver. Une grande partie de l'armée fut victime de ce froid insupportable. La Basse-Provence eut également à souffrir de cette froide température; tout le bétail qui était en Crau, ainsi qu'un certain nombre de bergers en furent victimes.

L'hiver de 1590 fut tellement froid que nous trouvons dans les *Nouvelles recherches sur l'histoire de Beaucaire,* de M. Forton, que le Rhône, entièrement gelé, permit aux plus lourdes voitures de le traverser sans danger. Le colonel Alphonse Ornano, commandant le château de Tarascon, voulant donner une fête au maréchal de Montmorenci et lui frayer le chemin, fit passer et repasser de gros canon sur le fleuve. Le maréchal, bien convaincu alors de la solidité de cette route extraordinaire, partit de Beaucaire, à la tête de sa compagnie de gens d'armes, et se rendit à Tarascon.

En 1591, l'hiver fut moins vif; mais il tomba une si grande quantité de neige, que les arbres fruitiers, en Provence, eurent beaucoup à souffrir. Trois ans après, en 1594, la mer gela à Marseille. Le journal de Henri IV mentionne cet hiver comme très-rigoureux, et nous fait connaître que le froid excessif causa beaucoup de morts subites à Paris; elles arrivèrent principalement aux petits enfants et aux femmes. La forte gelée commença le 23 décembre; elle reprit le 13 janvier suivant, et il gela aussi fort ce jour-là que le jour de Noël précédent. La mer de Venise fut prise par la glace. Après cet hiver, il y eut une inondation à Paris.

Les hivers remarquables du seizième siècle furent fermés par celui de 1599. Nous lisons à cet égard, dans l'histoire manuscrite d'Aix, par de Haitze, que le froid et les neiges, pour l'année 1597, se firent sentir jusqu'à la fin de juin; il ne plut pas depuis ce mois jusqu'en décembre. Les pluies vinrent ensuite en si grande abondance que la terre semblait noyée. Papon, qui mentionne également, dans son *Histoire de Provence*, cet hiver exceptionnel, ajoute que presque tous les arbres fruitiers et un grand nombre de bestiaux périrent. Marseille supporta les rigueurs de cet hiver plus difficilement que les autres parties de la Provence, et il ne faut pas oublier que déjà plus de quatre mille de ses habitants avaient été emportés par la peste qui y sévit en 1598.

Le dix-septième siècle n'est pas moins maltraité que les autres par les extrêmes de température. La série de ses hivers rigoureux s'ouvre par ceux de 1601 et 1603. Le premier tua tous les oliviers de notre province et, pendant le second, les charrettes passèrent le Rhône sur la glace. Celui de 1608, dont tous les historiens de France et les chroniqueurs provinciaux nous ont conservé le souvenir, et que tous appellent le *grand hiver*, à cause, disent-ils, de sa *longueur et horrible froidure*, ne fut remarquable en Provence que par la grande quantité de neige dont il couvrit nos campagnes désolées. Dans le Nord, les ravages furent plus grands.

Mézerai dit que le froid commença à devenir très-âpre le jour de saint Thomas (21 décembre 1607); et ayant duré plus de deux mois sans relâcher qu'un jour ou deux ; il glaça, ou pour ainsi dire pétrifia toutes les rivières, gela presque toutes les jeunes vignes et les jeunes plantes jusqu'à la racine, tua plus de la moitié des oiseaux et du gibier à la campagne, grand nombre de voyageurs par les champs et près de la quatrième partie du bétail dans les étables, tant par la rigueur du temps que par le défaut de fourrages. Le dégel ne causa pas de moindres dégâts qu'avait fait le grand froid. Les glaces des rivières rompirent les bateaux, les chaussées et les ponts ; les eaux, grossies par les neiges fondues, inondèrent toutes les vallées, et la Loire, bouleversant ses digues, fit un second déluge dans les campagnes voisines. Nous n'en finirions pas si nous rapportions tous les faits relatifs à cet hiver excessif que les historiens ont enregistrés. G. Peignot, dans son *Essai chronologique,* y consacre plusieurs pages. Nous terminerons par un fait emprunté aux *Essais sur Paris,* de Sainte-Foix, qui rapporte que le 20 janvier, cinq hommes, qui amenaient les provisions aux halles, furent trouvés morts de froid au coin de la rue Tire-Chape.

De 1621 à 1622, le grand froid qui régna dans toute l'Europe se fit sentir en Provence. Celui de 1632 fut très-rigoureux dans le Midi. On lit dans le *Mercure de France,* que, le 4 octobre de cette année, le froid devint si vif entre Montpellier et Béziers, que seize gardes-du-corps de Louis XIII, huit de ses suisses et treize goujats (valets d'armée) en moururent. En 1638, l'eau du port de Marseille gela autour des galères, et le Rhône fut pris à Arles. En 1658, l'hiver fut général en Europe ; la Provence eut des neiges abondantes et mortalité des oliviers ; le froid se fit particulièrement ressentir dans le territoire d'Arles. Deux ans après, c'est-à-dire en 1660, le roi Louis XIV, après avoir terminé la guerre d'Espagne et calmé les troubles qui avaient trop longtemps agité la France, vint visiter les provinces méridionales. Le roi partit de Nîmes avec sa cour, arriva à Beaucaire le 12 janvier ; il faisait un froid excessif et le Rhône était couvert de glace. Le lendemain, Louis XIV partit pour Arles, où il resta quelques jours ; les gardes suisses arrivèrent à Beaucaire et les gardes françaises se rendirent à Tarascon.

Les mémoires de Mlle de Montpensier, fille de Gaston de France, duc d'Orléans, nous font connaître cette particularité : « qu'il « avait fait une si horrible gelée et qui avait duré si longtemps « que le régiment des gardes avait passé de Tarascon à Beaucaire « sur la glace et qu'il avait été couvert de poudre sur ce chemin, « tant il estait sec et battu. »

Nous touchons à une année vraiment calamiteuse pour la France entière. Nous voulons parler de l'hiver de 1709, qui passe pour avoir été un des plus longs et des plus rudes. Grand nombre de personnes moururent de froid et tous les fruits de la terre périrent, au point qu'une disette effroyable s'en suivit ; qu'on joigne à cette détresse le manque d'argent et on aura une faible image des malheurs qui accablèrent la patrie.

Louis XIV vendit pour 400,000 francs de vaisselle d'or, ce qui fait 800.000 francs de notre monnaie actuelle. On en fut réduit, à Paris, à manger pendant quelques mois du pain bis, on fit même du pain d'avoine. Les grands de la cour s'en nourrirent, Mme de Maintenon en donna elle-même l'exemple.

En Provence, les atteintes de ce froid rigoureux firent de profonds ravages. La forte gelée qui reprit subitement après un dégel tua tous les oliviers et orangers. Le port de Marseille fut tellement gelé que des charrettes le traversaient. On vit, de plus, des glaçons flotter dans notre rade. Le thermomètre descendit à Marseille à 14 degrés Réaumur (17 1/2 centigrades) au-dessous de zéro.

Suivant les mémoires manuscrits d'un capucin, qui vivait à cette époque à Marseille, le froid excessif de 1709 commença dans notre ville le 6 janvier, jour des Rois, après vespres, et dura avec la même intensité pendant quinze jours. La terre fut gelée à quatre *pans* (un mètre), les semences furent perdues, les oliviers gelés, la moitié du bétail périt de froid, une famine affreuse survint, l'émine de blé se vendit dix livres dix sols, des émeutes à main armée eurent lieu dans le Comtat à propos de la famine.

L'étang de Berre fut tout gelé ; les habitants de Saint-Chamas, de Berre et des environs y circulaient comme sur la terre.

Nous lisons en outre dans l'*Abrégé chronologique sur Villeneuve-les-Avignon,* petit livre devenu rare, publié en 1740, par l'abbé Saint-Vailhen, « que la rigueur de l'hiver de 1709 ayant jeté la frayeur dans les esprits et la tempête de la faim ayant ému tout d'un coup le peuple par la mortalité des bleds, la Chartreuse de Villeneuve, à l'exemple de Joseph, donna tous les grains qu'elle avait ramassés pendant la fertilité, et les largesses s'étant publiées, elle eut le plaisir de distribuer journellement les richesses et les abondances dont Dieu l'avait favorisée. »

Il paraît que le 6 janvier de 1709, non-seulement le froid fut rigoureux à Marseille, comme on a pu le voir plus haut, mais encore dans tout le nord de la Provence et le Bas-Languedoc; il tua ce jour là les oliviers et jusques aux bleds et aux vignes.

L'auteur de l'*Histoire de Barbentanne* fait connaître diverses particularités qui méritent d'être mentionnées. Ainsi il nous apprend que, l'année d'après, ceux qui ressemèrent des grains grossiers, comme paumelle, orge, millet, etc., en eurent une si grande quantité, qu'une seule salmée en produisit vingt, et, à la récolte, l'orge se vendit jusqu'à vingt-cinq livres. Le vin valut, dit-on, cent livres le tonneau. Les pertes pour les agriculteurs furent si considérables qu'elles amenèrent de bien grandes misères. Des familles aisées furent même réduites à la mendicité; ce fut alors que l'intendant de la Provence permit aux consuls de la communauté de Barbentanne d'emprunter mille livres pour faire achat de blé, et une requête fut présentée à Mgr l'archevêque pour obtenir de vendre, à cet effet, l'argenterie de l'église.

M. de Laplane, ce savant historien de la ville de Sisteron, rapporte « que le rigoureux hiver de 1709, en pénétrant jusqu'aux entrailles de la terre, y tarit, pour ainsi dire, les sources de la reproduction, et livra des populations entières aux horreurs de la famine. Sans être aussi extrême, à Sisteron, la misère y fut, cette année-là des plus grandes; le froment, de quinze livres la charge, monta tout-à-coup à cinquante-quatre livres, qui en vaudraient aujourd'hui près de cent; et le seigle, la seule nourriture du pauvre, monta alors de dix livres à quarante-cinq (82 francs). »

Les désastres furent également très-considérables dans tout le Languedoc. Le Rhône et la Garonne furent remplis de glaçons et entièrement pris sur divers points. D. Vaissette, dans son *Histoire de Nîmes*, dit que la tuzelle, sorte de froment, valait 66 livres la salmée et le seigle 42.

En 1740, les rigueurs de l'hiver firent périr bon nombre d'oliviers en Provence. Le froid fut très-vif dans le nord de la France ; mais il paraît qu'en Angleterre il le fut encore davantage. La Tamise fut prise à tel point que le peuple construisit, dit-on, sur la glace une cuisine spacieuse dans laquelle il fit rôtir un bœuf tout entier ; ce mets, ajoute G. Peignot, était digne de John Bull.

Le savant et regretté M. Feautrier, ancien sous-secrétaire général à la mairie de Marseille, a publié dans le dixième volume du répertoire des travaux de la Société de statistique de notre ville, un travail fort remarquable sur les jours de grand froid à Marseille, de 1748 à 1787.

Suivant cet estimable écrivain, le 15 janvier 1748, le thermomètre descendit à 7 degrés Réaumur (8 7/10 centigrades) au-dessous du point de la congélation. Pendant celui de 1749 il ne descendit qu'à 4. En 1775, le thermomètre marqua 6 degrés (75/10) au-dessous de zéro, et en 1758, 5 1/4. L'hiver suivant fut fort doux et le thermomètre ne descendit pas au-dessous de la congélation. Le jour le plus froid fut le 8 janvier, où le thermomètre marqua zéro.

En 1760, le froid ne fut pas extrêmement rigoureux dans la Provence, et surtout à Marseille, où le thermomètre, le 6 février, après un peu de neige, descendit à 2° 1/2 au-dessous de zéro ; mais en Languedoc, il gela si fort, que l'Hérault demeura glacé neuf jours de suite, pendant lequel on le traversait sans crainte et par amusement.

En 1766, le 11 janvier, le thermomètre marqua à Marseille 5° 1/2. Il fut, comme en 1760, beaucoup plus rigoureux en Languedoc ; les chutes d'eau de la chaussée de l'Hérault furent congelées, le froid arrêta le courant de cette rivière, qui offrit sur toute son étendue un chemin de glace sur lequel on joua au mail.

En 1768, le grand froid de l'année arriva le 4 janvier, le thermomètre étant descendu à 8 degrés Réaumur. Cet hiver fut remarquable pour Marseille : on n'en avait pas éprouvé de plus fort depuis 1709; heureusement le froid ne dura que trois jours. Les oliviers eurent beaucoup à souffrir en Provence. Dans plusieurs autres parties de la France le froid fut excessif : des voyageurs périrent sur les routes, des arbres se fendirent dans une grande partie de leur longueur. A Paris, on brisa plusieurs cloches en les sonnant; à Lyon, le thermomètre descendit, le 1er février, à 17° 1/2. Un mémoire intéressant de M. Parcieux, inséré dans la *Collection de l'Académie des Sciences,* nous fait connaître une singularité bien digne d'être remarquée : c'est que des puits de trente, cinquante, et même cinquante-cinq pieds de profondeur, ont gelé, et l'on ne trouve nulle part que le froid de 1709 ait rien produit de semblable.

Les rigueurs de l'hiver de 1783 à 1784 furent extrêmes pour toute la France en général. La Provence eut beaucoup à souffrir de sa longueur et de son humidité froide. Dans le nord de la France il dura soixante-neuf jours. A Paris, le 30 décembre 1783, à minuit, le thermomètre descendit à 15 degrés Réaumur.

On comprend quelles misères et quelles souffrances un tel hiver dut ramener dans tout le royaume; mais rien ne saurait être comparé au tableau désolant que présenta la capitale durant ces jours de calamité : les églises et les lieux publics de réunion furent fermés, les ouvriers abandonnèrent leurs ateliers, un grand nombre de malheureux furent recueillis sur la voie publique mourant de froid; d'autres périrent dans leurs mansardes, où ils manquaient de pain et de bois pour assouvir leur faim dévorante et ranimer leurs membres engourdis. Le clergé de Paris se conduisit avec un dévouement qui lui valut des éloges universels ; mais le froid allait toujours en augmentant, et les secours dont on pouvait disposer ne furent pas suffisants pour soulager tant de misères. Déjà, les habitants se refusaient à déblayer, jusque sur le milieu de la chaussée, la neige qui encombrait les abords de leurs maisons, et la ville demeura plusieurs jours comme ensevelie sous quatre pieds de glace.

Louis XVI avait organisé partout des moyens de secours ; il fit allumer des feux publics dans différents quartiers de Paris pour chauffer les pauvres, et chargea des personnes charitables de porter à domicile des secours et d'abondantes aumônes aux personnes qui leur seraient signalées comme souffrant de la faim et du froid ; mais tout cela était insuffisant, et le bon roi avait le cœur navré en lisant les rapports que M. Lenoir, lieutenant-général de police, lui adressait tous les jours sur l'état de la capitale. La cassette était déjà épuisée, et la reine avait tant donné qu'il ne lui restait plus que quelques fonds qui reçurent, sans délai, un emploi charitable ; on s'en servit pour acheter du bois et du pain, et de nombreuses familles pauvres durent la vie à ces secours inespérés.

L'hiver de 1786 fut remarquable en Provence par un fait singulier qui se produisit le 3 janvier. Ce jour-là le mistral souffla avec tant de force, et la neige tomba en si grande abondance que les troupeaux qui paissaient dans la Crau furent chassés à quatre ou cinq lieues de leurs pâturages ; nombre de voyageurs, de bergers, de moutons et d'ânes périrent dans cette tempête. Sur cinq bergers qui conduisaient huit cents moutons aux boucheries de Marseille, il y en eut trois qui succombèrent, avec tout le troupeau.

L'hiver de 1789 fut plus rigoureux encore que celui de 1783.

Louis XVI et Marie-Antoinette donnèrent encore, dans cette année désastreuse, des marques de leur profond amour pour le peuple.

Ils veillèrent avec une tendre sollicitude sur les besoins des pauvres, et, encore une fois, recueillirent de leurs sujets des témoignages de vive reconnaissance. En Provence, l'hiver de 1789 tua tous les oliviers. Les orangers périrent également à Hyères.

A Arles, le froid y fut d'autant plus rude que le mistral s'y fit sentir pendant soixante-sept jours consécutifs, depuis le 2 novembre 1788 jusqu'au 7 janvier 1789. Ce terrible hiver exerça ses rigueurs même en Italie, où l'on vit, chose extraordinaire, la neige couvrir les rues de Rome et les campagnes voisines de cette cité pendant douze jours consécutifs.

En 1793, l'hiver atteignit les vignes en Languedoc; celui de 1799 fut également très-rigoureux en Provence; les oliviers eurent beaucoup à en souffrir. L'hiver de 1800 fut, dans le Midi, froid et neigeux, le thermomètre descendit jusqu'à 7 degrés Réaumur. En 1802 et 1809, il y eut grande mortalité d'oliviers et d'orangers. L'hiver de 1812, qui occupe une si large et si lamentable page dans les annales de notre armée, ne fut pourtant pas très-rude dans nos contrées. On vit cependant en Italie une chose fort extraordinaire pour ce pays. Des allemands, qui se trouvaient alors à Rome, patinèrent sur le petit lac de la villa Borghèse. Cet exercice, au dire de G. Peignot, fut un spectacle aussi rare que curieux pour les Italiens.

La saison fut excessivement rigoureuse durant l'hiver de 1819 à 1820. On peut dire même que cet hiver fut général en Europe, il fut très-vif, mais heureusement de peu de durée. Les ravages furent pourtant très-considérables, des voyageurs périrent de froid sur les routes, les rivières et les fleuves furent gelés.

Les départements méridionaux éprouvèrent un froid de 12 degrés. Le Gard et le Rhône furent pris pendant plusieurs jours. Les orangers d'Hyères et de Nice en souffrirent singulièrement, et les oliviers en furent fortement endommagés dans toute la Provence. Les vignes périrent en partie dans les environs de Manosque et sur les bords de la Durance. Cet hiver fut extraordinaire, même en Russie. A Pétersbourg, le thermomètre marqua 24 degrés, les loups, pressés par la faim, se montrèrent dans les rues de cette capitale. On en prit un dans la boutique d'un marchand de comestibles, où il s'était glissé vers le soir.

Cet hiver fut excessivement rude dans nos contrées, d'après un journal de Marseille du temps. Le 10 janvier 1820 un froid très-vif succéda subitement à une température fort douce. M. Blanpain, directeur, à cette époque, de notre Observatoire, publia la note suivante :

« Le thermomètre (à mercure) de l'Observatoire de Marseille, « exposé à l'air extérieur au nord, est descendu à 8 degrés $^1/_5$ au-« dessous de zéro aujourd'hui, 10 janvier. Ce froid est le plus fort

« qu'il ait fait ici, depuis le fameux hiver de 1788 à 1789, où le « même thermomètre descendit jusqu'à 8 degrés $^7/_{10}$ au-dessous « de zéro, ce qui eut lieu le 31 décembre 1788, à 7 heures du « matin. »

L'intensité du froid fut si grande à Marseille les 10, 11 et 12 janvier 1820, qu'une charrette attelée de trois colliers ne put parvenir à franchir une barrière de glace, à la rue de Rome, vis-à-vis la rue Pisançon, formée seulement par l'eau du ruisseau, qui y coulait ordinairement.

Des glaçons envahirent une grande partie du port, et le lait se gela dans les maisons. Plusieurs chasseurs, sans se rendre à la campagne, tuèrent des bécasses dans leurs jardins, notamment aux Allées et les rues avoisinantes. A Septèmes, le thermomètre descendit à 11 degrés Réaumur et à Saint-Chamas à 13.

En 1829, l'hiver fut encore bien désastreux dans nos contrées ; la neige fut abondante à Marseille et la gelée l'ayant durcie, les rues devinrent impraticables pendant un long espace de temps. Le froid fut d'une extrême rigueur pendant 17 jours ; grand nombre de vieillards périrent de froid. On peut dire que l'hiver de 1829 a été le dernier vraiment rigoureux essuyé en Provence. 1839 a bien donné lieu à une mortalité d'oliviers comme en 1829 et 1820, mais en réalité il n'était pas comparable à l'un ni à l'autre. 1820 fut plus rigoureux dans sa courte durée ; 1829 se prolongea étrangement et tous deux ont laissé des souvenirs ineffaçables dans les annales de notre pays.

Il faut aussi, à cette triste nomenclature, ajouter l'hiver de 1870-1871, qui joignit ses rigueurs aux circonstances douloureuses de nos désastres. N'oublions pas que notre brave armée eut alors à lutter tout à la fois, dans cette rude campagne, qui n'a pas été sans gloire pour elle, contre un insatiable envahisseur et une rude saison.

JOSEPH MATHIEU,
Archiviste de la Société de Géographie.

RENSEIGNEMENTS GÉOGRAPHIQUES

SUR

L'AFRIQUE CENTRALE ET OCCIDENTALE

AVANT-PROPOS

Au moment où les études préliminaires à l'établissement d'un chemin de fer trans-Saharien, destiné à relier l'Algérie à nos possessions du Sénégal ou à l'un des points du cours moyen du Niger, passionnent l'opinion publique et attirent son attention sur les régions encore peu connues du grand Sahara occidental, tout renseignement inédit sur ces pays, en outre de son utilité intrinsèque pour l'avancement des sciences géographiques, acquiert, en raison des circonstances actuelles, un intérêt tout particulier.

L'arrivée à Géryville, au milieu de l'été dernier, de trois indigènes de l'Aderar, partis de leur pays pour entreprendre le pèlerinage de la Mecque et que des circonstances toutes particulières avaient amenés en Algérie, a fourni l'occasion de recueillir des renseignements aussi intéressants qu'instructifs sur le pays compris entre le Maroc et le Sénégal.

Le travail dont nous commençons aujourd'hui la publication contient les renseignements géographiques, commerciaux, historiques et statistiques fournis par les trois voyageurs aussi bien sur leur propre pays que sur les régions environnantes.

M. l'interprète militaire Colas, attaché à la section des affaires indigènes de l'état-major de la division d'Oran, auquel nous devons cette étude, a présenté avec autant d'ordre que de clarté les indications de diverses natures qui lui ont été fournies.

Ce travail offre un très-grand intérêt, d'autant plus, ainsi que l'a dit M. Colas dans son avant-propos, qu'il est la reproduction presque textuelle des récits que lui ont faits les trois voyageurs livrés à eux-mêmes et dont l'auteur, dans un but facile à comprendre, n'a pas même voulu gêner les écarts d'imagination et peut-être les incertitudes de langage.

INTRODUCTION

Le 9 juin 1879, les nommés Mohamed ben Brahim, Mahdjoub ben Abdallah et Otsman ben El Hadj Bou-Djema, de la ville de Chinguiti, du pays d'Aderar, après un long voyage rempli de péripéties émouvantes, atteignaient le territoire algérien avec l'intention de le traverser pour se rendre en pèlerinage à la Mecque.

A leur arrivée dans le cercle de Géryville, les haillons sordides dont ils étaient revêtus, l'absence entre leurs mains de tout papier, appelèrent sur eux l'attention de l'autorité. D'autre part, leur venue coïncidait avec les troubles dont l'Aurès était alors le théâtre. Ces diverses circonstances firent peser sur eux une certaine suspicion.

Soumis une première fois à Géryville à un interrogatoire minutieux pour arriver à découvrir s'ils jouaient un rôle contre nos intérêts en servant d'émissaires aux fauteurs de troubles de la province de Constantine, on acquit sans peine la conviction que ces individus étaient inoffensifs. C'était dans la ferveur du sentiment religieux seul qu'ils avaient puisé le courage et la constance nécessaires pour accomplir leur périlleux voyage dont le but était la visite au pays du Prophète.

Ce point éclairci, on chercha à obtenir d'eux le plus de renseignements possible sur leur pays, dont la géographie offre encore pour nous tant d'inconnu.

Arrivés à Oran, ils se prêtèrent de bonne grâce et avec intelligence à nos désirs et ne manifestèrent aucune appréhension sur notre manière d'agir à leur égard.

Leurs réponses étaient claires, précises et empreintes d'un caractère de confiance envers nous qui ne pouvait laisser aucun doute sur leurs intentions. Une piété aveugle, pure d'ambition terrestre, les avait seule conduits jusqu'à nous. C'est sous leur dictée que nous reproduisons le récit qu'ils nous ont fait de leur voyage et les renseignements qu'ils donnent sur cette partie de l'Afrique qu'ils habitent et sur laquelle planent encore tant de doutes et tant de conjectures.

« Nous appartenons, ont-ils dit, au pays de l'Aderar, nous fai-« sons partie d'une ville appelée Chinguiti. Notre position de for-« tune personnelle nous a permis d'entreprendre de visiter la patrie « du Prophète, ainsi que tout bon musulman doit le faire quand il « le peut.

« Nous nous sommes mis en route sous la sauvegarde de Dieu, « qui ne peut faire défaut à ceux qui croient en lui et en son envoyé. « Nous voyagions seuls, sans moyens de transport, sans provisions, « comptant pour vivre sur la charité de nos coreligionnaires. « Cependant, pour parer aux éventualités qui pourraient surgir « dans le cours de notre voyage, nous nous sommes munis d'un « lingot d'or en barre de la grosseur de la dernière phalange d'un « petit doigt moyen et long d'un empan. Ce précieux métal a été « cousu dans nos vêtements qui étaient alors en bon état et en har-« monie avec notre position. Nous sommes partis sans autres baga-« ges qu'une confiance illimitée dans la protection dont Dieu devait « nous couvrir en raison de la sainteté de nos intentions.

« De l'Aderar jusqu'à l'Oued Dra, notre voyage s'est effectué sans « incidents de quelque intérêt. Partout où nous nous sommes pré-« sentés, notre qualité de pèlerins a ouvert devant nous les portes « de l'hospitalité la plus généreuse.

« Nous avions presque atteint les sources de l'Oued Dra, lorsqu'il « nous est parvenu qu'une grande caravane était en formation dans « le Touat pour aller à la Mecque. Modifiant alors notre itinéraire, « nous avons repris la direction du sud pour gagner le pays indiqué « et pour nous joindre à cette caravane, à destination de la ville « sainte.

« Grande a été notre déception ! Pendant le trajet que nous avons « eu à faire, nous avons été dévalisés et maltraités à diverses repri- « ses, par les bandits sans foi de ces contrées, et nous nous sommes « trouvés nus, sans aliments et sans eau, dans le désert. Pour « comble de malheur, arrivés à la hauteur du Gourara nous avons « acquis la certitude que la prétendue caravane qui, du Touat, « devait se rendre à la Mecque, était un leurre. Épuisés, près de « succomber à la faim et à la soif, faisant un suprême effort, nous « avons pu gagner le Kçar d'El Kessabi, sur l'Oued Messaoud.

« Les habitants de ce village nous ont prodigué tous les soins « que réclamait notre état.

« Après quelques jours de repos, nous avons suivi en amont « l'Oued Messaoud jusqu'à Figuig. De ce point nous sommes entrés « sur le territoire algérien.

« Notre pays est essentiellement commerçant. Nous n'avons pas « d'industrie. Nous nous servons de nos chameaux pour le trans- « port de nos marchandises jusqu'à l'Oued Dra d'un côté, et jus- « qu'aux villes de Tichit, Oualata et Timbouctou de l'autre. Nous « avons fait, nous-mêmes, plusieurs fois le voyage de l'Oued Dra, « mais dans l'autre direction, nous n'avons jamais dépassé la ville « de Tichit. Nous connaissons parfaitement ces contrées, que nous « parcourons dès notre enfance. Elles sont l'objet de nos conversa- « tions pendant nos repos et nos réunions de famille. Aussi, pou- « vons-nous vous donner l'assurance que les renseignements que « nous vous fournissons à ce sujet sont de la plus scrupuleuse exac- « titude.

« Ce n'est pas sans un sentiment de légitime, de vive appréhension, « que l'on s'aventure dans ces régions désolées, désertes sur de « grands parcours, manquant souvent d'eau et sous un soleil « ardent.

« Lorsque l'on se décide à y pénétrer, c'est que l'on en a une con- « naissance approfondie. Il est vrai que l'on est à peu près certain, « quand l'entreprise est conduite à bonne fin, d'en retirer des béné- « fices considérables, ainsi que nous le démontrerons par la « suite. »

Tel est en quelques mots le récit rigoureusement exact que nous ont fait ces trois Africains.

Ils sont, nous pouvons l'affirmer, très-intelligents naturellement et cette heureuse disposition n'a pu que se développer sous l'influence de cette vie si pleine d'aventures, de hasards et de calculs à laquelle ils sont astreints dès leur plus bas âge.

Nous avons donc écrit tout le temps, nous le répétons, sous leur dictée, en nous efforçant sans cesse de rester dans notre rôle d'interprète fidèle.

DESCRIPTION DE L'ADERAR

—

Topographie

L'Aderar est une grande confédération formée de quatre villes principales : Ouadan, Attar, Chinguiti et Oudjeft. Une vingtaine de petits kçour, d'une importance très-secondaire, composés en moyenne d'un groupe d'une dizaine de maisons, y sont rattachés. La population de l'Aderar, dont le chiffre est relativement élevé, est en grande partie sédentaire ; néanmoins elle compte un certain nombre de pasteurs ou nomades qui ont leurs époques et leurs lieux de migrations dans un rayon plus ou moins éloigné des centres habités, où ils viennent chercher un refuge en cas de danger.

Sous le rapport de la topographie, l'Aderar est un pays assez mouvementé, garni de groupes et de chaînes de montagnes à l'aspect non continu mais isolé et atteignant quelquefois une altitude remarquable. A ces hauteurs succèdent de vastes plaines horizontales, s'étendant à perte de vue, et où l'on rencontre des montagnes formées de sables mouvants que les ouragans déplacent. Ces immenses espaces ne sont pas déserts, ils sont parsemés d'îlots de forêts où croît une végétation luxuriante, après les pluies principalement. Les montagnes sont généralement très-boisées, aussi sont-elles peuplées de fauves de toute espèce. Les lions, les panthères, les hyènes y abondent. Malgré la présence de ces animaux redoutables, on y rencontre aussi, en grande quantité, des girafes, des buffles, des antilopes, des autruches, des gazelles, etc.

Ni les chasseurs, qui leur font une guerre acharnée, ni le voisinage dangereux des carnassiers ne les ont empêchés de se multiplier dans des proportions merveilleuses.

Les essences dominantes dans ces forêts sont le gommier du genre acacia, qui fournit la gomme dite arabique et le chêne. Toute autre végétation ligneuse est à peu près nulle. Dans les parties boisées on rencontre généralement de l'eau à une assez faible profondeur, celle de la taille d'un homme en moyenne. On trouve aussi çà et là quelques petites sources dont l'eau se perd dans le sol après un parcours assez limité. On peut en conclure que l'eau, dans ce pays, coule souterrainement, comme dans presque tout le Sahara.

Nous ferons remarquer, ainsi que nous l'avons fait plus loin, mais en nous étendant ici davantage, que les contrées que nous décrivons sont traversées par d'immenses dunes de sables mouvants. Les voyageurs africains affirment que ces grands soulèvements de la surface du sol ne sont point isolés et qu'ils se rattachent à un système étendu et compliqué, dont les ramifications s'étendent dans toutes les directions au milieu du Sahara. Les Aderariens, qui sont d'intrépides voyageurs et de sérieux observateurs de la nature, ont constaté que ces dunes arrivent chez eux directement du Gourara, en décrivant certaines sinuosités ; dans leur mouvement de translation, il s'en détache des ramifications considérables qui traversent toute l'Afrique, depuis l'océan Atlantique et vont se confondre avec les sables de la Nubie et de l'Egypte. Ces accumulations de couches de sables partent du Gourara, qui paraît être leur point central ; elles suivent la rive gauche de l'Oued Messaoud, passent par le Touat et descendent au Tidikelt, où l'on perd leur direction. Du Touat se détache une nouvelle chaîne de même nature, qui aboutit à l'Aderar et qui de là se prolonge jusqu'à l'Océan. Son parcours est peu connu. La prudence commande qu'on évite ces dunes dont la largeur est par trop variable; l'on doit se contenter de les suivre parallèlement, en s'en tenant éloigné le plus possible, pour éviter les terrains sablonneux de ses abords qui rendent la marche très-difficile. Ces dunes de sables offrent quelquefois entre elles des solutions de continuité, sorte de gorges qui mettent à découvert de vastes plaines dont le sol est uni et dur. Là règne une certaine végétation qui constitue une bonne nourriture pour les troupeaux. Ces passages naturels sont malheureusement peu fréquentés et peu connus. On met quelquefois plusieurs jours à traverser ces dunes dont les sommets atteignent fréquemment la hauteur de nos maisons européennes les plus élevées.

Quand les vents violents, très-communs dans ces parages à certaines époques, se mettent à souffler, on peut voir ces amas de sables se désagréger et changer de place en produisant un bruit sourd, continu et sinistre. Ce mouvement, qui est lent mais régulier, constitue un danger sérieux pour certaines villes.

On cite de petits ksour qui ont été entièrement recouverts par les sables ainsi que leurs palmiers. La ville de Chinguiti est menacée de ce sort. La génération actuelle a vu, dans sa jeunesse, ces dunes redoutables à quelques centaines de pas de leurs demeures et de leurs jardins.

Les habitants luttent aujourd'hui constamment pour repousser l'envahissement de ces sables qui ont gagné leur ville et leurs palmiers. Tout porte à croire que leurs efforts seront vains et que dans un avenir plus ou moins rapproché leurs maisons et leurs arbres disparaîtront.

Cette redoutable invasion a lieu avec une lenteur qui semblerait *à priori*, devoir permettre aux hommes d'y opposer une digue pour conjurer le mal dans une certaine mesure. Malheureusement, si la marche du fléau n'est pas prompte, elle se fait avec une continuité et une régularité qui défient les efforts des hommes les plus persévérants.

Les Aderariens croient, contrairement à certaines affirmations européennes, que jamais les sables du désert n'ont englouti ni caravanes, ni hommes isolés voyageant. Par les ouragans les plus violents, les sables sont soulevés par couches très-minces s'élevant peu au-dessus du sol ; ils ne sont arrêtés dans leur course que par un obstacle qui est généralement une autre dune. Celle-ci augmente alors en épaisseur et en hauteur jusqu'à ce que son sommet s'affaisse dans la direction qui lui est donnée par le vent, les couches inférieures, se trouvant successivement découvertes; s'élèvent à leur tour, franchissent le point culminant et vont un peu plus loin donner naissance à de nouvelles dunes.

Cette invasion des sables mouvants est un fait reconnu : elle est lente, car c'est à peine si elle franchit quelques mètres dans une année. Malgré cette apparente lenteur, due à la variété de direction et de vitesse des vents, le flot solide monte et semble défier tout travail élevé par la main de l'homme pour l'arrêter.

Des villes entières ont été englouties par cette mer. Plus d'un pilote de ces immenses espaces, dont la carte n'est gravée que dans sa mémoire, a fait et y fera encore naufrage, en ne trouvant que de nouvelles dunes là où il comptait prendre un passage parfaitement connu de lui autrefois.

Après cette digression un peu longue, mais qui nous a paru de quelque intérêt, nous reprenons notre description de l'Aderar.

Les plaines de ce pays sont unies, et le sol, quoique en partie composé de sable, jouit d'une certaine fertilité due aux pluies régulières qui l'arrosent. On y trouve une végétation très-suffisante pour les troupeaux des nomades et pour les nombreux animaux sauvages de la contrée. On y rencontre aussi sur divers points des forêts de gommiers, de chênes, de caroubiers et autres essences.

Cette région est sillonnée de rivières, ou, pour être plus exact, de cours d'eau dont le lit est toujours à sec en dehors de la durée des pluies.

Ces cours d'eau, dont la direction n'est pas bien connue, aboutissent à des sebkha ou à des dunes qui les absorbent pour conserver les eaux en nappes souterraines en les mettant à l'abri de l'évaporation.

État politique, mœurs et commerce de l'Aderar

Deux grands chefs, l'un politique et l'autre religieux, exercent le pouvoir, chacun dans sa sphère.

Le premier est Ahmed ould El-Aïd ; il réside dans la ville d'Attar, qui est aujourd'hui la capitale de cet Etat. Ce personnage n'est point un souverain dans l'acception ordinaire du mot ; il n'a ni armée, ni budget, ni force publique sérieusement organisée.

Dans tout l'Aderar, le pouvoir est exercé par la Djema, dont les décisions sont souveraines en matières civiles ou criminelles. L'autorité d'Ahmed ould El-Aïd paraît n'être que simplement consultative ; en tout cas, elle est assez mal définie.

Il accepte franchement cette situation et se contente du titre de cheikh qui, lorsqu'il n'appartient pas à un personnage religieux, désigne un agent investi de fonctions assez modestes. Son rôle peut se résumer ainsi : donner des conseils aux Djema dans les cas difficiles ; assurer aide, sécurité et protection aux caravanes, moyennant une légère redevance.

Ahmed ould El-Aïd ne descend pas d'une famille de marabouts ; néanmoins, il jouit d'une grande considération qu'il ne doit qu'à sa valeur personnelle. Sa parole est prépondérante ; ses ordres, donnés sous forme de conseils, sont ponctuellement exécutés. Les étrangers ne peuvent pénétrer dans l'Aderar qu'en vertu d'une autorisation émanant de lui, et après avoir acquitté entre ses mains certains droits, assez modiques d'ailleurs.

Le second personnage de l'Etat est Si Ahmed Lessidi. C'est un grand marabout, de noblesse religieuse ; il habite la ville d'Ouadan. Il est le fondateur d'un ordre religieux très-important, qui compte des affiliés jusque parmi les populations de l'Oued Dra, au sud du Maroc, et celles de Tombouctou, sur le Niger.

Quoique fondateur lui-même de cet ordre religieux, Si Ahmed Lessidi est un grand Mokaddem (représentant) de l'ordre vénéré de Sidi Abd-El-Kader El Djilali, pour lequel il professe un profond respect et qu'il recommande tout particulièrement à ses fidèles.

Si Ahmed Lessidi exerce une autorité souveraine dans toute l'étendue de l'Aderar. Il faut cependant le reconnaître, à sa louange, il se contente de recevoir les offrandes religieuses ou ziara, et de faire faire des prières aux croyants dont il conserve la direction spirituelle. Il n'intervient jamais dans les questions qui sortent du domaine de la religion. L'importance de ce personnage est telle que son nom est une sorte de talisman dans le Sahara.

Si une caravane venait à être attaquée par des pillards, il suffirait que les victimes se disent serviteurs ou protégés de Si Ahmed Lessidi pour que les voleurs abandonnent leur proie.

Aussi l'intérêt, autant que la foi, pousse-t-il les habitants de ces immenses régions à se placer sous la bannière d'un chef aussi utile pour les deux mondes.

L'autorité de Si Ahmed Lessidi est héréditaire dans sa famille. Il y a quelques années, il a eu un rival redoutable dans la personne d'un de ses parents, nommé Abdallah Lessidi, qui voulait se faire proclamer à sa place chef de l'ordre religieux ; mais ce dernier, vaincu dans plusieurs rencontres, a dû renoncer à ses projets d'usurpation pour retourner à sa vie nomade, dans le Sahara.

Nous reprenons ici notre description de l'Aderar pour donner quelques détails particuliers sur ses quatre villes principales qui sont, avons-nous dit : Ouadan, Attar, Chinguiti et Oudjeft.

Ces villes sont à peu près d'égale importance entre elles. Elles comptent chacune environ 500 maisons et 5 ou 6 mille habitants. Ouadan serait un peu plus grande ; on estime à 600 le chiffre de ses maisons.

A proximité de chacune de ces villes, s'étend une immense forêt de palmiers, dont la superficie se mesure par une journée de marche, dans le sens de la longueur, et par une bonne heure dans la largeur.

Les villes ne sont point entourées de murs. Les maisons dont elles se composent sont construites toujours sur le même modèle et bâties en briques de terre argileuse séchées au soleil.

On compte plusieurs zaouia importantes dans chacun des centres de populations dont nous parlons. Ces zaouia sont des établissements d'instruction et servent aussi de refuge aux voyageurs sans asile ou sans ressources. Chacune d'elles a ses richesses propres, qui sont parfois considérables, auxquelles viennent s'ajouter les dons volontaires des croyants. On y rencontre souvent des personnages instruits et modestes ; parmi eux on cite à Chinguiti le cheikh Mel Aïni, descendant du célèbre Mohammed Fadel, fondateur d'un ordre religieux, jadis florissant, aujourd'hui éclipsé par celui de Sidi Ahmed Lessidi d'Ouadan. Il possède encore néanmoins quelques adeptes depuis l'Ouad Dra jusqu'à Tombouctou ; on le considère comme une ramification de l'ordre de Sidi Abd-El-Kader El-Djilali.

On constate, non sans un certain étonnement, qu'au sein de ces contrées perdues dans l'immensité des sables, sous un climat brûlant, l'instruction soit aussi répandue et aussi développée. On y trouve de vrais savants, aussi érudits, sinon davantage, que ceux des grands centres de l'Algérie et des Etats musulmans de la Méditerranée. Pour arriver à ce résultat, tout jeune homme qui se destine aux lettres est envoyé, dès qu'il peut apprendre à lire, dans l'une des zaouia de la ville voisine. On lui enseigne le Coran, qui est, comme on le sait, l'un des plus beaux monuments de la langue arabe, et en même temps le livre obligatoire pour tout musulman qui demande à Dieu de l'éclairer de la lumière de la science pour mériter le titre de taleb. Après le Coran, viennent les leçons de théologie et de droit. Les auteurs profanes sont pour ainsi dire bannis de ces écoles, l'histoire, la géographie et le calcul y sont négligés. Les ouvrages de piété solide sont seuls considérés comme dignes de gens qui ne cherchent une ligne de conduite que dans les inspirations de la divinité.

En un mot, l'étudiant qui entre dans une zaouia se voue tout entier aux sciences sacrées. Il s'adonne à ce travail avec toute l'ardeur de sa jeune intelligence et le zèle d'une foi profonde ; il n'est pas surprenant qu'il arrive à un degré d'instruction réellement très supérieur.

Les habitants de l'Aderar possèdent au plus haut degré le sentiment religieux et le goût des lettres. Il n'est pas jusqu'aux femmes qui n'aient quelques notions de lecture et d'écriture. Quelque faibles que puissent paraître ces lumières, elles n'en exercent pas moins une influence favorable sur les mœurs.

Les hommes sont généralement doux, hospitaliers, honnêtes et fidèles observateurs de la parole donnée. Le crime ayant pour mobile la cupidité ou le vol y est très rare. Il nous a été affirmé d'une façon qui ne laisse aucun doute, et nous appelons tout particulièrement l'attention sur cette assertion, que les Aderariens, quoique bons musulmans, professent la tolérance religieuse la plus large. Jamais un Juif, et il y en a beaucoup chez eux, n'a été inquiété à cause de sa foi. On nous a assuré qu'on agirait de la même façon à l'égard de tout chrétien qui se rendrait dans leur pays en qualité de voyageur ou de commerçant.

Les habitants de l'Aderar sont affiliés en général à plusieurs ordres religieux, mais qui, tous, ou du moins le plus grand nombre, remontent à Sidi Abd-El-Kader El-Djalali. Ceux du cheikh de Ouadan, Si Ahmed Lessidi, et du cheikh de Chinguiti Mel Aïni, descendant du célèbre cheikh Mohammed Fadel, ne sont que des satellites de cet astre principal.

Il n'est pas sans intérêt de constater qu'on rencontre aussi dans ces contrées quelques affiliés à l'ordre de Tedjini, dont le siége est aujourd'hui à Aïn-Madi, dans le cercle de Laghouat, et aux ordres du cheikh El-Mokhtar et de Moulaï Taïeb.

Nous pouvons donc résumer ainsi les caractères généraux de ces peuplades : mœurs simples et austères, bonne foi, esprit de conciliation et de tolérance religieuse.

Nous allons essayer d'esquisser maintenant, à grands traits, leur vie intime, leurs travaux ordinaires et leur commerce.

Le sol de l'Aderar, comme celui de toute cette partie de l'Afrique, n'est point cultivable. Le palmier dattier est le seul arbre que la main de l'homme puisse y faire pousser. Il est vrai que son fruit peut être considéré comme une manne que la Providence a fait descendre dans ces contrées pour les rendre viables. Dans les Oasis du Sahara l'on ne se nourrit presque exclusivement que de dattes et l'on ramasse avec soin les noyaux pour les servir aux chameaux, qui en sont très friands.

Le palmier se plante et s'arrose pendant les deux premières années seulement; au bout de ce temps, les racines ont pénétré assez avant dans la terre pour rejoindre la nappe d'eau souterraine qui se trouve à une faible profondeur. Alors l'arbre ne réclame plus aucun soin.

L'élévation de la température, ou plutôt, et surtout la nature du sol, sont des obstacles insurmontables au jardinage et à la culture des céréales.

Après le palmier, sans lequel les oasis ne seraient pas, viennent les troupeaux, qui constituent la principale source de richesse des nomades. Ces troupeaux sont surtout composés de chameaux. Cet animal est la bête indispensable de ces contrées, pour lesquelles Dieu semble l'avoir exclusivement créé : il est sobre, il est fort, il est patient et il se multiplie facilement sous ce climat.

On l'emploie pendant toute sa vie aux transports, et lorsque les forces l'abandonnent, il fournit encore une viande de boucherie beaucoup plus recherchée que toutes les autres. Le bœuf, ou plutôt le buffle, le mouton et la chèvre à poil court y sont aussi élevés avec succès.

A la datte, qui est la base de l'alimentation, comme nous l'avons dit, on ajoute le lait ; vient ensuite la viande, qui est fournie par les troupeaux des nomades et plus particulièrement par les chasseurs. Ce mode de se substanter ne paraît offrir aucun inconvénient, car en dépit des rigueurs du climat, l'état sanitaire est d'ordinaire très satisfaisant. Il nous est affirmé que certains nomades vivent exclusivement de gibier. Ce fait paraît d'ailleurs admissible, lorsqu'on considère que dans ces espaces, où la population sédentaire est très clairsemée, le gibier se multiplie dans de si grandes proportions que l'on ne prend presque pas la peine d'élever des animaux domestiques ; les troupeaux sauvages en tiennent lieu.

La chasse y est facile ; à la faveur des ondulations de terrains et des massifs d'arbres on peut s'approcher à une faible distance du gibier et l'abattre presque à coup sûr, en ménageant ses munitions, car la poudre est très chère.

Le mouflon, l'antilope, la gazelle et l'autruche sont seuls recherchés par les chasseurs.

La viande de l'autruche est très estimée ; sa graisse est regardée comme un précieux médicament. Son odeur, forte et repoussante pour nous, a pour les naturels un fumet exquis.

Les Aderariens tirent donc de chez eux à peu près tout ce qui leur est de première nécessité. Nous verrons par la suite comment ils se procurent les vêtements, les armes, les munitions et quelques objets de luxe.

Le commerce d'exportation est presque nul ; c'est à peine si de loin en loin ils vendent quelques chameaux dans leurs voyages.

La nature a placé sur leur territoire une immense sebkha, ou lac salé, connu sous le nom de Akouadja, dont le fond est à sec pendant une grande partie de l'année.

L'eau, en s'évaporant, dépose à la surface de ce lac une couche épaisse de sel gemme. Cette sebkha est située à huit journées de marche de l'Océan ; elle a elle-même, une longueur de deux journées de marche, sur une largeur d'une demi-journée. Le sel que l'on en retire en grande quantité est une véritable source de richesse pour les habitants ; aussi veillent-ils avec soin à sa conservation. Ils se réservent le droit, à l'exclusion de tout étranger, d'exploitation et de vente de cette précieuse substance, si rare dans l'Afrique centrale, où tout le sel qui y est consommé provient en grande partie de la sebkha d'Akouadja et d'une autre sebkha, située au nord-est de l'Aderar, appelée Taoudenni, dont il sera parlé plus loin.

On s'explique aisément que les propriétaires de ces deux points, pour ainsi dire uniques dans ces vastes régions, se constituent les gardiens jaloux de leurs produits. Le sel des Aderariens est de qualité beaucoup supérieure à celui des autres contrées ; son prix est comparativement très-élevé, aussi est-il de leur part l'objet d'un monopole absolu. Pour mettre cette précieuse ressource à l'abri des atteintes de l'étranger, ils se sont réservé le droit exclusif de pénétrer dans la sebkha. L'extraction du sel est faite par eux-mêmes. Des ouvriers spéciaux sont employés à ce travail, afin qu'aucun intrus, se faisant passer pour Aderarien, ne vienne participer à leurs bénéfices.

Le mode d'extraction usité par eux est le suivant :

La couche cristallisée est presque partout d'égale épaisseur (quinze centimètres environ), elle est très résistante. A l'aide d'outils particuliers ou de la scie, on en retire des plaques d'une coudée de large sur une coudée et demie de long. Chacune d'elles représente la moitié de la charge ordinaire d'un chameau. Quand toutes ces opérations sont terminées, les Aderariens organisent des caravanes pour aller vendre leur sel aux pays étrangers. Quelquefois ils le transportent dans leurs villes, où ils le livrent aux commerçants venus du dehors pour s'en approvisionner.

Dans l'Aderar, le prix du sel est assez bas, même pour les étrangers, mais il acquiert une grande valeur commerciale lorsqu'il est exporté au loin, comme dans le Soudan, par exemple.

Au pays des Nègres, des environs de Tombouctou, il n'y a absolument d'autre sel que celui apporté par les caravanes; aussi est-il très-recherché. Dans ces régions, où les naturels se font une guerre acharnée et barbare, non par esprit de patriotisme ou de conquête, mais simplement dans le but de s'enlever le plus grand nombre possible de leurs semblables pour en faire un odieux trafic, lorsqu'une caravane arrive, elle dépose sur le sol des plaques de sel et attend. L'acquéreur, suivi d'un esclave, se présente, fait placer à celui-ci les deux pieds sur l'une de ces plaques; la superficie recouverte par ces deux membres est découpée soigneusement, elle représente le prix de l'esclave. — Un homme pour quelques poignées de sel ! Voilà à quel degré de bestialité en est encore cette agglomération d'individus qui n'ont de l'homme que le nom.

On trouve également dans l'Aderar des sources d'eau salée, dont les habitants savent tirer parti. Ces eaux sont conduites dans de vastes réservoirs d'argile peu profonds, où l'évaporation s'opère rapidement sous ces hautes températures atmosphériques. Le sel ainsi obtenu n'est pas aussi estimé que celui de la sebkha ; sa saveur en diffère beaucoup. Il est à supposer qu'il renferme une grande proportion des composés salins étrangers au chlorure de sodium.

En dehors de son sel, l'Aderar pourrait fournir au commerce beaucoup de peaux de toutes espèces, mais principalement de chameaux. Pour le moment, elles n'y ont qu'une faible valeur; beaucoup se perdent faute de débouchés, la quantité dépassant les besoins.

La gomme abonde également dans cette contrée; on en exploite bien une partie, mais l'autre n'est pas utilisée. Ce fait s'explique par la raison que les indigènes ne savent tirer pour leur usage aucun profit de cette substance; c'est à peine s'ils l'emploient comme médicament dans certaines affections. S'ils l'exploitent, c'est dans le but principalement de la vendre aux Juifs, qui leur apportent en échange des produits européens, ou bien encore aux caravanes qui vont jusqu'aux ports de l'Océan et la livrent directement aux trafiquants du littoral.

Dans l'ordre des produits importants, les plumes d'autruche occupent une place sérieuse. Ces animaux sont très-communs dans cette partie de l'Afrique; leur chasse est facile. Il nous paraît utile de la décrire ici en quelques mots :

Cette chasse se fait de deux manières : la première, qui est la plus simple et la plus communément usitée, consiste à se cacher sous un buisson artificiel, dressé dans un endroit fréquenté par ces échassiers, et à attendre, ce qui est souvent fort long, qu'ils viennent se placer à portée de fusil. Le guetteur ne tire jamais que sur les mâles, dont les plumes seules ont de la valeur, et dédaigne les femelles.

La seconde est plus difficile, mais aussi d'un succès plus certain et d'un rapport plus considérable, seulement il faut posséder un cheval pour s'y livrer. Or, dans ces régions où les céréales font absolument défaut, un cheval est un objet de luxe très-coûteux. L'herbe ne suffit pas à son entretien : il faut compléter son alimentation par des dattes d'une espèce particulière, cultivées exprès pour lui, et enfin par du lait. Le possesseur d'un cheval s'adjoint un ou plusieurs compagnons, montés sur des chameaux coureurs, et tous partent ensemble pour les grandes plaines bien connues d'eux, que l'on sait fréquentées par les autruches. La chasse se fait surtout en plein été et pendant les heures les plus chaudes du jour.

Il est difficile de se faire une idée de la haute température que doivent affronter ces intrépides chasseurs dans ces courses cynégétiques.

Dès qu'un troupeau d'autruches est en vue, le cavalier se met à sa poursuite, vêtu aussi légèrement que possible, et muni seulement d'un couteau. Lorsque la température est favorable, c'est-à-dire aussi torride que possible, il atteint le gibier au bout d'une heure, ordinairement, de course désordonnée que l'autruche ne peut soutenir contre le cheval. Il s'empare alors d'un mâle, le saigne, le laisse sur place et se remet à suivre les autruches forcées qu'il a fait tout son possible pour ne pas débander. Il continue à prendre ainsi, dans ce même troupeau, le plus d'oiseaux mâles qu'il peut, jusqu'au moment où il s'aperçoit que sa monture est par trop fatiguée. Alors, seulement, il met pied à terre. Pendant sa course, ses compagnons le suivent à la trace, très-visible d'ailleurs sur ces terrains sablonneux, ramassent les autruches tuées et rejoignent le cavalier. Après l'avoir fait boire, lui et son cheval, tous rejoignent le point de départ.

Malgré ces chasses meurtrières, le nombre des autruches ne semble pas diminuer. La destruction de ces animaux paraît grandement compensée par leur facilité de reproduction.

L'autruche s'apprivoise volontiers. Les Aderariens, pendant leurs chasses ou leurs pérégrinations, s'emparent souvent de jeunes sujets. Ils les élèvent en liberté avec leurs troupeaux, dont ils ne cherchent jamais à s'éloigner. Lorsque ces autruches ont atteint tout leur développement, ils les tuent pour les manger et pour vendre leurs dépouilles. Quelquefois ils les donnent toutes vivantes aux caravanes, qui alors les emmènent dans des pays éloignés.

Nous venons de faire un exposé des produits, peu nombreux d'ailleurs, de l'Aderar même ; disons maintenant quelles sont les diverses marchandises que l'on y trouve, marchandises qui sont alors de provenance étrangère et qui ne sont qu'en entrepôt dans les villes de ce pays.

Les caravanes venant de l'intérieur achètent d'abord du sel puis des dattes ainsi que quelques chameaux, moutons ou chèvres, et surtout quelques objets d'origine européenne que nous énumèrerons tout à l'heure. En échange, elles donnent des vêtements fabriqués dans le Soudan ; — des tissus, préparés dans cette contrée, en bandes très-étroites, avec lesquels on fait des vêtements inusables ; — des défenses d'éléphants, dont quelques-unes sont si longues que l'on est obligé de les couper pour les transporter à dos de chameaux ; — du riz, du millet, du sorgho et autres graines tirées du Soudan ; — de la poudre d'or ou de l'or fondu en lingots tirés ensuite en fils ; — enfin, des esclaves.

Nous allons donner ici un aperçu des prix de chacune de ces marchandises, ou plutôt de leur valeur représentative, dans ce pays où la monnaie n'est pas connue.

Le prix des vêtements est très variable, mais cet article est d'un médiocre intérêt pour nous.

L'échange des défenses d'éléphants se fait à raison d'une charge de chameau d'ivoire, contre un chameau ou six brebis.

Une dépouille d'autruche mâle vaut deux ou trois brebis ; deux dépouilles valent un chameau. En général, on vend plutôt les plumes retirées de la peau de la bête. On les mesure en plaçant bout à bout les deux pouces et les deux index, et la quantité de plumes qui peut entrer dans cette circonférence forme ce que l'on appelle un retal (une livre environ). Une dépouille d'autruche mâle produit trois à quatre retal.

Le riz et les autres graines du Soudan se paient au double de leur volume, c'est-à-dire un sac de riz contre deux sacs de dattes.

L'or en poudre ou en lingots n'a pas une bien grande valeur sur place. On l'accepte cependant avec facilité pour l'employer aux autres opérations commerciales que l'on effectue avec les trafiquants qui apportent du littoral les produits européens.

Le prix des esclaves varie suivant les pays où on les achète. En Nigritie, un esclave adulte ordinaire s'obtient pour un peu de sel ou quelques grammes d'or ; deux esclaves valent un chameau, quelques mesures de dattes ou quelques coudées de cotonnades. Plus on s'éloigne des premiers lieux habituels de vente, plus la valeur vénale de l'esclave augmente. Dans l'Aderar, elle y est déjà de deux chameaux ; sur l'Ouad Dra, elle est de quatre chameaux.

Les marchandises européennes qui pénètrent non-seulement dans l'Aderar, mais encore dans l'intérieur de toute l'Afrique, sont très-appréciées et très-recherchées. Le jour où la civilisation pourra s'introduire dans ces contrées, il est hors de doute que les produits de l'industrie des nations policées y trouveront un débouché important et lucratif.

Tout ce que ces peuplades africaines emploient et consomment d'objets de provenance européenne atteint aujourd'hui un prix de revient dont on ne peut pas se faire une idée.

L'Aderar, particulièrement, reçoit ces marchandises étrangères d'un port appelé Andar par les gens du pays, situé sur l'Océan. Cette station maritime est à quinze journées de marche de Chinguiti, ce qui indique assez clairement que ce n'est pàs Saint-Louis du Sénégal, mais plutôt une escale quelconque sur la côte de l'Océan, au nord de cette colonie. (Portendic, probablement.)

Les indigènes de l'Aderar ne vont pas jusqu'à Andar ; les habitants de ce point organisent des caravanes et leur apportent ce qu'ils reçoivent des navires. C'est souvent dans l'Aderar qu'a lieu l'échange de ces cargaisons avec les caravanes de l'Afrique tout-à-fait centrale, du Sahara et du Soudan.

Il existe à Andar une petite population européenne sédentaire, beaucoup de juifs et quelques Arabes. Ce sont les juifs qui achètent toutes les marchandises arrivant par voie de mer, puis qui vont les répandre, ou les faire répandre dans l'intérieur du continent.

A la faveur de ce monopole, ils acquièrent des richesses considérables. Voici comment ils procèdent : dès qu'un israëlite a assez de marchandises pour entreprendre un voyage, il s'entend avec les Arabes nomades possesseurs de chameaux. Ces derniers fournissent les moyens de transport et prennent toutes les dispositions utiles pour assurer la sécurité pendant le voyage. Ils s'engagent à défendre contre les pillards les marchandises à eux confiées, absolument comme leurs propres chameaux.

Les arrangements pris de part et d'autre, les chargements s'effectuent sur le littoral, et l'on se met en route pour l'intérieur où l'on pénètre quelques fois très-avant. Chemin faisant on se livre à toutes les opérations commerciales offrant quelques avantages. De retour au point de départ, les bénéfices sont partagés en parts égales, après prélèvement du capital, entre le convoyeur et le trafiquant israëlite.

Pendant ces voyages, il est assez rare que les Arabes aient à résister par la force aux attaques des bandits. En général, avant de partir ils se font délivrer, moyennant une certaine redevance, un sauf-conduit par quelque grand marabout dont l'influence s'étend sur les pays qu'ils doivent traverser. Ce sauf-conduit suffit, dans la plupart des cas, pour les mettre à l'abri des attaques des pirates du désert. Ces derniers laissent passer librement ceux qui se sont placés sous le patronage de leur chef spirituel ; toutefois, ils exigent qu'ils leur en fournissent la preuve en exhibant, soit une lettre de ce saint personnage, soit un chapelet ou autre objet bien connu lui ayant appartenu.

Quant aux juifs, là, comme partout ailleurs, en pays musulman, ils sont astreints à des obligations assez humiliantes, entre autres se détourner en toute circonstance pour laisser passer un marabout, ou même un musulman quelque peu important, porter un foulard noir autour de la tête, ne pas monter à cheval, etc. Ils se soumettent très-facilement à ces exigences, leur amour-propre n'en paraît même pas froissé. A cette condition, ils vivent en bonne intelligence avec les Arabes ; on a vu quelquefois l'intimité s'établir entre ces individus de castes différentes.

Les principaux produits européens que les navires débarquent sur le littoral, pour être importés dans l'intérieur du continent, sont les suivants : les calicots, les cotonnades, les draps, l'ambre, les pipes, le tabac, la verroterie, le poivre, le sucre, le café, les parfums, les armes blanches et à feu, les balles, le plomb, la grenaille, les lingots de fer, la poudre, divers outils en fer, les miroirs, le papier, le fer, etc.

Ces différents articles sont de provenance anglaise, dit-on, car le nom des Français est tout-à-fait inconnu dans l'Aderar et ses environs, tandis que l'on entend souvent parler des Anglais, de leurs navires et de leur commerce.

Les marchandises dont nous venons de donner le détail se vendent bien. Leur prix va s'élevant à mesure que l'on s'éloigne du point de débarquement. On pourra se faire une idée des bénéfices qu'elles procurent aux marchands, par l'aperçu suivant, indiquant la façon de trafiquer usitée dans l'Aderar.

Les cotonnades se vendent ordinairement par pièces de 35 coudées de longueur, lorsqu'elles sont teintes en couleur foncée, et de 40 coudées, lorsqu'elles sont simplement blanches ou écrues. Une défense ordinaire d'éléphant s'obtient pour deux pièces ou deux pièces et demie de cotonnade. Six ou huit coudées de cette marchandise représentent le prix d'une grande outre pleine de gomme ou bien d'une quantité de poudre (demi retal), pouvant fournir 20 charges de fusil.

Les pipes et le tabac ont une valeur arbitraire, subordonnée à la plus ou moins grande quantité qui en est apportée par les navires ou par les caravanes.

La verroterie est en très-haute estime dans toute l'Afrique ; les moindres perles de simple verre de couleur atteignent des prix considérables et sont aussi appréciées que le sont chez nous les diamants ou les pierres précieuses de la plus belle eau. On cite des gens riches qui ont échangé une magnifique chamelle adulte contre une grosse perle de verre de couleur, taillée à facettes, de la grosseur d'un œuf de poule.

Le sucre blanc est dans ce pays tellement rare qu'on ne peut lui assigner un prix. Les juifs ont le soin d'en apporter un peu avec leurs autres marchandises, et quand ils traitent une affaire avec un client par trop rebelle ils lui en donnent un morceau. C'est un moyen presque infaillible pour vaincre ses dernières résistances : il devient aussitôt plus accommodant. On trouve quelquefois, dans l'Aderar, une sorte de cassonnade brune, venant du pays des nègres, où on la fabrique par les procédés les plus primitifs, sans lui faire subir aucun raffinage.

Cette substance est, paraît-il, très-abondante dans le Soudan, où elle n'a pas grande valeur et où l'on récolte les cannes à sucre. Les armes à feu se paient très-cher. Elles consistent en fusils à pierre, à un coup, de fabrication anglaise, assez grossière, au dire des gens du pays. Les riches seuls peuvent en posséder. Les munitions sont également vendues à des prix très-élevés; une boite de poudre anglaise, fournissant 40 charges de fusil, vaut, en temps d'abondance, une belle brebis. Lorsque cette substance est rare on donne jusqu'à une brebis pour 18 charges. Cette poudre anglaise est la plus recherchée à cause de sa bonne fabrication et de la finesse de son grain. Il y a encore dans l'Aderar une autre poudre d'industrie africaine, apportée en grande partie de l'Ouad-Dra. Celle-ci est de beaucoup inférieure ; ses grains sont gros, se brisent facilement et forment une poussière qui ne s'enflamme plus. Elle se vend très-bon marché, relativement à l'autre; aussi, est-elle assez employée, mais ses inconvénients sont d'être d'une conservation difficile, d'encrasser beaucoup l'arme et de n'avoir qu'une assez faible force de projection. Quand on s'en sert, on amorce toujours son fusil avec de la poudre anglaise, qui garnit mieux le bassinet et n'expose pas aux ratés. Les projectiles se vendent aussi à des prix très-élevés. Le plomb est extrêmement cher ; les balles de ce métal sont rarement employées pour la chasse ; on les réserve pour la guerre ou pour se défendre pendant les voyages commerciaux. Les chasseurs se servent le plus communément de lingots de fer, grossièrement taillés en forme sphérique, ou bien de grenaille. Souvent ils chargent leurs fusils avec des pierres un peu façonnées et ces projectiles, d'un nouveau genre, manquent rarement leur but, quand on tire à une faible distance.

Les miroirs sont aussi d'un bon placement. Les plus répandus sont ceux de forme ronde, d'un diamètre de quelques centimètres seulement, renfermés entre deux couvercles de métal. Ces miroirs, dont la valeur est en Europe de quelques centimes, s'échangent là-bas pour une brebis ou une poignée de plumes d'autruche, ou bien encore pour une demi outre de gomme.

Ici s'arrêtent tous les renseignements qui nous ont été donnés sur l'Aderar. Nous allons quitter ce pays et prendre la direction de Tombouctou. Notre description ne s'étendra pas jusqu'à cette dernière ville, où les Aderariens que nous avons interrogés ne sont jamais allés, malheureusement ; toutefois, comme ils ont fait de fréquents voyages en caravanes dans cette région et qu'ils la connaissent admirablement, nous rapporterons exactement tout ce qu'ils nous ont dit, en ne négligeant aucun détail.

Route de Chinguiti à Tombouctou

Itinéraire de Chinguiti à Tichit

Les caravanes qui se rendent à Tombouctou passent toujours par Tichit. Cette première partie de leur trajet s'effectue en quatorze jours.

En partant de Chinguiti, on marche pendant quatorze jours dans un pays sablonneux, dont les plaines sont parfaitement horizontales ; on n'y voit pas une montagne, pas un cours d'eau. Ces premières étapes se font au milieu de dunes de sable, parallèles entre elles, dont la largeur moyenne est de cinq ou six cents pas.

L'espace qui sépare les unes des autres est sensiblement plus large ; le sol y est plat, uni et ferme. L'eau manque absolument dans cette région.

Au sortir des sables, on arrive à une rivière nommée Oued Khet El-Meriti. Là est un puits nommé Hassi El-Meriti (puits couvert), parce que son orifice est toujours couvert pour éviter qu'il ne soit comblé par les sables roulés par le vent. Son eau est bonne et abondante ; elle se trouve en général à une profondeur double de la hauteur d'un homme. Les caravanes referment ce puits avec le plus grand soin dès qu'elles y ont puisé l'eau qui leur est nécessaire. Elles regarnissent ensuite son orifice de sable pour s'assurer qu'il n'existe aucune fissure pouvant lui donner passage dans l'intérieur.

Cette coutume de boucher ainsi les puits est assez commune dans toute l'Afrique, sur les points où l'ensablement est à craindre. Presque tous les puits des Touaregs se trouvent dans ce cas.

A Hassi El-Meriti, le pays change subitement d'aspect ; on n'a plus devant soi qu'une immensité effrayante et sans bornes.

On est là dans cette grande et immense plaine que l'on appelle El Meria, c'est-à-dire le miroir, dont les limites sont inconnues. On trouve cette plaine depuis les environs de Tombouctou jusqu'à l'Oued Dra.

Sur certains points, elle est traversée par des dunes de sable ou par de petites chaînes de collines, qui la divisent probablement en plusieurs bassins, et qui ne se rencontrent guère qu'à des intervalles de 6, 8 et même 10 jours de marche. Le sol est aussi uni qu'un miroir, d'où lui vient son nom ; il est solide et parfaitement horizontal. L'eau des pluies, n'y trouvant aucun écoulement, reste stationnaire et séjourne dans l'endroit même où elle est tombée, jusqu'à infiltration dans la terre ou bien jusqu'à évaporation.

Dans toute cette immensité, l'œil ne rencontre rien ; il ne voit qu'un ciel aussi uni que la terre. Pour nous permettre d'apprécier cette uniformité on nous dit que ce sol ressemble en tous points aux murs de nos maisons, dont il a le même poli, la même régularité et les mêmes aspérités. Sur cette terre il n'y a pas une pierre, pas un arbre, pas un buisson, pas le moindre petit brin d'herbe et pas d'eau. On est dans le désert pris dans toute l'acception du mot. La vie a fui ces parages inhospitaliers, qui ne sont fréquentés par aucun animal de quelque genre que ce soit.

Il y règne le plus profond silence, et ce silence est lugubre comme la mort. Le vent lui-même semble avoir pris à tâche de ne pas y souffler régulièrement.

Cette contrée ne peut être traversée qu'à certaines époques de l'année. Malheur à qui oserait s'y aventurer pendant les pluies ou pendant les chaleurs ; une mort horrible l'attendrait. Le sol étant argileux est glissant par la pluie, ni les hommes ni les animaux ne peuvent s'y tenir debout quand ils sont surpris par une averse. D'un autre côté, si l'on tente de traverser cette région pendant l'été on y périt presque à coup sûr d'asphyxie. Aucun vent ne se faisant sentir, un soleil brûlant échauffe le sol et en éloigne l'air respirable qu'aucune brise ne vient mélanger avec les couches supérieures moins échauffées.

Le terrain des plaines d'El Meria n'est pas partout de même nature ; dans certaines parties, il est dur et blanc ; l'eau n'y pénètre pas ; c'est une sorte de tuf ; dans d'autres, il est purement argileux ; c'est le plus mauvais et le plus glissant pendant les pluies ; enfin, dans certaines contrées, il est légèrement sablonneux et absorbe promptement l'eau.

Revenons à notre itinéraire de Chinguiti à Tichit.

A partir du puits de Hassi El Meriti, on marche pendant cinq jours dans la plaine d'El Meria où l'on ne trouve pas d'eau. On arrive ensuite à Oglet En-Nemadi, qui est un groupe de sept ou huit puits. Il y a là une peuplade de nomades appelée les Nemadi, qui vivent exclusivement du produit de leur chasse. Ils habitent sous des tentes faites avec les peaux des animaux qu'ils tuent.

Ces naturels sont de bons musulmans, très-religieux et très-hospitaliers ; leurs mœurs sont douces et pacifiques ; ils offrent toujours généreusement le peu de choses qu'ils possèdent aux étrangers. La culture, on le comprend, leur est entièrement inconnue ; ils n'ont pas de troupeaux. Des ânes et quelques chevaux sont leurs seuls animaux domestiques. Ces derniers, nourris d'herbe seulement, leur servent à chasser l'autruche. Ces gens sont de vrais carnivores, ils n'ont d'autre aliment que la chair de leur gibier qu'ils mangent soit fraîche, soit desséchée. Ils ne possèdent généralement rien : un cheval étique, un fusil rouillé et une petite tente en peau, voilà toute la fortune des plus riches d'entre eux. Pour chasser, ils ont des ruses et des secrets particuliers qu'ils ne divulguent à personne. On sait seulement que pour se livrer à cet exercice, ils se couvrent de peaux d'animaux sauvages, qu'ils retirent aussitôt rentrés chez eux pour reprendre les vêtements ordinaires des Arabes du Sahara.

D'Oglet En Nemadi, on compte encore cinq jours de marche pour gagner Tichit. Pendant ces cinq étapes, l'aspect du pays n'est plus le même ; on traverse des montagnes, des plaines, des dunes de sable. Le sol est riche et nourrit de nombreux troupeaux, l'eau est abondante, il y a quelques sources et beaucoup de puits. Cette contrée est peuplée d'Arabes nomades et hospitaliers ; on les désigne sous le nom d'Oulad Bella. Ils se subdivisent en tribus puissantes et indépendantes, qui n'obéissent seulement qu'à leurs propres djema. Ils forment la population nomade de Tichit. Ces gens, qui possèdent quelques troupeaux, vivent exclusivement de viande et de lait ; quelquefois, mais rarement, ils ajoutent à cette alimentation un peu de dattes achetées aux caravanes venant de l'Aderar.

Ville de Tichit

Cette ville se compose de 600 maisons environ ; elle est actuellement très-florissante grâce à son commerce. Les maisons sont construites en pierres assez bien ajustées et reliées entre elles par du mortier de terre : elles sont couvertes en terrasses. L'eau de puits y est en abondance. Les environs de la ville sont arides, aucune végétation ne s'y montre et ne pourrait y être entretenue, à cause de la nature du sol, qui est, non-seulement sablonneux, mais encore chargé de certains sels qui le rendent impropre à toute culture.

Les habitants affirment que non loin de chez eux, dans le Soudan, il existe de riches gisements d'or et d'argent, ainsi que des mines de cuivre et de fer. Faute de savoir traiter ces minerais, ils les abandonnent sans se faire une idée bien exacte de leur valeur.

Citadins et nomades de cette contrée sont gens honnêtes, hospitaliers et généreux. L'instruction y est assez répandue ; il y a, à Tichit même, plusieurs Zaouia célèbres où l'on forme de bons élèves. L'ordre religieux qui a le plus de Khouan ou affiliés est celui de Cheik-El-Mokhtar. Celui de Sidi Abd-el-Kader El-Djilali, quoique considéré en Afrique comme le plus puissant, et, à juste titre, ne vient qu'en seconde ligne. Le commerce est à un haut degré de développement ; il consiste en esclaves qui se vendent dans cette ville à des prix assez modiques, et aussi en produits du Sahara, tels que : or, plumes d'autruche, ivoire, vêtements et quelques grains récoltés en pleine Nigritie.

Les produits européens sont en général importés soit par des juifs, soit par des caravanes venues de l'Aderar. Une Djema, issue des suffrages de la population citadine et nomade, est investie du pouvoir. Elle établit le tarif des transactions, prend les mesures de défense nécessaires pour assurer la sécurité du pays, en un mot, exerce les attributs de l'autorité souveraine.

Malgré les richesses auxquelles cette ville sert d'entrepôt, ces populations vivent de peu de chose. La viande est la base de leur alimentation. Le plus grand nombre des gens ne mange que cela ; les plus riches y ajoutent, soit du millet, soit du sorgho, soit du maïs du Soudan, soit quelques dattes de l'Aderar.

Dans cette partie de l'Afrique, qui s'étend depuis Tombouctou jusqu'à l'Aderar, on fait usage, comme menue monnaie, de cauris ou sorte de coquillages nommés Oudâ, infiniment plus estimés, à proportion, que l'or et l'argent, parce qu'ils peuvent, sans préparation aucune, servir d'ornement et de parure aux hommes aussi bien qu'aux femmes. Ces coquillages sont, parait-il, pêchés en grande partie sur les côtes de l'Océan et apportés dans l'Afrique centrale par les caravanes parties de l'Oued-Dra ; on les trouve également, dit-on, dans le Niger.

Tichit est le point où aboutissent et s'arrêtent le plus souvent les caravanes venues du Soudan. Là aussi, aboutissent les caravanes de l'Aderar, où elles prennent, en échanges de marchandises européennes et de quelques dattes, des produits de la Nigritie, qu'elles transportent chez elles.

Itinéraire de Tichit à Oualata

Il arrive assez souvent que les caravanes de l'Aderar, ne trouvant pas à céder leur marchandises à Tichit à un prix assez rémunérateur, les emportent encore plus loin, où elles les vendent beaucoup plus cher. Dans ce cas, elles vont jusqu'à Oualata, et quelquefois, mais rarement cependant, elles vont jusqu'à Tombouctou.

Les Aderariens à qui nous devons ces renseignements n'ont pas dépassé eux-mêmes la ville de Tichit, mais ils s'y sont rendus à plusieurs reprises. Ils n'ont pu par conséquent nous dire que les quelques mots suivants sur l'itinéraire de Tichit à Oualata :

On franchit la distance qui sépare les deux villes en onze jours de marche.

Le pays que l'on traverse est peuplé de tribus arabes riches en troupeaux. Le sol est accidenté, fertile comme pâturages et pourvu d'eau presque à chaque étape.

Oualata est une ville de la même importance que Tichit, au point de vue commercial. Les institutions publiques et sociales y sont les mêmes; l'instruction y est assez avancée. La grande majorité de la population est affiliée à l'ordre religieux du Cheikh El Mokhtar et à celui de Sidi Abdel-Kader El Djilali, dont les doctrines sont enseignées dans les Zaouia de cette ville.

Nous arrivons ici au point extrême, sur lequel nous pouvons avoir des renseignements positifs sur cette ligne; nous allons prendre maintenant une autre direction et repartir de Chinguiti pour remonter vers le nord à l'Oued Dra.

Route de Chinguiti à l'Oued Dra

Itinéraire de Chinguiti à Tourine

Les gens de l'Aderar ont des relations commerciales très-étendues avec les populations de l'Oued Dra. De part et d'autre, on s'expédie, chaque année, pendant l'hiver, plusieurs caravanes bien organisées. Les Aderariens que nous avons interrogés ont fait ce trajet plusieurs fois, aussi le connaissent-ils parfaitement et donnent-ils des détails très-précieux sur cette route, qui, comme la précédente, n'a pas encore été suivie par nos grands explorateurs européens.

Pour aller de Chinguiti à Tourine, on prend souvent par Ouadan; ce trajet se fait en deux jours.

La première étape, on couche à Tana Ouchert. Là, est une immense forêt de palmiers non cultivés qu'entretient naturellement la nappe d'eau souterraine qui est à une faible profondeur. Ces arbres sont la propriété personnelle de Si Ahmed Lessidi, cheikh de la ville d'Ouadan. Aucune habitation sédentaire n'existe sur ce point; les nomades seuls viennent à certaines époques de l'année y faire paître leurs troupeaux et récolter les dattes pour le compte de leur maître.

Pendant cette première journée, le trajet s'effectue dans un terrain ondulé, traversé de lignes d'eau dont le lit est à sec. Les mouvements du sol sont peu sensibles; un homme, placé dans la partie concave de l'une de ces ondulations, peut facilement distinguer un de ses semblables ou même un animal couché dans le bas-fond de la suivante. Le pays est couvert d'arbres de diverses essences, dont les principales sont les gommiers et les caroubiers.

De Tana Ouchert à Ouadan le terrain est très-légèrement ondulé on y traverse encore des lignes d'eau à sec, le sol est rocailleux et couvert de silex. Il y règne cependant une végétation luxuriante, les pâturages sont abondants, les arbres très-beaux. Il n'y a pas d'eau sur la route même, mais en se détournant à droite et à gauche on trouve des puits et des sources.

Nous ne parlerons pas d'Ouadan, qui est, nous l'avons dit, une des principales villes de l'Aderar ; nous allons continuer la description de la route sur Tourine.

D'Ouadan à Tourine, il y a dix grandes journées de marche. Les deux premières étapes se font dans un terrain de même nature et de même configuration physique que celui des deux journées précédentes, avec cette différence que l'on ne trouve plus d'eau.

Jusque-là on a marché, sans s'en douter, sur un grand plateau élevé. A la fin du deuxième jour on arrive brusquement sur le bord d'une immense dépression. On voit s'étendre tout-à-coup à ses pieds un escarpement rocheux gigantesque et presque perpendiculaire. Sa hauteur est telle qu'un homme vu du sommet à la base et réciproquement offre les dimensions d'une fourmi et un chameau celles d'une mouche. Au pied de cet escarpement, recommence une nouvelle plaine où l'on descend en suivant un chemin tortueux et confus. Ce grand escarpement, ligne abrupte de démarcation entre cette dernière plaine et la précédente, a une longueur considérable; son élévation est partout la même, il traverse tout l'Aderar sur un parcours de dix journées de marche. A chacune de ces extrémités les pentes sont moins raides et la hauteur de la corniche diminue insensiblement.

Dans cette plaine inférieure, où l'on entre à la troisième journée de marche, le sol est d'une autre nature. Les cailloux et les ondulations font place à un terrain ferme et uni en tous points semblable à celui de la plaine d'El Meria décrit précédemment et aussi horizontal que ce dernier. On y rencontre cependant quelques beaux gommiers, d'une belle venue, et quelques traces de végétation herbacée. Le soir de cette troisième journée on campe au pied d'un rocher de forme bizarre rappelant celle d'un cœur; aussi l'a-t-on appelé Guelb, mot qui, en arabe, est le nom de cet organe. C'est un superbe monolite, dont la base mesure environ 400 pas de circonférence et la hauteur une centaine de coudées. On l'appelle aussi quelquefois Aderb Guelb. On peut arriver au sommet avec beaucoup de peine; lorsqu'on y est parvenu on aperçoit le pays à plusieurs journées de marche. C'est là une sorte d'observatoire naturel dont on a tiré parti quelquefois. Au pied de ce rocher sont plusieurs puits nommés Oum El Bid; l'eau y est à 5 ou 6 coudées de profondeur, c'est la première que l'on rencontre depuis le départ d'Ouadan. A l'ouest d'Oum El Bid est un banc de sables mouvants dont les dunes atteignent 40 ou 50 coudées de hauteur. C'est une ramification secondaire du grand banc qui va du Touat à l'Aderar. Elle vient aboutir aux points dont nous parlons. On met environ une heure pour la traverser dans sa largeur moyenne. De ce dernier point on voyage pendant 4 jours dans un pays sans eau, mais riche en pâturages, et couvert d'arbustes dont la présence en ces lieux est due à des pluies abondantes et périodiques. Le sol est en général plat, on y trouve parfois des ondulations à pentes très douces, bien moins accentuées que celles de nos régions couvertes d'alfa.

Pour que l'on s'en fasse une idée, nous dirons que ces mouvements de terrain cachent juste un homme debout, d'un bas-fond à l'autre, mais permettent de l'apercevoir, même à une grande distance, lorsque l'on est au sommet de l'un d'eux.

Les nomades habitent cette contrée presque pendant toute l'année car les troupeaux y trouvent une nourriture suffisante. Les autruches y sont en grand nombre ; on les rencontre quelquefois par bandes de 50 individus. On en fait la chasse par les procédés que nous avons décrits plus haut. On y chasse aussi d'autres gros gibiers tels que le buffle, l'antilope, la gazelle, etc., que l'on y rencontre en grande quantité.

Le sol est de nature sablonneuse, mais la végétation dont il est recouvert lui donne une certaine consistance. On y marche sans beaucoup de fatigue. Parfois ce sable forme de légères rides de quelques doigts de hauteur, qui semblent faites exprès pour servir d'oreiller aux voyageurs, lesquels les apprécient beaucoup à cause de cette particularité.

Pendant la septième journée on traverse une chaîne de collines pierreuses, boisées, couvertes de végétation ; partout la pente est douce et bien ménagée. On nomme cette chaîne Dela El Assaba. Arrivé sur le versant nord, après une petite étape, on fait halte à Bou Talha où l'on trouve douze ou treize puits réunis. On y puise l'eau avec la main tellement elle est peu profonde. Il y a là des massifs de grands arbres, formés de gommiers, de chênes et autres sous lesquels le voyageur s'arrête avec bonheur. Les caravanes prennent ordinairement un jour complet de repos sous ces ombrages.

Le huitième jour, on arrive à Aoudrich où est un puits d'une soixantaine de coudées de profondeur. Les gens du pays disent que ce puits, entièrement creusé dans le roc, est l'œuvre des chrétiens qui l'on fait à une époque si reculée que l'on en a perdu le souvenir. Sur tout le parcours de cette huitième étape, le terrain est parsemé d'arbres et de végétation ; il est dur, ferme, sans sable et parfaitement plat.

Les deux derniéres étapes se font sans eau ; on y reprend la vaste plaine d'El Meria, excepté que l'on voit çà et là, après les pluies, quelques traces de plantes herbacées des plus chétives. Sauf cette légère différence, c'est le même sol dur et uni quand il est sec, gluant et glissant quand il est mouillé.

(A suivre.) A. C.

ASSOCIATION INTERNATIONALE AFRICAINE BELGE

Le secrétaire-adjoint de la Société belge de géographie, M. Wauters, vient de publier sur la situation actuelle et les projets des explorateurs belges dans l'Afrique centrale un exposé que nous croyons utile de mettre sous les yeux de nos lecteurs :

Le dernier courrier de Zanzibar a apporté en Belgique la nouvelle de l'heureuse arrivée de la première expédition belge sur les bords du lac Tanganyika, ainsi que quelques renseignements sur l'établissement de la station que le capitaine Cambier, son chef, se dispose à fonder au village de Karéma.

L'issue favorable d'une expédition qui avait commencé, tout le monde s'en souvient, sous de bien tristes auspices, la fondation par des Belges d'une station au cœur même du continent africain, sont des faits qui ne peuvent manquer d'intéresser le lecteur européen.

Le public en général n'a pas paru, au début de l'entreprise, estimer à sa juste valeur toutes les difficultés que l'œuvre allait rencontrer, et en apprenant la mort presque subite de MM. Crespel et Maes, suivie, peu de temps après, de la désertion des porteurs de M. Cambier, il s'est dit que la partie était perdue et que la Belgique avait tort de vouloir imiter en Afrique l'exemple généreux d'autres nations.

La masse du public s'était tout d'abord laissée aller à penser que le patronage d'un souverain, les conseils d'hommes compétents, un budget respectable, le dévouement de jeunes gens de cœur, étaient de sûrs garants du succès.

Elle ne connaissait pas ou connaissait mal les obstacles multiples que présentent à la civilisation la nature et les hommes dans ce continent africain, la malignité de la dyssenterie et de la fièvre, la rigueur de la saison des pluies, la difficulté des transports, la rapacité des indigènes, la lâcheté et l'infidélité des porteurs.

Il n'y a que ceux qui ont fait de l'histoire des découvertes africaines une étude plus ou moins complète qui savent que *mort*, *pil-*

lage, désertion, sont jusqu'à présent des accidents absolument inséparables de toute exploration en Afrique, et la perte de trois voyageurs sur cinq dont se composait la première expédition n'est malheureusement pas un fait isolé. Pour ne citer que quelques exemples frappants, disons que la célèbre expédition de Barth au Soudan laissa deux de ses membres aux bords du Tchad : Richardson, son premier chef, et Overweg, son second ; que Cameron resta seul des quatre Européens que comptait sa caravane ; que l'heureux Stanley lui-même avait trois compagnons blancs à son départ de Zanzibar et qu'il arriva seul à la côte occidentale.

Quant aux vols et aux désertions des porteurs, il n'a jamais été donné à une seule expédition de se soustraire à ces fléaux. Livingstone fut abondonné à diverses reprises par ses porteurs, et en 1870, dans le Manyéma, il ne lui en restait que trois fidèles. On se rappelle dans quelle détresse profonde Stanley trouva à Oudjiji, l'illustre explorateur anglais.

Les relations de tous les voyageurs, depuis Burton jusqu'à Serpa Pinto, ont chacune des pages nombreuses consacrées à leurs déboires avec les porteurs.

La première expédition belge a subi la loi commune ; comme ses devancières, elle a laissé derrière elle ses martyrs, elle a eu ses moments d'arrêt, ses instants difficiles. L'œuvre africaine enregistre aujourd'hui son double succès : Cambier a franchi sain et sauf la distance qui sépare Zanzibar du Tanganyika (à peu près la distance de Bruxelles à Barcelone), et il jette en ce moment dans l'Oufipa, sur la rive orientale du lac, les bases de la première station hospitalière et scientifique de l'Association internationale.

L'Oufipa est un vaste district que les voyages de Burton, Livingstone, Cameron et Stanley ne nous ont encore que très-imparfaitement fait connaître. Le premier de ces voyageurs n'en parle que d'après les rapports des Arabes d'Oudjiji. Livingstone, lui, le traversa dans toute sa longueur six mois avant sa mort ; son journal n'est cependant guère prodigue de détails sur la contrée. Quant à Cameron et à Stanley, ils en visitèrent différents villages lors de leur voyage de circumnavigation autour du lac.

L'Oufipa, dit Burton, est fertilisé par des rivières nombreuses; il produit énormément de grains, et le riz sauvage y est excellent. Jadis le gros bétail y abondait, ce qui semble indiquer que la mouche *tsetsé* ne fréquente pas le district. Livingstone y signale de vastes cultures de coton, de l'espèce de Fernambouc, et dit que sur tout son passage le gibier pullulait. Les éléphants en grand nombre habitent le pays. Cameron crut constater à la face d'un escarpement une strate qui lui parut être de la houille, et recueillit un peu plus loin un échantillon de charbon léger, à cassure brillante, très-légèrement bitumeux. Enfin, tous ces voyageurs sont d'accord pour constater que la population de l'Oufipa est douce et bienveillante, et qu'elle a toujours fait bon accueil aux voyageurs arabes et indigènes qui venaient commercer avec elle.

C'est près de Karéma, petit village situé par 7° de latitude australe, assis au bord du lac, au fond d'une baie profonde, que le capitaine Cambier va établir sa colonie. Un millier d'hectares viennent de devenir la propriété de l'Association internationale à la suite d'un traité avec le sultan de l'Oufipa.

Au nord et au nord-ouest de Karéma, qui est un village-frontière, s'étend la magnifique contrée appelée Oukahouendi et célébrée par Stanley dans les termes suivants : « Bel Oukahouendi, pays enchanteur ! à quoi pourrais-je comparer le charme sauvage de sa nature libre et féconde ? L'Europe n'a rien qui puisse en approcher..... Et quelle puissance, quel luxe de végétation ! Le sol y est si généreux, la nature si séduisante, qu'en dépit des effluves mortelles qui s'en échappent, on s'attache à cette région dont un peuple civilisé chasserait la malaria et ferait un pays non moins salubre que productif. »

C'est un fait qui n'est plus aujourd'hui contesté par personne que l'occupation de la plus grande partie du haut plateau d'Afrique par une population nombreuse, civilisée et agricole, ferait de cet immense pays, par le défrichement, la culture des terres, l'endiguement des rivières et l'élève du bétail, une des plus riches contrées du monde.

Le premier soin du chef de la station sera de se bâtir une maison d'habitation, de la munir d'approvisionnements, de marchandises, de médicaments, d'armes et d'instruments nécessaires aux voyageurs qui viendraient demander repos, soins, aide ou assistance. C'est le côté hospitalier de la station. Le colon — car c'est encore un des titres du voyageur — cherchera ensuite à tirer parti des ressources du pays en y établissant une exploitation agricole afin que la station puisse, au bout d'un certain temps, se suffire à elle-même. C'est là un point essentiel : il faut que les fonds consacrés à cette sorte d'établissement deviennent des fonds productifs si l'on veut compter sur la stabilité et la propagation de l'œuvre. Réste enfin le côté scientifique. Le chef a pour mission de dresser une carte du pays environnant, de former des collections géologique, botanique et zoologique ; de rédiger le vocabulaire du pays ; enfin de créer un journal relatant tous les événements et toutes les observations dignes d'être rapportés.

Telles sont les instructions de l'Association internationale.

M. Cambier aura à peine jeté les premières bases de son établissement qu'il sera rejoint, tout permet aujourd'hui de l'espérer, par MM. Popelin et Van den Heuvel, conduisant la deuxième expédition, celle des éléphants.

Réunis, ces voyageurs achèveront de s'installer, et, s'inspirant des circonstances, s'entendront pour savoir qui restera à Karéma, du capitaine Cambier ou du capitaine Popelin. Puis reposés, ravitaillés, ils attendront, pour marcher en avant, le renfort dont nous allons parler.

Des huit explorateurs que la Belgique a envoyés à la côte orientale d'Afrique, trois seulement sont parvenus à surmonter les fatigues et les difficultés du voyage. Trois autres ont succombé victimes de leur dévouement ; les deux derniers, malades, viennent de rentrer en Belgique : ce sont MM. Dutalis et Dutrieux.

Il était indispensable de les remplacer sans retard. Le comité s'est donc empressé de choisir deux nouveaux voyageurs parmi les nombreux candidats qui briguent l'honneur de servir la grande cause africaine. Son choix est tombé sur deux Belges qui ont déjà fait en Afrique leur apprentissage de la vie d'explorateur et dont la santé robuste a pu résister aux terribles maladies du pays.

Ce sont MM. Burdo, de Liége, et Roger, de Blandin, tous deux membres de la Société belge de Géographie.

M. Burdo a été attaché en 1878 à l'expédition française de M. de Semellé, expédition qui, à peine arrivée à la côte du Sénégal, avorta assez malheureusement à la suite de diverses circonstances. M. Burdo n'en persista pas moins dans sa résolution de pénétrer dans le continent, et il remonta le Niger jusqu'à son confluent avec le Bénoué.

La relation de son intéressant voyage vient d'être publiée à Paris sous le titre de : *Niger et Bénué.*

M. Roger accompagne M. Burdo en qualité de second.

Comme lui, il a fait volontairement un voyage en Afrique, au Gabon, et a séjourné pendant près d'un an dans cette colonie française qui n'est pas précisément — non plus que le delta du Niger — un séjour enchanteur pour les constitutions européennes.

Un troisième européen, un Anglais, M. Carthereade, accompagne l'expédition. Il est plus spécialement chargé du service des éléphants qui font, paraît-il, merveille là-bas, et de l'emploi desquels on attend les plus heureux résultats.

Comme on le voit, les deux nouveaux voyageurs ont reçu le baptême du feu ; ils ont tous deux trente ans ; ils sont robustes, intelligents, instruits, animés d'une foi profonde dans l'avenir de l'œuvre et d'un désir ardent de faire quelque chose.

MM. Burdo, Roger et Carthereade sont partis le 10 décembre de Bruxelles pour Zanzibar, *viâ* Brindisi et Suez. Ils seront à destination dans la première huitaine de janvier et s'engageront aussi rapidement que possible dans l'intérieur avec une caravane légère, c'est-à-dire 150 ou 200 porteurs.

M. Burdo espère, si rien ne le retient trop longtemps à Zanzibar, arriver à Karéma au commencement de mai. Ce serait marcher lestement, plus vite qu'aucun de ses devanciers; mais depuis ces derniers temps, la route est fortement battue, et il faut espérer aussi qu'un peu de chance viendra, cette fois, compenser les déboires passés.

Les trois expéditions une fois réunies à Karéma, une partie du personnel continuera la marche vers l'intérieur, en se dirigeant vers

Nyangoué et sur le Loualaba Congo, où sera probablement fondée la deuxième station. Tandis que la colonne partie de la côte orientale s'avancera ainsi vers l'ouest, une autre grande colonne, la troisième expédition belge, conduite cette fois par un vétéran des explorations africaines, Henri Stanley, se dirige vers l'est. Le célèbre explorateur suit la route du grand fleuve qu'il a victorieusement descendu en 1877. Il s'avance à la tête d'une caravane imposante, composée en grande partie d'artisans belges, et est muni d'un matériel complet que transportent sur les eaux du Congo quatre steamers battant pavillon de l'Internationale.

Lui aussi jettera les bases d'une station sur les rives du Bas-Congo, après quoi il marchera vers Nyangoué, d'où les Belges partiront à sa rencontre.

Si cette entreprise grandiose, éclairée par le flambeau de la science et inspirée par les plus nobles mobiles qui puissent faire agir le cœur et l'esprit humains, si cette marche hardie réussit, comme il faut l'espérer, ce sera une date glorieuse dans l'histoire des découvertes africaines que celle où, au cœur du continent mystérieux, les mains de l'explorateur américain serreront celles des colonisateurs belges dans une noble et fraternelle étreinte.

Comme on le voit par ce rapide tableau de l'état présent des travaux de l'Association internationale, l'activité est grande sur cette route future que l'Europe civilisée jalonne à travers l'Afrique sauvage et barbare.

Parvenir à établir le long de cette immense ligne une suite de centres coloniaux d'où se produiraient un rayonnement salutaire et un courant civilisateur qui ne tarderaient pas à les joindre l'un à l'autre, tel est le but bien défini de l'Association, le projet intelligemment élaboré et vigoureusement poursuivi par elle.

Ce ne sera pas un mince honneur pour la Belgique et pour le souverain éclairé qui a pris l'initiative du mouvement que l'impulsion nouvelle, l'appui persévérant donné à cette noble cause, sympathique sous tant de rapports, de l'exploration et de la civilisation de l'Afrique centrale.

(L'Économiste français.)

VOYAGES CLASSÉS PAR PARTIES DU MONDE.

AFRIQUE.

L'abbé Debaize et sa mort. — L'abbé Debaize, chef de l'expédition française dans l'Afrique centrale, est mort le 12 décembre 1879, à Oudjiji, sur le bord oriental du lac Tanganyika. Cette mort si imprévue a bien surpris et vivement émotionné tous les amis de la géographie. Abandonné deux fois successivement par ses porteurs, la première fois entre Tabora et Oudjiji, la seconde fois deux jours après avoir passé le Tanganyika, l'abbé Debaize a été dépouillé d'une grande partie de la pacotille qu'il portait avec lui. Malade et découragé, il était revenu sur ses pas, et à la date du 10 juin 1879, il était rentré à Oudjiji, où les missionnaires d'Alger et les missionnaires anglais l'ont entouré de soins. Sa maladie a été longue, puisqu'il n'a succombé que six mois après. Les souffrances morales que cette victime de la science et du dévouement a dû endurer n'ont pas peu contribué à briser sa forte constitution, car celui qui a pu écrire ces lignes : « Avec le peu d'expérience que j'ai acquise du voyage et des noirs, je puis affirmer avec certitude que je traverserai l'Afrique ; je me ris des difficultés et des dangers, » s'est vu cruellement désappointé quand le malheur, auquel il faut toujours s'attendre, est venu le frapper. Nous regrettons vivement sa mort si prématurée.

Expédition africaine belge. — Trois voyageurs du Comité belge de l'Association internationale africaine doivent arriver à Zanzibar vers le milieu de janvier. Ce sont : M. Caderhead, gentleman anglais, engagé par le roi des Belges, et qui va rejoindre son ami M. Carter et la caravane des éléphants, et MM. Burdo et Roger, tous deux belges, qui vont rejoindre MM. Cambier et Popelin. Ces deux derniers ont déjà séjourné à la côte occidentale d'Afrique.

Expédition italienne dans le Choa. — La Société de géographie de Rome a reçu des nouvelles de M. Martini, l'explorateur italien, envoyé en Afrique, auprès du roi Ménélick. Il se dirige à travers l'Abyssinie pour se rendre au Choa. On se rappelle qu'il a été pillé une première fois et qu'il était rentré à Zeyla.

Exploration italienne dans le Waday. — Le voyageur italien Matteucci se propose d'entreprendre un voyage au Waday, en compagnie de Don Giovanni. Il s'entendra à ce sujet avec la Société de géographie de Rome. Les deux voyageurs se proposent d'aller par la voie d'Egypte et d'effectuer leur retour en traversant le désert du Sahara.

M. Savorgnan de Brazza. — M. Savorgnan de Brazza a quitté la France ce mois de décembre et est allé s'embarquer à Liverpool à destination de l'Ogôoué. M. Savorgnan de Brazza est chargé d'organiser la station française que le Comité français de l'Association internationale africaine a décidé de créer sur la côte occidentale d'Afrique.

M. Paul Soleillet. — M. Soleillet s'est embarqué à Bordeaux le 20 décembre, à destination de Saint-Louis du Sénégal où il a dû arriver le 31. Il a une mission du Gouvernement pour étudier les pays par lesquels il serait le plus avantageux de faire passer la grande voie ferrée du transsaharien, dont l'étude est à l'ordre du jour. La Commission du Transsaharien lui a accordé une subvention de 30,000 francs pour son voyage. M. Soleillet compte partir de Saint-Louis du Sénégal pour se diriger, par la route des caravanes maures, du côté de Tombouctou, où il espère arriver en avril. Arrivé à Tombouctou, il s'efforcera de traverser le Sahara pour pousser droit vers l'Algérie.

Expédition française du Transsaharien. — L'expédition française chargée d'explorer le grand désert du Sahara, pour reconnaître le tracé que suivra le chemin de fer transsaharien, est partie de Marseille pour se diriger en Algérie.

Le Ministre des travaux publics a demandé aux Chambres de voter les crédits nécessaires pour étudier le hardi projet de mettre l'Algérie en communication avec l'intérieur de l'Afrique. Les Chambres ont voté 600,000 francs pour cette étude.

L'expédition est sous les ordres de M. le lieutenant-colonel Flatters, ancien chef de bataillon du 3me tirailleurs algériens, ancien commandant supérieur du cercle de Laghouat ; M. Flatters, aujourd'hui lieutenant-colonel du 72me de ligne, a vécu avec les indigènes, connait leurs mœurs et leurs idées, et sait comment il faut agir avec eux. A plusieurs reprises déjà les Chambas d'Ouargla lui ont offert spontanément de le conduire dans le pays des Touaregs s'il voulait composer avec eux une caravane. C'est donc un bon choix et il a toutes les chances de réussir.

M. Flatters a choisi pour l'accompagner de vaillants compagnons dont voici les noms :

D'abord les quatre chefs de service :

M. Roche, ingénieur des mines, sorti, il y a quelques années, le premier de l'École polytechnique ;

M. Béringer, ingénieur des ponts et chaussées, un des collaborateurs de M. de Lesseps dans le percement de l'isthme de Suez;

M. le capitaine d'état-major Masson, aide-de-camp du général Carteret-Tricourt.

M. le docteur Guiard, médecin aide-major de première classe au 87me de ligne;

Puis, M. le sous-lieutenant Brosselard, du 4me de ligne; M. le sous-lieutenant Le Châtelier, du 2me tirailleurs; MM. Cavailleau et Rabourdin, conducteurs des ponts et chaussées.

M. Henry-M. Stanley. — La Société de géographie de Lisbonne a reçu des nouvelles de M. Henry Stanley. Le courageux explorateur est arrivé avec son expédition près de la dernière chute du Congo, à Yellala ; il s'occupe d'organiser sur la rive droite du fleuve la première station commerciale belge.

D'autre part, un voyageur adresse au *Journal officiel* les renseignements qui suivent sur le campement établi par Stanley sur le Congo supérieur :

A la date du 9 novembre, Stanley était établi près du village de Vivi, à 15 milles environ au-dessus de Noki, où se trouve la dernière factorerie du Congo : la maison Faro *(Portugais négociant pour les Hollandais.)*

La première station de Stanley se trouve en face du deuxième rapide que l'on rencontre sur le Congo en remontant au-dessus de Noki. Cette station, élevée d'au moins 60 mètres au-dessus du niveau du fleuve, est concentrée sur un plateau de dimension restreinte entouré de falaises qui sont complétement abruptes au nord et au sud. Le long de l'arête du nord s'étendent les magasins, la maison, en bois démontable, les dépendances, etc. Pendant une récente tornade, le magasin, dont le mur extérieur se trouvait à 2 mètres du précipice, a été transporté de 1 mètre dans cette direction.

Pour atteindre la hauteur où il s'est établi, Stanley a fait construire un chemin d'environ 400 mètres de long. Ce chemin part d'une petite plage située immédiatement au-dessus du premier rapide. Une autre plage au-dessous de celle-là, séparée d'elle par le premier rapide, a reçu des magasins pour abriter les matériaux auxquels on n'a pas pu faire franchir encore ce rapide, le seul franchissable pour certaines des embarcations à vapeur.

Stanley a mis près de deux mois à monter son établissement et à construire le chemin qui mène au plateau. L'ingénieur qui l'accomgne estime que, pour atteindre par terre la chute de Yellala, il faudra faire un chemin de plus de 200 kilomètres de longueur. De Vivi à Yellala il y a cinq milles environ et 63 rapides coupent cette partie du Congo qu'ils rendent complétement innavigable à partir du deuxième. La chute de Yellala a d'ailleurs 4 à 5 mètres d'élévation.

Le chemin que doit entreprendre Stanley doit être fait dans un terrain extrêmement difficile, couvert de blocs de rochers entassés sans ordre ; il semble qu'autrefois un Congo immense a coulé du plateau où se trouve Yellala, vers la plaine qui commence à Noki, en se brisant snr les entassements de rochers qui vont mettre à l'épreuve la persévérance du voyageur américain.

Des huit blancs qui accompagnaient Stanley à son départ de Banane, le 21 août 1879, deux sont morts, un autre est mourant à Banane, un quatrième a déserté. Trois de ses embarcations à vapeur sur cinq sont à peu près hors de service, du moins momentanément. *La Belgique* est en réparation à Banane. Un chaland a coulé dans le premier rapide qu'on tentait de lui faire franchir à la remorque de *la Belgique*.

Toutes ces traverses et ces difficultés ne diminuent pas l'énergie de Stanley et ses préoccupations sont, parait-il, plus morales que matérielles.

Exploration portugaise de MM. Capello et Ivens. — Les deux compagnons de Serpa Pinto, MM. Brito Capello et Ivens, sont rentrés à Saint-Paul de Loanda, après avoir exploré une grande partie du Congo. Leur exploration a duré deux ans. Ils sont arrivés à Loanda méconnaissables; M. Capello, notamment, a l'air d'un vieillard. Ils rapportent des données importantes sur une étendue de pays de 32°, Le Mata-Yanvo, qui avait arrêté le voyageur allemand Schütt, les a bien accueillis tout en leur interdisant l'orient de ses États. Ils ont visité le haut pays de Bihé. Ils se sont rendus à Mossamédès où ils coordonneront leurs travaux.

OCÉANIE.

M. Alfred Marche aux îles Philippines. — M. Alfred Marche a dû arriver vers le 15 décembre 1879 à Manille. Il s'est arrêté quelque temps à Singapore et a visité les Sakaïs, peuple de la presqu'île de Malacca, et s'est servi d'éléphants pour cette excursion, qui a duré une quinzaine de jours; il avait trois de ces animaux à son service. M. Marche a gravi avec eux une montagne de 930 mètres de hauteur.

Les éléphants n'aiment pas les terrains mous et glissants sur lesquels ils ne marchent qu'avec précaution et en tâtant le sol avec leurs trompes.

M. Marche dit que les éléphants boivent beaucoup, et qu'il leur faut un pays bien arrosé, attendu qu'il est nécessaire de les baigner après chaque marche. Ils mangent tout en marchant et ils peuvent, de la sorte, marcher depuis 7 à 8 heures du matin jusqu'à 4 à 5 heures du soir sans se reposer. Comme ces animaux mangent beaucoup, il faut les lâcher tout le temps qu'ils ne travaillent pas; ils vont très-loin, bien qu'on leur mette des entraves aux jambes, mais leurs cornacs les retrouvent facilement en suivant leurs traces. On leur met aussi des sonnettes au cou. Beaucoup de ces animaux sont très-peureux : des chiens, des bœufs, et même des hommes qui passent peuvent les effrayer, et quand ils prennent peur, ils se sauvent n'importe où, et leur chargement risque d'être jeté à terre.

Des éléphants bien dressés pourraient ouvrir une route dans la forêt, mais il ne faudrait pas trop les fatiguer. M. Marche a vu les siens, sur le commandement de leurs cornacs, briser de gros bambous et de petits arbres; avec leurs trompes, ils les prennent et les courbent jusqu'à ce qu'ils se brisent, ou ils les cassent sous leurs pieds. Quand les arbres sont trop gros, ils les jettent à bas avec leur tête; ils coupent les lianes avec leurs dents. Ils peuvent aussi écarter des pièces de bois qui les gênent, mais il faut qu'ils puissent les prendre avec leurs trompes. Les éléphants sont très-sensibles aux piqûres des mouches et les taons les font saigner très-facilement. Il est nécessaire de bien soigner les abcès qu'ils ont souvent. M. Marche, sans rien préjuger, ne croit pas qu'il soit impossible de se servir des éléphants dans un voyage d'exploration en Afrique, mais il pense que cela sera difficile et demandera des cornacs expérimentés. Il trouve que ces animaux portent trop peu de bagages relativement.

P. BAINIER.

DERNIÈRES NOUVELLES DES EXPLORATEURS.

Le marquis *Antinori* est au Choa. — Le capitaine Martini se dirige à travers l'Abyssinie vers le Choa, pour aller rejoindre le marquis Antinori.

M. *Cambier*, chef de la 1re expédition belge de l'Association internationale africaine, est à Masikambas, sur le bord oriental et méridional du lac Tanganyika, par 7° de lat. sud. Il y a fondé une station.

M. l'abbé *Debaize*, le chef de l'expédition française dans l'Afrique centrale, est mort à Oudjiji, sur le lac Tanganyika, le 12 décembre 1879.

M. *Alfred Marche* a dû arriver aux îles Philippines vers le 15 décembre 1879.

M. le professeur *Nordenskiold* arrivera à Naples vers le 14 février 1880.

M. le colonel *Prjévalski* a atteint l'oasis de Cha-tcheou, dans la province de Kansou, en Asie.

M. *Gerhard Rohlfs*, explorateur allemand, n'a pu continuer son exploration et est rentré en Europe.

M. *Savorgnan de Brazza* s'est embarqué le 15 décembre à Liverpool, pour aller dans l'Ogôoué.

Henry Stanley est arrivé, avec son expédition, près de la dernière chute du Congo à Yellala.

M. *Paul Soleillet* s'est embarqué à Bordeaux le 15 décembre 1880, à destination de Saint-Louis du Sénégal.

MM. *Brito Capello* et *Ivens* sont rentrés à Saint-Paul de Loanda.

P. Bainier.

COMPTE-RENDU DES TRAVAUX

DE LA

SOCIÉTÉ DE GÉOGRAPHIE DE MARSEILLE

Exercice 1879. — 3me année.

MESSIEURS,

J'ai l'honneur de vous soumettre, suivant notre Règlement, le Rapport de la Commission sur l'état de la Société de Géographie de Marseille et sur ses travaux, pendant l'exercice 1879, troisième année de son existence.

Je désirerais beaucoup n'avoir à vous parler que de succès, et cependant, la première question que j'ai à examiner, pour suivre l'usage de nos comptes-rendus, me force à vous dire que notre position matérielle n'est pas encore à la hauteur de notre position générale, et que le nombre de nos membres payants est loin de répondre à ce que nous étions en droit d'espérer; car, nous pouvons le dire sans fausse modestie, nous avons réussi et nos succès auraient dû nous attirer un plus grand nombre d'adhérents. Si tous ceux qui peuvent et devraient s'intéresser à notre œuvre donnaient leur concours à la Société, elle devrait certainement compter un beaucoup plus grand nombre de membres. Notre grande ville commerciale et industrielle ne devrait pas rester, à cet égard, au-dessous des autres villes de France, qui, comme Lyon, Bordeaux, Montpellier, je ne parle pas de Paris, comptent un plus grand nombre de membres. Je dois vous avouer que ce n'est pas sans un sentiment de tristesse que je pense que, suivant notre Règlement, ce Rapport doit être inséré dans notre *Bulletin*, et constater que nous sommes loin, comme membres, d'être à la hauteur de notre réputation. Nous sommes à peine 400. Peut-être est-ce notre faute, peut-être ne faisons-nous pas assez de propagande en faveur de notre Société. N'oublions pas qu'il nous reste beaucoup à faire, que nous avons besoin de nouveaux membres, de collaborateurs et d'argent; que nous devons non-seulement continuer notre œuvre, mais l'agrandir en progressant sans cesse.

Le nombre de nos membres payants ne dépassera que de très-peu le chiffre de 400; nous étions 415 l'année dernière.

La Société compte actuellement :

132 membres donateurs:
52 membres d'honneur;
75 membres honoraires;
72 membres honoraires correspondants;
400 membres souscripteurs;

731 membres.

Nous avons continué à suivre de notre mieux tout ce qui nous est indiqué par notre programme et notre institution.

Nous avons complété notre installation et organisé notre bibliothèque.

Notre *Bulletin*, sous la direction dévouée de notre secrétaire général, M. Bainier, continue à être publié régulièrement et a été apprécié; nous en avons reçu de précieux témoignages.

Nous avons fourni à la presse marseillaise, toujours si bienveillante, des renseignements géographiques que nos correspondants, surtout ceux d'Afrique, nous ont fournis avec une grande exactitude et un grand dévouement. Les grands journaux de Paris ont pris l'habitude, que nous devons considérer comme très-flatteuse pour nous, de les reproduire très-régulièrement.

Nos cours populaires, professés par notre collègue et secrétaire, M. Paul Armand, continuent à attirer un public nombreux et à être de plus en plus appréciés. Dans quelques jours, grâce à la faveur qui nous a été accordée par le Conseil général, ces cours auront lieu dans un local plus vaste et plus central : dans la salle du conseil de révision, à la Préfecture, rue Sylvabelle, et certainement elle ne manquera pas d'être pleine d'auditeurs et d'auditrices attentifs.

Le concours de géographie entre les instituteurs-adjoints de la Ville, à la suite du cours de M. Armand, a été extrêmement satisfaisant. Vous avez voté trois prix ; votre Commission a cru devoir en accorder quatre, le résultat du concours le demandait.

Les beaux prix que vous avez votés pour le lycée, les colléges d'Aix et d'Arles, les écoles normales d'instituteurs et d'institutrices, les écoles communales et l'école des Mousses, ont excité une grande ardeur parmi les élèves de ces établissements, et tous les professeurs ont été heureux de constater de grands progrès dans ces études, autrefois négligées, aujourd'hui poussées avec énergie et intelligence.

Notre Société s'est fait représenter aux diverses réunions et congrès géographiques : à Paris, au centenaire de Cook ; à Montpellier, au congrès de l'Association pour l'avancement des sciences et au congrès des Sociétés de Géographie de France ; à Bruxelles, au second congrès international de géographie commerciale. Partout nos délégués ont pu constater que notre Société était tenue en très-grande estime.

Notre grande sœur aînée, la Société de Géographie de Paris, nous a donné une preuve de sa sympathie et de sa haute approbation en se faisant représenter au Congrès de Bruxelles par votre Président.

Nous avons continué à prêter notre concours le plus dévoué aux voyageurs de l'Afrique et de l'Asie.

Nous avons lieu d'être satisfaits des résultats obtenus ; nous n'avons à nous plaindre que d'une chose, du défaut de concours particulier d'un plus grand nombre de membres. Que chacun de nous fasse de la propagande et contribue au succès et au progrès de notre Société !

A. Rabaud,

Président de la Société de Géographie de Marseille.

VARIÉTÉS

Don anonyme.

Un don anonyme de 50 fr. a été fait à la Société de géographie de Marseille, au mois de décembre 1879.

Missions scientifiques.

M. le ministre de l'Instruction publique, sur la proposition de la Commission des voyages et missions scientifiques, a accordé, pour 1880, les missions suivantes :

M. Ch. Cournault : pour dessiner dans les principaux musées de la Suisse, et notamment à Lausanne, les antiquités des âges du bronze et de la pierre, découvertes depuis deux ans dans les lacs de Suisse.

M. A. Castan : mission en Italie pour y étudier les monuments de ce pays et les comparer aux monuments gallo-romains.

M. D. Charnay : mission dans le Yucatan et à Palenque pour y photographier et mouler les édifices, bas-reliefs et inscriptions, y entreprendre des fouilles, y recueillir des crânes et squelettes qui manquent à notre Muséum.

M. Derembourg : voyage en Espagne pour y étudier et inventorier les manuscrits arabes disséminés dans la péninsule.

M. de Ujfalvy : mission dans la Russie méridionale, l'Arménie, le nord-ouest de la Perse, le pays des Turcomans, le bassin du Haut-Oxus et le Turkestan-Afghan, avec le plateau de Pamir pour objectif; M. de Ujfalvy, dont le voyage durera deux années, est chargé d'études géographiques, anthropologiques, ethnologiques archéologiques et d'histoire naturelle. Il partira vers la fin de mars 1880. Il compte faire des fouilles à Balk, sur l'emplacement de l'ancienne ville de Bactres, autrefois la capitale de la Bactriane.

M. Constans : voyage en Angleterre pour collationner à Spalding et Chelteham des manuscrits du roman de Thèbes.

M. Morel-Fátio : voyage en Espagne pour y rechercher les documents nécessaires à la rédaction des catalogues espagnols de la Bibliothèque nationale et y étudier des ouvrages d'un chroniqueur du XIIIe siècle, Jean-Gil de Zamora.

MM. Brau de Saint-Pol Lias et E. de la Croix : mission gratuite à Sumatra pour recherches ethnographiques.

M. Cahun est chargé d'étudier les groupes allophyles du Belka de la Pétrée, du Kurdistan, ceux de la région entre Antioche et Mérache et du triangle compris entre Suleimanié et Serdecht.

M. Schrader : voyage dans les Pyrénées pour terminer des études sur l'orographie des deux versants.

M. Crevaux : voyage d'exploration dans l'Amérique équatoriale du sud au nord, de Buenos-Ayres à l'Amazone.

Les missions de MM. Cahun, Charnay, Crevaux et de Ujfalvy sont accordées en principe; mais comme les dépenses qu'elles nécessitent sont considérables et ne peuvent être supportées par le crédit ordinaire des missions, elles seront l'objet d'une demande de crédit spécial aux Chambres.

Extrait du procès-verbal de la séance du 2 décembre 1879

M. Bainier donne lecture du procès-verbal de la séance mensuelle du mois de novembre, qui est adopté.

M. le Président donne la parole à M. Trèmaux, qui désire faire une communication à la Société sur les idées qu'il se fait des causes du mouvement. Il explique, d'après ses théories, le mouvement de la terre et des astres, et fait plusieurs expériences qui ne sont pas sans intérêt. M. le Président remercie M. Trémaux de sa communication.

La Société de Géographie vote ensuite des remerciements à M. Verminck pour avoir organisé et subventionné une exploration qui avait pour but la découverte des sources du Niger, et qui a complétement réussi. Elle vote également des remerciements aux deux agents de M. Verminck, M. Zweifel et Moustier, qui se sont chargés de réaliser cette expédition.

M. Paul Armand fait une communication sur les connaissances qu'on avait sur le Niger jusqu'à cette époque. M. Bainier fait connaître les points principaux de la découverte des sources du Niger.

Extrait du procès-verbal de la séance de l'assemblée générale statutaire du 15 décembre 1879.

M. le Président donne lecture du compte-rendu des travaux de la Société pendant l'exercice 1879, la troisième année de sa fondation. Ce rapport sera inséré au *Bulletin*.

M. le Président fait connaître à l'Assemblée que le Trésorier ne peut pas encore présenter son rapport financier pour l'année 1879, attendu qu'il y a encore beaucoup de dépenses à solder et quelques souscriptions à recevoir.

Il ne pourra donc actuellement que donner en quelque sorte un compte rendu moral de la situation, qui est bonne, et il demandera plus tard à la Société d'autoriser le Trésorier à ne présenter ses comptes qu'au mois d'avril de l'année suivante. M. Rabaud indique les sommes restant à payer sur le mobilier de la Société et les ouvrages acquis par la bibliothèque. Il propose de réduire le fonds de réserve à vingt mille francs et d'employer l'excédant au payement des sommes dues par la Société, soit pour le prix des diplômes et médailles, soit pour celui des ouvrages et cartes et pour celui du mobilier. Cette proposition est adoptée.

M. Rabaud donne lecture du compte rendu moral. Sur une observation de M. Albert Rey, qu'une assemblée ne peut pas voter sur un compte rendu moral, la Société autorise le Trésorier à ne présenter son compte financier définitif de 1879, qu'au mois d'avril 1880.

M. le Président présente ensuite le projet de budget suivant pour 1880. Ce budget est adopté.

BUDGET DE 1880.

Recettes ordinaires prévues.

400 Membres à 25 francs		F. 10,000
Subventions :		
Ville de Marseille	F. 2,000	
Ministère de l'Instruction publique	500	
Conseil général	1,000	
Chambre de commerce	1,000	
Sociétés maritimes, industrielles et de crédit	1,500	6,000
		F. 16,000

Dépenses prévues.

Frais généraux ordinaires	F. 1,000
» extraordinaires	1,000
Bulletin	2,500
Secrétariat général	2,000
Cours populaires	1,000
Prix fondés par la Société	1,000
Loyer annuel du local	1,200
Impositions, gaz, entretien	1,200
Agent de la Société	1,000
Abonnements divers, bibliothèque	600
Pour l'installation	3,500
	F. 16,000

M. le Président propose de donner en plus cinq prix à cinq écoles primaires autres que celles déjà désignées.

M. le Président remet à M. Révoil, au nom de la Société, un chronomètre et un sextant qu'elle avait décidé de lui offrir dans sa séance du mois de novembre. M. Révoil remercie la Société.

M. Bainier offre à la Société, de la part de M. Bohn, les photographies de MM. Zweifel et Moustier.

En vertu de l'article 12 des statuts, M. le Président invite l'Assemblée à procéder au renouvellement du quart des membres de la Commission. Les dix membres sortants par voie du sort sont :

MM. Fraissinet, Adrien.
Paquet, Nicolas.
Dupuis, B.
Fraissinet, Albin.
Gouin, Louis.
Talon, Jules.
Fritsch-Estrangin.
Roussier, Camille.
De Mont-Richer.
Reinaud, Charles.

Un membre de la Société propose de réélire par acclamation les dix membres sortants. Cette proposition est approuvée à l'unanimité. En conséquence, sont nommés pour quatre ans membres de la Commission les membres de la Société dont les noms suivent :

MM. Dupuis, B.
Fraissinet, Adrien.
Fraissinet, Albin.
Fritsch-Estrangin.
Gouin, Louis.
De Mont-Richer, Henri.
Paquet, Nicolas.
Reinaud, Charles.
Roussier, Camille.
Talon, Jules.

M. le Président propose de fixer les séances mensuelles au premier samedi de chaque mois au lieu du mardi ; la proposition est acceptée.

Le secrétaire général, gérant,
P. BAINIER.

TABLE DES MATIÈRES

FIN DE LA TABLE.

www.ingramcontent.com/pod-product-compliance
Lightning Source LLC
LaVergne TN
LVHW080537160826
845677LV00008B/1491
* 9 7 8 2 3 2 9 7 4 0 0 0 3 *